JN011946

小学校教育用語辞典

［編集代表］
細尾萌子／柏木智子

ミネルヴァ書房

はじめに

小学校の先生をめざしている学生は，こんな場面に出会うだろう。

大学の授業で「主体的・対話的で深い学び」の課題が出たけれども，深い学びが何かよくわからなかった。時間がなくて先生に質問できなかった。来週までに課題に取り組まないといけないのにどうしよう。

教育実習で主体的な学びを実践してみたいけれども，どうすればいいのかわからない。でも実習担当の先生は忙しくて聞けそうにない。

教員採用試験の勉強で「プログラミング的思考」という言葉が出てきてよくわからない。教科書を読んだけれども難しい。

本書はこういうとき，さっと調べて概要をつかむための用語辞典である。用語の意味は，インターネットでも調べられる。しかし，信頼できる情報なのかわからないし，学校現場では辞書的な意味とは違った意味で使われていることもある。そこで本書では，各項目について，学校での意味に加え，似た用語との違いや実践上の留意点なども載せ，実践のイメージがつかめるようにした。本書を活用することで，教職課程の授業の理解を深めたり，教育実習や介護等体験，教員採用試験の勉強を効果的に進めたりすることができよう。

また，行政用語だけではなく，「練り上げ」や「居場所」など，学校現場でよく使われる用語もとりあげた。教育実習先で話される言葉の意味を理解できるので，実習がより充実したものになるだろう。

本書はかみくだいて説明しており，大学・短期大学１年生から使える。最新の教育用語を掲載しているため，先生になった後も役立つだろう。小学校の先生をめざす学生はもちろん，小学校の先生になられた方にとっても，本書が学びの一助になれば幸いである。

▼本書の特色

⑴　教職課程の基礎用語を収録

小学校教育に関わる基礎用語，トピックから1179項目を選び，19の分野に分けて体系的に配列した。収録した項目は，小学校学習指導要領（2017）や教職課程コアカリキュラムで示された内容のうち教科教育を除いた，いわゆる「教職に関する科目」に関わる基礎用語をカバーしている。また，《連携・接続編》として，「幼稚園教育」「校種間の連携・接続」分野の項目も設けた。

⑵　読む辞典

分野ごとにひとつの物語となるように項目を並べているので，ひとつの分野を通して読んだり，引きたい用語の近くにある用語を見たりすることで，総合的に理解できる。

⑶　小学校の教育実習や介護等体験に役立つ

教育実習と介護等体験については，実際の場面に即した理解のため，《実習編》として，Q&A形式の解説とした。

⑷　採用試験対策の学習にも役立つ

小学校教諭採用試験に頻出の重要用語も厳選して載せている。

本書の出版に際し，項目の選定や原稿のとりまとめなど編集にご尽力くださった編集委員の先生方と，初学者向けというコンセプトに応えて一つひとつの原稿を寄せてくださった執筆者のみなさまに，心より感謝申し上げる。また，ミネルヴァ書房編集部の深井大輔氏，平林優佳氏に大変お世話になった。厚くお礼申し上げる。

2021年３月

編集代表　細尾萌子・柏木智子

編集代表　（　）内は担当分野
細 尾 萌 子　立命館大学（教育方法／校種間の連携・接続／教育社会学）
柏 木 智 子　立命館大学（生徒指導・キャリア教育／教育社会学）

編集委員　（　）内は担当分野
山 内 清 郎　立命館大学（教育思想・教育史）
武 井 哲 郎　立命館大学（教育制度）
渡 辺 貴 裕　東京学芸大学（教師論）
高 木 　 亮　就実大学（教育心理学）
高 田 　 純　東京工業大学（教育心理学）
諏 訪 英 広　川崎医療福祉大学（教育経営・学校安全）
赤 沢 早 人　奈良教育大学（教育課程）
岡 田 広 示　上越教育大学（教育方法）
樋口　とみ子　京都教育大学（教育評価）
荒 木 寿 友　立命館大学（道徳教育）
森 田 真 樹　立命館大学（総合的な学習の時間）
冨 岡 　 勝　近畿大学（特別活動）
知 念 　 渉　神田外語大学（生徒指導・キャリア教育）
向 後 礼 子　近畿大学（教育相談）
山 本 智 子　近畿大学（教育相談）
田 部 絢 子　金沢大学（特別支援教育／介護等体験）
伊 藤 陽 一　立命館大学（教育実習）
久保田健一郎　大阪国際大学短期大学部（幼稚園教育）
椋 田 善 之　関西国際大学（校種間の連携・接続）

執筆者
赤 沢 早 人　編集委員紹介参照
赤 沢 真 世　佛教大学
阿 部 隆 幸　上越教育大学
荒 木 寿 友　編集委員紹介参照
飯 野 祐 樹　兵庫教育大学
猪狩　恵美子　九州産業大学
池 田 敦 子　東海学院大学
池 田 龍 也　聖泉大学
池 田 吉 史　上越教育大学
伊 佐 夏 実　宝塚大学
石 井 智 也　日本福祉大学
石 川 衣 紀　長崎大学
石 川 朝 子　下関市立大学
石 田 智 敬　京都大学大学院
井 谷 信 彦　武庫川女子大学
伊 藤 　 駿　広島文化学園大学
伊 藤 陽 一　編集委員紹介参照
伊 藤 莉 央　大阪大学大学院
井 上 講 四　元琉球大学
井 上 美 鈴　京都教育大学附属桃山小学校
今 泉 朝 雄　青山学院大学非常勤講師

今枝史雄　大阪教育大学
井邑智哉　佐賀大学大学院
井本英子　神戸教育短期大学
上野佳哉　大阪府立今宮高等学校
上原健太郎　大阪国際大学
内田康弘　愛知学院大学
内山智枝子　筑波大学附属駒場中・高等学校
梅澤希恵　国立教育政策研究所
大貫守　愛知県立大学
大野僚　大阪音楽大学
岡崎志乃　筑波大学附属桐が丘特別支援学校
岡田広示　編集委員紹介参照
岡花祈一郎　琉球大学
尾川満宏　広島大学
奥田雅史　堺市立金岡南中学校
小野まどか　植草学園大学
小野川文子　北海道教育大学釧路校
小原淳一　大阪市立大学
柿本篤子　奈良教育大学
角田将士　立命館大学
柏木智子　編集代表紹介参照
数実浩佑　宝塚大学
門原眞佐子　就実大学
鎌田祥輝　京都大学大学院
川久保剛　麗澤大学
川人潤子　香川大学
祁白麗　京都大学大学院
木谷智子　比治山大学
北村公大　伊賀市立島ヶ原小学校
木守正幸　帝京短期大学
金南咲季　椙山女学園大学
九鬼淳子　宇陀市立榛原中学校
國本真吾　鳥取短期大学
久保田健一郎　編集委員紹介参照
熊谷晋一郎　東京大学
雲井未歓　鹿児島大学
栗山宣夫　育英短期大学
黒田拓志　高松市立川東小学校
向後礼子　編集委員紹介参照
幸田隆　豊田市立東保見小学校
神谷真由美　比治山大学
後藤隆章　横浜国立大学
小林巌　東京学芸大学
小林将太　大阪教育大学
小林宏明　金沢大学
小柳亜季　京都大学大学院
小山智朗　京都先端科学大学
佐久間邦友　日本大学
櫻井直輝　会津大学短期大学部
澤隆史　東京学芸大学
塩入美希　香川大学
敷田佳子　大阪教育大学非常勤講師
宍戸良子　作新学院大学女子短期大学部
志田未来　元大阪大学大学院
柴田真緒　埼玉県立所沢特別支援学校
勝二博亮　茨城大学
正頭英和　立命館小学校
新城敦　名桜大学
杉浦健　近畿大学
鈴木翔　秋田大学
諏訪英広　編集委員紹介参照
関口敏美　大谷大学
妹尾麻美　同志社大学
千賀愛　北海道教育大学札幌校
副島賢和　昭和大学
高木夏未　京都教育大学大学院
高木亮　編集委員紹介参照
高田純　編集委員紹介参照
髙野貴大　茨城大学
髙野恵代　愛知淑徳大学

髙橋　智　日本大学／東京学芸大学名誉教授
田口　賢太郎　埼玉県立大学
武井哲郎　編集委員紹介参照
武居　渡　金沢大学
橘　慎二郎　香川大学
田中　圭　筑波大学大学院
田中　謙　日本大学
田中真秀　大阪教育大学
田中裕己　横浜いずみ学園
谷口雄一　摂南大学
田部絢子　編集委員紹介参照
田村文誉　日本歯科大学
千々岩　香織　宇治市立神明小学校
知念　渉　編集委員紹介参照
町支大祐　帝京大学
次橋秀樹　京都芸術大学
辻　敦子　立命館大学
都島梨紗　岡山県立大学
堤　英俊　都留文科大学
鶴巻景子　東京学芸大学
寺町晋哉　宮崎公立大学
徳江政輝　門真市立門真はすはな中学校
冨岡　勝　編集委員紹介参照
冨田明徳　兵庫教育大学附属小学校
冨田(神井)享子　愛媛県立新居浜特別支援学校
内藤千尋　山梨大学
中来田　敦美　兵庫県社会福祉事業団
仲野　由佳理　日本大学／東京外国語大学
中村瑛仁　大阪大学
中村大輔　草津市立渋川小学校
長谷守紘　愛知県公立中学校
中山忠政　弘前大学
西　徳宏　大阪大学
西井直子　松阪市立中部中学校
西仲則博　近畿大学
西村美紀　大谷大学
能田　昴　尚絅学院大学
野口修司　香川大学
野口武悟　専修大学
橋崎頼子　奈良教育大学
濱沖　敢太郎　鹿児島大学
濱元伸彦　関西学院大学
林　潤平　京都市学校歴史博物館
林　孝　元広島大学
原　奈津子　就実大学
原田琢也　金城学院大学
樋口太郎　大阪経済大学
樋口　とみ子　編集委員紹介参照
日高幸亮　香川大学
弘田真基　京都市立桃山中学校
福井広和　就実大学
福嶋祐貴　盛岡大学
藤井　瞳　川崎医療福祉大学
藤井基貴　静岡大学
藤江康彦　東京大学
藤澤　文　鎌倉女子大学
藤根雅之　美作大学
藤野　博　東京学芸大学
藤原隆博　江戸川区立船堀第二小学校
別府悦子　中部学院大学
細尾萌子　編集代表紹介参照
堀川紘子　京都市立向島秀蓮小中学校
前馬優策　広島経済大学
松浦雄典　東近江市立箕作小学校
松尾由紀　立命館中学校・高等学校
松倉　紗野香　上尾市立大石中学校
松森靖行　寝屋川市立田井小学校
間森誉司　元甲南女子大学／元立命館大学
三科聡子　宮城教育大学
三ツ木　由佳　立命館小学校

宮崎康子　広島修道大学
椋田善之　編集委員紹介参照
六車陽一　立命館小学校
村上純一　文教大学
森　枝美　京都橘大学
森田真樹　編集委員紹介参照
森脇愛子　青山学院大学
柳生章恵　生駒市立生駒小学校
八瀬宗子　大阪市立古市小学校
谷内祐樹　長野県教育委員会
山内清郎　編集委員紹介参照
山口季音　至誠館大学
山口真美　大阪大学大学院
山中左織　京都大学大学院
山本淳子　大阪キリスト教短期大学
山本展明　京都大学大学院
山本智子　編集委員紹介参照
山本はるか　大阪成蹊大学
山本匡哉　京都府立嵯峨野高等学校
湯藤定宗　玉川大学
吉川一義　金沢大学
吉儀瑠衣　比治山大学
吉田直哉　大阪府立大学
淀　直子　鈴鹿医療科学大学
若槻　健　関西大学
我妻秀範　追手門学院大学
若松大輔　京都大学大学院
和田篤史　立命館中学校・高等学校
和田博之　高槻市立北日吉台小学校
渡辺貴裕　編集委員紹介参照
渡邉流理也　新潟大学

用語の調べ方

２通りの調べ方ができる。第一に，分野ごとに前から順番に読むことで，その分野の基礎知識を網羅できる。各分野の小見出しと項目名を示した「目次」(ix頁〜）を見て，とくに興味のある分野を読もう。

第二に，いわゆる「教職に関する科目」関連の一つひとつの用語について，直接調べられる。まず，調べたい用語を，50音順（あいうえお順）の「項目索引」(xxv頁〜）から探そう。たとえば，「単元観」という用語を引きたいときは，一番初めの文字が「た」なので，項目索引の**た行**から単元観を探す。そこに書かれた頁を開くと，「単元観（教材観)」の項目がある。

さらに，見出し語の同義語からも引くことができる。たとえば，「教材観」という用語を引きたいときは，項目索引の**か行**から教材観を探す。「教材観＝単元観」と書いてあるのは，同義語の「単元観」という項目を見よ，ということである。そのため，項目索引の**た行**から「単元観」の頁数を探そう。

ほかにも，「指導案」という用語を項目索引の**さ行**で引いてみると，「指導案⇨学習指導案」と書いてある。これは，指導案という用語は項目にないが，「学習指導案」の項目を見れば関連する内容が書いてあるということである。項目索引の**か行**から，「学習指導案」の頁数を探そう。

そして，ある項目と関連する項目を調べることもできる。項目「外国人児童」の解説文の末尾に，「→外部機関との連携・協働；ニューカマー」と書いてある。これは，項目「外部機関との連携・協働」と項目「ニューカマー」を見よ，ということである。項目索引の**か行**と**な行**からそれぞれの頁数を探して読むことで，外国人児童に関する理解を深めることができる。

▼項目について

1. 同義語および法律の略称は，見出し語の後に（　）で示した。
2. ある特定の文脈（領域や学校種など）における意味で解説している項目については，見出し語の後にその文脈を【　】で示した。
3. 関連する２つの用語をまとめて解説している項目では，見出し語として，２つの用語を ／ で併記した。
4. 他の分野に参照すべき項目がある場合，項目の解説文の末尾に → で示した。

▼項目索引について

1. 拗音(ようおん)の「ゃ」「ゅ」「ょ」，促音(そくおん)の「っ」は１字とみなし，同じ仮名は清音，濁音，半濁音の順に掲載した（たとえば，「は」「ば」「ぱ」の順）。長音（ー）及び中黒（・）や鉤括弧（「　」）などの記号は無視した。
2. アルファベット表記の項目は，読みがなの50音順に従って掲載した。
3. 項目名で（　）で示した用語については ＝ で，項目として独立していないものの引くことが想定される用語については ⇨ で参照先の見出し語を示し，それぞれ検索の便宜を図った。
4. Q&A形式の分野については別途，項目一覧表を設けた（xl頁）。

目　　次

教育思想・教育史　1

教育制度　18

教育心理学　75

教育経営・学校安全　103

教育課程 129

教育方法　151

教育評価 178

道徳教育 199

特別活動 230

生徒指導・キャリア教育 250

教育相談 271

項目索引

あ

か

さ

た

な

は

ま

や

ら

わ

《実習編》項目一覧

教育実習

介護等体験

教育思想・教育史

教育概念の基礎

学　校

厳密に定義するなら，学校教育法第1条の法文で規定される，幼稚園，小学校，中学校，義務教育学校，高等学校，中等教育学校，特別支援学校，大学及び高等専門学校だけが学校である。しかし厳密な定義から外れていても，次の特徴をもった教育機関を，私たちは慣用的に「学校」と呼ぶ。

被教育者に対して，①一定の教科書・教材を，②一定の順序のカリキュラム・時間割に従い，③（教室などの）一定の場所に集まり，④（少数の）教師から（多数の）生徒へ教育する施設は，例えば，専門学校やオルタナティブ・スクールでも「学校」と呼ぶのである。これらの特徴をもち，特定の教育目標に向かい意図的・継続的に教育をおこなう「学校」は，もちろん，被教育者の成長・解放を願う施設である。しかし同時に，どの学校に入学するかによって将来の進路が決まるという被教育者の選抜・社会的配分機能を学校はもっている。このような学校の二面性には注意が必要である。

→オルタナティブ・スクール

［山内清郎］

学　習

学習とは，さまざまな経験の結果として生ずる行動の比較的・永続的な変容過程をさす，と教育心理学では定義されている。

教育において，学習という語は多様な場面で用いられ，幅広く使われているが，児童研究の発展に寄与されながら学習理論の展開とともに，つねに学習の定義づけがおこなわれてきた。また，教授行為の対義語として，子どもの主体性に注目した教育において積極的に用いられることが多い。その場合，教育活動における学習形態（例えば問題解決学習）として示される場合もある。

［大野　僚］

教　育

教育とは一般的に，発達への意図的で助成的な介入をさす概念だとされる。ただ，「介入」のあり方についてもさまざまな形が想定されるように，教育の概念には大きな意味の幅，多様な意味がある。教育の概念は，education の訳語として明治期以降に新たな意味を獲得し，学校制度の普及とともに急速に普及していった。もともと，教育の言葉には明治期以前からの，儒学的な価値に同化するという意味も含まれていた。それゆえに普及以降の「教育」概念は，ときに欧米的な意味で人々に使用され，ときに儒学的な意味で人々に使用されるという混乱が生じた。その結果，教育の概念は意味の確定が困難なほど，多様な形で語られるようになってしまった。しかしそうした混乱のなかでも確かなことがひとつある。「教育」の概念の意味が歴史的に変化するという事実である。つまり，教育の概念はその意味を，時々の社会状況との関連でさまざまな形へと変化させる概念なのである。かつてない規模でグローバル化，個人化が進み，社会の構成員も多様化する現代，私たちは，教育をいかなる概念として捉えるべきなのだろうか。　［林　潤平］

興味・関心

興味・関心とは，主体と対象を結びつける心理的関係性を表現した言葉である。子どもの興味・関心を重視する思想はルソーに源をもつが，新教育運動やアメリカ進歩主義教育運動のなかで，より明確に議論されるようになった。デューイは，興味を，子どもの発達状態を暗示し示唆するものとして捉えている。つまり，教育実践では子どもの興味をよく観察することで，育ちの状態を理解し，子どもの興味と教育内容等との繋がりを把握することが重要である。

観点別学習状況の評価においては，「関心・意欲・態度」「思考・判断・表現」「技能」「知識・理解」の４つの観点が示されてきたが，小学校では2021年度から実施される新しい指導要録において，「知識・技能」「思考・判断・表現」「主体的に学習に取り組む態度」の３つの観点に再整理されている。ここでは，「関心・意欲・態度」は評価しなくてよいのではなく，主体的に学習に取り組んでいる子どもの姿を理解するため，学習内容に対する一人ひとりの子どもの関心・意欲・態度等を見取り，評価していく必要があるとされている。

→関心・意欲・態度；観点別評価

［西村美紀］

児童中心主義

教育活動において子どもの興味や自発性を重視する立場であり，教師中心主義や系統主義の対極として位置づけられることが多い。

学校における教育活動の中心的存在としての子どもが，主体となって活躍をすることでカリキュラムや学習形態に強く影響を与える場合もある。

例えば，調べ学習に見られるような子どもの活動がそのまま学習として展開され，授業の大部分が活動的な作業となるような教室での活動に顕著である。現在の学校においては，総合的な学習の時間や生活科があるが，これらの時間には子どもが主体となるような活動を設定する意図がこめられている。

→系統主義　［大野　僚］

教師中心主義

児童中心主義の対義語である。教師が中心となって教育活動全体の計画を立案し，児童の学習活動全般を教師の立場から考えていくあり方をさす。学校は，古来より教える立場である権威者としての教師が子どもに知識を授け，伝達することを教育活動の中心としていた。

しかし，新教育運動の潮流によって，そのような伝統的な学校に対しての批判がなされ，知識を教えこむという側面ではない教育のあり方が模索された。

［大野　僚］

子ども

子ども

国連総会で1989年に採択された子どもの権利条約で明文化されたように，子どもは，大人と同じ権利を有する独立した主体である。この観点は，子どもへの虐待や体罰を，しつけや教育にすり替える欺瞞を見逃さないために重要である。しかし，ときに子どもは社会的有用性に方向づけられた大人とは異なる世界を生きていることも指摘しておかなくてはならない。

公園で跳びまわる子どもたちの様子を想像してみてほしい。このとき子どもたちは，「協調性を身につけるため」でも「身体を鍛えるため」でもなく，そのような目的志向から解放された世界への純粋な関心において遊んでいる。教育学者の矢野智司は，遊ぶ子どもの体験を「溶解体験」と呼ぶ。溶解体験とは，自己と世界の境界線が溶けだして，生命性に触れる生成の瞬間を捉えようとする言葉だ。この体験のイメージを伝えるために，センダック（Sendak, M.）の『かいじゅうたちのいるところ』という絵本を紹介しておこう。主人公マックスがかいじゅうとなる遊びの瞬間を描いたヴィヴィッドな画面が，言語化を拒む子どもという生のあり方を垣間見せてくれる。

→子どもの権利条約　［辻　敦子］

生理的早産

多くの哺乳類は，生まれ落ちた瞬間から自力で立ち上がり，生存に必要な行動をとることができる。それに対して，ヒトは，母親の胎内で生存に関わる基本的な能力を獲得するよりも早く生まれ，その後，大人の庇護のもとで生後1年を経てようやく，歩行，言葉を介したコミュニケーション，意思表示等を始める。このような特殊な人間の存在様式は，本能や環境に縛られていない。このことを，スイスの生物学者ポルトマン（Portmann, A.）は「生理的早産」と呼んだ。動物の行動は本能と環境に縛られているのに対し，人間の行動は自由である。それは，ヒトは後天的に人間としての能力を獲得していくからだ。そのために，教育が必要だとされる。　［宮崎康子］

狼に育てられた少女

1920年インドで発見された2人の少女「アマラ」と「カマラ」の事例が有名である。彼女たちのように，なんらかの理由によって幼少期に人間社会から隔絶された環境で育った子どもたちは「野生児」と呼ばれる。動物と人間の境界にある存在とされる野生児の記録は14世紀まで遡ることができる。彼らの存在は，人間とはどのような存在なのか，動物としてのヒトから「人間」となるためにいかに文化と教育が重要であるか，という問いに対する事例として，遺伝と環境（教育）の影響を説明するために頻繁に引用されてきた。しかし，動物に育てられたのではなく，生得的な障がいのために遺棄された孤児だったのではないかという見方が後にされている。

→発達の環境説 ［宮崎康子］

『〈子供〉の誕生』 *L'Enfant et la Vie familiale sous l'Ancien Regime*（1960）

アリエスの代表的著書である。現在イメージされるような「子供」や「子供期」というものは近代になって誕生したと指摘している。ヨーロッパにおいて，中世までの子どもは，言葉でコミュニケーションが十分におこなえる6～7歳になると「小さな大人」として大人とともに労働に従事していた。産業革命の影響によって，労働形態や家族形態が変化した近代に入ってようやく，大人の社会から切り離されて庇護されるべき存在として「子供」を見る社会的なまなざしが誕生した。また，このような「子供」へのまなざしの変化が，近代的な「学校」における子どもに対する教育を誕生させていったことを分析している。 ［宮崎康子］

子どもの生活経験

身　体

身体は2つの観点から理解される。身体に心が宿るとする「心身一元論」と，精神の対立項としての「心身二元論」である。心身二元論では，「私（精神）が身体を所有している」と考える。この考え方は，近代に入ると，フーコーが述べるような規律訓練によって，統治者に自発的に服従する「従順な身体」の形成という目標に繋がる。他方，子どもの経験の重要性をうたった新教育運動では，身体のもつ教育的意義が強調された。身体を直接的な「経験の媒体」として捉える考え方である。経験の質が変容してきた近年においては，身体そのものではなく，文化全般に関わる普遍的な問題を含む「身体性」として議論されている。

［宮崎康子］

自　立

自立とは，誰の助けも借りず支配も受けずに，自分一人の力で物事をおこなうことである。そして「自立」という言葉は教育現場において魅力的なスローガンである。しかし，いざ「子どもの自立」が何であるのかを定義しようとすると難しい。例えば，子どもの自立を急ぎ，添寝等をせずに育てた幼稚園児が言葉の発達に支障をきたした事例を，心理臨床家の河合隼雄が紹介している。そこで河合は，親が甘えさせる／子どもが甘えることで脅かされると感じられるような子どもの自立は，実は見せかけの自立だと指摘する。親とちょっとでも話すと自分の自立が脅かされそうで相談したりしないというのは自立ではなく，孤立である。自立は本来，依存と対立するものではなく，必要な依存・甘えが十分味わわれたところで自然に生じてくるものなのだ。適度な依存が自立を支えるという観点が大切である。 ［山内清郎］

依　存

依存は教育現場では「甘え」という日常語で表現され，ネガティブな描写に用いられることが多い（「あの子は依存的だ」「甘えている」）。日本語「甘え」の意味を外国人医師に教えようとしてとても困ったという精神科医の土居健郎のエピソードが興味深い。「甘え」を英語に翻訳すると，受身的対象愛（passive objective love）とでも翻訳するほかないというのだ。外国人にとってラブは主体的に愛することであって，受動的に（passive）愛され，愛の客体（objective）になりたいという欲求（＝甘え）はイメージするのが難しいらしい。しかし子どもの生存には「愛される」「ケアされる」経験，依存の経験が絶対的に必要である。愛されたい，ケアされたいのような甘える現象は，衣食住，身辺自立，生活習慣，承認欲求，学習面，経済面，社会的自立の面などの，生活のさまざまなレベルで見られる現象である。どのレベルでの甘え・依存を子どもが示しているのかをじっくりと観察し，それにどう応えるべきなのかを適切に見極める技量が，教育者には強く求められる。［山内清郎］

意図的教育

意図的教育は，特定の空間に子どもが集まり，教師がいて，教材があるというフォーマルな教育機関（代表的なものが学校）が通常おこなっていることである。特定の教育目標を掲げて，子どもを教育することはすべて，意図的教育である。しかし，この意図的教育には注意すべき点がある。それは，教育者側（大人）の教育する意図を，被教育者側（子ども）が共有している場合と，共有していない場合があることだ。例えば，算数の授業で子どもたちは，教室が計算の技術や数の理解を学習する場であることは（自分が学習に熱心に取り組むかどうかは別として）意識している。では掃除の時間ではどうだろう。教師の意図は必ずしも子どもの掃除の技術の習得にあるだけではない。掃除の活動「によって」集団としての意識を高めることや，共有のモノを大切にすることを目標としている。しかしこの教育者側の意図は，掃除活動の前面に表れるわけではなく，子どもたちに共有されるとは限らない。このように，ある活動が隠れた別の目標・意図をもっていることは教育場面では数多くある点に注意しなくてはならない。

→掃除　［山内清郎］

無意図的教育

「朱に交われば赤くなる」ということわざにあるように，教育としての明確な意図やねらいのないところで，仲間集団，家族，メディア等に慣れ親しむことによって受ける影響が，子どもの習慣として習得されることを無意図的教育と呼ぶ。私たちの生活習慣，価値観，言葉，行動様式の多くは，学校等の意図的教育機関で身についたというよりも，無意図的教育の結果である。無意図的教育の結果は簡単にコントロールできるものではない。例えば，親が眉をひそめるような言葉づかいを子どもが「いつの間にか」身につけてしまうといった出来事はいくらでもある。また子どもの年齢・学年が上がるほど，親や教師の影響を，仲間やメディアの影響が上回るようになるものだ。そして学校でも無意図的教育は機能する。発言の際は勝手に話し出さずに挙手をする，先生が注意喚起すればみんな黒板のほうを向く，チャイムに従うなどの学校習慣も無意図的教育の作用であり，これらのことを「隠れたカリキュラム」と呼ぶことがある。
→隠れたカリキュラム　［山内清郎］

子どもの生活空間

子ども文化

子ども文化とは，子どもたち自身でつくりだし，彼ら／彼女らの間で共有される生活や考え，文化の総体のことをさす。日本では大正期に「児童文化」という概念が生み出されたが，この言葉は子どもに与える本などの文化財だけをさす言葉として戦中期に定着した。この意味から離れ，子どもが主体的に生み出す文化へ注目するために唱えられたのが「児童文化」とは別の概念の，「子ども文化」という概念である。テレビアニメやゲーム，スマートフォンに囲まれたメディア環境のなかで生み出される現代の子ども文化とは，いかなるものであろうか。この子ども文化の実態に迫ることが，教育をより実りあるものにするための肝となる。　［林　潤平］

メディア

メディウム（媒体）の複数形であるメディアは，もともと「中間にあって作用するもの」という意味をもち，例えば，この世とあの世をつなぐ霊媒師もメディウムである。中間にあって，人と人とのコミュニケーションを可能にするものという観点から捉えれば，言語（声や文字）のみならず，身体（握手や抱擁）もまた重要なメディアである。言語というメディアを考える場合，伝えるべき中身（真理）の単なる包み紙（記号）と捉える人もいるのではないだろうか。しかし，マクルーハン（McLuhan, M.）が「メディアはメッセージである」と述べたように，伝達内容と言語は二分法的に切り離されるものではない。むしろ，多様なメディアの存在こそが，私たち人間の世界の豊かさと奥行を生み出している。

教師と子どものあいだにあって，教えることを可能にする「教材・教具」は，総称して「教授メディア」と呼ばれている。新しい技術がもたらすメディア（例えばインターネット）は，教育場面において，子どもへの悪影響と，教授における有効利用という両面から議論されるのが常である。
→教材　［辻　敦子］

サブカルチャー

主流な文化に対して傍流・下位・副次的な位置にある文化のことをサブカルチャーといい，日本では具体的に大衆小説やライトノベル，テレビ・ラジオ番組，マンガ・アニメ・ゲームなどをさす。しかし，「クール・ジャパン」に代表されるように，これらのカルチャーはすでに大きな社会的な影響力をもつ存在となっている。そして，教育者はとくにこれらの影響が子どもたちの生活・態度・思考法にも深く入り込んでいることを忘れてはならないだろう。スマートフォンでサブカルチャーを容易に受容する世代に対して，どのような学びを用意すべきなのか。その学びの準備には，サブカルチャーに対する深い理解が求められる。

［林　潤平］

モニトリアル・システム（監視装置）

教室は一人の教師で多数の生徒を効率よく教育する仕組みである。18世紀末にイギリスで開発された「教室」という装置は開発者の名前にちなみベル・ランカスターのモニトリアル・システムと呼ばれた。当初は生徒から複数のモニター（助教）を選び，彼らに他の生徒を監視させていた。こうして一人の教師で多数の生徒を教えることが可能になった。教室は多くの労働者階級の子どもを学校に吸収し次世代の労働力に形成しなくてはならないという当時のイギリスの社会的要請に応えたものであった。そして，この仕掛けはより洗練される。『パノプティコン(一望監視装置)』(1791) においてベンサム（Bentham, J.）は，薄暗い部屋から監視者が囚人を一望する監獄建築を設計し，囚人がつねに監視者の「まなざし」を感じ，自発的に規範に従うようになる原理を考案した。そこでは多くの監視者を置かなくても，「見られているかもしれない」と囚人に感じさせるだけで十分なのだ。現代の一人の教師対多数の生徒という教室空間では，教師がこの監視者の役目も担わされる。生徒の側では「教師にいつ見られているかわからないからきちんとしなくてはならない」とつねに意識させられるのである。［山内清郎］

教育の社会的・歴史的視点

イニシエーション（通過儀礼）

近代以前の伝統的社会では，成人までの成長過程で節目になる時期や年齢がある。柳田國男によれば，通過儀礼を積み重ねながら子どもの生命を自分たちの仲間へと根づかせてゆく習俗のなかには，人間形成機能が体系的に組み込まれていた。懐妊時の「帯祝」に始まり，誕生時の「産立飯」，7日めの「名付祝」，7日～100日めの「初歩き」，100日めの「喰初め」，生後1年めの「初誕生」，3歳～5歳の「髪置き」，7歳の「氏子入り」，13歳～15歳の「タフサギ祝」，15歳の「成年式」など，親類や近隣の人を招いて共同会食を伴う祝い事をおこなった。「タフサギ祝」は，男はフンドシ（褌），女はコシマキ（腰巻）をおばにあたる人から贈られる。この行事を済ませた男女は身体的には成人とされ婚姻が可能とされたが，「一人前」の村人として認められるためには，一定の体力と労働能力が必要とされた。例えば，15歳で村の「若者組」に加入する際には米俵一俵（60kg）を担げる体力が求められた。［関口敏美］

学歴社会

日本はしばしば，学歴社会（どんな学校を出たかで，社会的な成功の可能性が決まるとされる社会）であると言われる。なぜ，日本＝学歴社会のように捉えられるのだろうか。その大きな要因は高度経済成長である。戦後の日本が経験した高度経済成長は，人々に対して，誰もが努力次第でよい学校へ進学できるとする意識，ならびにそう発想させるだけの実質的な経済的余裕を生み出した。その結果，この努力の競争を勝ち抜いて社会における成功を得るのだと考えて，多くの人が受験競争に参加した。多くの人が現実に競走に参加すると，今度は逆に，この競争に参加した人が（競走に勝ち抜いた人も，そして敗北した人も），学歴によって社会的な成功の可能性が決まるのだと考えるようになる。日本型の学歴社会はこうして完成したのである。

［林　潤平］

近代家族

日本における実態としての近代家族は，日露戦争後に新中間層の家族が都市部に本格的に登場したことに始まる。近代的な戸籍制度により国家の基礎単位として家族を直接管理する体制が確立され，人々は伝統的社会のしがらみから離れて生活することが可能になった。新しい家族は，夫婦と子どもからなる核家族で，夫が官吏・教員・医師・弁護士などの近代的職業に従事する新中間層によって具体化された。彼らは，学歴や専門的知識などの文化資本をもつが，土地などの生産手段をもたない俸給生活者であり，学校教育を重視した子育てをおこなった。職住分離により，夫は自宅から離れた職場で働き，妻は家庭で家事育児を担当する性別役割分業が成立した。近代家族の特徴は，生産労働から切り離された「家庭」型家族として消費・再生産の場へと純化されたことと，一家団欒など家族成員間の情緒的な結合が重視されたことである。［関口敏美］

近代社会

近代社会とは，西欧地域において，市民革命及び産業革命によって封建的・共同体的社会が崩壊したことにより出現した新しい社会である。近代以前の特権をもった諸身分や地域的・職能的な団体（貴族身分・特権都市・ギルドなど）が解体したため，国民的統一が完成して近代的な国家が成立した。

近代社会は，自由や平等の理念を前提にさまざまな社会的束縛から解放された自由な諸個人が形成する開放的社会とされる。そして①経済的には工業化による新しい生産様式としての資本主義，②政治的には個人の基本的人権を尊重する民主主義，③思想的には人間の理性を信頼する科学的合理主義と，人類の無限の進歩を信じる進歩思想を基調にしている。市民社会，ブルジョア社会，資本主義社会などと同じ意味で用いられる場合が多い。典型的な近代社会は19世紀の西欧市民社会と重なっている。フランス革命によって絶対主義の時代が終わり，イギリス産業革命によって資本主義が確立され，これら２つの革命によって西欧近代社会が成立した。［関口敏美］

子育て・しつけ

子育て・しつけとは，子どもが社会生活に適応できるように，社会で望ましいとされる価値観や行動様式，生活習慣を身につけさせることである。幼児期までは主に善悪の判断や生活習慣のしつけに重点が置かれる。近代に学校教育が登場すると，子育て・しつけは，家庭教育の範疇となる。明治後半期に出版された新中間層の母親を対象とした家庭教育書では，就学までに家庭で基本的なしつけを済ませておくこと，就学後は学校教員の言いつけに素直に従うように子どもを指導することが期待されていた。

「しつけ」の語義は諸説あるが，柳田國男によれば，もとは農作業で「苗代から苗を田に遷して，一株立ちにすること」をシツケと呼び，子どもを

「一人前にすること」に使われるようになった。また，元来シツケは，社会であたりまえとみなされた行動様式を前提に，子どもの成長力に多くを任せ，逸出する行為にのみはたらきかける消極的なものであった。しかし，社会の経済組織が展開すると大人がシツケを積極的に教え込むようになり，シツケの性質が変化した。［関口敏美］

産業型社会

イギリスの社会学者スペンサー（Spencer, H.）は社会有機体説の立場から社会進化論を提唱し，軍事型社会に産業型社会を対置した。強制的協同に基づく軍事型社会が原始状態を脱して軍事的活動の重要性を失うと，自発的協同に基づく産業型社会に移行した。そこでは，人々は自由に産業に従事し，職業の分化に伴って異質性と連帯性が増加する。自由な貿易，私的組織の民主的かつ自由な発達が見られ，政府の役割は個人の権利の保護と調整に縮小される。スペンサーは，軍事型と産業型の２つの社会類型がどの社会でも併存してきたとして，前者から後者への移行を進化と考えた。つまりそこでは産業型社会こそが近代市民社会の完成態とみなされており，産業型社会の具体例は19世紀の近代イギリス社会であった。日本の場合は，戦前期は軍事型社会であったが，高度成長期に産業型社会に移行した。［関口敏美］

ポスト産業型社会

ポスト産業型社会とは，工業化を経た産業社会（工業社会）がさらに発展し，産業構造において情報・知識・サービスなどを扱う第三次産業の占める割合が高まった社会のことである。トフラー（Toffler, A.）は，『第三の波』（1980）で，「情報革命」＝「第三の波」によって脱工業化社会に移行すると述べ，情報化社会の到来を予言した。日本を例に挙げて考えてみると，日清戦争以後10年ごとに戦争に明け暮れた近代日本は，西欧先進諸国に肩を並べようと軍事力を強化した軍事型社会であった。第二次世界大戦敗戦を契機に認識を改め，高度成長期に産業型社会に方向転換した。高度成長期には都市化と工業化が進み好景気が続いたが，オイルショック（1973）により高度成長期が終わる。それ以降，日本社会はポスト産業型社会に移行した。すなわち，バブル期（1986～1991）に銀行，証券会社などを中心とした好景気が起こり，バブル崩壊後はインターネットの登場によりIT産業が発展し，高度情報化社会へと移行したのである。［関口敏美］

教師の省察

教育的タクト

理論や計画の通りにはいかないことも多い教育実践にあって，個別の状況にあった言葉や行動などを選ぶことができる，教師の「素早い判断と決定」の技量のことをいう。元来「拍子」や「小節」などを意味していた音楽用語のタクト（Takt）が，やがて人間関係における繊細な心遣いや思いやりをも意味するようになり，さらには機知や機転などの意味でも用いられるようになった。近代教育学の祖ヘルバルトが，これを教育の「理論と実践の媒介項」として捉え，教育理論に導入した。教師のタクトの育成方法に関しては，例えば授業実践や児童生徒との交流などの体験の省察を重視する，ヴァン＝マーネン（van Manen, M.）による理論などが知られている。　［井谷信彦］

教育問題

一般的に，問題とは，解決すべき厄介な事柄である。現在，学校教育にさまざまな問題があることは，当たり前のことであるように見える。教育問題と聞けば即座に，いじめ，不登校，学級崩壊，体罰等の言葉が思い浮かぶ。ところで，教育問題と名づけられる出来事は，なぜ問題とみなされるのか。また，どのような状態が教育問題の解決と想定されるのか。試みに，問題がまったくない学校や教室を想像してみてほしい。全員が姿勢正しく机に向かい，教師の指示に迷いなく従い，皆が仲良く団結しているといった，このような光景は少し不気味ではないか。ここで問われるべきは，子どもたちが完全にコントロールされている「問題ゼロ」状態を「教育」と呼んでよいのかということである。何を教育問題とみなすかには，私たちが意識的・無意識的につくり上げてきた自らの教育観が示されている。教育問題を語る言葉は，教育をめぐる自らのステレオタイプ的な考え方を映し出す鏡ともなる。教育問題が，過度に理想化された教育や，教育制度自体がはらんでいるより根深い別の「教育問題」をさし示している可能性を排除してはならない。

［辻　敦子］

脱学校論

イリイチの「脱学校」という教育論は，「教育＝学校」という考え方を根本的に問い直すものである。イリイチは，学校制度における強制的・他律的・受動的な学習は，子どもたちを自立／自律的な存在ではなく，依存的な存在にしてしまうと言う。なぜなら，あらかじめ定められたカリキュラムに従う「学校化された学習」においては，子ども自身が，学習の価値や意味を探究する機会がないからだ。

イリイチは，学校化された学習のみならず，生活全般を制度に依存する「学校化した社会」を根本的に批判して，「ヴァナキュラーな価値」に根差した「脱学校化された」社会のあり方を再発見しようとする。ヴァナキュラーとは，「その土地に固有のもの」といった意味の言葉である。ローカルな場所での活動においては，使用できる資源が限られているために，生活にほんとうに必要なことが何かを見極めなければならない。人々は互いに助け合って，その都度生活の必要を満たしながら生活の価値や意味を生み出していく。脱学校化された社会においては，日常的なやり取りにおける，無意図的で非専門的な関係が生み出すヴァナキュラーな価値の実現がめざされるのである。

→学校化社会　［辻　敦子］

新教育運動の潮流

『学校と社会』 ***The School and Society*** **(1899)**

アメリカの教育哲学者デューイの主

著の一つである。当時の教師や教材を中心とした学校を批判し，子どもを中心とした学校へと変革する必要性を，コペルニクス的転回にたとえて主張した。コペルニクス的転回とは，天体の中心は地球であると考えられていた従来の天動説に対して，天体の中心を太陽に据えた地動説をコペルニクスが唱えたことになぞらえた考え方の逆転状態をさす。また，デューイは，学校を，子どもが経験を知性的に再構成し，成長することをめざす小さな社会として捉えて，実際の問題に直面し，試行錯誤し知性的に解決しようとする過程を重視した。そのために当時のさまざまな生活で必要な仕事（オキュペイション）を通した学習の重要性について述べている。つまり，デューイは，学習者が必要感をもった実際の場面にそって学んでいく「為すことによって学ぶ」ことを重視したのである。このような学習理論は，現在の教育へも引き継がれ，アクティブ・ラーニングなどの活動的な学習方法の理論的根拠となっている。

→経験主義　［西村美紀］

実験学校

新しい教育理論や方法を実験的に試み，その効果について研究し，その成果を普及することをめざして設立された学校のことである。設立当初から教育学的実験であることを目的にしたものと，先進的な教育実践が結果的に実験学校の機能をもったものがある。前者では，とくにデューイがシカゴ大学在職中に設立したシカゴの実験学校（1896）が有名である。そこでは，彼の教育理論，心理学，哲学に基づく実践が試みられていた。またこの時代，教育学研究の実験主義はコロンビア大学ティーチャーズ・カレッジ附属のホーレスマンスクールなどでも見られた。日本では，明治期に始まる師範学校や高等師範学校の附属学校などがそれにあたる。　［西村美紀］

『民主主義と教育』 ***Democracy and Education: an introduction to the philosophy of education*** **(1916)**

アメリカの教育哲学者デューイの主著の一つである。本書のタイトルは誤解を受けやすいかもしれない。デューイはけっして「民主主義」の政治体制を最良の社会と考え，子どもがその社会に適応すること，社会化されることを「教育」の目的であると考えたのではない。彼は，単に周囲の環境に適応するだけでなく，自らの活動・生活を環境に順応させるのと同じように，環境を自らの活動・生活に順応させ得ることを，他の動物にはない人間に独自な特質であると考えた。

荒野の過酷な環境を耐え忍ぶ生活をするだけでなく，荒野に水を引き品種改良で乾燥に強い植物をつくり繁殖させるといった環境をつくりかえ得る側面もまた重要である。環境や社会，モノ，そして仲間との絶えざる相互作用によって人間の生活・経験を再構成し続けることが，デューイにとって，子どもの成長であり，同時にまた，社会の進展でもあった。その意味で「民主主義（デモクラシー）」と「教育」とは，人間の成長という一つの現象に対して，社会の側面と個人の側面から付

与されたそれぞれの名称であり，本質的に同じプロセスを経て展開されるものでなくてはならない。 ［山内清郎］

新教育運動

近代市民社会の成熟，実験科学的な児童研究の発展などに助長されて，19世紀末から20世紀初頭にかけて世界各地で起こった教育改革運動である。子どもからの教育を基調として，身体的作業の重要性，子どもの能動的な自己活動や自発活動を重視する風潮が世界各地で広がりを見せた。19世紀末以降ドイツやイギリスでは労作教育，郷土教育，合科教育，協同社会学校などの理論ならびに実践が注目された。一方，アメリカではデューイ・スクールに発する「進歩主義教育運動」が注目を集めた。また，日本においても大正自由教育運動として華々しく隆盛を極めた。

［大野　僚］

大正自由教育

大正期に流行した児童生徒の自発性や自己活動，つまり子どもの「自由」に根差した教育をめざす思想・実践のことをさし，新教育とも呼ばれる。昭和戦前期には徐々に衰退を見せたものの，自由を標榜する点から，戦後教育の前身に位置づく教育論である。

近年ではこの大正自由教育の見直しも進んでいる。例えば子どもの自発性を重んじるものの，その尊重には不十分な点もあり，かえって大正自由教育は新しい教師中心主義を生み出していた，と指摘されたりしている。めざすべき理念として自由の尊重を訴えつつも，具体的な方法の次元においては，教師が主導する性格が強かったり，その教師主導の結果として，子どもの自発性が抑圧されてしまうような手法が提唱されることもあったのである。

こうした指摘は大正自由教育に限界が存在する一方で，他方ではいまださまざまな観点から捉え直される，有望な可能性もあることを示唆していよう。先に述べた見直しや反省が蓄積されれば，それだけ子どもの自由への抑圧に，より自覚的になることが可能となる。大正自由教育はこうした機会を私たちに与えてくれる源泉としてのポテンシャルを，今でももち続けているのである。 ［林　潤平］

近代教育の創成期

コメニウス　Comenius, Johannes Amos（1592-1670）

モラヴィア（現在のチェコ共和国東部）生まれの宗教改革者・教育思想家である。宗教戦争の三十年戦争のために祖国を追われヨーロッパ各地を転々とせざるをえなかった。その亡命生活中に『大教授学』（1657）を執筆した。「あらゆる人に」「あらゆる事柄を」教育することを説いた『大教授学』は，後の近代教育を方向づける「学校」制度の基本的アイデアを大胆に示した著作である。当時の新技術である活版印刷にたとえて，教育印刷術（ディダコグラフィア）のアイデアを提示した。具体的には，学習内容を簡単なものから複雑なものへと秩序立って整えたり，子どもが不ぞろいにならないように年齢で分けたりする，現在の学校の原型が示されている。このような精巧な配置がいったん準備できれば，印刷機が印刷するのと同じように素早く，教育も進行する。そうした教育によって得られた知恵によって，人類が悪や争いにおちいることを防げると彼は考えた。また，学習内容の教材に当たるものとして『世界図絵』(1658) も作成した。『世界図絵』は即座にヨーロッパ各国語版が作成され後世に大きな影響を及ぼした。

→教材 ［山内清郎］

ロック　Locke, John (1632-1704)

イギリス変革期に活躍した哲学者・社会思想家である。代表的著作に『人間知性論』(1689)，『統治二論』(1689) などがある。オクスフォード大学で哲学・宗教を学んだ後に医学を学んだという経歴から，実験や観察を重視する彼の実学的姿勢が形づくられた。教育論としては『教育に関する考察』(1693) が有名である。彼の教育論では，まず，子どもが「タブラ・ラサ(何も書き込まれていない白紙)」として捉えられる。そして，子どもの理性に訴えかけ訓練を重ねることでその「白紙」に文字を書き込んでいくイメージで教育が考察される。教育の方法としては極力「理性に訴える」ことが強調される。こうした方法は現代の子ども観からすると奇異に映るかもしれない。しかしイギリスで革命が続く混迷期に，人間の能力や道徳性が，身分・階級・血統等の生得的なものの結果ではなく，生まれた後に繰り返され訓練される習慣形成の結果，つまり教育の結果であるとする彼の考えは，教育による人々の解放という大きな歴史的意義をもっていた。 ［山内清郎］

ルソー　Rousseau, Jean-Jacques (1712-78)

「近代教育の父」と呼ばれるルソーは，近代教育学の古典的名著『エミール』(1762) において「子ども」を発見した。「消極教育」と呼ばれる彼の自然主義的な教育論は，個性や自由を尊重し，知識よりも経験の重要性を説いた。子どもを未熟な「小さな大人」として既存の価値観や知識を教え込んでいた当時にあっては斬新かつ異質なもので，焚書とされたほどだった。しかし，『エミール』や『社会契約論』(1762) などの著作は，カント (Kant, I.) や中江兆民をはじめ，フランス革命，民主主義思想に多大な影響を与えている。 ［宮崎康子］

ペスタロッチ　Pestalozzi, Johann Heinrich (1746-1827)

スイスのジュネーブ生まれの教育実践家・思想家である。ルソーの『エミール』と，そこに示される「自然の教育」に深く感化される。自然の教育，つまり人間にそなわる善性を探究し開発することに生涯をかけた。彼の生涯は波乱に満ちたものであった。当初荒地を開墾した農場経営を通しての社会改革を志したが失敗した。続いて貧児学校を開き，貧児・浮浪児と寝食をともにし，農耕や紡績の仕事に一緒に従事することで教育に取り組むも経済上の理由で断念する。これらの経験をもとに著述されたのが『隠者の夕暮』(1780)，『リーンハルトとゲルトルート』(1781-1787) である。この著作によって彼の名は広く知られるようになる。そして，フランス革命の影響でスイス国内に生じた貧児・浮浪児のための施設をシュタンツに建設するように政府から依頼される。その教育実践報告が『シュタンツ便り』(1799) である。ペスタロッチは直観のABC，基礎陶冶などの教育方法によって知られるが，それらの教育方法は貧児・浮浪児との生活のなかで工夫し編み出された，子どもとの信頼関係に基づく教育方法である。　［山内清郎］

近代教育の形成期

オーエン　Owen, Robert（1771-1858）

イギリス産業革命期，スコットランドのラナークで社会革命に取り組んだ工場主である。貧しく荒れた生活を余儀なくされていた労働者たちの貧困状態や，彼らの性格及び身体の歪みは彼らの置かれた環境によるものであるとし，住居などの生活環境を整えるとともに，自身の経営する紡績工場に「性格形成学院」及び「児童学校」を設立した。とくに「性格形成学院」では，１歳半の乳児から12歳頃までの児童が通い，3R's を教室内で学習し，基本的な読み書きを教授するだけではなく，自然物などを利用した実物教授による授業，掛け図などの教材の工夫も見られ，ペスタロッチの影響を受けた教育実践がおこなわれた。また，身体的・感性的な育ちをめざしたダンスや歌唱，自然や社会的事象と出会える遠足なども取り入れていた。　［西村美紀］

ヘルバルト　Herbert, Johann Friedrich（1776-1841）

ドイツの教育学者。教育という営みに対して「学問体系としての教育学」を標榜し，教育理論を構築することで，近代教育学の礎を築いた。教育者には技術が必要であり，その技術を分析するなかで，教育を教授・訓練・管理に分類し，教授を教育の中心に位置づけた。

また，ペスタロッチの影響を受けて自ら四段階教授法を開発した。四段階教授法は，教授行為の手続きとして段階を設定し，その段階にふさわしい教授をしていくという教える行為の技術を示したものである。

四段階教授法は後年ヘルバルトの弟子たちによって五段階教授法として改良され，全世界を席巻することとなった。今日の授業形態は，五段階教授法が原型として色濃く反映されている。ヘルバルトの登場によって，教授という側面が強調され，教育における教えることの意味づけが理論化されたと言ってよい。　［大野　僚］

エレン・ケイ　Key, Ellen Karolina Sofia（1849-1926）

エレン・ケイはスウェーデンの思想家・教育家で，1900年に『児童の世紀』を出版した。20世紀を子ども中心の世紀とすることをうたったこの本の児童中心主義の主張は，大正自由教育にも多大な影響を与えた。一方でエレン・ケイの思想には，さまざまな差別を生む優生学的な性格があることも指摘されている。しかし例えば，彼女が体罰に強く反対し，法律をもって学校や家庭での体罰禁止を訴えた点などは，いたましい虐待が頻繁する現代日本の現状から見ても学ぶべき意義があり，その意味で21世紀となった今も，エレン・ケイの思想には顧みるべき大きな思想的可能性が秘められている。

→体罰 ［林　潤平］

デューイ　Dewey, John（1859-1952）

アメリカの哲学者・教育思想家であり，第一次世界大戦後，進歩主義教育協会の理論的リーダーとしてのみならず，世界の新教育，日本の大正自由教育や戦後経験主義教育などへ大きな影響を与えた。

デューイによると，成長は経験の連続的再構成である。つまり，主体は環境との相互作用の中で，経験を知性的に捉えて，その意味を豊かにしながら，次の経験へ連続していく。この成長の過程こそが民主主義的であるべきとし，シカゴ大学在職中，実験学校を設立し，「学校＝小さな社会」という思想を実践した。子どもの興味と作業を重視し，子ども同士の協同による学び，民主主義的な共同体の形成をめざした。主著は『民主主義と教育』『学校と社会』などである。 ［西村美紀］

近代教育成立以後

シュタイナー　Steiner, Rudolf（1861-1925）

シュタイナーの思想は，魂や死後の世界をも含めて人間のライフサイクルを描き出すオカルティック（神秘的・超自然的）な色彩が強いものであるため，思想史においては異端視されてきた。だが，その人間観は，均一化と合理化に傾く既存の教育制度を問い直す独自の教育観へと展開することとなり，彼自身も「自由ヴァルドルフ学校」を創設して教育芸術と称される実践に取り組んだ。現在シュタイナー教育は，日本を含む世界60か国以上に拡がっており，公教育とは一線を画する多様な理念に基づく「オルタナティブ教育」を代表する存在となっている。絵画や演劇といった芸術活動を重視するシュタイナー教育について知りたい方には，子安美知子『ミュンヘンの小学生』（1975）を紹介しておこう。

→オルタナティブ・スクール

［辻　敦子］

フレネ　Freinet, Célestin（1896-1966）

フランスの教育者。ニース師範学校在学中に第一次世界大戦が勃発し召集され，そのときに肺と喉に重症を負ってしまう。その後，小学校の教員となるも，後遺症のため長時間話すことが困難であった。フェリエール（Ferrière, A.）を通して新教育運動について感銘を受けたものの，これらの方法ではフレネが目の当たりにしている貧しい子どもたちと隔たりがあると考え，子どもの自主的な活動を支えるための方法を独自に模索した。

教室に印刷機を導入し，子どもたちが生活のなかで感じたことを自由に表現したものを印刷し教材化する「自由作文」，さらにそれを他校と「学校間通信」として交換し，交流を図った。ここには，子どもの「生活」を，印刷する「作業」を通して作品化し，それを「交換」するという，生活を出発点として社会へと至るプロセスが機能していたのである。「フレネ技術」と呼ばれるこの教育法は，新教育運動とは異なるアプローチから子どもと向き合うなかで試行錯誤を繰り返しながら創出されたのである。

→生活綴方 ［大野　僚］

ボルノウ　Bollnow, Otto Friedrich（1903-1991）

20世紀ドイツの哲学者，教育学者。希望，信頼，被護性，危機，出会い，覚醒など，我々が生きることに関わるさまざまな現象の意味を明らかにすることで人間の本質と教育の役割を問いなおす，人間学的教育学を提唱した。従来の教育学が捉え損ねてきた諸現象に目を向けることにより，人間の発達と教育に関する議論の射程を拡大してみせた。これによって，教育を支える基盤としての希望，信頼，被護性などの情感の役割や，人間の成熟の契機となりうる危機，出会い，覚醒といった出来事の重要性を明らかにした点に，ボルノウの思想の特徴と意義がある。

［井谷信彦］

アリエス　Ariès, Philippe（1914-1984）

在野にあって独自の研究を続けていたアリエスは，1970年以降のフランスの「新しい歴史学」を代表する歴史家とされる。16～18世紀における人々の心性（マンタリテ）に注目して，「子供」が近代の産物であることを指摘した『〈子供〉の誕生』，そして，死に対する人間の態度の歴史的な変遷を分析した『死を前にした人間』（1977）により世界的に注目され，65歳のときにフランス社会科学高等研究院の研究主任として迎えられた。自称「日曜歴史家」である彼の自伝『日曜歴史家』（1980）には，子どもや教育，死をテーマとする自らの歴史学が語られている。

［宮崎康子］

近代教育の批判的展開

イリイチ　Illich, Ivan（1926-2002）

イリイチは，「学校へ行かなければ社会に出るために必要なことを学ぶことができない」というような「制度」に対する一般的な考え方を問い直そうとした思想家である。彼は，近代国家における教育制度の下で，学校が「価値あり」と定めてくれているものをただ受け取るような学びを「学校化された学習」と名づけて批判的に検討し，学校だけが学びの場ではないことを示した。私たちは，教育を学校に任せるのみならず，健康を病院に，安全を警察に全面的に委ねるというように，自らの生活に関わるすべてのことを専門機関とみなされる制度に依存している。つまり，社会全体が「制度化＝学校化」しているということである。このように，人が生きることに関わる価値意識そのものが学校化していることを問題視するイリイチは，それぞれの土地に暮らす人びとが互いに助け合うことで新たなる価値を生み出す「脱学校化」した社会のあり方を構想した。主著に『脱学校の社会』（1971）『シャドーワーク――生活のあり方を問う』（1981）など。 ［辻　敦子］

フーコー　Foucault, Michel（1926-1984）

フランスの哲学者。数多くの著作がある。それらを貫くモチーフは「ひとは自由に生きたいと願い，自己の自由を自発的に行使していると思っているが，なぜ結果として自由を失うことになってしまうのか」という謎の解明であった。彼は，個人の自由に敵対的な権力機構が存在し，その権力が個人の自由を抑圧しているという図式で物事を考えていないことに注意が必要である。その点で主著『監獄の誕生』(1975) で，ベンサム (Bentham, J.) の「パノプティコン (一望監視装置)」の原理を紹介し，監獄で囚人が監視者のまなざしを「自発的に」内面化してしまう様子を描写しているのは特徴的である。囚人の自己がいつのまにか監視者の規律，監獄の規律に取って代わられてしまうメカニズムは特別なことではない。患者としての自己が医療者のまなざしにコントロールされる，あるいは，生徒としての自己が教師のまなざしに左右される感覚をもったことはないだろうか。近代の快適な生活をもたらす病院，工場，学校などのもろもろの制度に，自由が疎外される仕組みがもともと含まれているというフーコーの指摘は，現代の教育のあり方を厳しく問いただすものである。

［山内清郎］

フレイレ　Freire, Paulo (1933-1997)

ブラジルの教育思想家で，代表的著作には『被抑圧者の教育』(1970) がある。「銀行型教育」を強く批判し「課題提起教育」を提唱したことが有名である。彼の思想は，飢饉や重労働等の悲惨な生活に苦しむブラジル農民，さらには世界中で抑圧されている人々を解放するという問題意識に貫かれていた。

銀行型教育とは，教師が生徒に一方的に語りかける従来型の教育をさす。フレイレは，生徒は知識を「預金」される容れ物にすぎないという教育のイメージ自体が新たに生徒の従属・抑圧を生むと指摘する。彼は，大人の識字教育に取り組んでいたこともあり，生徒を自分と対等な主体として扱うことを出発点に据え，生徒と相互に教えあう関係を大事にした。その対話のなかで今生徒の属する世界，今生徒が従事する仕事についての真実の言葉 (一例を挙げるなら「スラム」「労働組合」「ストライキ」など) を見つけ出し，磨き上げることが，世界の変革のための武器だと考えた。その意味で「課題」は，教師から生徒に与えられるものではなく，両者の対話のなかで提起され生成するものなのである。

［山内清郎］

教育制度

日本の教育制度

教育基本法

日本の教育全体に関わって，まさにその「基本」となる理念・原理を示している法。国民の教育を受ける権利を定めた日本国憲法に次いで，教育の世界では重要度の高い法律だと言える。1947年につくられた条文がその後およそ60年にわたってそのまま使われていたが，2006年12月に改正となった。

現在の教育基本法は全部で18の条文から成り立つ。教育の目的や目標，生涯学習の理念といった教育全体の方向性を示すほか，幼児期の教育から義務教育，学校教育，大学，さらには社会教育まで，教育の制度に関わる項目を定めている。また，具体的な条文に入る前に「前文」が置かれているのは，日本国憲法と同じである。 ［梅澤希恵］

学校教育法

教育基本法に示された理念のもと，日本の学校教育について定めた法律である。小学校や中学校の目的，学校に必要な教員の種類やその役割などについて条文が設けられている。また，義務教育が９年であることを決めているのも学校教育法である。

学校教育法は，教育基本法と異なりこれまで社会や経済の変化に対応するため改正を繰り返してきた。とくに2007年の改正は，副校長・主幹教諭・指導教諭といった新しい職が定められるなど，大きなインパクトを与えた。そのほか，中等教育学校，特別支援学校，義務教育学校など新しい種類の学校ができた際には，それにあわせて改正がおこなわれている。 ［梅澤希恵］

学校教育法施行規則

学校教育法にそって，学校教育をおこなうために必要なきまりを定めた文部科学省令である。章立ては学校教育法の構成に対応している。学校教育法は改正を繰り返しているものの，法律を変えることは簡単にできることではない。そのため，細かいきまりは法律よりも変えやすい学校教育法施行規則で定めている。なお，都道府県や市町村の教育委員会がおこなうことは学校教育法施行令で定められている。

日本は学年が４月１日に始まるが，それを定めているのは学校教育法施行規則である。また，ゆとり教育の一環として，2002年から始まった完全学校週５日制の根拠となる土日休業日についても定めている。 ［梅澤希恵］

教育の目的

日本では，人格の完成をめざすこと，

平和で民主的な国家及び社会の形成者となる資質をもった人を育てることが，教育の目的として掲げられている（教育基本法第1条）。とくに「人格の完成」とは，社会に役立つ人材を育てるだけでなく，各個人がもつあらゆる能力を可能な限りバランスよく成長させていくことを意味する。

教育基本法に示されているのは，学校教育に限定せず，人が生まれてから死ぬまでの生涯にわたる教育の目的である。そのため，小学校や中学校の教育の目的については，学校教育法のなかで定められている。［梅澤希恵］

教育の中立性

学習者の思想・信教の自由を保障するために，教育が特定の価値観の注入に偏ってはならないという考え方を意味する。日本においても戦前は，教育が国の戦争遂行に協力した歴史があり，教育の中立性の確保は重要な課題となっている。

一般的に教育の中立性とは，次の2つのことを示す。ひとつは政治的中立性であり，教育基本法第14条第2項が学校における特定政党の支持または反対のための政治教育・政治的活動を禁止している。もうひとつは宗教的中立性であり，教育基本法第15条第2項が国公立学校における特定の宗教のための宗教教育・宗教的活動を禁止している。ただし，私立学校では宗教教育が認められている。［梅澤希恵］

教育を受ける権利

日本国憲法第26条第1項には，すべて国民はその能力に応じて，ひとしく教育を受ける権利を有することが定められている。「すべて国民」というフレーズに表されるように，教育を受ける権利は子どものみならず大人にも保障される。実際に教育基本法では，国民一人ひとりがその生涯にわたって，あらゆる機会に，あらゆる場所において学習することができる社会の実現を図らねばならないと定めている。

とはいえ，身体的にも精神的にもまだ幼い子どもが，自らに必要な教育を判断することはおそらく難しいだろう。そこで，子どもの教育を受ける権利については大人が保障していくことが求められる。［武井哲郎］

教育の機会均等

すべての国民が等しく教育を受ける機会を与えられなければならないこと，人種，性別，家庭の経済状況などによって，教育上差別されないことを意味する。日本では教育基本法第4条第1項に定められていて，すべての人に教育のなかで同じ取り扱いをするよう求めている。

ただ，これだけで平等な「教育の機会」を保障することはできない。なぜならば，社会的に弱い立場にある人々に対してはより手厚い対応が必要だからだ。そこで，教育基本法第4条第2項および第3項は，障害のある人や経済的に厳しい状況に置かれた人が教育をきちんと受けられるよう，国や地方自治体は必要な支援をおこなわねばならないと定めている。［武井哲郎］

義務教育

日本国憲法第26条第2項は，すべての国民が自らの育てている子に普通教育を受けさせねばならないという義務を定めている。これは，子どもの教育を受ける権利を保障するためのもので，子どもの教育に対して直接の「義務」を負うのは保護者であることを意味する。

一般には，国公私立の小・中学校に子どもを通わせることが，保護者としての義務だと考えられている。ただ，民間の教育施設（フリースクールやインターナショナルスクールなど）の利用をもって，普通教育を受けさせる義務を果たしたとみなすよう求める動きもある。［武井哲郎］

就学義務

保護者が自らの子どもを小学校や中学校に通わせる義務のことを意味する。日本国憲法に定められた「普通教育を受けさせる義務」を具体化するもので，学校教育法の第16条・第17条に定められている。

ただ，この条文には例外もある。例えば子どもが重い病気にかかっていて長期にわたる治療が必要な場合など，保護者がこの義務を果たすことができないときには，学校に通わせることを先延ばしにしたり，学校に通わせないことが認められたりする。これらは就学義務の猶予（ゆうよ）・免除と呼ばれるものだが（学校教育法第18条），子どもの教育を受ける権利を守るため，あくまで慎重に適用しなければならない。［武井哲郎］

就学の督促

小学校や中学校の校長は，とくに正当な理由もなく学校を休みがちな子どもがいる場合，その状況を市町村の教育委員会に通知しなければならない。そして，この通知を受けた教育委員会は，保護者に対して子どもを出席させるよう強く促すことになっていて，これを「就学の督促」という。さらに，督促を受けたにもかかわらず保護者がなお子どもを学校に行かせない場合は，就学義務に違反する行為として10万円以下の罰金を科すこともできる（学校教育法第144条）。ただ，就学義務違反を理由に罰金が科されるということは，現実にはほとんどない。［武井哲郎］

義務教育の無償性

日本国憲法第26条第２項に定められた，義務教育は費用がかからないという原則を意味する。教育基本法第５条第４項には，義務教育で授業料を徴収しないことも定められている。また，現在では教科用図書（いわゆる教科書）についても義務教育の間は無償で渡されることになっている。もともと教科書は保護者が購入して揃えねばならないものだったが，それは憲法が保障しているはずの義務教育は費用がかからないという原則に反するとして抗議運動が広がった。その結果，1963年に「義務教育諸学校の教科用図書の無償措置に関する法律」が制定されたという経緯がある。

→教科書【教科】［武井哲郎］

就学援助／教育扶助

義務教育は無償であるはずだが，実際には学用品費や給食代，修学旅行費など保護者が納めねばならない費用が存在し，経済状況の厳しい家庭にとって大きな重荷となっている。こうした義務教育を受けるのに必要不可欠であるにもかかわらず，保護者負担となっている諸費用を補助するために設けられている仕組みが「就学援助」である。これは，経済的理由によって学校に行くのが難しいと思われる子どもやその保護者に対して市町村が必要な援助を与えねばならないことを定めた学校教育法第19条に基づいて実施されている。なお，「教育扶助」も同じく義務教育を受けるために必要な学用品等を揃えるために補助されるものであるが，これは生活保護法に基づく制度である。

［武井哲郎］

学校設置義務

地方公共団体（都道府県や市町村）が学校を設置する義務のことを意味する。保護者には就学義務が課されているものの，そもそも子どもの通える学校が存在しなければ，その義務を果たすことができない。そのため，市町村には小学校及び中学校の設置が，都道府県には特別支援学校の設置が，それぞれ義務として課されている。

なお，義務教育の機会を保障し，その水準を確保するための責任は，地方公共団体のみならず国も負っていることが，教育基本法第５条第３項に定められている。［武井哲郎］

学校種

学校種とは学校の種類のことであり，日本では大きく３つに類型化できる。

まず，「一条校」と呼ばれる学校教育法第１条に規定される学校である。次に，学校教育法に規定されているが一条校に含まれない学校として，専修学校と各種学校がある。どちらも実践的な職業教育等を目的とし，一定の基準に基づき都道府県知事の認可を受けて設置される。最後に，学校教育法ではない法律に規定される学校として，各省庁大学校（防衛大学校など）や就学前教育をおこなう保育所及び認定こども園が挙げられる。［梅澤希恵］

日本の学校教育

一 条 校

学校教育法第１条で定めている幼稚園，小学校，中学校，義務教育学校，高等学校，中等教育学校，特別支援学校，大学，高等専門学校の総称であり，教育基本法第６条第１項にある「法律に定める学校」にあたる。これらの学校はもともと国，地方公共団体，学校法人のみ設置することができたが，2002年に成立した構造改革特別区域法によって株式会社や NPO 法人による設置も認められるようになった。なお，幼稚園については社会福祉法人や個人などによる設立も可能である。

一条校それぞれの目標・目的，教育課程，教員については学校教育法において厳格に規定されている。

［佐久間邦友］

小 学 校

日本では満６歳に達した子どもが入学する修業年限６年の義務制学校を意味する。生涯にわたり学習する基盤が養われるよう，基礎的な知識及び技能の習得や課題解決のために必要な思考力・判断力・表現力の育成がねらいとなる。小学校を設置する義務は市町村にあり，保護者は子どもをいずれかの小学校（あるいは義務教育学校の前期課程や特別支援学校の小学部）に通わせなければならない。

現在でも学級担任がすべての授業を

担当すること（学級担任制）が多いが，近年は高学年における教科担任制の本格的な導入が検討されている。2017年告示の小学校学習指導要領では，小学校5・6年生で新たに外国語科が導入された。［梅澤希恵］

中学校

修業年限3年の義務制学校であり，小学校で学んだことをベースに教育をおこなう。日本における義務教育は，小学校と中学校をあわせた9年間となっている。中学校に相当する教育機関としてはほかに，特別支援学校の中学部，義務教育学校の後期課程，中等教育学校の前期課程がある。

小学校と同様，中学校を設置する義務は市町村にあり，保護者には子どもを中学校に通わせる義務がある。教科担任制をとり，中学校教諭免許状は教科ごとに分かれている。近年教員の働き方改革により，とくに負担が大きい部活動の業務を減らすため，2017年から部活動指導員（教員以外の外部指導者）の任用が可能となった。

［梅澤希恵］

学齢簿

学齢簿とは，小・中学校に通う必要がある子どもや保護者の情報をまとめた名簿である。

市町村の教育委員会は，小・中学校に通う必要がある子どもや保護者の情報を把握し，管理することが義務づけられている。そこで，住民基本台帳から情報を収集したうえで，入学予定の学校名や実際に入学した年月日，卒業した年月日などを記録・保管しなければならない。一度作成した学齢簿は少なくともその子どもが中学校を卒業するまで情報が更新され続ける。

［櫻井直輝］

入　学

入学とは，子どもが学校の一員となることである。

子どもが学校教育を受けるためには，学校に入学する必要がある。学校の一員になるということは，学校の教室や体育館といった施設・設備を利用したり，担任の教員による指導を受けたりすることができる一方で，学校に関係する法律や学校が独自に定めるルール（＝校則）に従う必要も生じる。

学校に入学した子どもは小学校の場合は児童，中学校や高等学校の場合は生徒と呼ばれる。幼稚園の場合は園児である。また幼稚園では入園という言葉を用いる。［櫻井直輝］

転入学

転入学とは，現在通っている学校と別の学校の同学年に籍を移すことであり，小・中学校では転校という呼び方が一般的である。転学という場合もある。ただし，A小学校からB小学校へ学籍を移す場合は転入学になるが，特別支援学校小学部に転校する場合は編入学という。

小・中学校はどこに住んでいるかで通う学校が決まるため，引っ越しなど住所が変わった場合は転入学が必要になる。公立小・中学校の場合，転入学に必要な諸々の手続きは学校を管理している教育委員会がおこなう。

転入学をすると学齢簿の異動も必要となる。引っ越し先の市町村教育委員会は入学と同じ手続きを通じて子ども

を迎え入れることになる。［櫻井直輝］

区域外就学

区域外就学とは，子どもが自分の住所のある市町村以外にある学校へ通うことを認める仕組みのことである。

子どもが通う学校は自宅の住所によって決まる。保護者は子どもを通わせたい学校がある市町村の教育委員会の承諾を得たうえで，自分の住む市町村教育委員会に申請することで区域外就学を利用することができる。

同じように子どもが通う学校を変更する仕組みには指定校変更や学校選択制がある。区域外就学が自分の住む市町村以外の学校に通う仕組みに対して，指定校変更は自分の住む市町村内にある別の学校に通う仕組みである。

また，学校選択制が導入されている市町村ではより柔軟な選択も可能である。［櫻井直輝］

学校選択制

学校選択制とは子どもや保護者が通う学校を選択できるようにする制度のことである。公立の小・中学校の場合，基本的にどこの学校に通うかはどこに住んでいるかで決まる。

この決定は市町村の教育委員会がおこなうが，学校選択制が導入された市町村では，市町村内の学校から自分が通いたいところを選ぶことができる。人気のある学校には定員が設定され，抽選がおこなわれることもある。

具体的な仕組みについてはいくつかのパターンがある。①市町村にあるすべての学校から自由に選ぶことができる「自由選択制」，②すべてではなく，指定されたいくつかの学校から選ぶことができる「ブロック選択制」，③本来通うことになる学校か隣りあう学校かを選ぶことができる「隣接区域選択制」などである。［櫻井直輝］

学校統廃合

学校統廃合とは少子化などにより在学者数の減った小規模学校を廃止し，別の学校や新しく設置する学校に統合することである。

1989年度から2019年度の約30年間で，小学校は２万4851校から１万9738校へ（5113校減），中学校は１万1264校から１万222校（1042校減）へと大幅に減少した。これは，全国各地で学校統廃合が進められてきたことを意味している。

学校統廃合には少子化だけでなく，市町村合併や厳しい財政状況など多様な課題が複雑に絡みあっているが，一方では新しい教育を導入する機会としても重要な役割を果たしている。例えば統廃合によってできた新設校を義務教育学校とし，小・中９年間を見据えた質の高い教育をおこなおうとする試みが広がっている。

→学校規模 ［櫻井直輝］

学校設置基準

学校設置基準とは学校を設置するために必要な最低基準を定めた文部科学省令である。幼稚園や高等学校の設置基準は戦後まもなくつくられたが，小・中学校の設置基準ができあがったのは2002年のことである。

学校を新しく設置する場合はその種類ごとに定められた設置基準に従わなければならないことが，学校教育法第３条に記されている。ただし，学校設置基準は学校を設置するために必要な最低基準であって，学校設置基準のとおりに学校をデザインする必要はない。

小学校では児童数が1学級につき40人以下，教員数は1学級につき1人以上，施設については教室（普通教室と特別教室）・図書室・保健室が必要となる。［櫻井直輝］

学校管理規則

教育委員会が，その管理する学校を円滑に運営するための基本的事項として定める規則である。単一の規則が全国すべての学校に共通して適用されるものとして定められているわけではなく，学校管理規則はあくまで各教育委員会が定めるものである。地方教育行政の組織及び運営に関する法律第15条及び第33条が制定の根拠とされている。

自治体により内容には違いも見られるが，多くに共通する事項として，各学校の授業日・休業日の定めや教育課程（カリキュラム）の編成，教科書選定，教職員の配置・懲戒，出席停止の手続き，学校施設の管理に関するきまりなどがある。［村上純一］

研究指定校

文部科学省や国立教育政策研究所，教育委員会によって研究指定された学校をさす。指定を受けた学校は1年から5年間にわたって学習指導要領に基づく教育の実施方法について研究をおこなう。

例えば国立教育政策研究所では教育課程研究指定事業を実施している。この事業に参加する研究指定校は2017年改訂の学習指導要領がめざす主体的・対話的で深い学びの授業方法について模索し，その成果を報告する。これにより指定校の実践を他校に紹介することができる。

このほか，都道府県や市町村の教育委員会によって実施されている研究指定校事業もある。地域学習を充実させたり自治体内で課題となっている教育・活動に取り組んだりするための指定がおこなわれている。［小野まどか］

研究開発学校【教育制度】

学習指導要領によらない教育課程（カリキュラム）で学習内容を決めることが文部科学省から認められた指定校のことをいう。通常，学校（幼稚園，小学校，中学校，義務教育学校，高等学校，中等教育学校，特別支援学校）は学習指導要領に書かれていることを守りながら授業をおこなわねばならない。ところが，この指定を受けた国・公・私立の学校は，学習指導要領には書かれていない新たな教育内容や方法を実践することができる。

研究開発学校は1976年からスタートした制度である。生活科，総合的な学習の時間，幼小連携など，現在では当たり前のように取り組まれている教育内容や方法を他校に先がけて実践し，その効果や課題を検証してきた。

［小野まどか］

学校給食法

学校給食と，学校給食を活用した食に関する指導について定めた法律である。1954年に制定された。学校給食の普及充実と，食育の推進を目的としているが，後者は2008年の改正で明記された。

健全な食生活，生命や自然の尊重な

どの「学校給食の目標」や，栄養教諭などの「学校給食栄養管理者」に関する規定に加え，地域の食文化の理解などの「学校給食を活用した食の指導」に関する規定などが含まれる。

この法律で，給食費は保護者負担であることが定められている。ただ，給食費の未納が問題となった際は，支払いの義務を果たしていないという事実を重んじて弁当持参等を要請する事例と，児童の最善の利益の観点から給食提供を続ける事例とで対応が分かれ，議論が生じた。 ［町支大祐］

学校図書館法

学校に学校図書館を設置しなければならないことや司書教諭を置かなければならないことなどを定めた法律である。1953年に制定された。学校図書館は，図書や視聴覚資料，その他の資料を収集・整理・保存し，児童生徒や教員に利用してもらうための設備であると，この法律のなかで示されている。

学校図書館は，読書の場のみならず，探究的学習に関わる調べ学習など，多様な学びの場として期待されており，実践例も蓄積されつつある。しかし，学校図書館が十分に活用されているとは言えない学校も一部に存在する。学級担任や教科担任が司書教諭を兼ねることが多く，十分に学習支援に従事しづらい状況にあるのも，課題のひとつである。 ［町支大祐］

学校保健安全法

学校の保健管理及び安全管理について定めた法律である。1958年に制定された学校保健法が，2008年の改正に伴って改称され，学校保健安全法となった。

学校保健については，換気・採光・照明・保温などについての学校環境衛生基準を文部科学大臣が定めることや，健康診断や保健指導といった点に関する学校保健計画を学校が策定・実施することが示されている。加えて，出席停止や臨時休業など感染症予防に関わる対応，保健室の設置やその目的についても示されている。

学校安全については，施設設備の点検，安全に関する指導，安全に関する職員の研修等に関する学校安全計画を策定・実施すること，危険等発生時対処要領（いわゆる危機管理マニュアル）を作成することなどが定められている。

この法律が児童生徒のみならず，職員の健康の保持増進も目的にしていることには注意が必要である。

［町支大祐］

日本の私立学校

私立学校法

私立学校の特性にかんがみ，その自主性を重んじ，公共性を高めることによって，私立学校の健全な発達を図ることを目的に制定された法律である（私立学校法第１条）。この法律によって監督官庁の関与を最小限にし，私立学校の独自の校風が保たれるのである。しかしながら，私立学校は公教育の一翼を担っている。そのため同法では，私立学校の設立（第31条～第34条），管理（第35条～第49条），解散（第50条～第58条），助成及び監督（第59条～第63条）など，私立学校の公共性を高めるための事項が定められている。
［佐久間邦友］

私立学校審議会

私立学校を設置・廃止する場合には，都道府県知事の認可を受けなければならないが，その際あらかじめ意見を聞くために置かれる場である（私立学校法第9条第1項）。私立学校の設置・廃止以外にも学校法人の設立認可，収容定員等に係る変更など，私立学校に関する重要事項について，知事に意見を申し立てることができる。委員は，都道府県知事が教育に関し学識経験を有する者のうちから任命する。委員数は都道府県によって異なる。過去には委員の4分の3以上が私立学校の関係者であることが求められていたが，現在は削除された。［佐久間邦友］

私学助成

私立学校と国公立学校の間に生じる教育条件格差を解消するため，国や都道府県が私立の教育施設の設置者やそこに通う在学者に対しておこなう財政的な補助である。私立学校振興助成法を根拠とするものであり，学校経営の健全化と学費負担の軽減を目的としている。公の支配に属さない事業に対して公金を支出してはならないため（日本国憲法第89条），私学への助成が認められるのかどうかについては論争があった。学校教育法及び私立学校法に定める教育施設は公の支配に属するという解釈が1975年に示されてから，助成が可能となった。なお，株式会社立やNPO立の学校に対しての助成はおこなわれない。［佐久間邦友］

一条校ではない教育機関

オルタナティブ・スクール

オルタナティブには「代替の」「代わりとなる」という意味がある。つまり，オルタナティブ・スクールとは現在の一条校を中心におこなわれる教育の代わりとして，主に民間団体が設立した教育機関のことである。日本では，これまで一条校でおこなわれてきた画一的な教育を批判し，子どもが本来もっている探求心に基づいた独自のカリキュラムを組むところが多い。モンテッソーリ・メソッド，イエナプラン，フレネ教育，自由教育，シュタイナー教育，サドベリー・モデルといったヨーロッパやアメリカの教育思想・方法を取り入れる団体も見られる。また，不登校の児童生徒を対象としたフリースクールやサポート校，ホームスクールなどを含むこともある。

→フリースクール ［佐久間邦友］

外国人学校

日本国内に住む外国にルーツをもつ子どもを対象とした教育施設であり，インターナショナルスクールや民族学校をさすことが多い。日本語ではなく，英語や韓国・朝鮮語など現地の言葉を用いて教科学習をおこなう。日本人の子どもも入学することが可能である。過去には日本の大学受験資格を認めていなかったが，2000年度より「大学入学資格検定（大検）」の受験資格が拡大し，受験可能になった。現在では，国際的な評価団体（WASC，ECIS，ACSI）の認定を受けた外国人学校を卒業した者に対して大学入学資格が与

えられている。2019年度には，国内に141校あり，３万2234人が学習している。 ［佐久間邦友］

学習塾

５教科（国語，社会，算数・数学，理科，英語）を中心に学校教育の内容を補完する場所である。その対象は主に小学生・中学生・高校生であるが，未就学児が利用することもある。文部科学省の「子供の学習費調査」によれば中学校３年生の利用がとても多い。指導は，学校の教室のような一斉授業方式と個別指導方式に分かれており，受験対策を主とした進学塾，学校の授業からの遅れを取り戻すことを目的とする補習塾，両方の機能をあわせもった総合塾に分類できるが，一部それらに当てはまらない形態もある。類似機関として各種学校に分類される予備校がある。多くが民間企業であるが，自治体が主体となって設置する「公営塾」など，官民連携によるものも存在する。 ［佐久間邦友］

各種学校

一条校とは異なるものの，学校教育に類似した教育をおこなう機関である（学校教育法第134条）。設置等に際して都道府県知事または教育委員会の認可を受ける必要がある。かつては専修学校も含まれていたが，1975年の学校教育法改正によって専修学校は含まれないこととなった。教育課程などに一定の制約を受ける一条校とは異なり，社会の多様なニーズに応えた教育をおこなっている。具体的には，和洋裁，簿記，珠算，自動車整備，調理・栄養，医療（看護・鍼灸），理容・美容，語学，工業，芸術，神仏，ファッション，デザイン，予備校などが挙げられる。2019年度の学校基本調査では，国内に1119校あり約12万人の生徒が学習をしている。 ［佐久間邦友］

教育行政の組織と運営

教育行政

「教育に関する行政」あるいは「教育を対象とした行政」を意味する。どの地域の小学校に通っても同じ内容の教育が受けられるようにするための教育課程の編成，時代に即した教育環境を整えるための財政的な支援などがその活動の具体例として挙げられる。

教育基本法では第16条に教育行政のことを定めた条文がある。そこでは地方公共団体（都道府県・市町村）と国とが適切な役割分担や相互協力をおこなうこと，不当な支配に服さず自由や自主性を尊重することなどが，教育行政のあるべき姿として求められている。

［村上純一］

文部科学省

教育，文化，スポーツ，科学技術の４つの分野をうけもつ国の行政機関である。2001年に文部省と科学技術庁とが統合されて誕生した。文部科学省に附属する組織（外局）としては文化庁やスポーツ庁が置かれている。

文部科学省では，例えば教育の分野であれば教員が小学校で子どもたちに何を教える必要があるのか，小学校教諭の免許を取得するために大学でどのような科目を履修する必要があるのかなど，法律に基づいてその具体的な事項を定めている。国レベルで決定した内容であるため，教育委員会や学校に対して強い影響力をもつ。

なお，ホームページアドレスなどに用いられるアルファベットの略称標記は MEXT である。 ［村上純一］

文部科学大臣

文部科学省の長にあたる国務大臣である。その地位は文部科学省設置法第２条第２項に定められている。文部科学省を代表して国会の委員会で説明をおこなったり，記者会見に立ったりする。また，小学生の部も設けられている「文部科学大臣賞」の授与なども担っている。2001年に文部科学省が設置された際の初代文部科学大臣は町村信孝であり，歴史を遡ると，1885年に内閣制度が定められたときの初代文部大臣は森有礼（もりありのり）である。

文部科学大臣は文部科学省が担う行政事務をトップとして管理することになる。ただし，科学技術の分野については内閣府に科学技術担当の特命担当大臣が置かれ，文部科学大臣と任務を分担する形が取られている。

［村上純一］

中央教育審議会

文部科学大臣から意見を求められたことについて専門家や有識者が話し合うための会議体である。「中教審」と略され，そこで話し合われたことはニュースや新聞などでも頻繁に取り上げられている。

文部科学省では教育関係の審議会は中央教育審議会に一本化されている。分科会として教育制度分科会，生涯学習分科会，初等中等教育分科会，大学分科会の４つが設けられている。また，テーマを限定した特別部会が一時的に設けられることもある。学習指導要領改訂の基本方針や教員免許制度のあり方の基本理念など，中央教育審議会からの意見がその後の国の教育政策方針を大きく方向づけることも少なくない。

［村上純一］

内閣府

2001年１月６日の中央省庁再編により，内閣機能の強化を目的として設置された組織である。それまでの各省庁による縦割り行政の弊害を排除し，行政各部の施策の統一を図るための企画立案と総合調整に関する事務を担う（内閣府設置法第４条）。例えば，文部科学省（幼稚園）と厚生労働省（保育園）の両方が関わる子ども・子育て支援に関する施策について，その立案や調整を内閣府が担えるようになった。

このほかに，教育に関して内閣府が推進してきたものとして，教育特区が挙げられる。 ［小野まどか］

教育特区

2002年から内閣府によって実施されている構造改革特別区域（構造改革特区）のうち教育に関するものをさす。各自治体は特区を申請する際に取り組み内容を示す特区名称をつけていて，小中連携による「国際・職業」教育特区（愛媛県松山市）や小学校英語教育特区（東京都杉並区）が存在した。このほかにも，国公私立以外の新しい学校のあり方として民間企業（株式会社）による学校の設立があり，３～15歳までの一貫教育等の取り組みがおこなわれている（愛知県瀬戸市）。また，教育特区ではないが，「給食特区」のような学校に関わる取り組みもある。

教育特区のうち一部は，2008年４月以降，文部科学省の教育課程特例校制度として実施されている。

→教育課程特例校 ［小野まどか］

教育再生実行会議

2013年１月15日の閣議決定を受け，第２次安倍内閣において設置された，省庁間を超える組織である。なお，第１次安倍内閣において設置されていたのは「教育再生会議」(2006年10月10日～2008年１月31日）である。

教育再生実行会議の開催目的として，21世紀の日本にふさわしい教育体制を構築し，内閣の最重要課題のひとつとして教育改革を進めていくことが示されている。

これまで，いじめ問題（2013年２月26日，第１次提言）や教育委員会制度（2013年４月15日，第２次提言）について提言を出した。これらの提言は道徳の教科化やいじめ防止対策推進法（2013年６月28日公布）の制定に繋がっている。 ［小野まどか］

地方教育行政の組織及び運営に関する法律（地教行法）

地方公共団体（都道府県・市町村）における教育行政の基本的な事項について定めた法律であり，「地教行法」と略されることもある。教育委員会の会議運営や職務権限，事務局について定められている。また，学校教育について専門的な指導をおこなう指導主事に関する規定も設けられている。公立学校教員が教育委員会へ異動する際は，指導主事として勤務することが多い。

2014年におこなわれたこの法律の改正はインパクトの大きなものであり，教育委員長を廃止して教育委員会のトップを新「教育長」に一本化することや総合教育会議を設置することなどが定められた。

→教育委員会；指導主事 ［村上純一］

総合教育会議

地方公共団体において，教育行政の基本方針や重点施策，教育政策大綱などを決定するための会議である。2014年の地方教育行政の組織及び運営に関する法律改正によって新たに設置が定められた（第１条の４)。地方公共団体の首長すなわち都道府県知事や市町村長が中心となって開催されるものである。自治体教育行政に対する首長の関与や責任が見えやすくなる一方で，教育施策のあり方に首長の意向が反映されやすくなるのではないかという課題も指摘されている。

会議は教育長も含めた教育委員と首長から構成され，原則として公開でおこなわれることとされている。開催の頻度は自治体により差がある。

［村上純一］

教育振興基本計画

国や地方公共団体が５年程度の期間を決めて定める，教育振興の目標や具体的施策などをまとめた計画である。2006年の教育基本法改正で新たに設けられた条文（第17条）に，教育振興基本計画の策定が定められた。国においては必ず策定しなければいけないものであるが，地方公共団体においては，国が策定した計画を参考にしつつ独自のものを作成するよう努めることとされており，必ず策定しなければいけないものではない。

国レベルでの計画は第１期が2008年，第２期が2013年，第３期が2018年と５年ごとに策定されており，いずれも基本方針とそれを具体化した教育政策，目標達成の度合いを測る指標の例などが内容として盛り込まれている。

［村上純一］

教育財政

教育財政とは，国や都道府県，市町村が公教育に必要なお金を国民から集め，それを国民が必要と考える教育活動に対して適切に振り分けることをいう。それは，公教育を管理・運営する行政（教育行政）の活動と表裏一体である。

現代の日本は民主主義社会であるので，公的なお金の管理・運用は，国会や地方議会で決めた計画を通じておこなわれる。これは教育においても例外ではなく，国民が教育にどの程度のお金を使い，どのような成果を求めているのか，という点がつねに問われているのである。その意味で，教育財政は民主的で効率的でなければならない。

近年は，教育行政の活動についてPDCA サイクルを通じて評価することが定着しており，国や都道府県，市町村は教育政策にどの程度のお金を使用し，どのような成果が得られたかをウェブサイトなどを通じて公表している。

［櫻井直輝］

公立義務教育諸学校の学級編制及び教職員定数の標準に関する法律（義務標準法）

１学級あたりの児童生徒数を定めることで，子ども数から学校に配置する教職員の総数を計算する仕組みを定めた法律である。略称は義務標準法という。2020年現在の義務標準法では，小学校１年生は35人で１学級，小学校２年生〜中学校３年生は40人で１学級を基本としている。

学級数が決まれば，計算式に従って学校に配置すべき教職員の総数を決定できる。例えば18学級の小学校がある場合，校長１名に加えて，18学級×1.2＝21.6≒22名の教員，養護教諭１名，事務職員１名を合わせた25名となる。これらの数字を合計することで，都道府県・政令指定都市に必要な教職員総数が決まる。このほかに，国の政策などによって教員数が追加される場合もある。

なお，2021年２月２日に義務標準法の改正案が閣議決定され，2021年度から段階的に小学校全学年での35人学級が実現する見通しとなった。

［櫻井直輝］

義務教育費国庫負担法

義務教育費国庫負担法とは，教育の機会均等と教育水準の維持向上とを図ることを目的として，義務教育費にかかる費用（の一部）を国で負担することを定めた法律である。

この法律に基づいて，国は都道府県・政令指定都市が実際に支払った公立小・中学校（特別支援学校を含む）の教職員給与費のうち，３分の１を負担する。ただし，この負担額には上限が定められており，その額は内閣が定めた政令によって決まっている。

なお，国庫負担の対象外となった残りの３分の２は都道府県・政令指定都市が負担することになるが，義務教育の質がその財政的な豊かさに左右されてはならない。そこで国は，都道府県・政令指定都市の間にある財政格差を調整するための仕組みを通じて，残りの３分の２にあたる費用を交付している。 ［櫻井直輝］

教育公務員特例法

教育公務員は，公務員であることから，一般の労働者について規定した労働法が一部適用外となっている。さらに，その職務と責任の特殊性から，地方公務員とも異なる扱いが必要だとされる。こうした点をふまえながら，教育公務員の任免や人事評価，給与，分限，懲戒，服務，研修その他について定めたのが，この法律である。

例えば，地方公務員の条件付採用が６か月であるのに対して，教育公務員は１年である。また，教育公務員は研修を受ける機会が与えられなければならないことや，絶えず研究と修養に努めるべきことが示されている。

研修については，任命権者実施研修などに関する規定に加えて，近年，資質に関する指標やそれを踏まえた教員研修計画の策定に関する規定が加えられた。給与に関しては，各自治体の条例に従うこととともに，義務教育等教員特別手当の支給対象について規定されている。服務については，兼業や政治的行為の制限について規定されている。 ［町支大祐］

公立の義務教育諸学校等の教育職員の給与等に関する特別措置法（給特法）

教職の特殊性をふまえ，公立学校の教員の給与や勤務条件について定めた法律である。1971年に制定された。略称は給特法である。

教員には，時間外の勤務について手当てを支給しない一方で，給与の４％の教職調整額を支払うことが定められている。また，教員に時間外勤務を命令できる対象について，生徒実習・学校行事・職員会議・災害対応の４項目（限定４項目）が定められている。

これらの規定は，教員の長時間労働の要因のひとつになったとの指摘もある。教職調整額が定められていることによって，勤務時間管理の必要性が低下したことや，限定４項目の規定によって，それ以外の行為が教員の自発行為とみなされる場合があるためである。

2019年の改正において，いわゆる働き方改革の流れをうけ，業務量管理の指針を文部科学大臣が示すことや，自治体判断で一年単位の変形労働時間制が適用可能になることなどが新たに規定された。 ［町支大祐］

教育制度の原理・原則

公 教 育

国家が国民を育成するためにおこなう教育である。一般的には学校教育をさすと思われがちだが社会教育も含まれる。またその範囲は，教育基本法第６条の定めにより「法律に定める学校は，公の性質を有する」とされていることから，私立学校も含まれる。歴史的には，公教育計画などの先駆的な思想家としてフランスのコンドルセが挙げられる。日本では，1872年の「学制」発布によって全国一律の教育制度の構築が始まった。第二次世界大戦後には教育の機会均等がめざされるようになり，全国で一律の水準が保たれた教育制度が構築されている。ただし公教育の費用負担や株式会社立の学校の取り扱いなど議論の余地が多数残されている。 ［佐久間邦友］

私教育

家庭における教育をはじめとして，スポーツ・音楽といった習い事，学習塾やカルチャーセンターなど，個人の意思によっておこなわれる教育である。対義語は「公教育」となる。教育内容や方法にとくに制限はないものの，家庭や地域の状況によって私教育の機会を得られるかどうかは変わってくる。私立学校は法の制限を受けるため公教育に分類される一方，不登校の子どもが集う民間のフリースクールは，学校教育を補完する役割を担っていたとしても法律に定められた学校ではないため，私教育に分類される。

［佐久間邦友］

初等教育

各国の教育制度において，初等教育が始まる年齢は5歳から7歳と国によって異なっている。そこで，ユネスコ（国際連合教育科学文化機関：UNESCO）では各国の教育制度を比較可能にするために国際標準教育分類（ISCED）を示している。ISCEDによれば初等教育はレベル1とされ，日本の教育制度では小学校をさす。

なお，ISCED では幼稚園等の小学校に入学する前の教育段階（就学前教育）はレベル0とされている。一方で，文部科学省設置法第4条によれば，日本の初等教育は幼稚園と小学校の両方が含まれている。このように，どの段階の教育を初等教育と呼ぶかは国によってさまざまではある。ただ，各国で受けることのできる最初の教育段階である点は共通している。

［小野まどか］

中等教育

初等教育に続いておこなわれるのが中等教育で，その対象年齢は国によって異なる。日本の場合は，中学校と高等学校でおこなわれている教育を意味する。中学校を前期中等教育，高等学校を後期中等教育と呼ぶ。

日本では，前期中等教育＝中学校が義務教育の一部であるのに対して，後期中等教育＝高等学校は義務教育修了後におこなわれる。そのため，それぞれの教育機関の目的や位置づけも異なる。しかし，諸外国において同一の学校で6年間の中等教育をおこなっている例もあることから，日本の公立学校についても検討が進められ，1999年度から中高一貫教育が導入可能となった。

［小野まどか］

単線型

単線型は，初等教育から高等教育まで主に年齢や教育内容による上下の区分のみで構成された学校教育のシステムを意味する。したがって，中学校への進学機会は性別や身分に関係なく，すべての小学校卒業者に開かれている。

日本においても性別等により進学機会が限られていた歴史がある。戦後は単線型のシステムを採用し，誰でも平等に教育が受けられることを重視した。現在は中等教育学校や義務教育学校が新しくできたため，平等の面を残しな

がら多様化が図られつつあると言われている。 ［梅澤希恵］

複線型／分岐型

複線型は，初等教育段階から複数の教育目的や役割をもった学校にルートが分かれ，互いに交わることがないシステムである。歴史的にヨーロッパ諸国で形成され，性別や身分によってどの学校へ通えるかが決まっていた。

分岐型は，複線型の国が誰でも平等に教育を受けられるようにするための努力として，単線型の要素を取り入れたことが始まりである。義務教育段階または初等教育段階の基礎的な部分は単線型だが，その後多様な教育目的や役割をもった学校へ分かれる。分岐型の例としてはドイツが挙げられる。双方の行き来が可能ではあるが，初等教育を終えた段階で職業訓練を受ける学校へ通うルートと大学進学を希望する学校へ通うルートに分かれている。

［梅澤希恵］

子どもの権利条約（児童の権利に関する条約）

1989年に国際連合で採択された，子どもの権利保障のための条約である。子どもに対する差別の禁止や，最善の利益の考慮を求めるとともに，子どもに認められるべき人権について示している。意見を表明する権利に代表されるように，子どもを保護や配慮の対象としてだけではなく，権利行使の主体として見る点に特徴がある。

日本は1994年に批准したものの，差別の禁止などを含めて，条約の内容が実現されていない点があるとして，国連の委員会から複数回にわたって勧告を受けている。他方，この条約の理念に基づき子どもの権利を保障しようと，独自の条例を定めている自治体もある（例：神奈川県川崎市）。

→子ども ［町支大祐］

子どもの人権

すべての子どもが人として本来もっている権利のことである。子どもの権利条約には多岐にわたって示されているが，主な点は以下のとおりである。

すべての子どもは，生命に対する固有の権利をもち，生存・発達が確保されるべきである。経済的搾取や性的搾取，生活に対する不法な干渉，虐待，紛争などから守られる権利をもつ。また，十分な医療や教育を受け，文化的な生活や芸術に参加する権利などをもつ。これらに加え，意見を表明する権利や，法律の範囲内での表現の自由や思想・良心の自由など，市民としての権利をもつ。

なお，日本の学校の校則や生活指導・生徒指導などは，児童生徒のこれらの自由や権利を不当に制限しているとの指摘もある。

→人権；人権教育 ［町支大祐］

児童の最善の利益

子どもに関わって何かがおこなわれる際，最も大切にされるべき，子ども本人の利益のことをさしている。関わる側の大人や機関の事情より子どもの利益が優先されるのはもちろんのこと，父母の意思に反する場合においても考慮される必要がある。この原則は，子どもの権利条約において示されている。

社会福祉施設，裁判所，行政組織，民間企業など，あらゆる機関が児童の最善の利益を優先すべきであり，もちろんそこには学校も含まれる。体罰やいじめの放置はもちろんのこと，一部の校則（例えば髪色に関するもの）も児童の最善の利益に反するとの指摘がある。 ［町支大祐］

教 師 論

教師という仕事

教員（教師，教諭）

教員とは，学校教育法で定められた学校に配置される教諭，養護教諭，栄養教諭等であり，教諭の資格は教職員免許法で定められている。教師とは，学校教育に限らず，学問や技術・芸術などの特定専門分野において知識や技能を教え，児童等の学習者を指導し統率する存在である。近年，能力観や学習観が転換することにより，教員（教師・教諭）に期待されることは，絶対的な知識を伝達するための学習指導から，学習者の主体的な学習とその評価を継続的に支援し促進させるファシリテーターとしての役割を果たすことに変化している。 ［内山智枝子］

ファシリテーター

ワークショップを実施する際に重要な役割を担うのがファシリテーターである。英語の facilitate（促す）から派生し，ワークショップ参加者が快適にアイデアを出せるように（拡散），さらにはアイデアをまとめられるように（収束），サポートすることが主たる役目である。教師が教育内容の伝達（教えること）に重きをおいているのに対して，ファシリテーターは参加者に気づかせたり，アイデアを引き出したりするプロセスを重視する点が大きな違いである。

それゆえ，ファシリテーターには「待つ」姿勢が重要視され，参加者と積極的にコミュニケーションできる力（聴く力など），出たアイデアを構造化する力，個を見ながら全体を俯瞰できる力などが求められる。

→待ち；ワークショップ ［荒木寿友］

教　職

教職とは教育に携わる職業（教育職）のことであり，一般的には教師（教員）をさす。教師としての使命感や教育的愛情をもち，高度な実践的指導力を発揮しながら児童の心身の健全な発達を促していく専門職が教師である。

教師の仕事は授業だけではない。生徒指導，学級運営，クラブ活動，児童会活動といった学校内の活動だけではなく，保護者対応や PTA といった対外的な活動など多岐にわたる。教師の多様な仕事に加え，学校現場に関わる課題は複雑化・困難化しているがゆえ，個々の教師が独りで課題を抱え込まずに，外部の多様な専門家（スクールソーシャルワーカーなど）を学校組織に加えて，チームとして教育活動に取り組む「チーム学校」の実現がねらわれている。
→スクールソーシャルワーカー；チームとしての学校　［荒木寿友］

教師像

教師をどのような存在として捉えるかというイメージのことである。日本では，第二次世界大戦以前は，教師を教育活動に尽くす尊い職とみなす聖職者としての教師像が一般的だった。それは，教師に献身を求めてしまう反面，教師の高い社会的地位を支えている側面もあった。戦後，労働時間や給与などについての権利に注目し，まっとうな働き方ができることを重視する，労働者としての教師像が出てきた。さらに，その後，1966年の ILO・ユネスコによる「教員の地位に関する勧告」などを背景に，医師や弁護士などと同様に高度な専門的知識及び技能をもつ存在として教師を捉える，専門職としての教師像が注目を集めることになった。　［渡辺貴裕］

教師の専門職性

教師という職業がどれだけ専門職としての性質をもっているかということ，また，そこでもっている性質のことである。一般的に，ある職業が専門職とみなされるためには，高度な知識・技能を用いること，実践が自律的におこなわれること，広く社会のために役立とうとするものであること，その職につくために一定期間の専門的訓練を受けなければならないこと，その職業として守るべきルールを定めている自分たちの職業団体をもっていることなどが必要とされる。その点で，教師という職業は，必ずしも，医師や弁護士のような古典的な専門職ほどには専門職性を備えていない。教師の仕事が社会のなかで十分にその役割を果たせるためにも，専門職性が必要となる。

［渡辺貴裕］

教員の地位に関する勧告

1966（昭和41）年にユネスコの特別政府間会議で ILO（国際労働機関）・ユネスコにより採択された。教師を専門職として位置づけ，それにふさわしい扱いをすることを求めている。勧告では，教師は専門的知識や教育方法に関する研究を継続におこない，その知識や方法によって子どもの教育や福祉に責任を負う，社会全体に開かれた専門職とし，教師に自律性を与えること，教師自身には専門性を開発することを求めている。　［内山智枝子］

学び続ける教員

知識基盤社会と生涯学習社会の到来によって，学校教育システムが教師の授業を中心とするシステムから，子どもの学びを中心とするシステムへと変化している。学校が抱える多様な課題に対応し，新たな学びを展開できる実践的な指導力を身につけるためには，教員自身が探究力をもち学び続ける存在であるべきであるという「学び続ける教員像」が2012年８月の中央教育審議会答申で示された。教員は，養成課程だけでなく，教職生活全体を通じて学び続け，知識・技能の修得にとどまらず，高度の専門性に基づく実践力・応用力を習得することが求められている。
→生涯学習；知識基盤社会

［内山智枝子］

でもしか教師

昭和30年～40年頃，慢性的に教員が不足し，教職を第一志望にする者が多くなかった状況から，「教師にでもなるか」「教師にしかなれなかった」といった理由で，何となく就職した教師のことである。教職には，勤勉さや奉仕的精神を大切にするといった特殊な一面があり，尊い職に位置づけられることがある。教師をめざす者は，このような教職の特殊な一面にあこがれを抱くことが多く，また，世間からもこのような精神を期待されている。この期待に応えていない教師を示す言葉として，「でもしか教師」は批判的に使われていた。 ［内山智枝子］

省察的実践者（反省的実践家）

アメリカのショーン（Schön, D. A.）があげた専門職の捉え方のひとつで，技術的熟達者と対比されるものである。技術的熟達者は，問題に直面したとき，すでに考案・開発されているさまざまな対処法のなかから，その問題に合うものを選び出し，それを適用することによって解決を図るというモデルである。一方，省察的実践者は，行動しながらその場に起きていることに目を向け，新たに対処法を生みだす，いわば状況と対話しながら問題解決をおこなうモデルである。教員養成や教員研修では，教師を技術的熟達者として捉え，さまざまな対処法を教師に習得させようとするやり方が一般的だったが，近年では，教師を省察的実践者として捉えることの必要性が指摘されている。

［渡辺貴裕］

リフレクション（省察）

その場で起きていることを吟味したり起きたことを振り返ったりして，学びを引き出すことである。これが欠けると，状況に合わせて自分のやり方を調整することができなかったり，自分のなかで当たり前になっているやり方を無自覚なままおこない続けてしまったりする。そのため，教師にとって，リフレクションは重要である。

省察的実践者というモデルを唱えたショーンはもちろん，オランダのコルトハーヘン（Korthagen, F. A. J.）も教師教育の文脈でリフレクション（省察）を重視している。両者とも，リフレクションにおいて，驚きや当惑といった感情が果たす役割に注目している点が共通している。 ［渡辺貴裕］

実践知

実践しながら習得していく自分専用のハサミのような道具で，ある特定の場面のみに働く知識のこと。児童への声掛けのタイミングや，担当する学級の状況に合わせた課題を設定するための微調整のような，言葉で説明することが難しいものも含まれる。そのため，習得した知識が，本人に自覚されないまま働いていることもある。実践知は，さまざまな状況における実践を通して融合や取捨選択を繰り返し，更新されていく。実践知に対して，学問知は抽象的な言葉で説明された客観的な知識であり，多くの実践者が活用することが可能である。実践上の問題を解決するためには，実践知と学問知の両方を発展させていく必要がある。

［内山智枝子］

PCK（教えることを前提とした教科内容に関する知識）

Pedagogical Content Knowledge の略で，ある内容をどのように教えたらよいかという授業を想定した教科内容についての知識をさす。例えば，「音の伝わり方と大小」を授業で扱う場合には，「物から音が出るとき，物は震えている」といった科学の内容知識だけでなく，いろいろな楽器や糸電話を使った実験・観察の手順とその結果や，楽器を叩く・弾く・擦ることで音を出す経験の有無のような，前提となる学習者の生活経験に関する知識等が複合的に必要である。このように PCK とは，専門知識を情報として伝えるだけではなく，教えることと学ぶことの関係性や教師と児童のあり方なども留意したうえでの教科内容のことである。

［内山智枝子］

教員文化（教師文化）

教員の間で共有され引き継がれてきた思考・行動・規範意識などを示す概念である。伝統や習慣，価値観のように意識せずに引き継がれるものも含む。例えば，「教員は，勤務時間にとらわれず，児童のために尽くすものだ」といった規範意識のように，地域や学校が違っても，多くの教員がもち合わせていそうな考え方や行動の仕方の特徴を表現している。教員文化という言葉は，学校教育の現実や教員が置かれている状況を説明するときに比較的気軽に使用される。しかし，それぞれの地域や学校を必ずしも的確に示すものではなく，個々に抱える問題解決を妨げる可能性もある概念であることを忘れてはならない。

→学校文化　［内山智枝子］

教員の免許制度と養成

教育職員免許状

日本の学校で授業をおこなうために必要な免許状のことである。都道府県の教育委員会が授与するもので，普通免許状，特別免許状，臨時免許状がある。普通免許状は，教諭，養護教諭，栄養教諭の免許状に分かれ，それぞれに専修免許状，一種免許状，高等学校を除き二種免許状がある。いずれも文部科学大臣の指定する大学等において必要な単位を修得するか，教育職員検定（教員資格認定試験）に合格した者に授与される。ただし，二種免許状については上級免許への切り替えが努力義務となっている。

→特別支援学校教員免許状　［谷内祐樹］

特別免許状

特別な社会的経験をもっている者に与えられる教諭の免許状のことで，教育職員検定を経て授与される。例えば，理科では民間企業の研究員，保健体育科では国体の入賞者，家庭科では調理師が特別免許状を授与され，活躍している。

授与されるには，任命・雇用しようとする者の推薦が必要であり，教科に関する専門的な知識や技能，社会的に信頼されていること，教員の職務をおこなうのに必要な熱意と識見をもつことが求められる。この免許状は授与を受けた都道府県内の学校で有効であり，その有効期間は10年である。

［谷内祐樹］

臨時免許状

臨時免許状とは，普通免許状を有する者を採用することができない場合に限って，教育職員検定に合格した者に授与されるものである。有効期間は3年間であり，有効範囲は授与を受けた都道府県内の学校に限られる。小学校の普通免許状所有者は通常十分にいるが，産前産後休暇や病気休暇などを取得する教員の代わりに臨時免許状取得者が臨時的に採用されることがある。

［谷内祐樹］

教員養成

教員の仕事に就くことができるように，必要な資質や技能の育成をおこなうことである。現在の日本では，大学でこれをおこなうことを原則にしている。

教員として働くためには，学校種や教科などに応じた免許状の取得が必要である。そうした免許状の種類や要件については，教育職員免許法や教育職員免許法施行規則によって定められている。そのため，大学における教員養成も，それにのっとっておこなわれている。

ただし，免許状を授与することができる課程を設ければ，それで十分な教員養成になるというわけではない。各大学は，どのような教員を育てたいのかを明確にして，それにふさわしいカリキュラムを整備する必要がある。

［渡辺貴裕］

開放制

教員養成を主な目的とする学部でなくても，教職課程として開講されている科目を履修することにより，教員免許状の取得ができる（例えば，法学部の学生が中学校社会科教諭の免許を取ることができる）制度のことである。

第二次世界大戦以前は，教員養成は原則として，師範学校と高等師範学校という教員養成を目的とした教育機関でおこなわれていた。戦後，教員養成が大学でおこなわれることになり，また，開放制が導入されたため，多くの大学が教員養成に携わることになった。ただし，従来の師範学校などの流れをくんで，教員養成を主な目的とした学部（「教育学部」の多く）や，そうした学部のみからなる単科大学（「○○教育大学」など）は現在も存在している。

［渡辺貴裕］

教職課程コアカリキュラム

全国どこの大学の教職課程においても共通して学生が学んで身につけるべき内容を，文部科学省が示したものである。教育職員免許法と同法施行規則をふまえ，校種・教科を問わずあてはまる部分を中心に，「教育の理念及び教育に関する歴史及び思想」「特別活動の指導法」などの区分ごとに定められている。各区分では，全体目標・一般目標・到達目標の3段階で示され，「近代教育制度の成立と展開を理解している」などが到達目標として挙げられている。

大学の教職課程の授業が，教師を目指す学生の実践的な指導力を育てるものに必ずしもなっていないという課題を背景に，2017年に定められた。一方，大学でおこなわれる授業の内容を国家が縛るものだという批判もある。

［渡辺貴裕］

教員免許更新制度

教育は社会の変化に応じてつねに改善していくことが大切だが，長い間，教員の自己研鑽等に委ねられてきた面がある。教員免許更新制度は，これを改め，教員が社会の変化に応じて必要なスキルを保ち続けられるよう，2009年に導入されたものである。定期的に最新の知識技能を習得し，自信と誇りをもって教壇に立つことをめざす制度である。

教員免許状の有効期限は，普通免許状，特別免許状ともに10年間だが，有効期間満了日の２年２か月から２か月前までの２年間に，免許状更新講習を受講し，有効期間満了日の２か月前までに免許管理者である都道府県教育委員会に申請し，修了確認を受ける。教員免許状更新講習は，文部科学大臣の認定を受けた大学等が開設し，更新講習時間は30時間以上とされている。

［谷内祐樹］

師範学校

明治期から第二次世界大戦後の学制改革まで存在した教員養成機関である。1872年，東京に最初の師範学校（官立師範学校）が設置された。そこでは，アメリカの教育者スコット（Scott, M. M.）が教師として招かれ，当時の日本において目新しい，一斉教授法や実物教授法などを教えた。その後，1886（明治19）年には師範学校令が出され，数も次第に増え，各府県に公立の師範学校の設置が広がっていった。尋常師範学校（単に師範学校とも呼ばれた）と高等師範学校があり，前者は初等教育の教員養成をおこない，後者は中等教育の教員養成をおこなった。戦後は学制改革によって，大学の教員養成系の学部や，教育大学・学芸大学になっていった。

［渡辺貴裕］

組織の一員としての教師

教育公務員

教育公務員とは，地方公務員のうち，公立学校の校長や教諭，養護教諭等の教員，教育委員会の教育長，指導主事等の公務員のことである。公立学校の教員は，一般の公務員と同じく全体の奉仕者である。全体の奉仕者とは，特定の集団の利益のために奉仕するのではなく，全国民の利益のために奉仕する存在を意味している。公務員は，身分に伴い職務の内外を問わず遵守すべき義務と，職務の遂行にあたって遵守すべき義務を負っている。

→教育長；指導主事

［谷内祐樹］

教員の身分保障

公立学校の教員は，地方公共団体の事務を担当する職員として地方公務員の身分を有し，地方公務員法の適用を受け，強い身分保障がある。そのため，地方公務員法によるところでなければ，その意に反して，降任や免職等の分限処分（懲罰ではなく，公務の効率性を保つための処分）や，停職や免職等の懲戒処分（職場内の綱紀粛正のための懲罰）を受けることがない。

教員の基本的な職務は，児童の教育活動をおこなうことだが，これに加えて，教育活動を円滑かつ効果的におこなうために分担された校務等，学校の構成員としての役割も果たす。また，地方公務員としての身分に伴い，例え

ば，大規模災害の発生時に，学校における避難所運営へ協力するなどの職務も想定される。 ［谷内祐樹］

分限処分

公務の効率性を保つためにおこなう処分であり，免職，降任，休職，降給の４種類がある。免職は職員の意に反して退職させる処分であり，降任は校長から教頭などへの降格処分である。免職と降任は，勤務実績がよくない場合や心身の故障のために職務遂行に支障がある場合，その職に必要な適格性を欠く場合，予算の減少などにより廃職や過員を生じた場合におこなう。休職は身分を保ったまま職務に従事させない処分であり，心身の故障のために長期休養を要する場合や，刑事事件に関し起訴された場合におこなわれる。降給は決定されている給料の額を低くする処分である。 ［谷内祐樹］

懲戒処分

職員の義務違反に対しておこなわれる処分であり，免職，停職，減給，戒告（過失や失態などへの強い戒め）の４種類がある。懲戒処分は，①地方公務員法，教育公務員特例法等の法律，地方公共団体の条例・規則・規程に違反した場合，②職務上の義務に違反し，又は職務を怠った場合，③全体の奉仕者としてふさわしくない非違行為（非行・違法行為）があった場合におこなわれる。分限処分としての免職の場合は退職金が出るが，懲戒処分としての免職の場合は退職金が出ない。なお，訓告，始末書の提出，厳重注意等は，地方公務員法上の懲戒処分にはあたらず，地方公共団体が内部的におこなう事実上の措置である。 ［谷内祐樹］

教員の服務

服務とは，職員が職務に従って守るべき義務ないし規律である。

すべての教職員は，法令等を守って職務をおこなわなければならない。また，上司の職務命令に忠実に従うとともに，自らのおこないが児童の成長に大きな影響を与える職務であるという重要性を考え，全体の奉仕者として責任をもって自己の職務を全うするよう努めなければならない。一例として，わいせつ行為，セクシュアル・ハラスメント，体罰，不適切な指導，暴言等をおこなわないこと，個人情報の適切な管理をすることなどが挙げられる。服務の義務に違反した場合は，懲戒処分の対象となる。服務の義務には，職務上の義務と身分上の義務がある。

→個人情報保護；体罰 ［鶴巻景子］

職務上の義務

職務上の義務とは，職員が自身の担当する仕事をおこなうときに，法令，条例，地方自治体が定める規則や規定に従わなければならないことや，上司による仕事のうえでの命令には従わなければならないことである。

学校における上司は校長であり，学校が組織として機能的に運営されるため，職務命令には忠実に従わなくてはならない。従わない場合，職務命令違反として懲戒処分の対象になりえる。

もうひとつ，職務に専念する義務がある。職員は，法律等に特別のきまりがある場合を除き，勤務時間及び仕事を進めるうえで，ほかのことをするのではなく，注意力のすべてを用いて，その職務に専念しなければならない。

［鶴巻景子］

身分上の義務

身分上の義務とは，教職員としての身分がある限り課せられる，守らなくてはならない義務のことである。

まず，信用失墜行為の禁止として，職員がその職の信用を傷つけたり，職員の職全体の不名誉になることをおこなったりすることが禁じられている。また，秘密を守る義務として，職務上知りえた秘密について，それが個人的な秘密，公的な秘密を問わず，在職中はもちろん退職後もこれらを漏らしてはいけないとされている。例えば，児童の個人情報や学校の情報など，教員として職にある間に学校で知った情報は，他に漏らさないということである。そのほか，政治的行為（政治上の主義への支持や反対など）の制限や争議行為（ストライキなど）の禁止，営利企業等の従事制限がある。［鶴巻景子］

休暇／休業

休暇も休業も，休日以外で取得できる休みの日のことだが，一般的には休業のほうが休暇より休む期間が長い。

休暇には，年次有給休暇，病気休暇，特別休暇，介護休暇，介護時間等がある。これらは，休暇を取る際に特定の理由を必要とするかどうか，休暇中に給与等の支払いがあるかどうかで区別される。例えば，年次有給休暇は，休暇を取る際に特定の理由を必要とせず，休暇期間中の給与等も支払われる休暇である。

休業には，例えば，育児休業があるが，公立学校の教職員の育児休業は，教職員が子を養育するため，子が3歳に達する日まで職場を完全に離れ，休業することができる。さらに，自主的に能力開発に取り組むことを支援するための制度として，自己啓発等休業制度，大学院就学休業制度等がある。

［谷内祐樹］

任　用

任用とは，人をある役に就かせて用いることである。教員の任用は，採用，昇任，降任，転任のいずれかによりおこなわれる。

採用とは，教員を新たに任命することである。昇任とは，教員から，主任，主幹，教頭，副校長，校長と，現在の職より上の職に任命することである。降任とは，その逆で，校長が教員になるなど，現在任命されている職より下の職に任命することである。転任とは，現在の学校から，他の学校や教育行政機関等へ転ずるなど，その教員が現在任命されている職以外の職に任命することである。公立学校の教員（県費負担教職員）の任用は都道府県・政令指定都市の教育委員会がおこなう。

［鶴巻景子］

臨時的任用

臨時的任用とは，産休・育休，長期休職の教員の代替のほか，急な教員の退職や学級増による教員の不足など，欠員が生じて日々の教育活動に支障がある場合の任用で，任命権者である教育委員会がおこなう。臨時的任用教員は，公立小中学校及び高等学校において，当該の教員免許状を有していることを条件に，期間を限って任用される。常勤職員であるため授業だけではなく学級担任や校務分掌など，正規の教員とほぼ同じような職務となる。そのため，給与等の待遇は，正規の職員に準じたものである。一方，非常勤講師は，臨時的任用とは違い，担当する授業時間のみ指導をおこない，その時間に応じた報酬となる。［鶴巻景子］

教員採用試験（教採）

教員採用試験とは，都道府県及び政令指定都市の教育委員会の教育長が公立学校の教員の採用のためにおこなう選考である。「教採」とも略される。選考の主な内容には，筆記試験として一般教養，教職教養，専門教科の問題や論文の審査等がある。また，面接，実技試験，適性検査等の方法が取り入れられ，教員としての適格性や資質能力を多面的に評価し，教員としてふさわしい者を採用するようにしている。選考内容は，各教育委員会で定めている。近年では，面接において個人の面接のほか集団面接がおこなわれる場合もある。また，実技試験として，専門教科の実技や模擬授業等もおこなわれており，教員としての実践的指導力や対応力がいっそう重視されている。

［鶴巻景子］

任命権者

任命権者とは，法令または条例等に基づいて，職員の任命，人事評価，休職，免職及び懲戒等をおこなう権限をもつ者である。地方公務員である教員の場合，各都道府県教育委員会または指定都市教育委員会が任命権者となる。任命権者である教育委員会は，公立学校の校長や教員の採用，教頭や副校長，校長等への昇任，他の学校への転任，降任をおこなう。

また，教員の資質の向上を図るために，指針を定めて研修計画を立て，初任者研修や中堅教諭等資質向上研修，特別支援教育や教育課題などの研修を実施する。さらに，定期的に人事評価をおこない，その結果に応じた給与等の処置をする。休職，職務専念義務免除及び懲戒といった人事管理もおこなう。［鶴巻景子］

教員評価

都道府県や政令指定都市の教育委員会では，教員評価システムによる人事評価が進められている。人事評価は，教員の勤務の状況を把握して適切に評価することである。その評価は，教員の資質向上に向けた指導育成に活用されるとともに，給与や昇任等の処遇にも反映される。給与や昇任等に反映させることは，学校教育の活性化と信頼性を高めることにつながる。

教員評価は，教員自身が自己の職務の取組状況を評価し，その成果と課題を明確にして教育活動の向上を図る自己研鑽のための評価でもある。評価にあたっては，PDCAのサイクルに基づき，結果だけでなく目標設定や過程を評価していくことも重要である。

→PDCAサイクル ［鶴巻景子］

指導力不足教員

指導力不足教員とは，指導が不適切である教員及び指導に課題がある教員であり，各教育委員会の規則等で定義されている。①教科に関する専門知識や技能が不足しているため学習指導を適切におこなうことができない，②指導方法が不適切で学習指導を適切におこなうことができない，③児童等の心を理解する能力や意欲に欠け学級経営または生徒指導を適切におこなうことができないなど，日常的に児童等への指導をおこなわせることが適当でない教員のうち，すぐにその職を解く対象にはならなく，研修での指導改善が見込まれる者が指導力不足教員とされる。教育委員会は，指導力不足教員に対し研修等をおこない，指導力改善を図らなくてはならない。［鶴巻景子］

研　修

教員には，その職務や責任を果たすために研究と修養に励む努力義務が課せられている。研修には，職務の一環に位置づく研修，勤務場所を離れておこなうことができる研修，勤務時間外におこなう研修がある。職務の一環に位置づく研修は職務命令によるものであり，初任者研修，中堅教諭等資質向上研修，指導改善研修等がある。勤務場所を離れておこなうことができる研修は，授業に支障のない限り，校長の承認を受けておこなうことができる。勤務時間外におこなう研修は，教員が自主的に行い，研修の実施の可否やその内容についても教員の判断に任される。［谷内祐樹］

初任者研修

初任者研修は，公立学校等の採用の日から１年間の間，教員としての職務をおこなうために必要な実践的な研修を教諭または保育教諭等におこなうものである。教育委員会主催の集合型研修のほか，日々の指導や対応などについては，教育委員会が命じた初任者研修指導教諭等により，校内等で指導や助言を受ける研修がおこなわれている。小学校の例では，「公教育の使命」「教育施策の理解」「学習指導要領と教育課程編成」「学校教育目標と評価」「人権教育等の諸課題に向けた取組」「教育公務員としての在り方」「特別支援教育」といった基礎的素養に関する研修から，「学級経営」「教科指導」「道徳」「特別活動」「総合的な学習の時間」「生徒指導・進路指導」など専門的指導に関する研修まである。

［鶴巻景子］

教員育成指標

教員が，自らの経験年数等に見合った資質能力が身についているかどうかを確かめ，さらなるスキルアップを図る目印となるものである。教員の大量退職や大量採用に伴う年齢や経験年数の不均衡による弊害など，学校を取り巻く環境変化を背景として策定されている。

教員育成指標は，文部科学大臣が策定した指針を参考に，教育委員会と大学等とで組織された協議会が話し合って策定したものであり，この教員育成指標をふまえた教員研修計画が定められている。

例えば京都市の場合，教諭・養護教諭・栄養教諭・管理職ごとに指標を定めている。教諭だと，教員としての素養，授業づくり・学級づくり，学校づくりにおいて求められる資質・指導力が示されている。［谷内祐樹］

教育委員会

教育委員会は，地域の学校教育，社会教育，文化，スポーツなどに関する事務を担当する機関であり，地域の教育における重要な事項や基本方針を決定している。具体的には，学校の設置，教育財産の管理，職員の人事，入学・転学，教育課程の管理，教科書採択，教員研修，環境衛生，学校給食，青少年教育，文化・スポーツ，文化財に関することなどがある。

教育委員会は，教育において政治的に中立である。また，継続性・安定性を確保し，地域住民の多様な意向を反映する。そのため，地方公共団体の長から独立して委員が協議し進める機関である。すべての都道府県及び市町村に置かれている。

→教育委員 ［鶴巻景子］

教育センター

教職員等を集めて研修をしたり教育に関する研究をしたりするところで，都道府県や市町村等が設置している。

研修では教員の経験年数等に応じて，あらかじめ指定されている研修や，授業改善を図るために希望して参加する研修等がおこなわれ，教育に関する研究では教育課題の研究調査等がおこなわれる。また，学校での実習が難しい教材を用いた学習の場として生徒向けの実習がおこなわれることもある。さらに，ホームページで教材や研修資料等の教育情報が提供されたり，教職員だけでなく児童生徒や保護者に対する教育相談がおこなわれたりすることもある。なお，教育センターの名称には，教育研究所，総合学校教育センター，総合教育センター，教育研修センター，教職員研修センター等がある。

［谷内祐樹］

教職員団体

教職員が，職員の給与や勤務時間等の勤務条件を維持改善することを目的として組織する団体のことである。教職員は，教職員団体の結成，加入，脱退の自由を完全に保証されている。教職員団体から適正な交渉の申し入れがあった場合，地方公共団体の当局は，正当な理由がない限り拒否できない。交渉の対象は，職員の給与，勤務時間，その他の勤務条件に関する事項等に限られており，管理・運営に関する事項はその対象から除外される。

教職員団体には，日本教職員組合，全日本教職員組合，日本高等学校教職員組合，全日本教職員連盟，全国教育管理職員団体協議会などがある。

［谷内祐樹］

校内における教職員

管 理 職

学校における管理職とは，校長，副校長，教頭をさし，学校のリーダーとして学校経営・学校運営をおこなう。

管理職は，教育施策を理解するとともに，教育への理念，使命感，専門性をもち，その責任の重さを自覚して，充実した学校経営を進める必要がある。学校経営では，教育目標の達成や教職員の管理，災害や事故などの危機管理，情報の管理，学校事務の管理をおこなう。また，よりよい学校経営をおこなうため，地域や保護者との連携，外部人材の活用，発達センターや児童相談所，警察など外部機関との連携も重要である。さらに，校内研修や授業観察，面接などを通して，よりよい指導ができる教員の育成を図ることも重要である。
→外部機関との連携・協働；外部人材；スクールリーダー　［鶴巻景子］

校　長

校長の職務は，校務をつかさどり，所属職員を監督することである。校務をつかさどるとは，①学校教育の内容に関すること，②児童管理に関すること，③学校の施設・設備の保全管理に関すること，④その他の学校運営・学校事務に関することの管理をおこなうことである。また，所属職員を監督するとは，①働き方改革など労働基準法に則った労務管理・監督，②所属職員の公務員としての行動に関する監督が挙げられる。校長は，学校経営方針を立て，学校教育目標の設定や学校組織・教育課程の編成をおこない，チーム学校のリーダーとしてよりよい学校教育を推進する。また，地域や外部機関との連携などいっそうの開かれた学校経営が求められている。
→外部機関との連携・協働；校長の専門職基準；地域との連携・協働；チームとしての学校；働き方改革；民間人校長　［鶴巻景子］

副校長

副校長は，校長を補佐し，校長が学校経営を進める際に必要な調整や整理をおこなう。また，校長の学校経営の一翼を担って，校長の命を受け，教育委員会の定めるところにより学校の管理等について自らの権限で処理する。さらに，教員の指導や課題解決策を校長に提言するなど，学校運営のいっそうの推進を図ることが求められている。

副校長は，社会の変化に伴い学校に責任あるマネジメント体制を確立するため，2008年に新たに設置された職である。校長と教頭の間の職として位置づけられており，「置くことができる」職であって必ず置かなくてはならない職ではない。副校長は，校長が職務を事故などでできない場合または欠けた場合は，代行または代理する。
［鶴巻景子］

教　頭

教頭は，校長の命を受けて，補佐の立場から，校長が学校経営を進める際に必要な調整や整理をおこなうとともに，教職員等の職務や服務の管理監督をおこなう。また，教職員のリーダーとして，学校運営を推進する。

具体的には，校務分掌上の整理，教職員との意思疎通や育成，各種企画立案の調整，地域や保護者等の窓口のほか，出退勤や休暇等の処理などがある。

教頭は，必要に応じ児童に対して授業をおこなうことが法令上規定されている。ただし，授業をするにあたっては教員免許が必要である。副校長と同様に，校長が職務を事故などでできない場合や欠けた場合は，校長の職務を代理または代行する。　［鶴巻景子］

主幹教諭

学校組織運営の中核を担い，校長・副校長（教頭）を助ける立場である。職層としては副校長（教頭）の下に位置づけられ，主幹教諭によって，副校長（教頭）の負担軽減が図られている。校務を整理する立場として，職員に対して職務命令を発することができる。2007年の学校教育法の改正で，各教育委員会の判断により，2008年４月から設置できるようになった。
他の教員に対して指導的立場となることから，指導教諭同様，教員免許状更新講習の受講が免除される。

［藤原隆博］

指導教諭

学習指導についての高い専門性をもち，他の教員を指導・助言する立場の教員をさす。例えば，自らの授業を公開したり，他の教諭の授業を参観し，助言をしたりする。各教育委員会の判断により2008年４月から設置できることが，2007年の学校教育法改正により決まった。2020年度公立学校教職員の人事行政状況調査（文部科学省）によると，2020年４月１日現在の時点で全67県市中26県市の設置にとどまっており，全国的な広がりにはまだ至っていない状況である。［藤原隆博］

教務主任

学校組織の中核となって，教育活動に関する事務（これを教務という）の進行状況を把握・促進する教員のことである。年間計画・授業時数・学籍など，校内におけるさまざまな教務を担当する。これらの教務は，それぞれ担当になった教職員がおこなう。そのため，教務主任は主に教育課程の検討や作成，年間行事予定の円滑な実施のために教職員間の業務内容の調整や確認をおこなうことが主な職務となる。

［藤原隆博］

学年主任

校長の方針に基づいた，学年の教育活動の中核を担う教員のことである。２学級以上の学年主任となる場合は，その学年全体の生徒指導や学習指導を円滑に実施するため必要な調整をおこなう。例えば，学年の行事についてどのように進めるのかを学年の学級担任と話し合い，方向性を決定するなどの職務がある。さらに，他学級の保護者の相談に乗って，学級担任と連携したり，他学級の児童同士の問題に率先して対応したりすることがある。なお，複式学級をはじめ，学校の規模が小規模である場合など「特別の事情のあるとき」は，学年主任を置かないことができる。
→学年経営；学級担任；複式学級

［藤原隆博］

養護教諭

いわゆる，保健室の先生のことである。学期はじめの身体測定や健康診断以外は，怪我や急な体調不良を訴える児童の看護が主な職務と思われがちだが，必ずしもそうした職務だけではない。保健指導の一環として，歯磨きや睡眠，目の健康，怪我や病気の予防のための啓発もまた重要な職務である。近年，不登校やいじめ，虐待等の問題が多くなるなか，児童のサインを早期発見し，校長や教頭（副校長）・担任・保護者との連携，協力により，該当児童のケアや，生徒指導を進める大きな役割を担っている。
→保健室 ［藤原隆博］

司書教諭

学校図書館を活用した教育活動の専門家として，年間読書指導計画・年間情報活用指導計画等を立案し，実践する教諭のことをさす。児童が学校図書館で調べ学習をしたり，読書活動をしたりする際の指導方法について，他の教員に助言をおこなうこともある。

学校図書館に司書教諭を置くことは，法令で定められており，2003年４月から合計12学級以上の学校には司書教諭は必ず置くこととなった。学校図書館の活用がさらに充実するよう，学校司書との連携・協力が課題となっている。

→図書館 ［藤原隆博］

学校司書

学校図書館の運営・整備等に従事する職員のことである。例えば，児童や教員の希望する図書資料の収集や，特定の内容について詳しく調べる活動をおこなう際に似た本を集めるなどして利用の支援をしたり，分類番号の配列を適切にしたり，読書会や資料展示会等を開催したりする。学校図書館が利用しやすくなるように，学校司書を置くように努めることは法令で定められている。

→図書館 ［藤原隆博］

栄養教諭

食育の中核を担う専門家として，給食・授業の時間等で食に関する指導をおこなう教諭をさす。食の充実に向けた教育活動に加え，学校栄養職員と同様，予算内で献立を組み，日々の学校給食のメニューも決める。他の教職員のみならず，家庭・地域との連携・調整も期待されている。例えば，給食に出る野菜を生産した農家の方をゲストに招いた授業などである。なお，栄養教諭の配置は，地方公共団体や設置者の判断により都道府県ごとに採用されるため，各学校に必ず１名いるとは限らない。

→給食；食育 ［藤原隆博］

加配教員

一校あたりの教職員の数は，児童数に応じて法令で定められている。しかし，教育上特別の配慮を必要とする児童がいる場合や，主幹教諭の職務軽減が必要な場合，算数少人数指導を実施する場合，当該学校の教職員が長期にわたる大学院派遣研修を受ける場合などには教職員が足りなくなる。そのため，各学校に追加で置かれるのが加配教員である。これにより，校内での別室指導・保健室登校への対応，不登校の児童を対象とした適応指導教室等との連携協力が円滑に行える。一方，病気休暇等で学級担任の欠員が急に出た場合，適切な人材や人員の不足から，ただちに加配が実現せず，他の教職員が兼務して急場をしのぐ状況も起きている。 ［藤原隆博］

専科教員【小学校】

学級担任が基本的に全教科を自分の担当学級に対して教えるのに対し，特定の教科を受け持って複数の学級・学年に対して教える教員のことである。音楽科や図画工作科，家庭科，理科の例が多いが，学校によっては，国語科や算数科などでも設けられている。特定の教科のみを受け持つことにより，専門性を高めたり，学年を越えた繋がりを意識して指導したりすることができる。中学校または高等学校の教員免許をもっている場合，小学校の教員免許をもっていなくても，小学校においてその教科の専科教員となることができる。

→学級担任；教科担任制【小学校】

［渡辺貴裕］

事務職員

学校の事務室において事務を主に担当する職員のことである。小学校には事務職員を置くことが法令で定められている。事務職員には，給与明細書の管理・通勤手当・出張旅費等の教員の賃金や福利厚生，学校の教育活動で必要になるさまざまな消耗品（更紙・赤ペン等の文房具を含む）や備品（教師用机や放送機器等）の予算管理等，幅広い業務がある。各家庭の世帯収入に応じた就学援助を教育委員会に申請する業務もある。これに加えて，各所からの電話対応や，コピー機・印刷機等の修理や用紙補充等の業務もある。

→学校事務；就学援助／教育扶助

［藤原隆博］

職員会議

教職員がおこなう定例会議のことをさす。校長の方針をもとに，教職員が議題について意見を交流し，校長が最終決定をする。例えば，保護者のアンケートを受け，来年度の運動会の実施内容をどのようにするかについて職員が意見を交流した際，その最終決定は校長がおこなう。また，校長が教育委員会や校長会で仕入れた情報を周知し，方針を改めて示す場としての機能がある。教務主任・生活指導主任などが情報を周知する機能もある。かつては，職員同士が学校教育の進め方を広く議論し，職員が最終決定をする場としての機能もあった。［藤原隆博］

教師の学びと成長

教師教育

これから教師になる人への教育（教員養成）とすでに教師として働いている人への教育（教員研修）をまとめて述べた言葉である。大学の教職課程の授業，教育実習において実習校でおこなわれる指導，教育委員会が催す研修，各学校でおこなわれる校内研修などが含まれる。こうした多岐にわたる場に共通の原理や方法論を見出して，よりよい教師を育てられるようにするために，教師教育という捉え方や，そのための学問分野（教師教育学）が必要となる。

また，教師教育の担い手（教師教育者）も，教職課程を担当する大学教員，実習校での指導教員，教育委員会の指導主事，校内の研究主任（校内研究・校内研修を進めるうえでリーダーとなるポジション）など，幅広い。彼らの専門性をどう捉え，いかに育むかも重要な課題である。

→指導主事 ［渡辺貴裕］

教師のライフコース

教師がたどる人生の道筋のことである。担任した学級の荒れ，尊敬する先輩教師との出会い，主幹教諭への昇任といった，教職に直接関わるものはもちろん，結婚や出産・子育て，身近な人の死といった，教職に直接関わらない個人的なものも含まれる。

教師のライフコースに関する研究では，教師がどのように成長していくかに関して，前者のような教職に直接関わる出来事はもちろん，後者のような個人的な出来事の影響も大きいことが明らかにされてきた。また，ここでの成長というのが，必ずしも，力量のさまざまな要素が一方向的に高まっていくといった単純なものではないこと，人によって成長の姿や過程が多様であることにも留意する必要がある。

［渡辺貴裕］

OJT

On-the-Job Training の略。職場内でおこなわれる研修の形態であり，Off-JT（Off-the-Job Training：都道府県教育センター等の職場外で行われる研修）や SD（Self Development：自己啓発支援）と並んで，人材育成の一環として実施される。OJT はその勤務校ならではの学習指導や生徒指導といった児童に関わる業務だけでなく，職務遂行に必要な事務的な業務に関する研修が含まれる。OJT には，校内研修のような複数の教職員を対象とする業務として位置づけられた実施と，日々の業務を遂行するなかで個別の教員に対して形式にとらわれずに実施される場合があり，管理職だけでなく，経験年数の多い教職員から，経験の少ない教職員までが学ぶ場となっている。

［内山智枝子］

授業力スタンダード（授業スタンダード）

授業の展開方法や板書の仕方など，授業づくりに関わる基本的な事項と，達成の基準が示されたものである。全国学力・学習状況調査が実施された2007年頃から注目され始め，どの授業であっても質を一定に保つために設定された。授業の質を継続的に見直し改善することができるように，各大学や教育委員会等が独自にスタンダード作成を進めている。教師として望ましいとされる行動がスタンダードの項目として細かく並べられている場合，教師自身の自ら考え意思決定していく力の育成が阻害されてしまうこともある。スタンダードの内容は絶対的なものと思わず，議論に開かれたものとして捉えることが必要である。

→全国学力・学習状況調査

［内山智枝子］

校内研修

校内研修は，校内の職員が協働して，教員としての資質・能力を向上するために学習をおこなう取り組み全般をさす。教育法規や教育政策に関する理解を深める研修や，授業や指導場面で必要となる実技研修（水泳の実技指導，ICT 活用や理科の実験器具の使用方法等），児童理解のための生徒指導に関する研修等が挙げられる。特定の研究主題を設定して授業研究をおこなう校内研修では，職員が学年ごとあるいは教科ごとの小集団を形成し，授業の進め方について研究をおこなうことがある。

［藤原隆博］

研究授業

教科書等を教材として，どのように授業を組み立てるかを研究し，その内容を教職員らに公開する授業のことである。授業の後には，研究協議会，あるいは授業検討会，事後研究会などと呼ばれる，学習指導の展開や学習指導の方法についての話し合いの場が設定される。これに参加する教職員らとは，校内の教職員や，教員１年目を対象とした研修を受ける者，区市の教科研究会の参加者等である。

なお，研究授業は国際的に注目を浴びている日本の「授業研究」の一構成要素である。授業研究は，教材研究・研究授業・授業検討会から成り立っており，授業者や教員間の指導力の向上を図る目的でおこなわれる。

［藤原隆博］

公開研究発表会（学校公開）

校内等で取り組んできた研究の成果を発表する場のことをさす。研究内容に基づいた公開授業・研究について協議する会・講師による講演がおこなわれることが通例である。しばしば，「公開研」と略される。公開研究発表会は，主に9月頃から2月頃にかけて実施されることが多い。研究成果が授業のなかでどのように現れるかを発信するため，校内の学習環境や学習指導の方法に一定の共通点が見られることが多い。研究に関する説明の場が研究協議会に先立っておこなわれ，どのような研究なのかが参観者に伝わるよう意図された構成となっている。

一方，学校公開は保護者や地域の方を対象とする授業公開のことをさす場合が多い。決められた時間だけ・保護者のみが参加できる授業参観と異なり，数日間公開期間を設け，登校時間から下校時間まで公開している学校が多い。

→授業参観 ［藤原隆博］

授業研究

授業をよりよいものにするために教師らが（時には大学教員や外部の指導者と連携して）おこなう，授業の進め方を考えたり実際の授業での出来事をもとに話し合ったりといった取り組みのことである。授業に先立っての学習指導案の検討，授業の観察，授業後の協議といった一連のプロセスを含む。

日本でおこなわれてきた授業研究は，日本の教育水準の高さを支えるものとして国際的に注目を集め，レッスン・スタディとして世界各地に普及していった。2007年には世界授業研究学会（WALS）が設立されている。

一方，当たり障りがないことを言い合うだけ，授業で起きた出来事から離れて持論をぶつけ合うだけといった課題が生じている場合もあり，有意義な場にするための見直しが必要とされている。 ［渡辺貴裕］

実践記録

教育の実践に関して，教師と子どものやりとりや子どもの様子を具体的に描いたり，作文など子どもの作品を掲載したりした記録のことである。単に授業の進め方の手順を示すだけでなく，実際に起きた出来事が述べられる。基本的には，実践をおこなった本人が書いたもののことをさす。

実践記録は，実践をおこなった教師自身の思考や感情が記されるのが特徴である。そのため，読み手は，その教師の経験を追体験し，実践のやり方だけでなく考え方も学んでいくことができる。また，実践記録を書く本人にとっては，実践を振り返り，その意味や別の可能性について考える機会ともなる。日本の教師らにとって，これを書いたり読み合ったりすることは，自分たちの専門性を高める手段となってきた。 ［渡辺貴裕］

授業記録

授業中の出来事，つまり，教師や子どもの発言や行動などを記録したものである。教師が授業を振り返ったり検討会で役立てたりするために作成される。実践記録が，一般的に，実践者自身によって書かれ，実践者の心の動きや考えなど内面についても記述される傾向があるのに対し，授業記録は，参観者による作成の場合もあり，また，出来事についての客観的な記述を中心とする傾向がある。

授業の録音データから文字起こしした授業記録を作成することは，生での参観時には見過ごしていたような，発言間のつながりを見出しやすくなるなど，授業の見方を深めるために有益である。一方，声のニュアンス，表情，場の雰囲気など，そうした記録から抜け落ちがちな要素があることにも気をつける必要がある。　［渡辺貴裕］

アクションリサーチ

現状を改善するために，長期的・継続的にデータを収集し分析，考察していく研究手法のことである。現状分析だけでなく，研究者自身も実践に参加しながら，授業改善から国家レベルの教育改革まで，実際に起きている諸問題に柔軟に対応するために幅広く用いられる。例えば，授業者が学習者のよりよい学びのために思いついたアイデアや資料をもとに，実践しながらデータを集め，振り返りや他の方法と比較などを通して，よりよい実践に結びつけていく活動が挙げられる。具体的な手順の一例として，①現状把握・情報収集，②計画立案，③実施・実践，④省察・評価，⑤改善・継続が考えられる。　［内山智枝子］

同僚性

教師が，教科指導や生徒指導，学級経営などの多くを，互いに同僚と学び合い，高め合っていく性質のことをさす。明治30年代にはすでに校内の共同研修や群区単位での教育会や研修サークルなどが定着していたことからわかるように，日本の教師は古くからこの性質を基盤として校内で学び合う文化をもっている。2013年の国際教員指導環境調査（TALIS）での結果，教員間での協力関係が必要な場面のなかでも，授業を相互に見合う授業見学やTT（ティームティーチング）などは他国に比べ重要視されていることが明らかになった。また，同僚性による効果は，教師としての熟達だけでなく，個々の不満や葛藤を軽減するといった効果もあると考えられる。

→国際教員指導環境調査；TT

［内山智枝子］

メンタリング

経験が豊富な者が助言者となり，経験の少ないサポートを必要とする者に対しておこなう支援のことである。支援する側を「メンター」，支援を受ける側を「メンティ」と呼ぶ。教師として必要となる専門的な技術の習得だけでなく，教師としてのアイデンティティをもつための内面的な支援も目的としておこなわれる。メンターとなる先輩教師の専門的能力の向上や，自身を振り返るきっかけにもなるため，双方への効果が期待されている。これまで，1対1での実施が想定されてきたが，経験年数の偏りや業務の多忙化により，複数のメンターが複数のメンティにメンタリングする「メンターチーム」と呼ばれる組織的な取り組みもおこなわれるようになった。

［内山智枝子］

民間教育研究団体

官公庁によって組織されたものでも校内研究として学校単位で取り組むものでもなく，教師らがあるテーマのもとに学校をまたいで自主的に集まって，授業の進め方や教材について考えたり実践の交流をしたりといった教育研究をおこなう団体のことである。とくに，日本民間教育研究団体連絡会（日本民教連）に加盟しているような，第二次世界大戦後から（一部は戦前から）1960年代にかけて組織された団体のことをさす。例として，教育科学研究会，児童言語研究会，日本生活教育連盟，歴史教育者協議会などがある。こうした団体は，教科書の教え方の工夫にとどまらず，教育課程を教師たち自身の手で編成することまでめざしている点が特徴的である。［渡辺貴裕］

教職大学院

大学の学部の卒業後に教職に関するより高度な専門性を身につけるために，あるいは，現職教員が自らの専門性をより高めたり新たな知見を学んだりするために進学する大学院である。学術研究をおこなう研究者というよりも，高度な専門性をもって現場で活躍する職業人の養成を目的とした専門職大学院という制度のうち，教員養成分野に特化したものとして，2008年度に創設された。修了すると，「教職修士（専門職）」の学位が得られるほか，専修免許状を取得することができる。理論と実践の融合，学校での実習，研究者教員と実務家教員の連携，参加型の授業形態などが，カリキュラムの特徴である。2020年度時点で，ほぼすべての都道府県に設置されている。

［渡辺貴裕］

教育社会学

教育社会学の理論

教育社会学

さまざまな教育現象を社会学の手法を用いて研究する学問をさす。教育現象とは，学力やいじめ，不登校といった一般的なものから，教育格差，学歴獲得，学校卒業後の移行，資格・学歴社会の実態など，より学校と社会の関係を問うテーマも含まれる。教育学では，主にあるべき教育のあり方が探求される（規範学）のに対して，教育社会学では，ある教育現象がなぜ生じるのか，データや理論に基づき，その背景やメカニズムが探究される（事実学）。学力問題を例にすると，教育社会学では，子どもの性別，保護者の職業や学歴といった社会階層，民族的エスニシティによって，子どもの学力格差がどの程度生じているか，また学力格差によって子どもの進学や就職の機会がいかに制限されているか，こうした一連の教育の不平等の様相が検証される。 ［中村瑛仁］

機能主義

社会学において，ある事象と他の社会事象全体との関連性に注目する見方であり，教育社会学では，主に教育制度が社会を成り立たせる機能に着目する。例えば，有名な技術的機能主義では，学歴社会が形成された過程が，次のように説明される。近代になり産業社会が到来すると職業上の技術革新が起こり，社会のなかで技術者や専門家の需要が高まる。それに合わせて新しい技術・技能をもつ人材を育成する機関として学校教育への期待が高まり，その結果，社会のなかで学歴が人々の能力を図る指標として重視されるようになる。学歴の効用が浸透すると，高等教育の大衆化と長期化が生じ，その結果，学歴・資格がより価値をもつものとして認識される。このように機能主義では，学校や教育制度が社会に果たす機能や役割が吟味され，教育の諸事象を整理・記述することがめざされる。 ［中村瑛仁］

逆機能

機能主義理論において用いられる概念で，順機能はある事象が他の全体の成立に寄与することをさすのに対して，逆機能とはある事象が他の全体の成立にマイナスの影響を与えることをさす。組織の官僚制を例にすると，官僚制とは，指揮系統の明確化や専門による分業，文章に基づく職務の遂行といった近代組織の仕組みを表すが，官僚制はそれまで伝統や慣習によって成り立っていた組織に対して，合理性と効率性をもたらした（順機能）。しかし，組織のなかで官僚制が重んじる規則や分業が浸透し自己目的化すると，組織の変化や例外に対応できなくなったり，組織内の縦割り意識が強まり，結果的に官僚制が組織に非効率性を生み出すことになる（逆機能）。［中村瑛仁］

構造主義

人々の行為や意味の成り立ちを社会の構造から明らかにする見方をさす。もともとは言語学や文化人類学で用いられ，人々の主観や意味が，言語体系や社会関係のあり方によって形成されていることや，人々の行為が構造によって制約されていることなどが議論された。言語学を例にすると，日本では「雪」を分類する言葉として，粉雪，牡丹雪，綿雪などさまざまな名称があるが，雪の降らない国・地域では「雪(snow)」のみが用いられる。これは生活様式と人々の言語や認識のあり方が結びついていることを表している。一方，構造主義に対しては，構造が人々の行為を決定する決定論的な見方に対する批判があり，その影響を受けた社会学などでは，社会構造と人々の主体性の両側面を捉えることがめざされている。［中村瑛仁］

シグナリング理論

企業が労働者を採用しようとする際，応募者のうち誰の能力が高いのかを正確に知ることは難しい。そこで能力の高い者ほど難関大卒の学歴を得ることに苦労しないと仮定し，難関大卒の学生を優先的に採用する。このように，教育の機能は個人の能力を高めることにあるのではなく，個人がすでに獲得している能力に関する情報を社会に伝達することであるとみなすのが，シグナリング理論である。教育を受けることにより，知識や技能が高まり，これにより労働生産性や雇用可能性が上がり，賃金が上昇すると考える「人的資本論」と対照的に，シグナリング理論では教育の質や内容には意味がなく，例えば大学教育を受けたという「シグナル」の役割が重要であると考えるのである。

よく，学歴による「就職差別」が話題になるが，シグナリング理論からすると学歴や学校歴を採用基準とすることには，一定の合理的な理由があるといえるだろう。［若槻　健］

人的資本

「何のために学校で勉強をするのか」という素朴な疑問に対して，「学校で勉強することが将来仕事をするときに役に立つから」と答えることがあるだろう。この回答の背後にあるのが人的資本という考え方である。人的資本とは，個人がもつ労働力の「質」（＝生産性）を意味する言葉である。そして人的資本論は，豊かな社会を築くために人々の人的資本を高めることが教育の目的であるという見方をとる理論である。しかし学校教育による知識・技能と社会で必要となる知識・技能は異なるため，教育を受けても生産性はそれほど高まらないという批判をはじめ，人的資本論についてはさまざまな批判がある。［数実浩佑］

社会階層

経済状況や職業，学歴などを序列化

したときに，共通した地位（層）にある人々の集合を社会階層という。学校は，学習状況の評価から適切な上級学校や職業へ子どもたちを振り分ける選抜の機能を果たしていることから，学校教育と社会階層の形成は関連が深い。近年では，ひとり親家庭や非正規職の家庭に代表される，経済的に低階層の家庭出身の子どもの貧困問題が取り上げられる。経済的な状況による進学の断念や職業選択の制限がもたらされる貧困の連鎖は，子どもたちの出身階層の再生産につながるおそれがある。貧困世帯や外国にルーツをもつ子どもなど，出身階層のために不利益を被りやすい傾向にある子どもたちへの積極的な支援が重視されている。

［伊藤莉央］

社会移動

社会的地位（職業上の地位や名声，収入の高さなどによって表される）の間を人々がどのように移動したかを示す言葉である。社会移動には，親子間の社会移動をさす「世代間の社会移動」と，同一個人の複数の時点間の移動をさす「世代内の社会移動」がある。とくに，世代間の社会移動は，人々が生まれ落ちた社会的地位と後天的に獲得していく社会的地位の関連を捉えることができるため，社会の開放性や機会の平等を表す指標として注目を集めてきた。昔は，個人が代々引き継がれる家業にしか就くことができず社会移動は簡単ではなかった。現在では，出自に関係なく個人のもつ能力・努力・学歴などによって個人が望む職業に就くことが原則的には可能である。しかし，現在もどれほど活発な社会移動が可能になっているのかは考える余地がある。

［志田未来］

社 会 化

社会化とは，私たち一人ひとりが社会の規範や価値観，行動様式を身につけ，その社会の「一人前」になることである。そのため，社会化の内容は属する社会によって異なっている。例えば日本のように年長者を敬う規範をもつ社会では，年長者への礼儀作法が教えられるし，そうでない社会では，年齢に関係なくコミュニケーションをとる行動様式が教えられる。また社会化には，一次的社会化と二次的社会化があり，一次的社会化は，幼少期に家庭でおこなわれるしつけに関わっている。二次的社会化は，学校をはじめとした教育機関や仲間集団を通じておこなわれる。社会化は，その社会で生きていくための術を身につけるという意味で重要であるが，「男らしさ」や「女らしさ」といった社会の既存の価値観を温存させることに注意が必要である。

［若槻　健］

役　割

人は，社会や組織に参加するなかで，どのように振る舞うか，何を担うかを，他者との関係性のなかで決定し，行動する。また，集団全体の規範に基づいて行動することが期待され，そのように振舞うようになる。このようにさまざまな場面に応じて，振舞われる行為のパターンを「役割」と呼んでいる。

子どもが親や教師の真似をする「ごっこ遊び」がよい例である。子どもは「ごっこ遊び」を通して，親や教師という社会的な「役割」を内面化する。親や教師が言う「○○してはいけない」や「○○することはいいことだ」を真似ることで，社会規範を内面化していく。この他者とのコミュニケーションにおける自己形成のプロセスを「役割取得」と呼ぶ。［石川朝子］

エビデンスと教育

主に教育政策の分野で，エビデンスに基づいた教育政策・実践を主張する際に用いられる用語である。教育分野では，ある理念や思想が先行して教育政策・実践がなされる場合が少なくない。これに対してエビデンスに基づく教育政策では，ある政策の有効性，実現可能性，コスト，公平性などを，エビデンスを用いながら多面的に評価し，よりよい政策を模索することがめざされる。エビデンスとは根拠や科学的実証をさし，例えば統計資料，学力スコア，実験結果等の数量データや，近年ではインタビューや観察調査の結果なども用いられる。例えば，学力テストの実施が学力向上に有効かどうかをエビデンスに基づいて検証する場合には，テスト対策に時間が割かれるといったマイナス面や実施にかかる多額の費用を考慮し，デメリットに見合った学力向上が達成されているかが吟味されることになる。［中村瑛仁］

予言の自己成就

「きっと○○になるに違いない」と根拠の有無や，内容の正誤を問わずに思い込む（予言する）ことによって，無意識のうちにその思い込みに沿って行動し，最終的にその通りの結果となることを「予言の自己成就」という。これは自然界では起こり得ず，人間だけが他者や自己の予言に応じて行動を決定することがある。

例えば，受験生が「自分は試験に落ちるのではないか」と思うことで，本来の力を発揮することができずに不合格になるケースなどがそうである。一方で，児童生徒の成績について肯定的な励ましを与え続けると，児童生徒に自信がつき，より学ぶようになり，成績が向上するというのも予言の自己成就のひとつである。［石川朝子］

ラベリング

「○○ができない子」や「○○な性格」など，特定の行為や状況などに対して，他者からラベル（レッテル）を付与される過程を「ラベリング」（または，レイベリング）と呼ぶ。

教室における教師－児童間の相互作用過程においてもこのメカニズムが見られる。例えば，教師から「あなたは算数が苦手だ」とラベリングされた児童は，そのことが嘘か本当かに限らず，自分は算数が苦手だと無意識のうちに思い込む。そのことによって，学ぶモチベーションが下がり，結果として算数が苦手科目になってしまう。一方，教師から「よい児童」のラベルが貼られると，その児童はますます「よい」とされるおこないをするようになる。

［石川朝子］

言　説

メッセージをもった言語表現や言語活動のことである。その言葉を誰が，またどのような立場の人が語ったのか，どのような状況で語られたのかということに意味内容は規定される。ここで重要なのは，その表現や活動がどういった構造で成立しているのか，またどのような意味を含んでいるのか，ということである。つまり言説は言葉として表現される以上の意味を有し，それは社会的に構築されているのである。

あくまで同じ言葉で表現されていたとしても，誰がどのように語ったのかということで意味内容が規定されることは学校現場でも多く見られる。例えば学校で保護者に何かお願いをするとき，担任教師が口頭で説明することももちろんあるが，校長名で保護者あて文書を発行することが多いだろう。それは，「学校としてお願いしていること」といったニュアンスが保護者と学校の間で共有されたり，正式なものとして捉えられたりするといった効果がある。　［伊藤　駿］

学校・学力・学校文化

学校文化

物質的・行動的・観念的・価値的な次元で，独特のパターンをもって現れる学校の文化的特性のことである。学校は，話し言葉より書き言葉を重視する，具体的な生活知よりも科学的な抽象知を伝達する，個人評価を重視するなどの共通した文化的特徴がある。一方で学校文化は，国や地域の社会制度や時代の変化によってさまざまなかたちをとり，学校段階によっても異なる。さらにそれは，地域社会の特性を反映しており多様性に富んでいる。学校文化は，ときに子どもや教師に対して抑圧的に働くこともあるため，誰もが安心できる学校づくりのために，絶えず反省的に捉えられなくてはならないものでもある。

→教員文化　［西　徳宏］

教育達成

「高卒」「大卒」など，ある学校の課程を修了することである。あるいは，教育を受けることができた年数をさす。教育達成は，個人の学力だけではなく，出身階層やジェンダー，エスニシティなどからも影響を受けると考えられており，社会経済的に恵まれた子どもほど教育達成が高くなる傾向にある。

一般的に，最終学歴がその指標とされるが，学業達成とは異なり，数値で測定できない学校経験などの側面も含めることがある。　［山口真美］

地位達成

個人がどのような社会的地位に就くのかということを表した言葉である。社会的地位の指標には，収入や職業威信（世間の職業に対する評価のこと。例えば，職業威信の高い職業として医師や弁護士などがある）などが用いられる。学歴社会と呼ばれる日本において地位達成は学校を経由しておこなわれる傾向にある。簡単に言えば，どの学校に行ったかによって就職先がある程度制限される。これだけ考えれば個人の能力や努力に応じた地位達成が可能であるという点で平等な社会のように思えるが，その背景には家族の教育関心や経済的な余裕などの個人以外の影響も大きいという点には注意したい。学校は児童生徒たちの地位達成に大きく関わっているため，児童生徒たちの「公正」な地位達成をいかにして保障できるのかについてつねに考える必要

がある。 ［志田未来］

学業達成（アチーブメント）

教育の結果として獲得された能力のことである。とくに，教科学習のなかで習得された学力のことをさす。教育達成や親からの教育期待と関連が強いと考えられている。学業達成は，一般的に数値で測ることができるもの（例えばテストの点数，成績）であり，測ることができない学校経験などは含まれない。このため，教育活動で身につける多種多様な能力をどのように把握するのかは課題である。

→学力 ［山口真美］

教育アスピレーション

「大学まで進学したい」など教育面での地位達成に向けた欲求の強さのことである。個人が将来到達したいと希望する学歴段階や受けたいと願う教育年数によって測定される。例えば，経済的に厳しい家庭では，早い段階から家計を担うために働くことが期待され，親・本人ともに教育アスピレーションが低くなるということが考えられるなど，出身階層と関連がある。また，進路指導のなかや上級学校への進学の過程で他者の影響を受けて起こる，教育アスピレーションの加熱（ウォーミングアップ）や冷却（クーリングダウン）が進路分化を説明していると言われている。加熱の例としては，勉強に興味をもてなかった生徒が友だちに「一緒の大学に行こう」と言われ，受験勉強に一生懸命取り組むようになることが挙げられる。反対に冷却の例としては，進路指導の際に「女子だから浪人してまで大学に行かなくていいよ」と教師に言われて志望校のランクを下げることが挙げられる。

［山口真美］

学力格差

しばしば混同されるが，学力格差と学力差は異なるものである。前者は集団間で生じている格差を意味し，後者は個人間の差を意味している。例えば，男女間や階層間において学力に差が認められれば，それは学力格差があると言うことができる。他方でＡさんとＢさんの学力に差があったとしても，それを一概に学力格差とは言えないのである。

そのため学力格差の克服とは全員の学力を一にすることを志すものではなく，集団間の不平等な差を是正することをめざすものである。そうした是正を実現する学校については，教育社会学研究において「効果のある学校」研究として一定の蓄積がなされている。効果のある学校研究では，その学校の特徴として①子どもを荒れさせない，②子どもをエンパワーメントする集団づくり，③チーム力を大切にする学校運営，④実践志向の積極的な学校文化，⑤地域と連携する学校づくり，⑥基礎学力定着のためのシステム，⑦リーダーとリーダーシップの存在という７点が指摘されている。 ［伊藤　駿］

トラッキング

どの学校に入学するか，あるいは学校内のどのコースに入るかにより，生徒のその後の進路選択の機会と範囲が限定されることである。例えば，入学した高校の学科などのタイプや入試ランクによって大学進学のチャンスが広がったり狭まったり，また将来の職業が水路づけられたりすることなどをさす。このように学校間で差異が生まれることを学校間トラッキングと呼ぶ。また，習熟度別・進路別学級編成も同様に個人の進路選択を制約し得るという点でトラッキングの一つであり，学内トラッキングとも呼ばれる。制度的には閉ざされていなかったとしても，自ら進んで自分の所属するトラックに応じて相応の選択をおこなうという点で進路選択に制約を加える可能性があり，その影響力は小さくない。

［志田未来］

メリトクラシー

人生は本人の能力と努力によって切り拓かれるものである，という業績（メリット）主義の考え方のことである。近代以前は身分や家柄が人生を規定していた（アリストクラシー）のに対して，近代以降はメリトクラシーの時代であると言え，どんな家庭に生まれても才能に恵まれ，十分に努力すれば，自分の望む人生を歩むことができると考えられている。

一方で，メリトクラシーは「できないこと」がすべて個人の努力不足や能力の欠如によって説明されてしまう側面も有する。そして「できない人」のさまざまな権利が奪われることを合理的なものであると人々に納得させてしまう排除的な機能を有するとも言える。例えば，一律に宿題を課したとき，やってこない子どもがいたとしよう。もしかするとその子どもは家庭で学習に集中できる環境がないのかもしれないし，宿題がその子どもにとって難しすぎたのかもしれない。しかし，そうした宿題をやってこられないことを子どもの責任とし，宿題で扱った内容の理解ができなかったとしてもその子どもの努力不足とみなされてしまうことなどが該当するだろう。［伊藤　駿］

ペアレントクラシー

人生は本人の能力と努力によって切り拓かれるものであるというメリトクラシーに対して，その能力は生まれ育った家庭の有する資本に規定されているという考え方である。イギリスの社会学者，ブラウン（Brown, P.）によって提唱された概念である。人材の選抜に注目したとき，メリトクラシーは「能力＋努力＝業績」という方程式で表現されるのに対し，ペアレントクラシーでは「富＋願望＝選択」という表現がされる。親のもつ資本（子どもの教育にかけることのできるお金）とそれをもとに形作られる願望（「よい」教育を受けさせたい）によって子どもが選択する（受験する学校や塾などを選ぶ）という関係である。

例えば，学習しやすい環境に向けて教育投資が十分にできる家庭で育った子どもと，そうでない子どもでは教育達成において格差が生じることは想像に難くない。また，保護者の学歴が高いほど子どもに高い学歴を求める（高い教育期待をもつ）ことが考えられる。

［伊藤　駿］

非認知能力

計算ができる，文字が書けるといったテストで測定できる能力を「認知的能力」という。それに対して非認知能力とは，目標に向かって頑張ることができる，他の人と仲良くできるといった定量的に把握することができない内面の力のことを意味する。しばしば聞かれる「コミュ力（コミュニケーション能力)」も非認知能力の一つであり，認知的能力と非認知能力を合わせて子どもを評価することが増えている。また，通知表においても教科に対する評価だけでなく，学校生活全般に対する評価もなされており，そうした観点が重要であるということは一つの共通認識となっている。

これは学力を前提としたメリトクラシー（業績主義）からの解放と捉えられるかもしれないが，同時に非認知能力さえもが業績の一つとして評価の対象となることを意味する。つまり，勉強だけで評価されないけれども，代わりに人間性のすべてが学校の管理対象となり評価される，生きづらい社会となることに注意が必要である。

［伊藤　駿］

学校知

私たちの社会が学校で教えるべきものとして選び出した教育的知識である。それは特定の社会的・政治的文脈において一定の価値基準に基づき教育用に選択的に構成された「一連の意味のセット」である。それらを扱うカリキュラムは，文字文化，個人主義，抽象性，非日常性といった特徴をもち，ときに「生活するうえで役に立たない知識」として批判的に扱われることもある。教育社会学では，学校知を自明のものとするのではなく，特定の知識がどのようにして「正当な知識」として扱われるようになるのかに着目することで，学校知に潜む権力性を問題視してきた。例えば，教科書のなかで描かれる女子はおとなしい一方，男子は活発であることが多く，ジェンダーステレオタイプに支配されていることや，難しい内容ほど男性の登場人物が解説しがちであり，教科書が男性優位な世界であることが指摘されている。また，学校知以外のさまざまな知識があるにもかかわらず，学校知の習得状況を数値化した「学力」に基づき生徒を序列化し，それが社会の序列を再生産し正統化していることも問題として捉えることができる。

［前馬優策］

生活知

生活知とは，日常生活を送るために必要な知識や技術のことである。生活知は日常生活を送るなかで主に習得されるため，経験知や身体知の一種とも言える。その点，外部から与えられる体系的な知識としての「学校知」とは明確に異なる。ただし，学校知と生活知を相反するものとして考える必要はない。学校知と生活知は互いに補い合い，影響を与え合うものである。知識を扱う教師には，学校知を学校知として伝達するのみではなく，学校知と生活知を結びつけて理解させる役割が期待されている。また，小学校低学年の生活科は，学校知と生活知をつなげることをねらって設置された科目とも言え，授業での活動が子どもの学校生活や家庭生活を豊かにしていくことがめざされている。

［前馬優策］

効果のある学校

ある社会において人種・民族的に少数派となるエスニックマイノリティや

貧困家庭をはじめとする，社会的に不利な状況におかれている子どもの学力を，その他の子どもと同等以上に向上させている学校が，「効果のある学校（Effective School）」とされる。1970年代以降に欧米において展開された効果のある学校の特徴を見出す研究は，日本においても2000年代以降に見られるようになった。効果のある学校では，基礎学力保障のためのシステムが存在していること，徹底した集団づくり・仲間づくりの指導がおこなわれていること，教師のチームワーク・組織力の高さなどの重要性が見出されてきた。不利な状況にある子どもたちの学力を保障する効果のある学校の取り組みを，一時的なものとせず，継続させていくことが課題である。　［伊藤莉央］

下位文化

社会全体に共通する支配的な文化とは異なり，社会の一部を構成する人々に応じて形成された特定集団に共有される文化のことである。例えば，日本社会もひとつの文化で構成されているのではなく，年代，地域，性別，職業，民族などによってさまざまな文化が存在する。そういった文化を下位文化と呼ぶ。学校でも学年，クラス，部活動，仲間集団によってそれぞれ特異な文化をつくりあげている場合が少なくない。それぞれの集団ごとに，スポーツ志向，遊び志向，勉強志向，非行志向といったさまざまな下位文化のなかで，児童生徒は価値観やアイデンティティを身につけていく。児童生徒の思考や行動を個人の特性に直結させて理解するのではなく，下位文化の影響力も考慮に入れたい。　［志田未来］

生徒文化

学校生活のなかで，児童・生徒・学生集団に形成される行動や思考のパターン，価値観や志向性の特徴を，総じて生徒文化と呼ぶ。生徒文化は，学校文化や教員文化との相互作用によってつくりだされるが，生徒たちが生活背景としてもつ階級文化や若者文化，消費文化といった，学校外部の下位文化の影響を強く受けている。そのため，一般的に中産階級的特性をもつ教員文化に対する対抗文化としての性格をもつことがある。ただ生徒集団も階層背景やジェンダー，能力や消費の嗜好性によって「ヤンキー」や「ギャル」，「ヨウキャラ」や「インキャラ」のように，お互いに名指しあって分化しており，内部の多様性や権力関係も見られる。　［西　徳宏］

仲間集団

親や教師など大人との関わりは，権威や権力を背景とした規律訓練的なタテの社会化とされる一方で，他者と関わる際のルールや規範，連帯のあり方といった，相互に関わる能力を獲得するヨコの社会化にとって，仲間集団は重要な役割を果たしている。

例えば仲間集団は，仲間内でのみ通じる言葉の使用を通して，仲間との同一性を高めて安心感を得るといった，承認欲求を満たす場として機能する。一方で教室内における仲間集団の濃密性と閉鎖性に伴う課題も指摘されている。近年では，「スクールカースト」と呼ばれる児童生徒間の地位の上下が形成されることがあり，そうした地位

関係は児童生徒間のいじりやいじめを生み出すおそれがある。 ［伊藤莉央］

正統的周辺参加

正統的周辺参加は，学習を私たちがある共同体に参加しその共同体のメンバーとの相互行為のなかで習得していくものであるとみなす考え方である。例えば，仕立て屋に入った「見習い」が，先輩のやり方を見ながらできることから少しずつ仕事をはじめ，次第にできることを増やしていき，最終的には「親方」になっていく。つまり，正統的周辺参加において，学習は，共同体の「新参者」から「熟達者」となることであって，個人が知識を獲得することではない。また変化するのは学習者一人ひとりだけではなく，共同体自体もメンバー間の相互行為を通じて刷新される。正統的周辺参加は，学習における他者とのコミュニケーションや，共同体の文脈を強調する点で，従来の個人的で脱文脈的な学習を相対化する学習観であると言えるだろう。

［若槻　健］

再生産理論・批判教育学

再生産理論

資本主義社会における階級・階層の不平等な構造がどのように維持されているのかを，教育システムや文化的側面と関わらせて捉えていくのが再生産理論である。主要な議論のひとつにブルデュー（Bourdieu, P）の文化的再生産論がある。ブルデューは，客体化された形態（本や絵画など），身体化された形態（ものの好み，性向など），制度化された形態（学歴，資格など）からなる文化資本が階級・階層構造の再生産に大きな関係があると指摘し，なかでも身体化された形態（ハビトゥス）に着目した。ハビトゥスは各階級における家庭文化を反映したかたちで身体化されている。

学校の文化は中産階級以上のハビトゥスと親和性をもつが，労働者階級のハビトゥスは学校で正統とされる文化になじまず，必然的に中産階級以上の子どもが学校において成功しやすくなる。学校教育を通じて，労働者階級出身の子どもは労働者階級へ，中産階級出身の子どもは中産階級へと配分され，階級再生産がもたらされていくのである。 ［伊藤莉央］

バーンスティン　Bernstein, Basil (1924‐2000)

20世紀後半に活躍したイギリスの社会学者。文化的再生産論者の代表的な一人に数えられる。彼の研究は，社会における階級関係などの秩序が，学校教育を通じて維持・強化される過程を明らかにしようとしたものである。初期の「言語コード論」は有名で，子どもたちが使用する言葉を精密コードと限定コードに分け，学校で推奨される言語コードとの親和性から学校適応や学力獲得を説明した。

バーンスティンは言語コード論を発展させ，（教育的な）コミュニケーションをおこなうための原理（コード）を，「〈教育〉コード理論」として整理した。また，伝達と獲得の場である「〈教育〉なるもの」について「〈教育〉装置」「〈教育〉言説」の概念を用いて議論を展開し，「どんな知識がどう伝達されるか」といった視点から，〈教育〉が個人の意識やアイデンティティに影響を与える様子を描き出そうとした。　　［前馬優策］

精密コード／限定コード

バーンスティンのコード理論として知られるが，精密コードは客観性や個々の人格を前提に物事を捉えて具体化する原理であり，限定コードは主観や地位関係を前提に物事を捉えて具体化する原理である。例えば，精密コードによる発話は文脈依存度が弱く（言葉が省略されず文法的に正確であるなど，言葉のみで意味が伝わる），限定コードによる発話は文脈依存度が強い（言葉が省略され文法的に不正確であるなど，言葉のみでは意味が伝わりにくい）。それぞれに一長一短があり，状況を共有しているメンバー間では，限定コードを用いるほうがスムーズなコミュニケーションが取れたりもする。

中産階級の子どもは精密コードと限定コードを使い分ける一方，労働者階級の子どもは限定コードのみを身につけていることが多い。しかしながら，学校では精密コードを用いるように要求されることが多く，そのギャップによって，精密コードに馴染みのない労働者階級の子どもは学校適応や学力獲得に課題を抱えやすいとされる。

［前馬優策］

見える教育方法／見えない教育方法

「見える教育方法」とは，大人（親や教師）と子ども（学習者）との権力関係，教育内容，時間や空間，指示の言葉，学び方，評価規準などが明示的な教育方法である。一方，「見えない教育方法」とは，それらが暗示的で子どもや一般の人に見えにくい教育方法である。現代日本社会では，就学前教育のほうで「見えない教育方法」がより使われている。それは小学校以後も使われるが，小学校では教科書で学ぶ内容が明示されたり，中学校では定期テストで「点数」として評価が顕在化するなど，「見える教育方法」が目立つようになる。なお，「見えない教育方法」には個々の発達に沿った教育をおこなえる魅力もあるが，物質的・空間的なコストがかかるという課題もある。　　［前馬優策］

ブルデュー　Bourdieu, Pierre（1930-2002）

フランスの社会学者。文化的再生産論に関する代表的な論者である。文化的再生産論とは，学校は社会の平等化を実現するよりもむしろ，格差や不平等を維持する装置であると主張する理論である。この理論は，「親が貧困だと子も貧困になる」という貧困の再生産が生じる理由を，家庭の文化の違いによって説明する。重要なのは，「劣った文化を有しているから貧困になる」という家族に問題があるとする見方ではなく，「貧困家庭の文化と学校文化にはギャップがあり，学校が貧困家庭の子どものなじみにくい文化を有していることが問題である」というように，学校内部に不平等の原因を求めた点である。この理論を説明するためにブルデューは文化資本やハビトゥスといった重要な社会学的概念を提出した。　　［数実浩佑］

文化資本

家庭背景の違いによる学力格差が生まれる原因のひとつとして，経済的な豊かさの違いが挙げられる。しかし経済的な格差がなくなれば，学力格差はなくなるとは限らない。なぜなら文化的な豊かさの違いも，経済的な豊かさと同様に，子どもの教育環境に大きな影響を与えるからである。この文化的な豊かさを教育の資源として捉えた概念が文化資本と呼ばれるものである。例えば，読書習慣や美術館に通う習慣のある家庭，本や辞書，絵画が家のなかにある家庭，保護者の学歴が高い家庭にいる子どもは，勉強することや進学することを当たり前と感じ，学校での生活になじみやすい。このように文化資本が豊かな家庭の子どもは教育的な成功を獲得しやすい。 ［数実浩佑］

ハビトゥス

われわれが日々を過ごすなかで出会う物事をどのように知覚・評価するか，どのように行動するかに関する傾向性をハビトゥスと呼ぶ。フランスの社会学者ブルデューの提唱する重要な概念である。この傾向性は人々によって異なるが，それは個人の自由意思によるものではなく，周りの環境によって形成されるものである。

幼少期は家族によって，学齢期は学校によってハビトゥスが形成されていくが，これは知識として身につくものではなく，無意識的に身体化されるものである。幼少期に身についたハビトゥスと学校で要求されるハビトゥスにギャップがある子どもは，学校になじむことが難しく，学校から排除されてしまう傾向にある。 ［数実浩佑］

批判的教育学

階級・人種・ジェンダーなどをめぐって生じる社会的・文化的・経済的な権力関係や不平等の問題が，教育の場でどのような形態や関係性をもって現れるのかを追究する教育研究である。主に1970年代後半から北米を中心として展開されてきた。教育のネガティヴな側面を正面から捉えることで，教育をより公正で民主的な営みへと再構築することをめざす教育運動としての側面もあわせもつ。ブラジルの教育哲学者であるフレイレ（Freire, P.）の思想や実践，アメリカの教育学者であるアップル（Apple, M. W.）のカリキュラム研究などが，批判的教育学の代表的研究に挙げられる。

→フレイレ ［西　徳宏］

アップル　Apple, Michael W.（1942-）

アメリカ合衆国を代表する教育学者である。ウィスコンシン大学マディソン校教育学大学院ジョン・バスコムで1970年から2018年まで教鞭をとる。批判的教育学の代表的論者であり，教育と権力，カリキュラム研究，民主的な学校開発に関する多数の著作がある。民主的な教育政策や教育実践の構築をめざして，世界各国の教育研究者や教員組合，学校の教員たちと協力しながら批判的教育学運動を国際的に展開している。主著に『批判的教育学事典』（2009），『デモクラティック・スクール』（2007），『学校幻想とカリキュラム』（1979）などがある。 ［西　徳宏］

人権・差別・社会的包摂

人　権

人権とは，それがなくては人間が人間らしく生きることができない権利である。世界人権宣言においては，すべての人間は，生まれながらにして自由であり平等であるべきことが確認されているが，人権とはその自由と平等を保障するうえで，鍵となる概念である。人権は，国の干渉から個人を守る権利（自由権）と，社会福祉や教育のように国や行政の積極的な行動を求める権利（社会権）からなる。「思いやり」などといった漠然としたものではなく，憲法や法律で定められた個別の権利の集合である。また，人権は，無責任な自己主張や，他人の人権を否定する目的のために行使されてはならない。人権が効力を発揮するためには，人々の不断の努力が求められる。

→子どもの人権；人権教育［原田琢也］

社会正義

社会正義（social justice）とは，社会の構成員に基本的諸自由と機会がひとしく与えられる状況をめざし，なおかつ社会的に不利な立場に置かれる人々がいる場合には，彼らが社会の構成員として承認されるよう社会構造の変革をめざす原理である。これは，人種的・経済的背景を理由に社会的排除を受けた人々が，運動を通じて権利獲得をめざしたアメリカで発展した。

日本でも子どもの貧困や外国につながりをもつ子どもに対する教育など，社会正義が問われる問題が存在する。教師は，子どもの権利の保障に最前線で向き合う者として，かれらが社会的承認を得られているのか注視し，場合によっては，社会正義を求めて声をあげることも求められる。［高野貴大］

社会的公正

社会的公正（social equity）とは，社会における構成員に，基本的諸自由と機会がひとしく与えられる状況をめざす原理である。ただし，これは形式的平等とは異なる。形式的平等は，すべての人がスタートラインにひとしく立つことができる状況をさすのに対し，社会的公正は，当事者の社会的，文化的格差是正による実質的平等をめざす。個人の特性（障がいの有無，日本語能力，経済的背景など）によって，子どもに対するアプローチや機会保障のあり方は異なる。教師には，子どもの実質的平等を実現する働きかけが重要となる。教師として，子どもの社会的，文化的格差を是正し，基本的諸自由と機会保障が実現できているかどうかをつねに問うことが大切である。

［高野貴大］

社会的排除

貧困など，さまざまな不利をもつ人々が，教育や福祉サービス受給や就労の機会を得られず，社会的に孤立する状況やそれにいたるプロセスを意味する。1980年代ヨーロッパ諸国で，貧困や移民の問題への注目が集まり，かれらの孤立を問題視する用語として社会的排除という言葉が浮上した。とくに，プロセスとしての社会的排除において注目せねばならないのは，ある不利（例えば，移民のため公用語を話せないなど）が，さまざまなサービスの受給や就労，教育機会においても社会的障壁を連鎖的につくりだし，孤立を強めてしまうことである。また，社会的排除の解消をめざし，かれらを社会へと包み込む取り組みは「社会的包摂」と呼ばれる。［濱元伸彦］

社会的包摂

さまざまな不利をもつ人が置かれる社会的排除に対抗する取り組みないしは理念として登場したのが社会的包摂である。とくに福祉や教育において，排除され孤立しがちな人々を同じ社会の成員として包み込み，支え合う関係性の構築がめざされる。1990年代以降，社会的包摂を進めるための教育や福祉の政策が，欧米の国々で活発になった。総合的な政策としては社会的包摂という用語がしばしば用いられるが，教育分野に限って言えば，問題意識は共通しつつも，より短い，包摂（インクルージョン）という言葉のほうが一般的である。1990年代半ば以降，教育分野における包摂の考え方の国際的な普及においては，ユネスコの果たしてきた役割が大きい。現代の国際的な動向のなかで，教育における包摂とは，第一に，障害，貧困，移民などさまざまな背景やアイデンティティに関わって社会に生じている教育からの排除をなくし，教育を通じて，すべての人の学習，文化，コミュニティへの参加を促すことである。第二に，教育実践や制度の内部にある排除や社会的障壁をなくす取り組みを進め，学習者の多様性を尊重するとともに，その多様なニーズに着目した支援をおこなっていくことである。このような包摂を進めていくための教育はインクルーシブ教育と呼ばれている。［濱元伸彦］

教育機会の平等・不平等

日本では，高卒，大卒などの個人の学歴差が，就業する職種や雇用形態（正規・非正規）の差，そして生涯賃金の格差を生み出す。そのため，教育機会の平等・不平等は，とくに高等教育の進学機会を想定して議論される。家柄や属性（例えば，人種，民族，性別）ではなく，個人の努力と知的能力に応じて社会的地位が配分されるメリトクラシーが前提とされる現代社会では，高等教育への進学機会はすべての人に平等に開かれているとされている。しかしながら，生活保護世帯の子どもの高等教育進学率が全世帯の半数ほどであること，南米などの国籍者の大学在学率が十数％であることなど，いわゆる社会的マイノリティに対する教育機会が平等に開かれているのかは検討の余地がある。［伊藤莉央］

マイノリティ

「少ないこと」および「少数派」という意味を表す英語の minority がもとになった語である。とりわけ社会的に少数派と位置づけられる人々（マイノリティ・グループ）をさす意味で用いられることが多い。一般的には少数民族を表すことが多いが，いわゆるLGBTs は「性的マイノリティ」と表されることもある。マイノリティは「弱者」の立場にある集団として位置づけられやすく，少数派であっても不利な境遇へ追いやられているわけではない場合は，マイノリティとは呼ばれにくい。マジョリティから見れば異質であり異端であると捉えられやすく，差別や迫害の対象になったり，日常生活を送るうえで不利な状況に陥ったりすることになりやすい。　［原田琢也］

偏見／差別

偏見は，かたよった見方・考え方のことである。ある集団や個人に対して，客観的な根拠なしにいだかれる非好意的な先入観や判断である。「色眼鏡で人を見る」という場合の「色眼鏡」，あるいは英語の「バイアス」も同義である。

差別とは，偏見をもとに，特定の個人や集団に対して不平等な扱いをすることである。出身地，職業，学歴，性別，家柄，民族などによる差別がある。

日本社会においても，被差別部落に居住する子ども，障害のある子ども，貧困状態にある子ども，外国にルーツのある子どもなど，多様な子どもが学校に通っている。学校・教師は，すべての子どもに対して平等に接し，子どもたちがそのもてる力を十分に発揮することができるように配慮していく責務がある。　［原田琢也］

スティグマ

スティグマは，元々は牛や奴隷，犯罪者などに焼きつけられた刻印をさすが，転じて個人や社会集団に否定的なレッテルを貼ることを意味する。スティグマは，人種，民族，宗教，障害，病気，性的指向，貧困といった観点から社会的に不利な立場にある人々に否定的なイメージを与え，「普通」ではないとか，道徳的に劣っているとして差別の対象に落としいれる。またスティグマは，しばしば事実とは異なる偏見を含み，否定的なイメージは増幅される。例えば，担任教諭が給食費を払うように他の児童の前で言うことは，その児童にスティグマを与え，道徳的な非難を浴びさせることにつながる。スティグマを与えられた人は，差別される恐れから，自身の境遇を隠そうとしたり，自尊感情を低下させたりすることも多い。　［若槻　健］

同和教育

日本の教育全般において，部落差別を解消するためにおこなわれる教育をさす行政用語である。1950年代に被差別部落に未就学児童が多い実態を前にして，「今日もあの子が机にいない」を合い言葉にして，教師の手弁当での活動として始まったとされる。狭い意味では，同和地区の児童生徒の学力保障をめざして取り組まれた教育実践をさすが，広い意味では，部落問題解消を目的としておこなわれる人権啓発をさすこともある。なお，同和という語が戦前の「同胞融和」という標語に起源をもつことから，「解放教育」と表現されることもある。近年では，「人権教育」あるいは「人権・同和教育」と表されることが多い。

→人権教育　［原田琢也］

アファーマティブ・アクション

民族，人種，性別，障害，出自などによる差別や貧困に悩む社会的弱者集団に対して，進学，就職，昇進などの面において優遇することで，不平等な状況を改善しようとする措置（対策）のことである。「積極的格差是正措置」と訳される。例えば，アメリカでは，大学入試においてアフリカ系アメリカ人に対し，一定の入学枠を確保することがおこなわれてきた。日本においては，部落問題を解消するために，1969年から2002年までの間，同和地区住民に対してさまざまな優遇措置が続けられてきた。

このような政策に対しては，「逆差別」だという批判もある。逆差別とは，差別を是正するために差別されてきた集団を優遇することにより，逆にそれ以外の人々の利益が損なわれ，不平等な状況が生じることを言う。しかし，不平等や差別が構造的に再生産されていることを考えたとき，表面的に不平等な状況が生じていても，「逆差別」と断じることができないケースが多くあることには注意が必要である。

［原田琢也］

子どもの貧困

家庭の経済的厳しさから，必要なモノをそろえられず，社会のルールや習慣を身につけられないために，学校や社会におけるさまざまな活動に十分に参加できず，他者との関わりが少なくなる子どもの状態をさす。例えば，ノートを買えず，宿題をすることができないために，学校の授業に安心して参加できず，友達ともうまくやり取りをできない状態があてはまる。学校における貧困対策は，貧困状態にある子どもを早期発見し，福祉機関に繋げることに加え，子どもの文化的経験を豊かにしたり，安心できる空間のなかで他者と信頼関係を取り結べるようにしたりすることである。つまり，学校には，地域とも連携しながら子どもの学習権・生存権を保障することが求められる。

［柏木智子］

子どもの貧困対策の推進に関する法律（子どもの貧困対策推進法）

子どもの現在及び将来がその生まれ育った環境に左右されることのない社会を実現するために，教育の支援，生活の安定に資するための支援，職業生活の安定と向上に資するための就労の支援，経済的支援等の施策を貧困対策として講じるよう，国及び地方自治体に義務づけるものである。2013年に制定され，2019年に改正された。

これを受け，2014年に策定された「子供の貧困対策に関する大綱」では，教育の支援のあり方のひとつとして，学校をプラットフォームとした総合的な貧困対策の展開が明記された。そのため，学校は子どもの貧困対策の拠点として位置づけられることとなった。

［柏木智子］

子ども食堂

子どもが一人でも安心して来られる無料または低額の食堂のことである。2010年以降に広まり始め，2020年には全国約4000か所で実施されている。実施回数は，毎日から半年に１回程度までさまざまである。

現在，多くの子ども食堂が，大人を含めて誰もが来られる地域共生型の居場所として運営されている。一方で，子ども食堂と学習支援活動を一緒におこなったり，子ども食堂にシェルターの役割を付加したりするなど，困難を抱える子どもへのケアを重視する子ども食堂がある。そのなかには，教師と住民が連携しながら皆で子どもを育てる場となっているところもある。

［柏木智子］

学習支援活動

学習支援活動は，放課後の学校や地域社会において子どもたちの学習支援をおこなうものである。同和地区などでは以前より地域の教育力を高め，子どもたちの進路保障をめざすものとして実施されていた。2010年前後から子どもの貧困や教育格差が社会問題として顕在化するようになり，塾に行く経済的な余裕のない子どもたちを支援しようと，勉強を教える学習支援活動が全国的に広がっていった。

子どもたちの困難は低学力だけではなく，生活が不安定だったり安心できる居場所がなかったり，気軽に相談できる人がいないことも大きな課題である。そこで，生活習慣の定着，仲間と出会い活動ができる居場所づくり，進学に関する支援，高校進学者の中退防止に関する支援等，子どもと保護者の双方に必要な支援をおこなうこともめざされている。［若槻　健］

教育と現代社会

学校化社会

学校教育制度が過剰な影響力をもち，人々の学習を独占するようになった社会のことである。学校化社会では，人々は学校という社会制度への依存を深め，自らの学ぶ力を失っていくと批判されることもある。

また，現代日本では，学校的価値の一元化という意味でも使われる。つまり，学業成績という尺度が学校だけではなく家庭や地域でも重視され，さまざまな場所にあった多元的な価値が評価されなくなってきているということである。

→イリイチ；脱学校論　［山口真美］

グローバル化と教育

グローバル化が進む現在は，人・モノ・金などが地理的・国家的・文化的な境界線にとらわれず「自由に」行き来する時代である。知識や言語や価値観等の交流を通じて，教育にも数々の影響が及ぼされている。

第一に，移民の子どもや留学生など，多様な文化・言語・宗教をもつ学習者がともに学ぶ状況である。このことから，異文化間教育や多文化教育，第二に人権教育，グローバル・シティズンシップ教育の視点の重要性が増している。さらに，教育評価や方法・実践に関する指標も世界的な基準が設けられることで，新たな取り組みが見られる。例えば，知識活用型の学力観に沿ったアクティブラーニングなどの実践の導入などがあげられる。

→多文化教育　［石川朝子］

共生社会

共生社会とは，誰もが主体的に参加できるとともに，相互に人格と個性を尊重し支え合い，人々の多様なあり方を相互に認め合える社会のことをさす。そうした社会を形成していくためには，これまで社会参加に課題のあった人々(障害者や外国にルーツのある人々など）の参加に立ちはだかるバリア（社会的障壁）をなくすとともに，すべての人が互いの参加の権利を尊重しあう意識を育むことが重要である。共生社会の実現に向けて，インクルーシブ教育や多文化共生教育が果たす役割が大

きいと考えられている。　［濱元伸彦］

Society 5.0

狩猟社会（Society 1.0），農耕社会（Society 2.0），工業社会（Society 3.0），情報社会（Society 4.0）に続く，日本がめざすべき未来の社会として2016年に閣議決定された第５期科学技術基本計画のなかで提唱された言葉である。この社会は人工知能やビッグデータなどの先端技術を活用することによって適切な情報を入手し，社会問題の解決をも可能にする社会である。これを実現させるために，学校では一斉一律の授業のみならず，個人の進度や能力に応じた学びの場となるようにすることや，同一学年集団に加えて異年齢集団での協働学習の拡充が進められようとしている。そのうえで，すべての児童生徒が基礎的学力や情報活用能力を獲得し，あらゆる教育資源や ICT 環境を活用できることがめざされている。

［志田未来］

私 事 化

人々の関心が，公共や共同性よりも私的な生活領域や自己へと向かっていく社会意識の動向で，1960年代末ごろより進展してきた現象である。私事化には，いわゆる共同体的しがらみから個人が解放されるというポジティブな面もあるが，規範意識の低下や社会的絆の弱まりなど，ネガティブな側面への指摘が多い。いじめや学級崩壊，教師—保護者関係の困難といった教育問題も，私事化と密接に関連する現象として検討されている。とりわけ，不登校現象の一般化の背景には，学校に通うことや集団生活を送ることに意味が見出せず，自分らしさを求めるようになった社会変化が根底にあるとされる。また，学校教育をサービス商品や契約関係として捉える感覚など，教育事業の自由化や民営化を進める1980年代以降の教育改革によって，教育の私事化は拡大傾向にあるとも言われている。

［伊佐夏実］

ニューカマー

ニューカマーとは，1970年代後半から，さまざまな理由で日本にやってきた外国人やその家族のことをさす。「新しくきた人」を表すこの言葉は，旧来より日本に在住するコリアン（韓国・朝鮮人）やチャイニーズ（華僑・華人）など「オールドカマー／オールドタイマー」と区別するために用いられる。

1970年代後半にフィリピンやタイからの興行ビザで働く女性や，ベトナム・ラオス・カンボジアからのインドシナ難民，中国残留邦人等が来日した。1980年代からは，ラテンアメリカ諸国からの日系人や南アジア・アラブ諸国からの正規・非正規労働者が増加した。加えて，留学生や国際結婚とその家族，技能実習生，介護職労働者など，属性も多様化してきている。

→外国人児童　［石川朝子］

多 様 性

教育における多様性には，子どもの個性や性格といった個人的な特性と生まれ育った家庭背景や人種，国籍など社会的な特性がある。一般的に日本の教育では，みんな同じことを同じペースでおこない，決まった枠にはめ込む画一的な教育が重視されてきたため，教育における多様性が軽視されていると批判されてきた。

そこで個々の子どもの興味関心や理解力に合わせた学習指導や個性に合わせた生徒指導が求められるようになってきている。また，貧困や単親といった不利を抱えやすい子どもや外国にルーツのある子ども，性的マイノリティの子どもなどに画一的な指導をおこなうのではなく，それぞれのニーズに即した支援をおこなうことが求められている。教師は子どもたちの多様性を認め，多様性に応答する教育をめざさなければならないだろう。

［若槻　健］

自己の再帰的プロジェクト

社会学者のギデンズ（Giddens, A.）による概念である。ギデンズは後期近代の一つのキーワードとして「再帰性（Reflexibility）」を挙げ，それは人々の「自己」の中心にまで至ると述べた。つまり，人々は自己のアイデンティティに対して絶えず修正を加えながら生きているのである。例えば，自分とは何か，社会においてどのように振る舞うべきかということがこの社会を生きる我々にとって大きな問題であることは想像に難くないだろう。そして私たちは言葉やさまざまな社会行動において，それに対する回答を続けているのである。

キャリア教育をはじめ，学校現場では子どもたちに対して「どうありたいか」「何をしたいか」と自分の内面ばかりを探るよう問いかけがちではないだろうか。しかし自己の再帰的プロジェクトという観点に立てば，それは社会やその状況との接合なしには成り立たない問いであり，また必ずしも一貫した答えが導かれるとは限らないのである。

［伊藤　駿］

家庭・地域・ジェンダー

お受験

お受験とは，国立や私立の幼稚園，小学校に入学するための入学考査を受験することをさす。1990年前後からマスメディアをはじめ一般の人々にも使われる言葉となった。

お受験に臨むのは，経済的に余裕があったり，教育熱心であったりする家庭の子どもである。試験の内容は園，学校によって多様であるが，家庭教師をつけたり塾に通ったりして合格をめざす。

当然のことながらこの年齢での受験はほとんど保護者の意向であり，子どもの意思や能力は大きく影響しない。こうした園や学校への入学が子どもの将来に大きなメリットとなるのならば，「お受験」は，人生の早期から階層間の格差を再生産する社会的現象であると言えるだろう。

［若槻　健］

ラロー　Lareau, Annette（1952-）

アメリカの社会学者。家庭教育の階層差を質的に明らかにした研究が有名である。彼女の代表作である *Unequal Childhoods*（＝『不平等な子ども期』）では，労働者階級の子育てを「自然な成長に任せる子育て」，中産階級の子育てを「全面発達に向けた計画的子育て」と名づけ，両者の違いを，社会関係，言語使用，公的機関とのやりとりの観点から区別している。ラローは，こうした子育ての違いが，学校での子どもの能力発揮の違いとなって表れることを示しており，学力や学校適応の階層差の背景を子育てのあり方から検討している。日本においても，同様の傾向があることがいくつかの研究から明らかにされている。 ［伊佐夏実］

ジェンダー

私たちが男女の違いについて考えるとき，生殖器や筋肉量の違いといった生物学的なものだけではない，さまざまな側面を思い浮かべることができるだろう。例えば，女の子であればスカートを履いてお人形遊びをする，男の子であればズボンを履いて戦隊ヒーローごっこをする。あるいは，家事や育児は女性のほうが得意であり，男性は家族を養うために外に出て働かなければいけないなど，ふるまい方や求められる役割に関する違いが存在する。こうした，社会的・文化的な性差を，ジェンダーという。ジェンダーの規範は，人々の多様な生き方を制限している側面があるだけでなく，学校生活のなかで「隠れたカリキュラム」として伝達されている側面もある。

→隠れたカリキュラム ［伊佐夏実］

ジェンダーバイアス

男だから／女だからこうしなければならない，男らしさ／女らしさとはこういうものだという，性にまつわる思い込みや偏見のことである。ジェンダーバイアスは，私たちの日常生活のさまざまな場面に潜み，当然視されている。例えば，遠足にキャラ弁をもってきた子どもに対する「お母さん料理上手だね」と言う教師の発言は，性別役割分業意識を前提にしたものであると同時に，それを推奨する働きもある。ほかにも，男女比では女性のほうが多い小学校現場において，管理職に就くのは圧倒的に男性が多いという実態は，男性のほうが支配的立場に立つことが望ましいという考え方や，働き方に関するジェンダーバイアスを反映し，再生産する機能を果たしている。

［伊佐夏実］

感情労働

アメリカの社会学者ホックシールド（Hochschild, A. R.）が，著書『管理される心』（1982）のなかで提示した概念。対人サービス業に従事する労働者にとっては，自身の感情のあり方が職務上重要な役割を果たすことから，それを感情労働と名づけた。例えば，居心地がよい，安心できるといった精神状態を顧客につくりだすために，つねに笑顔でいることや親切に接するための感情操作や演技が労働者には要求される。ホックシールドは，感情が商品化されることによって，労働者が自身の感情を自分のものとして感じられなくなったり，バーンアウトしてしまうなど，感情労働の負の側面を強調している。教師や看護師も感情労働が求められる職業であり，研究が進められている。例えば，教師の感情労働研究では，子どもや保護者との関係性におけるストレスや，共感疲労の危険性が指摘されている。他方では，そうした強制される感情労働の側面とともに，日常的な教育行為を成立させるために教師自らがおこなうという戦略的な側面を描くものもある。 ［伊佐夏実］

教育コミュニティ

学校と家庭，地域住民が協働して子どもの発達や教育のことを考え，具体的な活動を展開していく仕組みや運動のことをさす。代表的論者であった池田寛は，学校教育を中心に据えたコミュニティづくりをおこなうことで，教職員・保護者・地域住民などの関係性を豊かにし，子どもたちの成長をともに見守ることができる地域社会を形成することの重要性を説いた。例えば，大阪府では2000年度から，教育コミュニティづくりを目的にした「すこやかネット」と呼ばれる地域教育協議会の設置が推進され，大阪市を除いた府下すべての中学校区に設置されるなど，制度的かつ実践的な展開も見せている。

［西　徳宏］

社会関係資本

人々の間の信頼，つきあい，社会参加などの人的なネットワークによって育まれる資本を社会関係資本と呼ぶ。社会関係資本の程度を測る指標として，地域での活動の頻度，投票率，ボランティア活動，友人や知人とのつながり，社会への信頼度などが挙げられる。社会関係資本の豊かさは，さまざまな場面で好ましい効果をもたらすことが指摘されている。学校と社会関係資本の関わりのひとつとして，家庭と子どものつながり，地域・近隣社会と子どものつながり，学校・教師と子どものつながりが豊かな地域の子どもたちの学力は高く，それらのつながりが脅かされている地域の子どもたちの学力は相対的に低いとする「つながり格差」仮説がある。

［数実浩佑］

へき地教育

交通条件および自然的・経済的・文化的諸条件に恵まれない山間地，離島等における教育は，へき地教育と呼ばれ，教員の確保，施設・設備の整備，学習の指導方法等各種の面について多くの困難な条件を背負っている。1954年に「へき地教育振興法」が制定され，教育の地域間格差を是正し，その水準の向上を図ってきた。

経済的な問題だけでなく，へき地の学校では，少人数での固定的な人間関係のなかで学び育つため，多様な経験をすることが難しい。図書館や博物館といった文化的資源，さらには商業施設なども限られており，教育内容を充実させることが求められる。不利を軽減するため，例えばインターネットを活用した交流など，ICTの活用により教育の質を高めることに期待がかけられるだろう。

［若槻　健］

教育心理学

発　達

発　達

発達は，人間が生まれてから死ぬまでの一生涯における心身の形態・構造・機能に関する質的・量的な変化である。たとえば，人間は生まれてから1年後には歩けるようになり，言葉も1つの単語から2語文を話すようになる。いくつかのステップを踏みながら，身体は大きくなり，心は成熟し，認知機能も発達していく。しかし，高齢になれば衰えが生じ，これまでできていたことができなくなる。このように，発達には成人するまでの上昇過程だけでなく，それ以降の下降過程も含まれる。なお，発達とよく似た言葉である成長は，身長が伸びたり，体重が増えるといった量的な増加を示す。児童期は，成長も発達も著しい時期である。

［高野恵代］

発達加速現象

心身の成長が時代とともに促進され，その絶対量が増大している現象を「成長加速現象」，初潮や精通などの成熟が時代とともに低年齢化している現象を「成熟前傾現象」と呼ぶ。これらを総称して「発達加速現象」といい，思春期が早く始まることを示す。例えば，14歳男子の平均身長のデータをみると，1948年度では146.0 cmであったのが，2018年度では165.3 cmであり，約20 cmも伸びている。

また，発達の促進は地方よりも都市部でみられ，ライフスタイルや食生活の変化などさまざまな社会的・環境的要因が影響している。身体の成熟に心の発達が追いつかず不安を抱く子どももいれば，性行動の低年齢化問題も生じている。子どもたちの心身のアンバランスさにも注意する必要がある。

［高野恵代］

発達の遺伝説

「蛙の子は蛙」という諺があるように，発達は遺伝的な形質の違いによるものとする考え方である。遺伝は親から子へ受け継がれる素質であるが，その素質は環境とは関係なく，時間の経過とともにある時期になると発現する。遺伝説の代表的研究にゲゼル（Gesell, A. L., 1880–1961）の双生児研究法がある。ゲゼルは一卵性双生児を対象に，時期をずらして階段昇りの練習をさせた。結果，2人が昇れるようになったのは同時期であったことから，どんなに練習をしたとしても，習得できるようになるまでに成熟していなければならないことが示された。

例えば，親と自分を比較して，顔の造形や得意なところなど似ているところを探すことで，遺伝説をイメージすることができる。 ［髙野恵代］

発達の環境説

「氏より育ち」という諺のように，生まれもった形質ではなく育った環境が発達に影響を及ぼすとする考え方である。つまり，発達を規定するものは遺伝ではなく環境であるとして，これを強く主張したのがワトソン（Watson, J. B., 1878–1958）である。環境説を支持するものに野生児研究がある。人間社会から隔離されて動物に育てられた野生児は，直立歩行の困難や認知発達・情緒的発達の遅れが見られ，救出後に人間性を取り戻す教育が行われたが発達水準は同年齢までに回復しなかった。人間が人間らしく生きるためには，人間社会という環境刺激が必要であるといえる。

例えばピアノ等習い事を通してできるようになったことを挙げてみると，環境説をイメージすることができる。

→狼に育てられた少女 ［髙野恵代］

発達の輻輳説

20世紀半ばまで，遺伝説と環境説はどちらか一方の要因だけを想定して対立していたが，シュテルン（Stern, W., 1871–1938）は，発達には遺伝的要因と環境的要因のそれぞれが互いに独立を保って関与するとした。これを輻輳説（ふくそうせつ）といい，輻輳とは1か所に寄り集まるという意味である。またルクセンブルガー（Luxenburger, H., 1894–1976）の図式は，中央にひかれた縦線は遺伝的要因と環境的要因が同じ割合で，ある形質に影響を与えることを示し，X（発達の形質）＝E（遺伝的要因）＋U（環境的要因）という足し算で捉えている。そのため，輻輳説では遺伝的要因と環境的要因が双方に影響を及ぼし合うメカニズムについては考えられていない。 ［髙野恵代］

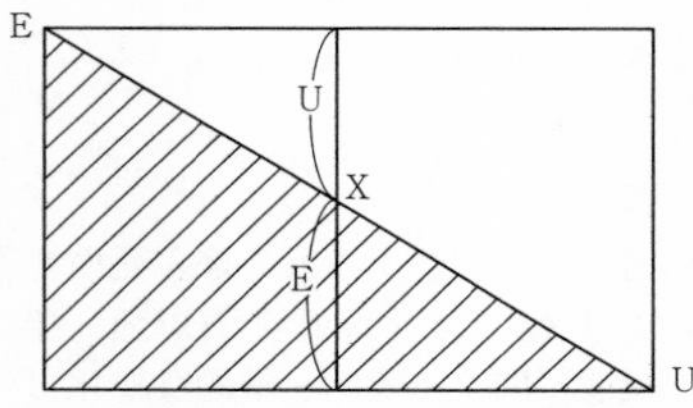

E：遺伝子要因 U：環境要因 X：ある形質の位置

ルクセンブルガーの図式

発達の相互作用説

遺伝的要因と環境的要因が相互に作用しながら発達に影響を及ぼすという考え方で，現在の主流となっている。環境閾値説，相乗的相互作用説，臨界期がある。環境閾値説は，遺伝的にもっている形質が現れるには一定の閾値以上の環境条件が必要となるという説である。例えば身長や発語は環境条件が悪くてもあまり発達に影響しないが，絶対音感を獲得するには豊かな環境条件が必要である。相乗的相互作用説は，母子間の交流に代表されるように，子どもと養育者それぞれがもっている特質が影響をし合って子どものパーソナリティが形成されるとする説である。そして，発達初期の環境がその後の発達に決定的な影響を及ぼす考え方が臨界期である。子どもの発達や学習を理解し支援するには，遺伝的要因と環境的要因が影響し合っていると

捉える視点が必要である。［高野恵代］

発達の過程

発達段階論

人の発達を段階的に示した理論のことである。多くの発達理論においては，心理的・身体的特徴によって発達が段階的に区分されている。心理学における代表的な発達段階論には，認知発達を4つの段階で示したピアジェ(Piaget, J., 1896-1980)の認知発達論や，人の人生を8つの段階に分け，心理社会的発達の特徴を示したエリクソン(Erikson, E. H., 1902-1994)のライフサイクル論などがある。ほかにも，ボウルビィ(Bowlby, J., 1907-1990)の愛着理論や，コールバーグ(Kohlberg, L., 1927-1987)の道徳性発達理論なども有名である。

→コールバーグ ［木谷智子］

認知発達

認知発達とは，時間の経過とともに起こる人の認知面での変化である。認知発達に関する研究では，人間の知的活動（思考，言語，学習，推論，問題解決など）の発達過程が調べられ，そこから発達段階や発達理論が構築されている。

例えば，ピアジェ(Piaget, J., 1896-1980)の認知的発達理論では，人間の思考が「感覚運動期（0～2歳）」→「前操作期（2～7歳）」→「具体的操作期（7～11歳）」→「形式的操作期（11歳以降）」という順番で発達していくことを示している。この他にも，ヴィゴツキー(Vygotsky, L. S., 1896-1934)の「発達の最近接領域」，エリクソン(Erikson, E. H., 1902-1994)の「心理社会的発達理論」，ハヴィガースト(Havighurst, R. J., 1900-1991)の「発達課題」など，認知発達に関するさまざまな研究がおこなわれている。

［井邑智哉］

ピアジェ Piaget, Jean (1896-1980)

スイスの心理学者。10歳で白スズメについての論文を執筆し，1918年に軟体動物研究で博士号を取得した。その後，心理学に関心をもち，子どもの知能の構造や発達的変化について研究をおこなう。また，自身の3人の子どもへの観察と実験を基に，思考の発達過程を感覚運動期，前操作期，具体的操作期，形式的操作期の4つの段階で示した。とくに，前操作期と具体的操作期は児童期と重なっており，「自己中心性」や「物の保存の概念」などの子どもの特徴を理解するうえで重要な概念を多く提唱した。ピアジェの研究結果は『発生的認識論研究紀要』としてまとめられており，今も心理学や教育学などさまざまな分野に大きな影響を与えている。［吉儀瑠衣］

発達課題

発達課題とは，人が健全な発達を遂げるために各発達段階で達成しておくべき課題のことである。各段階において課題を達成できない場合は，次の段階の課題達成も困難になる。

発達課題に関する代表的な理論には，ハヴィガースト(Havighurst, R. J., 1900-1991)のものと，エリクソン(Erikson, E. H., 1902-1994)のものがある。ハヴィガーストは，人生を6つの段階に分け，それぞれに達成するべき発達課題を具体的に示した。一方で，エリクソンは人生を８つの段階に分け，それぞれの段階で生じる危機と発達課題を示した。［木谷智子］

ライフサイクル論

ライフサイクル論とは，エリクソンが提唱した理論であり，心理社会的発達論とも呼ばれる。生まれてから死ぬまでの人の一生を「乳児期」「幼児期」「児童期」「学童期」「青年期」「成人期」「壮年期」「老年期」の８つの段階に分け，各発達段階で生じる危機や，健全な発達を遂げるために達成するべき発達課題を示した。小学生の時期は，学童期にあたる。学童期の発達課題と危機は，「勤勉性 vs 劣等感」である。勉学に一生懸命取り組み，学ぶ楽しさを経験することができれば，有能感を得ることができる。一方で，一生懸命やっても勉強ができない，わからないという経験が多ければ，劣等感を抱くことに繋がる。

エリクソンのほかにも，レヴィンソン（Levinson, D., 1920–1994）やハヴィガースト（Havighurst, R. J., 1900–1991）の発達理論においても，人の一生を段階的に記述するライフサイクルの視点が用いられている。［木谷智子］

エリクソン　Erikson, Erik Homburger (1902–1994)

アメリカの児童精神分析家であり，ライフサイクル論（心理社会的発達論）やアイデンティティ概念の提唱者として有名である。ドイツに生まれ，28歳の時にフロイト（Freud, S., 1856–1939）に出会い，フロイト父娘のもとで精神分析の訓練を受けた。ライフサイクル論は，フロイトの心理性的発達論を基としているが，フロイトは性的なエネルギー（リビドー）の発達に注目したのに対し，エリクソンは社会的発達の側面に注目した。［木谷智子］

重要な他者

個人の発達に重要な影響を与える他者のことである。まず，乳児期においては家族をはじめとする身近な他者との関係が重要となる。乳児は身近な他者との間で，その後の対人関係の基盤となる愛着を形成し，また，身近な他者からのしつけを通して社会性を発達させていく。

児童期においては，身近な大人に加えて，同世代の仲間関係も重要となる。児童は同世代の仲間との比較を通して自己像を発達させ，集団活動を通して情動のコントロールや，社会スキルを身につけていく。青年期においては，親からの自立に伴い，友人や恋人の存在が大きくなる。また成人期，壮年期においては，配偶者，子ども，部下なども重要な他者となる。［木谷智子］

児童期

児童期とは，小学校に入学する６歳から中学校に入学する12歳までの時期をいう。この期は心身，社会性，思考力などの発達が著しい。身長は男女ともに平均値で約 30 cm 伸び，体重は約 18 kg 増加する（平成30年度学校保健統計）。5・6 年生女子では，初潮を迎え第２次性徴期に入る児童が多い。また，具体的思考から抽象的思考になり，入学当初は理解の補助として算数セットや挿絵などの具体物を用いるが，いずれ不要となる場合が多い。近年では「小１プロブレム」に対して，就学前教育との円滑な接続を図るスタートカリキュラムの編成をしたり，「中１ギャップ」に対して，中学校との連携を図ったりするなど，児童期だけでなく子どもの成長をトータルで考える保幼小中連携が重視されている。
→小１プロブレム；スタートカリキュラム；中１ギャップ　［門原眞佐子］

9，10歳の節（9，10歳の壁）

9～10歳頃になると，児童は自分のことを客観的に捉えられるようになる，抽象的な考えができるようになるなど思考の質的な変化が起こる。学校での学習内容も，例えば算数では分数や小数を学ぶようになり，難易度が一気にあがる。しかし思考の質的な変化は，児童全員が同時期に生じるわけではなく，それぞれ生じる時期もスピードも個人差がある。そのため小学校３～４年生になると学力の個人差が拡大し，学習についていけなくなる児童が目立ち始める。これを教育現場では９，10歳の節（壁）と呼ぶ。　［神谷真由美］

思 春 期

子どもから大人へと成長し移行する時期を青年期といい，12歳頃から20代半ば頃までを示す。青年期のなかでも，身体的な成熟がとくに進む12歳から16歳頃を思春期という。身体的には，身長が急激に伸びる成長スパートや第２次性徴によって，次第に男性らしい身体，女性らしい身体になり，性的な関心も高まる。心理的には，親から自立したい気持ちとともに離れる不安もあり，正反対の感情を揺れ動く。不安から，仲間と一緒に行動することで安心感を得ようとし，友人関係が大事になる。これらの心身の変化から，精神的には不安定になりやすい時期である。

［神谷真由美］

第二次性徴

思春期になって現れる身体の各部分に見られる男女の特徴を示す。思春期になると，脳の脳下垂体から性腺刺激ホルモンが分泌され，男子の精巣からは男性ホルモン，女子の卵巣からは女性ホルモンが分泌される。性ホルモンは血液によって身体の各部分に運ばれ，男性として，女性としての身体の変化が現れる。男子は精巣の発育，陰茎の発育，陰毛の発生，声変わりと進む。女子は乳房がふくらみ始め，陰毛の発生，初経と進む。また第二次性徴とともに成長ホルモンの分泌も多くなり，男女とも急激に身長が伸びる。これらの変化が始まる時期やスピードには，個人差がある。　［神谷真由美］

反 抗 期

子どもから大人へ成長するなかで，親や周囲の大人に反発したり，反抗的な言動が増える期間を反抗期という。幼児期に生じる第一反抗期と，思春期に生じる第二反抗期がある。第一反抗期は２～３歳頃に起こる。この時期の幼児は自分を認識するようになり，大人の言うことに反抗したり，何でも自分でやりたがるなど自己主張するようになる。第二反抗期は，小学校高学年～中学生頃に起こる。第二次性徴による急激な身体の変化に加え，親から心理的に自立する不安から，心身ともにアンバランスになる。反抗の現れ方は，親や周囲の大人に暴言を吐く，物にあ

たる，自分の部屋にこもりがちになるなどさまざまであり，はっきりと態度に現れない場合もある。［神谷真由美］

青年期

子どもから大人への移行期を青年期という。文化的背景や時代によって具体的な年齢区分は異なるが，思春期を迎える12歳頃から，職業に就く前までの20代半ば頃までをさすことが多い。青年期においては，アイデンティティ形成が課題となるが，アイデンティティを模索する過程ではさまざまな心理的な混乱が生じる。そのため青年期は，「疾風怒濤の時期」（ホール（Hall, G. S., 1844-1924））と呼ばれることもある。［木谷智子］

アイデンティティ

アイデンティティとは，自分が何ものであるか，自分についての意識や内容を意味する。

エリクソンは，青年期の発達課題としてアイデンティティの確立を挙げた。青年期においては，進路選択など，さまざまな場面においてアイデンティティの危機が生じ，「自分とは何か」を模索する必要に迫られる。アイデンティティの問いに対する答えが見つからず，アイデンティティ拡散の状態に陥ると，さまざまな心理的問題が生じる。［木谷智子］

愛着（アタッチメント）

子どもと養育者の情緒的な絆を示す。子どもは不安や恐れなどネガティブな感情を感じたときに，愛着対象である親から抱きしめてもらったり，なだめてもらうことで，自分の気持ちを安定させ，新しい活動に取り組むことができる。最初に愛着の重要性を訴え，理論を示したのは児童精神科医ボウルビィ（Bowlby, J., 1907-1990）である。ボウルビィは第二次世界大戦で親を失った戦争孤児の施設を調査し，子どもたちの心身の発達の遅れや歪みは，幼い頃に親を失って養育者と温かい関係を築けなかったことが原因であると明らかにした。子どもが心身ともに健やかに発達していくためには，子どもが求めるときに，気持ちを安定させてくれる愛着対象の存在が必要である。

→愛着形成；愛着障害［神谷真由美］

ハーロウ　Harlow, Harry Frederick (1905-1981)

アメリカの心理学者であり，アカゲザルを対象に数々の実験をおこなった。代理母実験では，生後すぐの子ザルを母親から引き離し，ミルクが出る針金製の母ザル人形と，ミルクが出ない毛布製の母ザル人形が置かれた部屋に移した。子ザルはミルクを飲むとき以外は毛布製の母ザル人形にしがみついて過ごした。この結果から，愛着の形成には柔らかさや温かさが感じられる接触が大事であることがわかった。

［神谷真由美］

レディネス

ある行動を習得する際に，それができるようになるための心身の準備が整った状態のことである。例えば，子どもが文字を書くことを覚えるためには，「鉛筆を使うために手先のコントロールができるか」，「書き続けられる注意力や忍耐力はあるか」，そもそも「文字に対する興味や書きたいという動機はあるのか」といった準備状態によって，行動の結果に影響を及ぼす。このようにレディネスを待って最適な時期に教育する考えもあるが，ブルーナー（Bruner, J. S., 1915-2016）は，レディネスを待つのではなく教育によって積極的に発達を進めるレディネスづくりの教育もあるとした。教育者として，レディネスは子どもに影響を与えることを意識しておく必要がある。

［高野恵代］

発達の最近接領域

ソビエト（現，ロシア）における発達心理学者であり教育心理学者であるヴィゴツキー（Vygotsky, L. S., 1896-1934）の理論である。「自分だけで発達・成長することで自分でできるようになる領域」と「未だできない領域」の間に「他者（教師や他の子どもなど）との相互作用を経ることでできるようになる領域」を定義した。このような人間関係の関わりや工夫などの相互作用でより可能性が広がる発達の領域が発達の最近接領域である。ヴィゴツキーはこの理論に基づいて教育方法や教育課程に多様な提案をおこなっているが，早逝した。ヴィゴツキーの死後に発達の最近接領域の理論等は，同時代人のブルーナー（Bruner J. S., 1915-2016）の構造論における系統主義カリキュラムの理論に影響を与えている。

→系統主義 ［高木　亮］

認　知

記　憶

記憶とは，情報を一定期間保持しておき，必要に応じて想起・再現し利用するまでの一連の過程である。保持期間の長さによって，感覚記憶（5秒以内），短期記憶（15～30秒程度），長期記憶（1分以上）に区分することができる。情報を長く記憶するためには，情報に注意を向け，リハーサル（復唱），体制化（関連する情報をまとめる），精緻化（情報を付加する）といった方略を用いる必要がある。

近年，学習支援などで注目されている作動記憶（ワーキングメモリ）は，短期記憶の概念を発展させたものであり，計算や読書，推論といった知的活動をおこなう際に，情報を保持しながら同時に処理する能力をさし，「心の作業場」と捉えることができる。

［井邑智哉］

認　知

認知とは，人間の知的活動全般をさすものであり，注意，記憶，思考，言語，学習，推論，問題解決などさまざまなものを含んでいる。認知科学では，このような人間のさまざまな認知機能を解明することを目標としており，心理学（認知心理学，進化心理学，文化心理学），人工知能（ニューラルネット，コネクショニズム，計算機科学），神経科学，言語学，人類学，哲学などによる学際的な研究分野となっている。

［井邑智哉］

認知的不協和

認知的不協和とは，「ダイエットしたいけど，甘いものも食べたい」のように，自身のなかに矛盾する認知（考え）を同時に抱えた状態のことである。人は認知的不協和の状態を不快に感じるため，なんとか不協和の状態を解消しようとする。

不協和の状態を解消するためには，いずれかの認知を変える，あるいは新たな認知を加える必要がある。例えば，ある教科で勉強を頑張ったがテストの点数が悪かった場合，「この点数は周りと比べると悪いものではない（認知の修正）」，「この教科は自分にとって重要ではない（新たな認知の追加）」などと考えることによって，不協和の状態を解消し，心の安定を保つことができる。 ［井邑智哉］

メタ認知

メタ認知とは，「認知についての認知」であり，自身の認知活動を意識化し，一段上から捉えることを意味する。例えば，テストにおいて，ただ問題を解くのではなく，自分が解けそうな問題から取り組み，難しい問題に時間をかけることなどは，メタ認知が働いている状態と言える。

メタ認知は，メタ認知的知識とメタ認知的活動に分けることができる。メタ認知的知識には，自分の認知傾向（例：自分は英語が得意である），方略の有効性（例：何度も読むと覚えやすい）などの知識が含まれる。一方，メタ認知的活動には，課題などに取り組む際のモニタリング（予想，点検，評価）とコントロール（目標設定，計画，修正）が含まれる。 ［井邑智哉］

概念形成

例えば，「ワンワン」と吠えている動物をわれわれは「犬」として捉えている。このように，なんらかの共通の特徴を集めたものは「概念」と呼ばれており，経験により新しい概念が成立する過程が「概念形成」である。「これは犬である。あれは犬ではない」と判断できるのは，この概念形成によるものであり，発達を通じて獲得していく。 ［高田　純］

学習（条件づけ）

古典的条件づけ

パブロフ（Pavlov, I. P., 1849-1936）が発見した条件づけである。犬の実験では，メトロノームの音（中性刺激）と肉粉（無条件刺激）を同時に呈示する手続きを繰り返した。すると，犬はメトロノームの音を聞いただけで唾液を分泌（条件反射）するようになった。このように，本来は唾液の分泌と関係のないメトロノームの音を関連づけることが古典的条件づけである。また，肉粉を与えずにメトロノームの音のみを繰り返し呈示することにより，唾液の分泌が減ることを「消去」という。これらの現象は，トラウマ等の恐怖を克服する行動療法へと発展した。例えば，スピーチ不安のある児童生徒は，さまざまな発話場面での成功体験の蓄積により，不安を軽減できると考える。 ［川人潤子］

オペラント条件づけ

スキナー（Skinner, B. F., 1904-1990）が体系化した条件づけである。別名を道具的条件づけといい，古典的条件づけからの影響を受ける。スキナーの実験では，装置内でネズミが偶然にレバーを押し，餌を得る体験を繰り返すうちに，レバー押し行動を学習した。このレバー押し行動のように，自発的な行動（オペラント行動）に対し，餌のような報酬が伴うことで条件づけは成立する。例えば，褒める等の報酬を児童に与え，児童の自発的な親切行動が増えることを「強化」という。一方，叱るなどの嫌悪刺激を児童に与えることで，児童の他者への迷惑行為が減ることを「罰」という。ただし，罰には慣れ，または罰する者との人間関係の悪化等の否定的効果があり，行動の変容には強化が推奨される。［川人潤子］

モデリング（観察学習）

他者の行動やその結果を観察することにより，新たな行動様式を習得すること。

バンデューラ（Bandura, A., 1925-）は，幼児を対象とした実験でモデリングの効果を示した。幼児を3つのグループに分け，グループ①には大人が人形に攻撃をしている場面を見せ，グループ②にはおとなしく人形で遊ぶ場面を見せ，グループ③には何も見せなかった。その後，各グループの幼児を人形が置かれた部屋に連れて行ったところ，グループ①の幼児が他のグループに比べて多くの攻撃行動を示した。

この理論を取り入れて授業をおこなっている教師は多い。例えば，初めておこなう学習活動においては，教師や TT または得意でありそうな児童生徒がモデルとなって取り組んでみせることでモデリングが成立し，観察した他の学習者がスムーズに活動に取り組めることが期待できる。

モデリングは社会的学習のひとつとして位置づけられており，社会的スキル訓練（ソーシャルスキルトレーニング）の手続きにも用いられている。

→ソーシャルスキルトレーニング；TT　［日高幸亮］

学習性無力感

セリグマン（Seligman, M. E. P., 1942-）らが提唱した無気力状態に関する概念である。彼らは，回避不可能な状況で電気ショックを与え続けられた犬は，脱出可能な状況になっても，電気ショックを回避しないことを報告した。つまり，自分が何をおこなっても不快な状況から抜け出せない場合，状況を変えられないと判断して無気力状態となる。この概念は，その後ヒトにも応用され，抑うつの発生モデルへと展開した。例えば，学業不振児は，学業での失敗を自分の能力の低さに帰属させ，無気力になりやすい傾向がある。しかし，失敗の原因を自分の能力ではなく，コントロール可能な努力不足によるものと意識づけることにより，児童生徒の学習性無力感を回避できると考える。［川人潤子］

知能・人格

個人差

個人差とは，身長，体重，顔かたちなどの身体面のみならず，認知や知覚，感覚といった主観的経験など精神面も含めた個人による違いをさす。子どもは時間の経過とともに成長・発達していくが，その段階には個人差があることを教師や養育者は理解しておく必要がある。例えば，「○歳までには○○ができる」といった指標から少しでも外れていることで，いたずらに不安にならないためである。［高田　純］

心理テスト

個人や集団の心理を理解するために考案され，標準化された検査のことである。心理検査ともいう。教育，医療，司法など幅広い領域で実施されている。

心理テストは，検査目的によって，性格検査，発達検査，知能検査，適性検査，学力検査などに分けられる。また検査方法によっては，質問紙法，投影法，作業検査法，観察法などに分類される。心理テストの作成にあたっては，妥当性（測定しようとしたものを的確に測定しているか）と信頼性（測定結果に安定性があるか）を高める必要がある。

心理検査の実施にあたっては，被検者の不安や緊張による影響を避けるため，被検者と検査者の間に信頼関係（ラポール）が形成されることが求められる。［小山智朗］

知　能

世界で初めて知能検査を作成したビネー（Binet, A., 1857-1911）は，知能を注意力，理解力，判断力，推理力などの総体と定義した。それに対し，ウェクスラー（Wechsler, D., 1896-1981）は目的的に行動し，論理的に思考し，環境に効果的に対処する，個人の総合的あるいは包括的な能力と定義している。このように，知能の定義は多様である。その理由として，例えば「頭がよい」という言葉には，テストの点がよいというだけではなく，判断力が優れている，コミュニケーション能力が高いといった表現がされるなど，ひとつの意味にとどまらないからである。

ピアジェ（Piaget, J., 1896-1980）は知能を発達していくものと捉え，出生から成人に至るまで質の異なる４つの段階を提案した。［高田　純］

知能検査

知能検査とは，知能を測定するための心理検査である。現在わが国で用いられている知能検査は，大きくビネー式知能検査とウェクスラー式知能検査に分けられる。ビネー式知能検査は，総合的な知的能力の水準を測定することが特徴であり，その子どもが何歳ぐらいかを把握するために用いられる。一方，ウェクスラー式知能検査は，複数の検査から個人内差（得手不得手）を捉えようとしていることが特徴であり，発達障害の特性を把握するためによく用いられている。知能検査には長所と短所があり，ひとつの検査で知能のすべての側面がわかるものではない。行動観察や成育歴等の情報を収集して総合的に子どもを理解しようとする姿勢が大切である。［高田　純］

知能指数（IQ）

知能指数とは，知能検査の結果を数字で表した指標のひとつである。平均に相当する知能を100として，数値が高いほど知能が高く，低いほど知能が低いことを示している。知的能力障害等の診断の重要な指標として扱われることも多い。

知能指数は，検査によって位置づいた年齢である「精神年齢」と，実際の年齢の「生活年齢」をもとに，「精神年齢／生活年齢×100」という数式で算出される。現在多くの検査では偏差値の考え方を応用した偏差知能指数に置き換えられている。

また知能指数は，学業成績と中程度の相関関係があり，比較的安定したものである。しかし，いくら高い知能をもっていたとしても，適切な環境がなければ本来の能力は発現しない。

［高田　純］

人格／性格

人格は英語 personality の訳語で，個人の心理面の特性，人柄のことである。または人としての主体をさす。personality という言葉は，ラテン語の舞台役者の仮面（persona）に由来し，そこから役者自身へ，そして個人の人柄を表す言葉へと発展したとされる。一般にわが国では，優れた人柄を「人格者」と呼ぶように道徳的価値を含むが，心理学においては，個人の一貫した行動傾向や心理的特性をさすことが多い。性格と人格はほぼ同義であるが，性格はより情動的な側面を，また人格はより知能的な側面を含むことが多い。教育学や発達心理学においては，人格は発達や成長につれて形づくられていくと考えられている。

［小山智朗］

性格検査

個人の心理的特質や病理性を把握するための心理検査である。人格検査ともいう。知能検査，発達検査などとともに心理検査の一種であり，以下の3種に大別される。

①質問紙法。性格，行動に関する質問項目への回答結果から性格を捉えるものである。ミネソタ多面人格目録（MMPI）や，YG性格検査，エゴグラムなどがある。

②作業検査法。一定の単純な作業を実施し，作業の経過や結果から性格を測定するものである。内田クレペリン精神作業検査がよく知られている。

③投影法。あいまいで多義性をもつ刺激を示し，その反応から性格を理解する。ロールシャッハ・テスト，TAT（主題統覚検査），文章完成検査，連想検査，描画法などがある。［小山智朗］

正規分布

横軸に変数，縦軸にその変数の尺度単位を度数（頻度）として積み上げる分布グラフをつくった場合，自然な変数の多くでみられる分布を正規分布と呼ぶ。そのため，サイコロの出る目や身長，遺伝性障害有病率など自然な変数をグラフ化すればほとんどが正規分布を示すこととなる。逆に，人の努力や配慮が関わった人為的な変数として例えば体重や収入，学力，平均余命などは正規分布が崩れる（対数正規分布など）。また，地震や重大事故など，普段は小さな発生が多く，まれに大きなものが生じる現象は“べき乗分布”という形となる。平均値や偏差値，IQなどのさまざまな統計指数や多くの統計分析（パラメトリック検定）は，厳密には正規分布する変数でしか成立しない点を踏まえておきたい。

→偏差値　［高木　亮］

代表値

変数の全体像を代表的に捉える値を代表値と呼ぶ。代表値には平均値（度数分布の重心となる値）と中央値（度数分布の面積を二分する値），最頻値（度数分布の最多度数の値）等がある。学校教育では代表値に平均値を用いることが多いが，平均値は正規分布しな

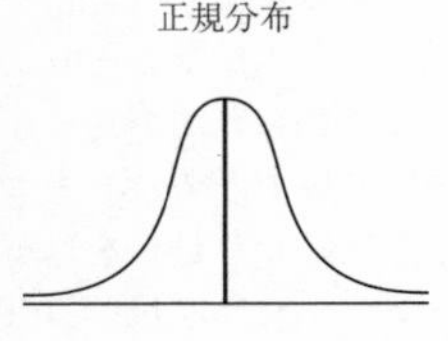

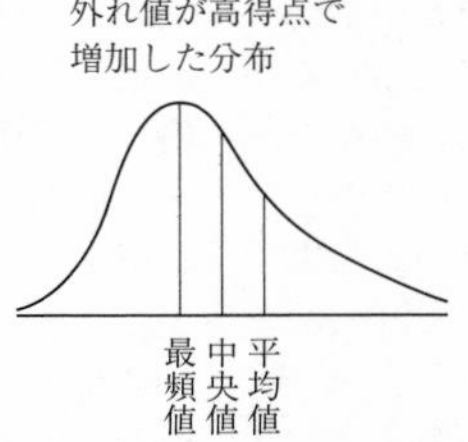

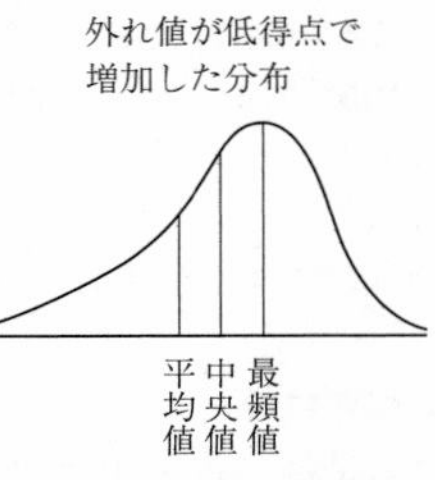

平均値，中央値，最頻値が一致する。

外れ値の影響が面積の二分点である中央値は平均値と最頻値の中間となる。面積の重心である平均値は最も敏感に外れ値増加の影響を受ける。なお，最頻値は外れ値の影響を受けない。

代表値

い変数では代表値としての信頼性が低下することに注意したい。平均値と中央値，最頻値は正規分布しない場合は図のように不一致となる。例えば外れ値（極端に小さいまたは大きい値の度数）の増加などで正規分布が崩れれば平均値を外れ値側に引っぱるような影響を考える必要がある。体重や学習時間，貧困など自然ではない人為的影響のある変数は代表値に中央値を採用したほうが適切な場合が多い。

［高木　亮］

自　己

自己概念

自分の性格や能力といった自分自身に対する知識，また自分が理解している自分自身のことをさす。例えば，「私は，すぐに誰とでも仲良くなれます」，「僕は，身体を動かすことが好きです。体育はすごく得意な教科です」というように，自分について抱く考えのことである。

自己概念は，単に自分に対する自分の知識等といった面だけでなく，自己概念をもつことで自分の言動にも影響すると考えられている。具体的には，「私は誰に対しても優しい」という自己概念があれば，優しい人間として振る舞うよう行動をコントロールするといったことが考えられる。したがって，ポジティブな自己概念を育てることが重要である。

［塩入美希］

自己肯定感

自分に対する肯定的な意識。「自分は大切な存在である」「自分は価値のある存在である」というような自分のあり方を積極的に評価できる感覚，自分のよい面も悪い面も含め，無条件で自分自身をありのまま受け入れ，それでよい，と感じられる感覚のことである。

例えば，一日の振り返りとして日記をつける機会を設け，先生が書かれた内容に対して共感的な理解をコメント等を通して示すことで自己理解を促し，ありのままを受け入れる経験の一助となることもある。

［塩入美希］

自己効力感

「自分はできる」という感覚や，自

分で抱いている自分自身に対する自信や信頼，目標や目的に向かううえで「自分は遂行あるいは達成できる」という期待や自信のことである。

例えば，「私は算数の問題が解ける」という自己効力感が高ければ，算数の問題を解くことができるように努力し，問題を解くことができれば「私はできた」という自信に繋がる。このように，自己の言動は自分でコントロールするもの，という信念となる。このように児童の自己効力感が育つことで，新しいことに挑戦するためのエネルギーの源となる。　［塩入美希］

自尊感情

自分についての全般的な感情であり，基本的に自分を価値のある存在であると思う感情のこと。

自尊感情は経験により高めることができる。例えば，家や学校でなんらかのお手伝い（役割）を任されることで，自分が必要とされていると感じることができ，自身がおこなった行為に対して関係する人から個に応じた肯定的なフィードバック（「ありがとう」や「助かったよ」等）を受けることで，自分に自信がつき自尊感情が高まっていく。したがって，自尊感情は自分の自分自身に対する評価と他者からの評価，その両方により育まれるものである。取り組んだ結果のみならず，子どもをよく観察し取り組む過程にも注意を配り，肯定的なフィードバックをおこなうことも重要である。　［塩入美希］

有能感

「自分もやればできる」「他者と同じように取り組める」「自分には能力がある」などといった感覚のことである。

子どもが学校で過ごすなかで，同年代と関わりをもち，自身の言動が比較・評価される経験のなかで，自分の得意なことや不得意なことを理解していく。うまくいかなかったときに，周囲から励ましや労い，応援等を受けることで「やればできる」という有能感が育まれると考えられている。

［塩入美希］

劣等感

「私は，ほかの人より勉強ができない」「僕は，ほかの人より体力が劣っている」などというように自分の能力や体力，性格，容姿等の点で，自分が他者よりも劣っていると感じることである。客観的に他者よりも劣っているということよりも，主観的に劣っていると思いこむこと，その経験が繰り返されることにより生じるものである。

具体的には，本人が取り組んだ過程及びその結果に対して，周りから褒められる経験や認められる経験の少なさや，否定される経験の多さが積み重なることにより，自分は他者より劣っている，できていないという劣等感を抱くことになる。そのため周囲の関わり方は注意が必要である。　［塩入美希］

攻撃性

攻撃とは，他の個体に対して危害を加えようと意図された行動であり，攻撃性とは，そうした行動を起こさせる内的状態のことをさす。攻撃性を高める要因としては，空腹や疲労のような生理的欲求不満，社会的孤立や社会的排斥のような社会的欲求不満がある。ほかにも目的を達成するための手段として生じることもある。例えば，相手に暴力を振るうことで相手が思い通りに行動することを経験すると，その後も他者との交渉の手段として暴力を振るいやすくなる。また，攻撃行動は，権力・地位の誇示や，制裁や見せしめとして用いられることもある。

［池田龍也］

外発的動機づけ

個人において，行動の動機づけ（モチベーション）が外からの理由（外発的な要因）に基づくことである。例えば，子どもにとって勉強をする理由が「褒められたいから」，「テストでよい点を取れば，お小遣いを上げてくれるから」といった「報酬」に基づく外発的要因の場合もあれば，「勉強をしないと親に怒られるから」，「テストで悪い点を取ると，趣味が禁止されるから」といった「罰」に基づく外発的要因の場合もある。外発的動機づけの特徴として，「報酬」や「罰」が発生しないなどの外発的要因の影響しない場面では動機づけが働きづらくなるということが挙げられる。なお，外発的動機づけに相対するものとして，「内発的動機づけ」がある。［野口修司］

内発的動機づけ

個人において，行動の動機づけ（モチベーション）が内からの理由（内発的な要因）に基づくことである。例えば，子どもが勉強をする理由として「自分は勉強が好きだから」，「自分がめざしている将来の目標に必要なことだから」といった自発的な内容に基づく場合，内発的に動機づけられていると言える。また，内発的動機づけに関連する要因として，「自律性（行動が自発的かつ自分で調整できること）」，「有能感（行動のプロセスや目標がイメージでき，自分でその成果を実感できること）」，「関係性（周囲との人間関係が満たされていること）」が挙げられる。なお，内発的動機づけに相対するものとして，「外発的動機づけ」がある。［野口修司］

達成動機

個人において，行動の動機づけ（モチベーション）がその行動を達成したいという欲求に基づくことである。これは，その行動を達成したときに得られる喜びや嬉しさといった快感情への期待も関係している。例えば達成動機が高い児童の場合，多くの人が達成できるような簡単な課題もしくは自分には絶対に達成できないと思うような困難すぎる課題よりも，達成できるかどうかは自分の努力次第といった適度な課題に対してのモチベーションが上がりやすいと言われている。なお，達成動機に相対するものとして，課題を失敗したくない，あるいは失敗することで嫌な思いをしたくないといった不快感情からの回避に基づく「失敗回避動機」がある。［野口修司］

ミードの自己概念理論

社会心理学者ミード（Mead, G. H., 1863-1931）の提唱した，自己（自我）が形成され続けるうえで社会（他者や風土，文化，思想なども含めた人間関係をめぐる包括概念）との相互作用を重視する理論である。他者とは家族も含めた自分以外の人間をさす。人は絶えずコミュニケーションをおこなうことで，自身も対象者も現在進行形で自己概念が変化し続けると考える。とくに，自己概念に大きな影響を与える存在としての重要他者にミードは注目している。児童は自己概念が形成途上であり社会の影響を大きく受ける。自己概念が変化し続けることと相互に影響を与え合うことは学級経営や主体的・対話的で深い学びを強調する現在の教育方法の課題の参考としたい。［高木　亮］

マズローの欲求階層説

人間性心理学の代表的存在の一人であるマズロー（Maslow, A. H., 1908-1970）が，人間の欲求を階層構造として理論化したものである。5階層のピラミッドの図で説明されることが多く，一番下層から生理的欲求，安全欲求，社会的欲求，承認欲求，自己実現欲求がある。上位の欲求は下位の欲求が満たされることで生じるとされる。例えば，クラスの仲間に加わりたいという社会的欲求が生じるためには，食欲や睡眠などの生理的欲求と安全・安心な生活がしたいという安全欲求が満たされる必要がある。マズローは，欲求は抑えるよりも満たすことの方が成長に繋がるとしている。どの欲求が満たされているかを考えることで，児童生徒の理解や今後の支援に生かすことができる。

→承認欲求　［吉儀瑠衣］

ウェルネス

1950年代中頃に普及した心理と身体と社会性をあわせた健康状態の基準に関する考え方である。1947年に世界保健機構憲章（WHO）で健康はウェルビーイングと定義された。抗生物質の普及は病気や障害の治療を可能にするだけでなく，予防や健康増進のための教育・能力開発を現実的な課題とした。この際に普及した健康の追加的定義がウェルネスで，「ウェルビーイング的状態」を意味する。この健康概念は学力の知・徳・体の3要素や社会性，養護性など現在の小学校教育の重要概念に影響を与えている。小学生の対人関係や心身の病気・障害の予防のための能力づくりが医療・福祉の課題の延長線上にあることを理解したい。

→ウェルビーイング　［高木　亮］

幸 福 度

人生に関する満足や充実などの感覚である。しかし，幸福などの明るい感覚は心理学研究が進んでおらず，充実感や楽しさ，健康的状況などからのさまざまな捉え方が乱立している。例えば，国際学習到達度調査（PISA2015）では生徒の健やかさ・幸福度が測定されているが，内容は「最近の生活全般に，どのくらい満足していますか」と11段階での回答を求め，それがウェルビーイングや幸福度と議論されるなど多少の混乱が感じられる。もっとも，わが国の内閣府幸福度研究会は幸福をひとつの概念や尺度で捉えてしまわないことの重要性を指摘しているため，明確な定義がないほうが有意義なのかもしれない。多様な幸福の捉え方を理解し，多様な幸福を感じ，自分に合う幸福をめざすことに前向きになるような授業・学級経営が重要になると言える。

→PISA　［高木　亮］

キャリア発達

キャリアとは働くことを中心として人生全体を見るという視点である。人それぞれのキャリアには数量的な向上も低下も優越もないため「キャリア成長」とは表現せず，個々人固有の変化や適応の軌跡としての「キャリア発達」という表現が用いられる。キャリア発達には就職以前の課題である職業生活の準備となる学力（Career Readiness）や就職以後に職業生活の絶え間ない変化に自らを合わせて変えていく適応力（Career Adaptability）など多様な概念がある。なお，キャリア教育は「仕事を中心としてどのような人生観を育むか」の指導であり，この一部が進学や就職，受験対策の指導（進路指導）である。人生全体をみすえて，キャリアと進学もふまえた小学校6年間でのキャリア発達を教科や領域とあわせて考えてほしい。

→キャリア教育；進路指導［高木　亮］

社会・集団

場の理論

人間の行動は，個人の性格といった特性や欲求のみによって決まるのではなく，個人が身を置いている環境（すなわち「場」）との相互作用に影響されると考える理論のことである。例えば，ある生徒について，学校と家庭での様子が全然違うといったことは頻繁に起こりうるが，これは「学校」と「家庭」というそれぞれの「場」によって，その生徒の人間関係，立場，ルールといった環境要因が大きく異なることにも強く影響される。もし特定の場における児童の行動に問題があった場合，その児童の性格や行動といった個人要因のみを正そうとするのではなく，問題行動が起こる場の環境要因との関連についても考慮していくことが問題改善に効果的な視点となりうる。

［野口修司］

集団凝集性

集団凝集性とは，フェスティンガー（Festinger, L., 1919-1989）によれば「集団メンバーをその中に引き留めておこうと作用する力」であり，端的には，集団としてのまとまりのよさ，結束力である。

一般には集団凝集性が高いほど，集団内の相互作用やコミュニケーションが活発となり，人間関係に対する満足がもたらされる。また，凝集性が高い集団は優れたパフォーマンスを示すことが多い。

しかしその一方で，凝集性が高いと，集団規範への同調圧力が強くなり，所属集団とそれ以外の集団との差別化もみられやすくなる。［原　奈津子］

準拠集団

個々人の行動や判断などの参考・根拠となる集団を準拠集団と呼ぶ。家庭や仲間集団，学級などさまざまな集団に小学生は所属しているが，当人が強い愛着や信頼感，自己同一性をもち行動や判断の拠り所となるのが準拠集団である。このように感じるには集団の凝集性や雰囲気（風土），倫理・行動規範（文化）などが本人の自己意識とある程度は適合することが必要である。以上より，学校や学級，さまざまな仲間集団などのいずれかは，少なくとも小学生にとって望ましくない行動や判断を抑制する規律とともに，さまざまな個性を包括できる雰囲気・風土を有することが必要であろう。［高木　亮］

適　応

変化する自身や環境に対応するように生物自らが自らを変化させることをいう。ダーウィン（Darwin, C. R., 1809-1882）の『種の起源』で生物の生き残りや進化に最も重要な要素として適応が指摘されて以来，心理学にも教育にも強い影響を与えている。小学生にとっては社会環境や学習環境など外部環境が大きく変化するだけでなく，第二次性徴をはじめとして自身も成長・発達のなかで変化が著しく，6年間は多くのそしてさまざまな適応課題の連続といえる。小学生の指導をおこなううえでは，自らの心や身体が変化したことによる適応課題と，進級などで環境の要求が変化したことによる適応課題を分けて考えることが有意義であろう。なお，精神分析学派の呼ぶ適応（防衛）規制は別の意味を有するため留意したい。［高木　亮］

向社会的行動

個人が困っている他者に対しておこなう援助的行動のことである。悩みを抱えている友達の相談に乗ったり慰めたりといった心理的な援助や，重い荷物を抱えている友達を手伝ったり，教科書を忘れた人に貸してあげるといった物理的（道具的）な援助が含まれる。向社会的行動の条件として，「相手からの外的な報酬を期待しないこと」「行動が自発的におこなわれること」などが挙げられることから，相手からのお礼を期待したり周囲から促されたりといった外発的な動機に基づく援助行動は向社会的行動には当てはまらない。一方で，外的な報酬は期待していなくとも，向社会的行動をすることによって，自分に自信がもてるようになったり，自己価値の高まりを認識したりするといった肯定的な影響は起こりえる。［野口修司］

反社会的行動

反社会的行動とは問題行動の一種であり，社会規範やルールから逸脱する行動である。私たちの住む社会には，社会規範・ルール・慣習が存在し，これらをある程度共有することで秩序を保っている。多くの場合，私たちは社会規範やルールなどに沿って行動しており，このような行動は向社会的行動という。

例えば暴力や万引き，薬物乱用，いじめ加害，売春，20歳未満の飲酒喫煙などが反社会的行動に当たる。ただし社会規範であれ法律であれ，それらは集団や時代によって変化するし，慣習や価値観は所属する集団によって異なる。そのため，どのような行動が反社会的行動と呼ばれるのかについて，集団・時代・文脈を超えた絶対的基準を定めることは難しい。［池田龍也］

ハロー効果（光背効果）

他者がある側面で望ましい特徴をもっていると，その特徴に対する望ましい評価を，その人物に対する全体的評価にまで広げてしまう傾向を，ハロー効果という。望ましくない特徴の評価を全体的評価にまで広げてしまうこともある。ハロー（halo）とは光背

（後光）のことで，光背効果ともいう。

例えば，「学業成績がよい」「スポーツができる」といった目立った特徴をもっている児童に対して，人間関係など他の側面についても，問題はないだろうと簡単に見すごしてしまう可能性がある。［原　奈津子］

ピグマリオン効果（教師期待効果）

教師が学習者に期待を抱くと，その学習者の成績が向上するという効果である。

しかし，教師が学習者に期待を抱くことが単純に成績向上に繋がるわけではない。この効果を実証した実験では，期待を抱いている学習者に対して教師がどのような行動をとったかを明らかにした。例えば，ヒントを与える，質問を言い換える，回答を待つという行動が見られた。つまり，学習者に対する教師の肯定的な態度や関わりが，学習の意欲や動機づけを高め，このような効果を生じさせると考えられている。

［日高幸亮］

ソシオグラム

モレノ（Moreno, J. L., 1889-1974）が開発したソシオ・メトリックテストをもとに，集団内の人間関係を図示するものである。テストでは例えば，「班活動をするとき」など特定の場面を示したうえで，一緒にいたい（選択）メンバーやその逆に避けたい（排斥）メンバーを挙げさせ，誰が誰を選択（排斥）したかを一覧表にする。この表をソシオマトリックスという。次に，相互選択関係や，相互排斥関係を中心にソシオグラムを作成する。下位グループの関係や，多くから選択される人気児（スター），誰からも選択されない孤立児や相互選択関係をもたない周辺児などがわかりやすくなる。ただし学校で排斥関係を問うことは倫理面などからしてはならない。

［原　奈津子］

ゲス・フー・テスト

ある集団のメンバーに対して，お互いにお互いの性格や特性を評価させることで，各自の性格や特性を明らかにする人物測定法のことである。例えば，ある学級の生徒全員に対し，「クラスのなかで，誰にでも優しく接している人は誰ですか？」「クラスの中で，どの授業でも真面目に取り組んでいる人は誰ですか？」といった質問に答えてもらう。それを集計することで，その学級内における「優しい人」や「真面目な人」といった特性について，生徒同士の評価に基づいて測定することができる。集団内における多数の評価を集計することにより「誰かだけの意見に基づいた偏った評価を防ぐ」と同時に「集団に属していない第三者からの評価を含まない」といった特徴が挙げられる。［野口修司］

学校の心理学

教育測定運動

論文試験や口頭試問による評価が主観的で信頼性の低いものであるとして，各種テストの開発とあわせて，評価方法の客観化・科学化をめざした動きをいう。教育測定の父であるソーンダイク（Thorndike, E. L., 1874-1949）はこの運動の理論的・実践的指導者である。20世紀初頭のフランスやアメリカにおける知能検査開発による反響もあり，標準得点・偏差値・パーセンタイルなどの各尺度値が用いられるようになった。さらに，多肢選択法，真偽法などの客観的・科学的測定法の工夫改善（教育測定運動）が展開され，1920年代にはテスト・ブームが出現した。教育測定運動は後に教育評価へと発展していった。

→教育評価 ［田中　圭］

学習カウンセリング

学習面に焦点をあて，カウンセリングの技法を用いておこなわれる心理・教育的援助のことである。学習適応（課せられる学習についていけること）を支援するために教師が学習者に対しておこなうものである。具体的には，学習上のつまずきや悩みについて話を聴き，学習への意欲や関心を高められるように声かけをし，取り組むべき課題を学習者自身が明確化できるようにすることで，自己学習への支援を図ることである。

例えば，困っている学習者に声をかけ，共感的に聴きつつ学習到達度を話し合い，相手に合う学習方略についてアドバイスをする。また，「どのように考えたのかな？」と尋ねながら思考過程の言語化を促し，考え方の誤りに気づけるよう支援する。 ［日高幸亮］

学習意欲

学習に関する積極性（前向きさ）や，やる気（動機づけ）などの幅広い心理を意味する。小学生にとっての「知りたいという欲求」や「やる気」，「目指す将来の自分の姿を考え，それに近づく努力」，「くじけない強さ」など多様な要素からなる。学習態度（学習をめぐる行動や習慣など）とあわせて用いられることが多い。20世紀までの学力観が試験で評価可能な力ばかりを「学力」として定義しすぎたことを反省し，21世紀の日本の教育改革は学習意欲を含めた将来に繋がるさまざまな心理的要素などに注目してきたことを留意してほしい。 ［高木　亮］

学習方略

学習を効果的におこなうための方法や工夫のことである。

代表的なものとしては，①リハーサル方略（反復する，書く，読む），②精緻化方略（自分の言葉で言い換える，要約する），③体制化方略（グループに分ける，図表に整理する）などがある。これらは主要方略と呼ばれ，学習した事柄を習得するために用いられる。また，④理解監視方略（失敗がないかチェックする，自問する），⑤情緒的方略（不安を処理する，時間を管理する）などは支援方略と呼ばれ，学習の質を高め学習環境を整えるために用いられる。

先行研究では②，③を用いる学習者ほど学習成績が高いが，①を用いるほど成績が低いか，成績とは関わりがないという報告がある。 ［日高幸亮］

3 R's

読み（read），書き（write），計算（arithmetic）をさす。義務教育において，習得すべき基礎学力の最も土台となる基礎技能として位置づけられる。思考や活動の道具として，その後の学習を成立させるうえでも，社会生活を送るためにも必要不可欠な技能であるとされる。1910年代の産業主義を背景とする社会効率主義のカリキュラム理論や行動主義心理学の学習理論に支えられ，ドリルやテストなど機械的な反復練習によって基礎技能の定着が図られてきた。しかし，今日の社会に要請される技能は変化し，技能の形成に関する学習理論も発展している。また，知的発達に遅れはなく，読み書きや計算などに著しい困難がある場合，学習障害（LD）が疑われる。［長谷守紘］

学習の転移

以前の学習が新しくおこなわれる学習に影響を及ぼすことである。個々の行動や知識についてそれぞれを無関係に獲得しようとすると大変な労力を要する。しかし，すでに英語を学習した人が新しくドイツ語を学習するときには，英語学習で得た知識が役に立ち，より容易に学習が進行する。なお，先行学習によって新しい学習が促進される（正の転移）ばかりではなく，妨害される（負の転移）こともある。条件づけにおいて，ある刺激に対して特定の反応が生じるようになると，類似した刺激に対しても同じ反応が生じる般化も転移の一例である。学習効果の転移を規定する要因には，先行学習と新学習との類似性，時間間隔，先行学習の学習程度などがある。［田中　圭］

ブルーナー　Bruner, Jerome Seymour (1915-2016)

ブルーナーはアメリカ出身の発達心理学者・教育学者である。ハーバード大学で博士号を取得後，ハーバード大学，オックスフォード大学，ニューヨーク大学で教鞭をとった。「発見学習」や「足場かけ」などの提唱者として知られ，子どもたちにただ知識を伝えるだけではなく，科学者がおこなうような「仮説と発見の過程」をとおして問題の本質に迫る，主体的な学習の重要性を指摘した。また，研究者としてだけでなく，低階層の子どもへの支援をおこなう「ヘッド・スタート計画」を政府に提案するなど，学校教育の改革にも取り組んだ。

→発見学習；レリバンス［井邑智哉］

足場かけ

学習者が自分だけで課題に取り組めるように促し，困っている場合にのみ手がかりを与える関わりのことである。もともとは建設現場で「足場」をつくるという意味であるが，「足場」は建物の完成に伴って徐々に撤去されるものである。このように，学習者の習熟や困難度に応じた過不足ない支援という意味合いをもつ。

例えば，「足し算の筆算」の学習では位を縦に揃えて数を書き計算するが，初期の段階では数を揃えてかけずに誤答する児童がいる。そこで，位の補助線を書いておく（足場）ことで児童が正答できるようにするのである。そして，児童が筆算に慣れてきたところで補助線をなくし，独力で筆算ができるよう支援していく。［日高幸亮］

コンピテンス

ホワイト（White, R., 1904-2001）が提唱した有能感に関する心理学概念である。「自らが環境に対して効果的に関与可能である」と感じることが自身の能力を向上させ続ける原動力と考える理論である。具体的には内発的動機づけの原動力は有能感と自律性，人間関係とされていることからもわかるように，自分なりのやる気を形づくる感覚ともなることが指摘されている。学校教育では学習や運動，対人関係等に関する自信や前向きさ，不安の低さなどもコンピテンスに関する概念とで測定される。また，将来の学力向上を続ける原動力としても期待されている。音の似たコンピテンシーはまた別の意味や理論背景をもつ。

→コンピテンシー ［高木 亮］

ソーシャルスキル

直訳すると「社会的技能」となる。近年，不登校や「キレる」児童の問題，「時間」「空間」「仲間」の減少，核家族化などにより，人間関係の希薄化が問題となっている。これに対して，児童同士の良好な対人関係促進をめざした「ソーシャルスキル教育」が学校で実践されてきている。学習過程として，①インストラクション，②モデリング，③リハーサル，④フィードバック，⑤定着化がある。ただ単にスキルを教えるのではなく，児童がスキルを使うことで心地よい感情や体験を味わうよう，教師は児童の動きをよく見て，肯定的なフィードバックをすることが重要である。これにより，他者への信頼感や受容的な雰囲気が生まれ，支持的学級風土が醸成される。

→ソーシャルスキルトレーニング

［門原眞佐子］

時間・空間・仲間（３つの間）

子どもの外遊びを確保するうえで重要な要素が時間と空間，仲間である。平均的に現在の子どもは以前よりも運動能力低下や肥満などの身体的不健康が増しているが，この原因として外遊びの減少が注目され，その背景に３つの間が徐々に確保しづらくなっていると考えられている。現在は，以前よりも安全を重視する社会環境になっており，ゲームなどの遊び方といった子ども文化の変化，塾に通うなどの学力要求水準の高度化など，３つの間を難しくするさまざまな要素が増えている。３つの間の確保を図る取り組みが学校や地域社会，家庭に求められている。

［高木 亮］

学級・授業の心理学

授業デザイン

一般にデザインとは，目的（問題）を明確にし，それを実行（解決）するために立案し，表現することである。

教育においては広義での「授業づくり」を指す。その過程は Plan（計画）→Do（実践）→Check（評価）→Act（改善）の PDCA サイクルにより更新される。

まず計画段階においては，何をどの程度学習するのか学習指導要領をもとに範囲（Scope）を知ると同時に，児童の学力や経験，発達段階等の状態を把握し，レディネス（Readiness）を考慮した教材を作成し，配列（Sequence）する。次に実践段階においては，児童の学習状況を評価して指導法の改善をおこなう。そのためには目標に合った明確な評価規準を設定し，指導計画のなかに位置づけておくことが大切である。

→PDCA サイクル ［福井広和］

適性処遇交互作用（ATI）

学習者の特性によって学習指導法の効果が異なって現れる現象である。クロンバック（Cronbach, L. J., 1916-2001）によって提唱された。例えば，同じ学習内容について，教師が対面で直接授業をおこなう場合と映像を用いて教授する場合では，対人的な積極性が高い学習者は直接授業で成績を伸ばし，逆に積極性が低い学習者は映像による教授で成績を向上させる。適性には，態度や意欲だけでなく，性格特性や認知能力などが考えられる。処遇には，教師の指導態度やカリキュラム，学習環境などが含まれる。

ある学習指導法がすべての学習者に同じ効果をもたらすとは限らず，今後は ICT を活用した個別最適化（できるだけ個々の児童の適性に合わせた）された学習指導が望まれている。

［長谷守紘］

アクティブラーニング

討論や体験，問題解決，協同といった学ぶ本人が参加する度合いの強い学習指導方法の総称である。講義形式の学習指導方法以外の総称とも言える。紀元前 5 世紀のソクラテス（Socrates, BC469頃-BC399）の問答法がそのスタートと言われるほど自然発生的で長い歴史をもつ。一方，講義形式の学習・教育方法は日本では江戸時代から少しずつ増え，明治の師範学校で取り上げられ日本の学校の授業の一般的な指導方法に定着した比較的新しい手法である。21世紀の日本の教育改革で知識技能の活用や学習意欲などを高める指導法として再び注目されている。

［高木　亮］

完全習得学習（マスタリー・ラーニング）

ブルーム（Bloom, B. S., 1913-1999）らによって提唱されたもので，一斉指導と個別指導を組み合わせたほぼすべての子どもに目標を達成させようとする学習指導法をさす。キャロル（Carroll, J. B., 1916-2003）は，「もし十分な時間が与えられれば，学習者はだれもが学習課題を習得することができる」と主張し，実際にそうした生徒に習得させうる教授法を見つけることが教育的課題であるとして，マスタリー・ラーニングを唱えた。その後，ブルームがキャロルの理論を発展させた。完全習得学習は，到達目標の具体化，診断的評価，適正処遇交互作用，形成的評価など教育方法上の創意を伴った実践的理論であり，今日の教授学習及び教育評価の理論の発展に大きな影響を与えた。

→形成的評価；診断的評価　［田中　圭］

構成主義

人間の知識は，広く社会や文化などの環境に繋がっており，個人間のコミュニケーションを介した協力により，社会的に構成されると考える立場のことをさす。21世紀に入り情報通信技術の急速な発展に伴い，学習者を重視する構成主義が注目された。構成主義における学習とは，学習者自身が知識を主体的に構築していく過程であり，教師の役割は，学習環境を整え学習者の学びを支援することである。構成主義は，1989年の学習指導要領改訂で導入された新学力観にも影響を与えた。習得された知識や技能によって学力を捉えるのではなく，知識や技能を習得する際に必要となる学ぶ意欲や思考力，想像力などの諸力によって学力を捉えるようになった。

→新しい学力観 ［田中 圭］

洞察説

問題解決において，試行錯誤的に解決を見出すのではなく，問題の構造，関係を見抜くことによって問題解決が突然に起こるとする説のことをいう。洞察は，見通しと同義に用いられ，問題解決に必要な手段—目的関係を認知的に把握することから，構造転換や中心転換とも言われる。こうした転換は学習者の問題事態への見通しの変化から生じることから，態度転換を伴い，「あっそうか」という体験を伴うことが多い。1920年代にケーラー（Köhler, W., 1887-1967）らのゲシュタルト心理学者が，類人猿を用いた実験などに基づいて，試行錯誤学習説を批判し洞察説の重要性について主張した。

［田中 圭］

プログラム学習

ティーチング・マシンやプログラム・テキストなどによって教育内容の説明・問題・正解・動機づけの文や図を系統的に提示し，個別学習をさせつつ，学習者を目標まで，むだなく確実に到達させる学習方法のことである。開発者はスキナー（Skinner, B. F., 1904- 1990）であり，スモール・ステップ，積極的反応，即時フィードバックなどのオペラント条件づけの原理を応用している。プログラムの型は，直線型プログラム（スキナー型）と枝分かれ型プログラム（クラウダー型）の2種類がある。プログラム学習とそれに続くコンピュータ支援学習教材CAI（Computer-assisted Instruction）の研究は，教育工学を誕生させることとなった。 ［田中 圭］

支持的風土

学級などの集団のなかで否定的感覚をあまり感じることなく，心地よさを感じるような雰囲気をさす。具体的には，個々人が取り残されないことや，多様な個性が認められる，過剰に評価的に扱われない，間違えても恥ずかしくないこと，そして少なくとも裏切られない，厳しく不条理な不快は与えられないといった感覚が挙げられる。子どもにとっても競争や善悪の判断，規律の強調による緊張感を伴う場所や人間関係は多い。だからこそ，せめて学級や学校といった集団のなかでこのような温かい感覚を確保することが重要である。生徒指導的問題の予防や学校生活の前向きさ，学習意欲・態度の向上などの総称である積極的生徒指導への効果が期待される。 ［高木 亮］

概念地図

特定のテーマについての概念間の関係を示した図のことをさす。概念間は矢印で連結することで，言語情報だけでなく視覚化・図式化できることが特徴である。この図を用いた活動は，概念地図（マッピング）法と呼ばれ，主体的・対話的で深い学びを実現するために用いられている。少人数グループによる学習活動で概念地図を導入する際には，児童が理解できるテーマを設定すること，協同作業の前に個人作業の時間を十分に確保することが重要である。

→イメージマップ　［高田　純］

臨　　床

学校ストレス

学校のなかで子どもがそれぞれの主観で感じる，嫌なこと・脅威・不快感が緊張そして不健康に繋がる過程全般をさす。ストレスとは動物に広く組み込まれている環境のなかでの脅威や不快を見つけ，これから逃げたり戦うなどの対応をおこなうため自動的に心身の緊張を起こす認知の仕組みである。しかし，小学生も含めて人間は，脅威や不快に直面しても戦うことも逃げることも許されない場合が多い。そのため，人間は緊張が蓄積しやすくストレス性の不健康などの問題が深刻化し，心理や身体，行動面での問題や障害などに繋がりやすい。小学生の発達の過程は戦うことも逃げることも許されない体験の積み重ねでもあるため，大人では気づきにくいストレスを感じていることに気づきたい。「何をストレスに感じるか？」は人それぞれなので，小学生にとってテストや人間関係，教育課程などだけでなく，世界のすべてがストレスとして感じられかねない。教師は，子ども個々人のストレスを理解するだけでなく，ストレスと付き合う力を育むことも重要である。

［高木　亮］

葛藤（コンフリクト）

同じ強さで対立する２つ以上の欲求や意向が同時に存在し，選ぶことが困難な状態を葛藤という。社会心理学でも使用されているが，精神分析では，心のなかの矛盾する力動的な葛藤として着目された。つまり，欲求や願望を満たしたいが，「～しなければならない」「～してはいけない」という超自我があって葛藤が生じるのである。欲求と超自我の折り合いをつけるのが自我の働きである。適応的な方法で解消される場合もあるが，場合によっては葛藤から神経症症状や身体症状，行動が現れることがある。例えば，学校に行くのが苦痛でしかたがないけれども行かなければならないといった強い葛藤が起こり，腹痛という身体症状を引き起こすなどである。　［淀　直子］

適応機制

防衛機制とも呼ばれる。不安の回避や心理的葛藤から自分を守るための反応様式である。精神分析家のフロイト（Freud, S., 1856-1939）が，受け入れがたい欲求や感情を無意識に抑え込むことを抑圧として，神経症の病理を理解したことに始まる。次第に適応的な機制にも注目されるようになり，精神的な安定を図るための心の動きとみなされるようになった。

自分の感情を無意識のうちに他者に投げ入れ，その感情を他者がもっていると知覚する投影，望んでいることとは反対の行動をする反動形成，合理的な理由をつけて正当化する合理化，以前の発達段階にもどる退行（いわゆる赤ちゃん返り），欲求や感情を社会的価値のある適応的な方法で満たそうとする昇華などがある。　［淀　直子］

不適応

不適応とは「適応が上手くいっていないことからストレスを感じる」状況

と，「その結果としての心理や身体，行動面での不調が生じた状況」の２点を意味する。学校教育で「不適応」といえば，結果としての不調，つまり生徒指導的問題やそのリスクが増した状況をさすことが多い。適応が上手くいっていない状況とは，個人（心理の世界）と環境（周囲の人間関係や気候，社会情勢など）の間の不一致（不適応）に苦しむ高ストレス状態なので，個人と環境それぞれへの改善をめざした介入が課題となる。個人に関する介入には自身の学習方法を変えたり，ソーシャル・スキルを身につけたり，自らの限界を感情的に受容するなどが考えられる。環境を変える介入には進路変更や人間関係の再構築などがある。

［高木　亮］

精神分析学派

心理療法には，理論や治療技法の違いによっていくつかの学派が存在する。精神分析，人間性心理学（来談者中心療法），認知行動療法，家族療法などがあるが，フロイト（Freud, S., 1856-1939）の精神分析理論と技法を継承した学派を，精神分析学派という。精神分析は無意識過程を重視し，心の探索のために自由連想法が用いられる。精神分析学派のなかでもさらに細分化した学派が存在する。

愛着理論のボウルビィ（Bowlby, J., 1907-1990）や，青年期のアイデンティティ論・ライフサイクル論を提唱したエリクソン（Erikson, E. H., 1902-1994）も精神分析家である。

［淀　直子］

フロイト　Freud, Sigmund（1856-1939）

無意識を発見し，精神分析を創始したのがフロイトである。フロイトは，神経症の症状が意識とは無関係に生じることを見出し，無意識の過程を重視して精神分析理論と治療技法を構築した。無意識では心のエネルギーがつねに渦巻いており，それが人の感情や行動に深く関与しているという考えである。フロイトは心のエネルギーのことを「リビドー（性的欲動）」と呼び，リビドー発達論を打ち立てた。口唇期・肛門期・エディプス期（男根期）・潜伏期・性器期である。このリビドー発達論では，小学生はおおむね潜伏期に当たる。性欲動は抑圧され，関心は仲間との活動や知的活動に向けられるのである。

［淀　直子］

意識の構造

精神分析家であるフロイト（Freud, S., 1856-1939）は，心の構造を意識，前意識，無意識の３層から成り立っていると考えた。意識は，普段思ったり考えたりしている文字どおりの意識の領域である。前意識は，普段は意識をしていないが注意を向けると意識化できる領域である。無意識は，前意識よりもさらに心の奥底に存在し意識化できない領域である。無意識の領域は広大で，意識できているのはほんの一部なのである。この意識の３層構造は局所論と呼ばれる。無意識の領域は，思い違い，聞き間違いなどの失錯行為や，爪かみ，鼻耳ほじり，頭をかくなど，癖という形で日常生活にも現れるとフロイトは考えた。また夢は無意識の現

れであり，無意識の探求に欠かせないものとした。［淀　直子］

自我の構造

精神分析家のフロイト（Freud, S., 1856-1939）は，心の構造を意識，前意識，無意識の３層から成り立っていると考えたが，後にそれだけでは不十分であるとし，心の装置として，イド（エス），自我，超自我という３つの心の働きを提唱した。イド（エス）は無意識の領域で，「～したい」という本能的欲求を満たそうとする衝動的働きである。超自我は「～してはいけない」「～すべきだ」といった心の働きであり，親の態度や価値観に影響される。いわば内在化された理想，良心，社会的規範である。自我は，超自我の影響を受けて，イド（エス）の欲求や衝動を現実と照らし合わせて調整しコントロールする役割である。この３つは心の機能を表しており，構造論と呼ばれる。［淀　直子］

人間性心理学

1960年代に生まれ，人間の主体性・創造性・統合性に着目し，自己実現など人間の肯定的側面を重視した心理学の潮流をいう。ヒューマニスティック心理学とも呼ばれる。提唱者であるマズロー（Maslow, A. H., 1908-1970）は，精神分析学を第一勢力，行動主義心理学を第二勢力，人間性心理学をそれらに対抗する第三勢力と位置づけ，人間性回復運動の中心となった。

人間性心理学を代表する心理学者としては，自己実現理論のマズロー，来談者中心療法のロジャーズ（Rogers, C. R., 1902-1987），ゲシュタルト療法のパールズ（Perls, F. S.），個人心理学のアドラー（Adler, A., 1870-1937）らがいる。［小山智朗］

カウンセリング

心理学的な知識や技術を用いた専門的援助活動のことである。主として言葉を用い，対話や会話を通して相談者の悩みや適応上の問題の解決を図る。カウンセリングをおこなう援助者をカウンセラー，相談者をクライエントと呼ぶ。

広義には，就職や美容，婚姻といったさまざまな領域の相談援助行為も含むが，一般には臨床心理学や精神分析学などの知見を基盤とした心理学的な援助をさす。カウンセリングでは，クライエントが実生活の問題や悩みに主体的に解決できるように導くため，原則的には解決策の提示や指示はおこなわず，クライエント自身が新しい認識や洞察に到達する動きを支えていく。

→カウンセリングマインド［小山智朗］

ラポール

ラポール（rapport）は，フランス語で「関係」の意であり，人と人との間が和やかな心の状態にあり，相互に信頼しあえる親しい関係にあることを言う。もともとは臨床心理学の用語で，セラピストとクライエントの関係が，打ち解けていて安心して感情の交流ができる状態を表す。カウンセリング，心理テスト，教育はもちろん，どのような対人関係の場面でも重要とされる。

［小山智朗］

認知行動療法

行動や考え方に働きかける心理療法の一種である。行動を修正する行動療法，さらにベック（Beck, A. T., 1921-）の提唱した物事の解釈や理解等の認識を修正する認知療法等を統合した療法である。この療法には，ネガティブな出来事に対する自分の考えを書き出し，考え方の癖やパターンを客観的に見つめる方法がある。そして，自分の考え方の癖を把握し，認知の歪みを修正したり，物事に対処する方法を模索するなかで，問題を解決していく。例えば，「自分はダメだ」と思い込む児童生徒に対し，児童生徒自身の思考や感情等を図示する。そして，考え方の修正方法や今後の対応策を児童生徒自身が考えられるように導く。教師にとっては，この過程が児童生徒理解に繋がりうる。

［川人潤子］

認知の歪み

合理的ではない思考パターンをさす。ベック（Beck, A. T., 1921-）らは，うつ病患者に特有のネガティブな思い込みが，ネガティブな出来事を経験したときに，非現実的・非論理的な考え方を引き起こすという抑うつの認知理論を提唱した。例えば，挨拶を返してくれなかった相手に対し，さまざまな可能性を考慮せず「自分は相手に嫌われている」と結論づけてしまい，憂うつになることがある。こうした誤った考えのことを認知の歪みといい，個人的な経験を一般的な法則と見なす過度の一般化，物事を「白と黒」で捉える二分的思考等の歪みがある。認知療法では，憂うつなどのネガティブな感情に繋がりうる考え方の歪み（「自分は相手に嫌われている」等）を修正する。

［川人潤子］

スクールカウンセラー

学校で児童，生徒，保護者，教師の相談にのり，心理的な発達を援助する心の問題の専門家である。文部科学省は，文部省時代の1995年度から，いじめや不登校などの対策としてスクールカウンセラー活用調査研究委託事業を実施し，公立中学校を中心に多くの学校へスクールカウンセラーの導入を始めた。いじめや不登校など学校がさまざまな問題を抱える現在，スクールカウンセラーには心理的なケアを中心にさまざまな働きが期待されている。教員とそれぞれの専門性を生かしながら協働することで，児童生徒の健やかな成長に寄与できると考えられる。

［小山智朗］

公認心理師

公認心理師とは，2017年に誕生した心理学に関する初の国家資格である。心理学に関する専門的知識及び技術をもって，カウンセリングや心理検査，心の問題に関する知識普及などの業務にあたる。教育分野では，スクールカウンセラーや教育相談所の相談員等として，児童生徒へのカウンセリング，保護者への助言や援助，教職員との連携，障害のある児童生徒への合理的配慮の検討，危機対応などをおこなう。

類似資格として臨床心理士があるが，臨床心理士は日本臨床心理士資格認定協会が認定する民間資格であるのに対し，公認心理師は公認心理師法に基づく国家資格であるという違いがある。

［吉儀瑠衣］

PTSD

心的外傷後ストレス障害（Post-

Traumatic Stress Disorder）の略称であり，狭義のトラウマが原因となって生じる。アメリカ精神医学会の刊行する DSM-5 によれば，主な症状として覚醒亢進，麻痺・回避，侵入症状，気分や認知の否定的変容が挙げられる。覚醒亢進では，原因となったトラウマ体験を連想させる刺激への過敏性が高まり，気持ちが休まらなくなる。麻痺回避では，原因となったトラウマ体験を連想させる刺激・場面を回避するようになったり，そのような刺激・場面に遭遇したときに体が硬直して動かなくなってしまったりする。侵入症状は一般にフラッシュバックとして知られ，過去のトラウマ体験が今まさに起こっていることのように体験される。気分や認知の否定的変容では，トラウマとなった出来事のことを思い出せなくなったり，羞恥・恐怖・不安のような否定的気分が持続したり，自己・他者・世界に対する考えが否定的（例えば「誰も信じられない」「自分が悪いのだ」「自分を取り巻く世界は危険しかない」など）になる。これらの症状が一定期間以上持続していることに加え，医師が総合的に判断して診断が下される。　［池田龍也］

DSMとICD

DSMはアメリカ精神医学会の刊行する書籍『精神疾患の診断・統計マニュアル』（*Diagnostic and Statistical Manual of Mental Disorders*）の略称である。原因よりも，顕在化した症状に焦点をあてるのが特徴である。そのためDSMでは「前世でのおこない」や「親の育て方」などによって精神疾患になるといった見方をしない。その代わりに，観察可能な症状の種類・強度・頻度・持続期間などをもとに診断をつける。DSMと引き合いに出される診断基準としては，世界保健機関（WHO）が公表している国際疾病分類ICD（International Classification of Diseases）がある。ICDもDSMと同様に，症状に焦点をあてるが，DSMほど徹底はしていない。また，DSMが精神疾患に特化している一方，ICDは精神疾患に限らず身体疾患や慢性疾患など幅広い疾患・障害が収載されている。現在，DSMの最新版は2013年に公開された第5版（DSM-5）であり，2014年に日本語版が出版された。一方，ICDの最新版は11版（ICD-11）であり，2020年現在邦訳作業が進められているところである。DSM-5は第4版から大幅な変更が加えられている。小学校教諭として押さえておきたいポイントは，広汎性発達障害やアスペルガー障害といった診断名が廃止され，「自閉スペクトラム症／自閉症スペクトラム障害」に統合された点であろう。

→DSM；発達障害　［池田龍也］

教育経営・学校安全

学校経営

教育経営

教育目標を達成するために，人やモノやお金といった必要なものを整備し，それをうまく生かして，教育活動を継続的におこなっていくことである。専門的に言えば，教育活動の組織において，その教育目標の達成に，人的・物的・財的・運営的な，その活動の展開に不可欠な諸条件を整備して，その組織のもつ組織的機能を総合的・有機的に高めていく継続的な活動のことである。とりわけ，教育組織は，「人をよりよい人に育てる」ために，「人を人として認める」といった「人間的」な視点が不可欠とされる。なお，学校経営や学級経営あるいは社会教育経営とは，教育活動の組織単位による呼び方ということができる。［林　孝］

マネジメント

直訳すると「経営」「管理」などの意味をもつ言葉で，学校現場では，学校の教育目標を達成するために，学校のもつ資源を効率的に運用し目標を達成することをさす。一般的に「ヒト・モノ・カネ・情報」が組織の資源と言われるが，教育現場では，モノ・カネの資源が乏しく，ヒト・情報をいかに活用するかが主眼となる。学校は校長をトップとするフラットな組織（役職のない組織）と言われるが，現在では副校長・主幹教諭が配置され校長—副校長—教頭—主幹教諭—各主任—教諭という民間組織に似た組織に変わりつつある。また，学校を構成するヒトには，学校事務職員，スクールカウンセラー，スクールソーシャルワーカーなども配置され，チーム学校としてのマネジメントが求められている。

［上野佳哉］

エビデンス・ベースド・マネジメント

教育組織に関わる成員がその組織の教育成果を継続的に改善していく方法として，良質のエビデンス（証拠となる科学的な根拠）に基づき展開していくマネジメントのことである。このアプローチのメリットは，実証的なエビデンスや論理や洞察に基づいて情報が共有されることによって，組織は合理的かつ事実による意思決定をおこなえるようになることにある。

学校の意思決定やそれに基づく活動を自己点検・評価し，その結果に関する情報を公開していく学校評価システムに際し，学校関係者間の「データに基づく対話」を可能とするコミュニケーション手段にもなる。［林　孝］

学校規模

学校全体の児童生徒数や学級数のことである。学校教育法施行規則において，標準的な学級数として，小学校：12～18学級（1学年2～3学級），中学校：12～18学級（1学年4～6学級）と規定されている（特別支援学級の学級数を除く）。しかし，全国的には，標準を下回る規模の学校が多く，児童生徒の教育活動の充実のための人数の「適正化」という観点から，学校の統廃合が進んでいる実態がある。ただし，統廃合に際しては，教育活動の充実という観点だけでなく，地域のよりどころ・活性化という観点から，児童生徒，保護者を含めた地域住民の思いや願いをふまえた慎重な議論と意思決定が求められる。

→学校統廃合 ［諏訪英広］

学校経営

校長の責任のもとに，教職員全員が協力・協働し，学校の教育目標を達成する諸活動のことである。

学校経営を具体化するために，校長は，教職員・保護者・地域の思いや願をふまえ，めざす学校像や育てたい児童生徒像といったビジョンを設定する。そして，ビジョンに基づく学校教育目標の達成に向けて学校経営計画を立案し，3年をめどにした中期的目標や，1年間の教育活動方針を提示する。これを受けて，全教職員で教育活動をおこない，その都度見直しをしながら，目標を達成するようめざす。このとき，目標達成の指標については，数値データに基づく評価をおこなえるよう工夫することが求められる。 ［上野佳哉］

学校の組織

学校の組織は，教員と学校事務職員といったメンバーからなる。最近では，スクールソーシャルワーカー，スクールカウンセラー等の新たな職を担う人物も学校組織の一員としてみなされている。

教員の役職には校長・副校長・教頭といった管理職のほかに，主幹教諭や指導教諭等があり，それらは法律に基づく職階制（「ピラミッド型組織」）になっている。また，主任といった教員の年齢や経験等による役割が定められている。このような組織のあり方は，管理職以外の教員の立場を同じくする「なべぶた型組織」と称されてきたこれまでのあり方とは異なる。

［田中真秀］

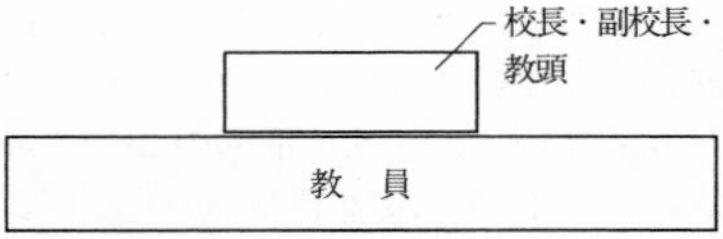

校長・副校長・教頭

教　員

なべぶた型組織

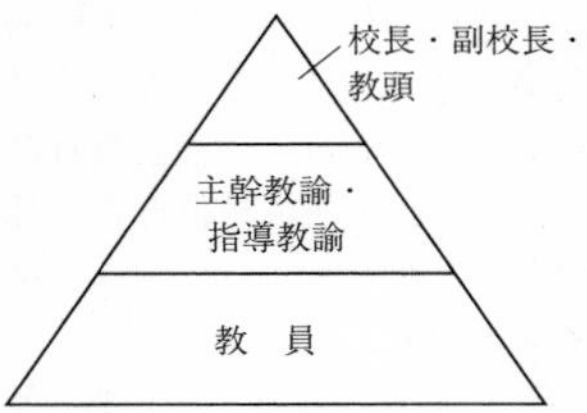

校長・副校長・教頭

主幹教諭・指導教諭

教　員

ピラミッド型組織

学校の自律性

自律とは，他からの支配を受けず自ら立てた目標や規則に従って行動することである。学校の自律性とは，学校が地域の特色や課題をふまえ，子どもの教育に責任をもって主体的に学校経営・学校運営をおこなっていくことである。この際，保護者・地域と連携し，子どもの課題に対応することが求められる。

ただし，一般企業と異なり，学校は文部科学省や教育委員会からの指導・助言を受けて，教育委員会のもとで教育をおこなってきた。現在も，法律や国のつくる制度，教育委員会の条例に従うことに留意する必要がある。

［田中真秀］

説明責任（アカウンタビリティ）

学校が教育目標を達成し，その教育成果について納税者や地域住民・保護者に説明する責任を意味する。説明責任が教育の分野においても言われるようになったのは，2000年前後からである。それは，この時期に地方分権や規制緩和，また学校の自主性・自律性が求められたことと関連している。説明責任を果たすための具体的な制度として2007年に法制化された学校評価がある（学校教育法)。同法では，教育活動その他の学校運営に関する積極的な情報提供を各学校がおこなうことになった。また，2007年度から全国学力・学習状況調査も各学校の教育成果を測定するために導入された。各学校は，説明責任を果たすことを強く求められている。

→全国学力・学習状況調査［湯藤定宗］

学校組織マネジメント

学校内外の人・モノ・お金を有効に活用し，学校に関わる人たちのニーズに適応しながら，学校教育目標を達成していく過程または活動をさす。1990年代に教育の地方分権や学校の自主性・自律性の確立が求められた状況に関連して，学校に組織マネジメントの発想が取り入れられるようになった。その直接の契機は，教育改革国民会議による「教育を変える17の提案」（2000）であった。各学校の教育目標は，Plan（計画）→Do（実施）→Check（評価）→Action（改善）というマジメント・サイクルを通して実現される。評価は実施したことだけを対象にしがちであるが，計画も対象にして，改善に努めることが重要である。

［湯藤定宗］

PDCAサイクル

計画を立てて（Plan)，実行し（Do)，それを評価し（Check)，その改善点を次の計画に生かす（Action）といった一連の流れの頭文字のことである。計画を立てて実施したけれど，きちんと振り返りや反省がおこなわれなければ進展もしないし「やりっぱなし」で終わってしまう。また，評価はしたけれど，次に繋げなければ意味をなさない。

つねに，次・前に進むために，何が失敗・成功して，当初の目的を達成できたのか・できなかったのかを考えて

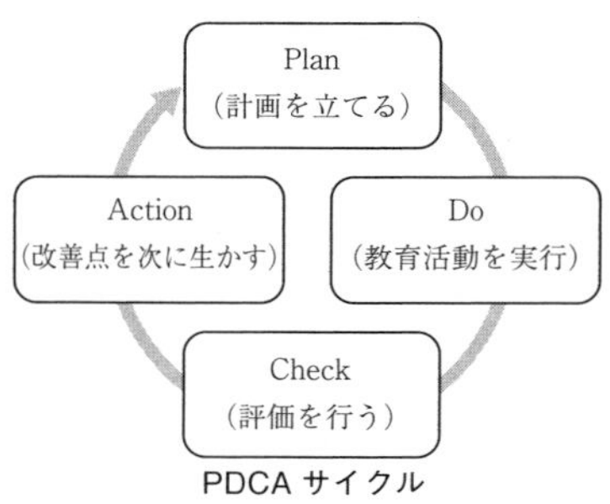

PDCA サイクル

いく必要がある。
→カリキュラム・マネジメント

［田中真秀］

学校評価

児童生徒がよりよい教育を受けられるよう，その教育活動等の成果を確認し，学校運営の改善と発展をめざすための取り組みである。具体的な評価の方法として，学校が自らを評価する自己評価（義務），保護者・地域住民等が自己評価を評価する学校関係者評価（努力義務），学校と直接の関わりをもたない教育専門家等が前記２つの評価を評価する第三者評価（努力義務）がある。学校評価を進めるうえで，学校教育目標の達成に向けたマネジメント・サイクルに位置づけること，学校の課題や弱みだけでなく学校のよさや強みを引き出すこと，「評価疲れ」を避け評価の成果を実感できる各校の工夫が求められる。［諏訪英広］

教職員の学校経営参画

教職員が，すべての活動は経営方針のもとで組織的，計画的におこなわれていることを理解するとともに，自らも組織の一員であることを自覚し，情報共有と協働を心掛け，さまざまな教育活動を積極的におこなうことである。

校長・副校長・教頭のみが経営するのではなく，すべての教職員が参画し，教育活動を担ううえでは，それぞれの経験年数や役職に応じて求められる役割が異なる。経験を重ねれば，組織の中核を担うミドルリーダーとなり，学年主任等の役割を果たすことや職場の人材育成などにおいても重要な役割が求められることになる。

このように各ステージに応じて，経営参画で求められることは変わる。大切なのは，そのときに組織の求めに応じられるよう日々努力をすることである。［西井直子］

組織文化

目的の達成に向けて組織の成員に形成され共有されている行動様式や規範，それを支える価値や信念などである。学校では，これらの文化について，教職員が共通理解を図ることで一つの方向に向かい，よりよい教育活動ができるようになる。そのためには，校長や副校長，教頭が学校にとって価値ある組織文化を明確化することも大切である。

しかし，文化によっては，めざすべき教育とは違った結果をもたらすものがある。そのため，この組織文化をつくり替えることで，学校が改善されることもある。その際には，自分たちでは気づきにくく，直しにくい文化を外部から指摘してもらうのもよい。

［林　孝］

教職員の給与

公立学校の教職員に支払われる給与は，年齢や経験年数に合わせた年功序列制である。教員の給与は市役所で働く一般行政職員よりは高い水準で支払われている。これは，教員の職務内容が専門性を持っていると考えられているからである。

加えて，教員には通常の時間外勤務手当はなく，その代わりに給料月額の４％相当分が教職調整額として支給されている。他には通勤手当，住居手当といった個人の状況に合わせた手当と地域の物価等を考慮した地域手当が支給される。

年功序列制が基本である教員の給与だが，昨今では，能力に合わせた給与制度も導入されつつある。例えば，教員の勤務評価により給与やボーナスに差が生じる仕組みが設けられている自治体もある。［田中真秀］

学校財務

学校で使用するお金に関することである。学校にかかるお金は教育委員会や文部科学省といった公が負担する公費と保護者が支払う私費（学校徴収金）がある。とくに公費において，教育委員会は各学校が特色ある授業や行事をおこなえるよう予算を配分する（一定のお金を割り当てる）。この配分された予算を学校が適切に執行する（使う）ことを学校財務という。

各学校は限られたお金のなかで必要な物を買ったり，講師謝礼を払ったりする意識（専門的には人的・物的・財政的意識という）をもつことで学校財務を「健全に運営」させる。また，教育課程編成をおこなう際に，何にお金をかけるのかしっかりと計画を立てることで適切な予算執行に繋がる。

［田中真秀］

学校事務

学校教育をおこなううえで，必要なすべての事務のことである。例えば，学校事務として，①就学援助事務や学籍のような子どもの就学に関する仕事，②学校施設・備品・教材の管理や物品の発注といった学校を運営するために必要な環境を整備する仕事，③外部からの訪問者に対する窓口業務や外部団体との連携に関する仕事，④教職員の給与や，休暇の取得といった勤務時間管理等の給与や人事・服務に関する仕事といった幅広い事務業務をさす。

これら事務業務を専門的に担い，学校事務を司るのが学校事務職員である。
→事務職員；就学援助／教育扶助

［田中真秀］

学校事務の共同実施

２校以上の公立小・中学校の学校事務を各学校に所属する事務職員が協力しておこなうことである。共同実施は義務化されていないものの，教育行政のしくみの一つとして位置づけられる。そもそも，学校事務とは，子どもの就学に関する事務，教職員の給与や教材・教具の購入などお金に関することをはじめ，学校運営上の事務業務全般をさす。各校の事務業務は共通する内容が多いため，共同実施には，複数校間で協力して事務をおこなうことにより，その効率化と各校の経営支援を図るねらいがある。また，通常１校に１名配置される事務職員の学び合いと，それによる資質能力の向上も期待される。

共同事務の名称や規模は自治体により異なる。多くの場合，１～２中学校区の小・中学校の事務職員で構成される。通常は各校に勤務し，決められた日に中心となる事務室等に集まり，業務にあたる。共同実施組織の長に，教職員の諸手当の認定や予算の支出に関する権限が付与されている自治体もある。
→事務職員　［西井直子］

学年・学級経営

学年経営

学年主任を中心として，学年の教育

目標達成に向けて実施される教育活動を「計画・実施・評価」する教師集団の協働的な取り組みのことである。その際，学年の教育目標は学校全体の教育目標，経営目標および各学級の教育目標と関連づけられていることが重要である。

とくに小学校では，学習指導や生活指導は各教室で個別に学級担任によっておこなわれることが多い。しかし，学校教育目標を効果的に達成するためには，学級担任同士がお互いに協力し助け合って，学年を単位とした教育活動を展開する必要がある。そのため，学年経営の中心である学年主任は，学年会等で共通認識を図り，同一学年の学級担任集団の連携・協力を促進させることが重要である。

→学年集会；学年主任；学年目標

［冨田明徳］

学年通信（学年だより）

学年の教育活動の状況や，児童生徒の様子を保護者に知らせ，その理解や協力を得るために，月１回程度定期的に発行するものである。主な内容としては，その月の行事や学習の進度や内容，学年共通の保護者へのお知らせやお願いなどであるが，教育活動や学年の先生の子どもへの思いが保護者に伝わるよう，内容を工夫する必要がある。

また，学級だよりや学年だよりは，学級担任や学年の先生が作成・配付するものであるが，保護者にとっては学校としての意見であると受け止められるので，あらかじめ，その内容や表現等については，必ず管理職に確認し，了解を得る必要がある。

→学年主任 ［冨田明徳］

学級編制

法律で定められた人数の上限（小・中学校）に基づき，同学年の児童生徒からなる学級をつくることである。全国的な教育水準の維持・向上に資することを目的に制定された公立義務教育諸学校の学級編制及び教職員定数の標準に関する法律（1958）にて，１学級の人数と教職員定数の標準が定められた。当初は，義務教育段階で１学級50人とされていたが，その後段階的に減らされ40人学級となった。

ところが，自治体独自の施策により，秋田県・山形県などを中心に少人数学級を実施する動きが活発になった。少人数学級を導入している自治体では，学力やいじめ件数などにおいて成果を上げており，このような動きから現在では，小学校１年生は35人学級が基準となっている。また，小学校１年生で35人をさらに下回る学級編制をおこなっている自治体が多数存在する。

→学年・学級制；学級 ［上野佳哉］

少人数学級

公立義務教育諸学校の学級編制及び教職員定数の標準に関する法律により，現在40人学級が基準である。その基準より少ない人数で編制された学級を少人数学級と言う。2011年の同法改正で小学校１年生の35人学級が認められ，地方自治体の自助努力によってさらに少人数やほかの学年にも拡大している。

学級の規模を小さくすることによって，子どもたちを掌握しやすく，子どもの実態に即した柔軟な指導が可能になり，教員と子どもとの触れ合いがいっそう密になるという利点がある。2020年現在小学校1年生のみに実施されている35人学級は，2021年度から5年間をかけて段階的に小学校全学年に実施されることが2021年に閣議決定され，法整備がおこなわれる予定である。

［新城　敦］

複式学級

複数学年の児童を一学級に編成した学級のことである。小学校設置基準では，「小学校の学級は，同学年の児童で編制するものとする。ただし，特別の事情があるときは，数学年の児童を一学級に編制することができる」（第5条）と規定されている。その人数について，公立義務教育諸学校の学級編制及び教職員定数の標準に関する法律は，小学校では2つの学年の児童で編制する学級で16人（第1学年の児童を含む学級にあっては8人）と示している。

教師とともに学ぶ「直接指導」，児童個人あるいは児童同士で学ぶ「間接指導」の時間が特徴的であり，学習リーダーの育成や学習ガイドの作成が必要とされている。

→学級

［林　孝］

授業参観

学校でおこなわれている授業を観察することをさす。参観者は，児童生徒の保護者だけでなく，地域住民や教職員，教職志望学生などである。保護者や地域住民にとって授業参観の目的は，児童生徒の学習活動の様子や教師の教授方法，掲示物や荷物の整理状況などの教室環境を把握し，学校の教育活動に対する理解を深めることである。また，教職員や教職志望学生にとっては，授業改善や授業力向上などの授業研究の意味合いをもつ。最近では，開かれた学校づくりの一環として「学校へ行こう週間」などを設定し，より普段の生活に近い学校の様子を参観できるよう工夫をしている学校もある。

→公開研究発表会

［藤井　瞳］

学校の年間の流れ

日本の学校は，4月に新年度が始まり3月に終わる。4月には入学式，始業式が開催される。夏季，冬季，学年末・学年初めの長期休業をはさみ，一年を通してさまざまな教育活動がなされる。教育活動の内容や時期は，教職員で構成する企画委員会，職員会議等の各種会議で話し合われ，最終的に校長が決定する。

教育活動には，教科指導以外にも，遠足・修学旅行などの校外活動，学級活動・児童会活動・クラブ活動，運動会・文化祭などの学校行事があり，学校や地域の実態に応じておこなわれている。年度末には卒業証書授与式，修了式が実施される。

［西井直子］

夏休み

お盆を含んだ夏の暑い時期にある長期の休みのことである。学校教育法施行令でいう夏季の休業日に当たる。休業日とは，学校において授業をおこなわない日のことであり（学校教育法施行規則），教員の休みの日ではない。公立学校（大学を除く）の夏季休業日は，年間の授業日数をふまえ，当該学校を設置する教育委員会で定められている。

夏休みといっても全国一律ではなく，その土地の気候や風土によって期間の長短がある。例えば，豪雪地帯や寒冷地では冬季休業を長くし，その分だけ夏休みを短くしている。最近では，授業日数の確保等の理由から独自の期間に短縮する例もみられる。

夏休みの主な目的は，高温多湿な時期に児童生徒を正規の授業から解放し，心身に休養を与えるために設けられている。［新城　敦］

冬休み

年末，年始を挟む冬の寒い時期にある休みのことである。学校教育法施行令でいう冬季の休業日に当たる。夏休み同様，気候の違いによって長短があり，全国一律ではない。

年末・年始を挟むため，保護者の故郷へ里帰りする児童生徒もいる。大晦日，正月を過ごすなかで，日本の伝統文化やその土地の風習を体験し，学習する機会にもなる。

また，台風や法定伝染病（インフルエンザ等）などの影響で，授業時数確保のため冬休みが短縮される年もある。［新城　敦］

春休み

年度末から年度はじめにかけて設けられる春の休みのことである。正式には，学校教育法施行令でいう，学年末休業と学年始休業の２つを合わせた春季の休業日に当たる。公立学校（大学を除く）の春季休業日は当該学校を設置する教育委員会で定められている。

４月を年度の始まりとする日本では，年度の終了及び年度のはじめの準備期間としての意義がある。この時期，教職員は指導要録の記載や新学期の準備で多忙である。［新城　敦］

学校建築・施設

学校建築

一般的には小学校などの学校教育施設および付属施設のことである。学校には，その学校の目的を実現するために必要な校地，校舎，校具，運動場，図書館または図書室，保健室その他の設備を設けなければならず，学校の位置は，教育上適切な環境に，これを定めなければならないとされている（学校教育法施行規則）。また，小学校の施設及び設備は，指導上，保健衛生上，安全上及び管理上適切なものでなければならないものとされている（小学校設置基準）。

今日の学校施設には，「子どもの学びの場」，「大人の学びの場」や「地域づくりの核」となる学習・情報活動の拠点となるための整備がめざされる。［林　孝］

オープン・スペース

移動家具や可動式間仕切り等で区切ることによって多様な形態を取り得る広い空間をもつ学校施設のことである。建築用語では，屋内・屋外の両方において広がりのあるスペースとして使用され，一般的には，用途変更が可能な柔軟性のある空間ということができる。したがって，学校施設では，とくに多様な学習形態に対応できる空間であり，画一的・硬直的で閉鎖的な教育のあり方を「開く」ための空間ということができる。用語としては，一般的には「多目的スペース」と呼ばれる。そこでおこなわれる学習活動に注目した場合，「ワークスペース」「ラーニングセンター」と呼ばれることもある。

［林　孝］

オープン・スクール

あらゆる教育や学びの可能性に対する開かれた態度，教育に携わる者自身の省察や絶えざる改革への意思を表現し，実現させていこうとする学校のことである。具体的には，多目的スペースなどの開放的な空間や柔軟な時間割，個別や小集団など多様な学習集団，ティーム・ティーチング，教科の枠を超えた総合学習等の特徴を有する。イギリスやアメリカで起こったオープン・スクール運動が，日本でも1960年代後半から1970年代に展開されたが，1970年代後半には衰退していった。しかし，今日でもその系譜を引き継ぐ実践は各地に多数存在し，今日の日本の教育政策，学校建築（オープン・スペース），教育方法の多様化・弾力化等にも影響を与えた。

また，他の用法として，このオープン・スクールは，学校の様子を広く開示して，入学予定者や希望者の安心と期待を獲得する方法ともなっている。

［林　孝］

校長室

学校の最高責任者である校長が，学校の経営方針や具体的な方策を考え，それらに関わるさまざまな仕事を行う専用の部屋である。その他，教頭や各主任と学校運営に関する会議，教職員に対する個別の指導助言，教育委員会・保護者・訪問者への対応などをおこなう場である。ときには，児童生徒とコミュニケーションをとるために，一緒に給食を食べたり，様子を聞いたりする場として使用する。

職員室の隣や近くに配置され，歴代校長の写真が飾られている場合が多い。また，学校の沿革史やその学校の歴史的資料，指導要録などの重要な資料が保管されている。

［新城　敦］

職員室

教職員が一同に集まる場所のことである。実際には，教職員が学校で教務事務（授業の計画や教材・指導案の作成）や校務に携わる部屋である。

「職員室が機能している」とは，ベテラン層と若手層といった世代を超え，また学年や教科に捉われることなく教員同士が教育に関するノウハウや情報を共有している状態をさす。一方，「職員室の機能不全」とは，職員同士のいじめ等がある状態をさす。

職員室には，教務事務をおこなうスペースがあり，プリンター等の備品，教材教具が置いてある。また，昨今では，危機管理対策のためにさすまたやAED 等が置かれている場合もある。

［田中真秀］

教　室

授業がおこなわれる部屋の総称である。普通教室と特別教室に分かれる。普通教室は，特別の機器等を必要としない，通常の授業がおこなわれる教室である。子どもたちは，学校生活の多くの時間を普通教室で過ごす。そのため，一定の広さを確保する必要があり，鉄筋コンクリート造校舎の標準設計（1950）で示された7 m×9 m＝63 m^2が教室の面積の基準となってきた。しかし，国庫補助基準面積では74 m^2とされるなど，必ずしも面積の絶対的基準はない。

特別教室は，普通教室とは異なり，実験器具や調理器具を備えた教室である。小学校では理科室，音楽室，図工室，家庭科室がある。近年はこれらの教室に加え，視聴覚室，パソコンルームが設置されている学校が多い。

→教室環境 ［西井直子］

理 科 室

小・中学校で，普通教室とは別に特別教室として，理科の学習を進めるために，特別の設備を配した教室のことである。観察，実験は，理科の授業の重要な要素である。実験実施にあたっては，あらかじめ予備実験をおこない，安全上の配慮事項を具体的に確認したうえで，事故が起きないように指導するとともに，使用薬品等については，地震や火災などに備えて，法令に従い厳正に管理する必要がある。

とくに，毒物及び劇物取締法により劇物に指定されている薬品は，法に従って適切に取り扱わなければならない。さらに，実験の充実を図る観点から，理科室は，児童生徒が活動しやすいように整理整頓するとともに，実験器具等の配置を児童生徒に周知しておくことも大切である。 ［冨田明徳］

図工室（図画工作室）

図画工作科における表現及び鑑賞の活動をおこなうため，小学校及び義務教育学校に設けられる特別教室の一つである。

文部科学省大臣官房文教施設企画・防災部「小学校施設整備指針」において，教室面積や形状，水栓や流し等の必要な設備などの整備方針が示されている。教具・工具や工作台等が常設されているため，とくに安全面の配慮が求められる教室である。 ［藤井　瞳］

音 楽 室

音楽科における表現及び鑑賞の活動をおこなうため，学校に設けられる特別教室である。

文部科学省大臣官房文教施設企画・防災部「小学校施設整備指針」において，教室面積や形状，演奏等の発表の場となるようなステージの設置などの整備方針が示されている。音楽室には，楽器，五線譜の黒板，音響器具等が常設されており，壁面には，代表的な音楽家等の肖像画が飾られている。音楽の授業以外の学習活動や地域住民の生涯学習の場として使用されることもある。 ［藤井　瞳］

家庭科室

家庭科を学ぶための特別教室である。

家庭科室は，主に高学年が使用することが多く，調理実習が可能なように，調理台等が設置されている。裁縫で使用するミシン，調理実習で使用する調理器具などを保管するために，教室に併設する形で，家庭科準備室が設置されていることが多い。子どもたちがミシンやハサミなどの裁縫用具，ガスコンロ，包丁などの調理器具を使用する教室である。危険が伴う活動であることから，指導には細心の注意を払う必要がある。また準備室も含め，日常の衛生管理や包丁等刃物の物品管理にも注意が必要な教室である。 ［西井直子］

保 健 室

子どもがけがをしたり，気分・体調がすぐれないときに，養護教諭が応急的に手当てをし，休息させる場である。これ以外にも，学校における保健安全管理の全般を行う場である。学校保健安全法や関係通知などには，保健室に必要な機能，施設・設備などが示されている。

保健室の機能には，健康診断，健康相談，保健指導，救急処置（休養を含む），発育測定などがある。こうした機能を果たすべく，養護教諭を中心に保健室経営計画を立て，組織的に運営をしていくことが求められる。

→養護教諭 ［藤井　瞳］

パソコンルーム

ICT（Information and Communication Technology）教育推進のために学校に設置されたパソコンを活用する教室のことである。パソコンルームには，教師用と子ども用のパソコンがある。子ども用のパソコン数は，自治体の経済状況や教育施策の違いによって，一人一台が用意されている学校とそうでない学校がある。また，教師用のパソコンと子ども用のパソコンは，ネットワークでつながっており，オンライン上での教材の配布や提示，学習の進み具合の把握，学習成果物の回収，アンケート調査などが可能となる。

子ども一人ひとりに ID とパスワードが与えられている場合，個人情報の管理が重要な課題となる。また，パソコンルームでの授業では，パソコンのトラブルや操作に戸惑っている子どもへの対応が必要となるため，ティーム・ティーチングやICT 支援員の配置が求められる。 ［上野佳哉］

廊　下

建物の内部と外部に存在する通路のことである。建築基準法施行令の基準によると，小学校・中学校・義務教育学校・高等学校・中等教育学校の場合，両側に教室がある際の廊下の幅は2.3メートル以上，それ以外の廊下の幅は1.8メートル以上必要である。これは，学校環境衛生の側面から考えられてきた。また，75ルクスから200ルクスの明るさがなくてはならない。

昨今はオープン・スペースを導入した学校建築もあり，これまでの廊下の概念とは異なる建物も存在する。

［田中真秀］

トイレ

学校施設としてのトイレには，老朽化したまま改修されていないものがあり，「汚い・臭い・暗い」の３Ｋなどと言われがちである。そのため，速やかな改修工事や設備更新等が課題となっている。

また，児童生徒のなかには，排泄行為自体が恥ずかしいと無理に我慢したり，からかわれるので学校ではトイレに行きたくないと考えたりする者もおり，健康を損なうおそれが指摘されている。人間にとって排泄はきわめて重要な営みであり，学校のトイレはこれらの課題に対応する必要がある。

一方で，近年の学校施設の地域開放や災害時の避難場所としての活用も注目されており，洋式トイレ導入やマンホールトイレの整備などの改善が進みつつある。 ［冨田明徳］

運 動 場

運動競技をするために整備された場

所，グラウンドのことである。

学校教育法施行規則では学校運動場は必ず備えなければならないとされている。運動場の面積基準は，学校ごとの設置基準によって定められている。学校の運動場は体育科教育の場であるだけでなく，児童生徒の自由な遊び場でもあり，特別活動や運動会などの学校行事にも活用されている。また，各種の遊具や競技用の設備等も学年を考慮して整備されなければならない。運動場の大部分は土であるが，都市部では，天然芝生，人口芝生，ゴムチップで舗装された運動場もある。

［新城　敦］

体育館

屋内で体育・スポーツをおこなう目的で設けられた施設のことである。

日本では，学制の公布により，小学校の教科に初めて体操が取り入れられた。次第に学校体育が重視され，体育施設も整備されてきたが，多くは，規模の小さな講堂兼雨天体操場であった。

アメリカからバレーボールやバスケットボールの競技が普及され盛んになり，やがてこれらの競技に必要なコートを基準とした広さや高さが備わり，床の改良や照明設備の工夫なども施されるようになった。

また，地域住民が健康の保持・増進のためにおこなう体育・スポーツ活動の一環で，課外や休日に体育館を開放している。［新城　敦］

プール

水泳競技や水遊び等に使用される人為的に水をため込んでいる施設のことである。学校では，体育の授業において活用し，授業のない夏季休業中には地域の人々に開放されることもある。小学校では，水深0.8～1.2 m，長さ25 m程度のプールが一般的である。自治体によっては，水深約0.7 mの低学年用プールがある。学校では通常季節限定の使用であり，体育担当の教師や養護教諭が施設や水質の管理をおこなう。［新城　敦］

遊　具

子どもが運動場で遊ぶために使用するすべり台・ブランコ・雲梯などをさす。

遊びは，子どもの成長にとって必要不可欠なものである。子どもは遊びを通して自らの限界に挑戦し，身体的，精神的，社会的な面などの成長によって，自らの創造性や主体性を向上させる。しかし，毎年，遊具に関連した事故が発生しており，高い安全性が求められる。

そのため，事故の未然防止のための教員研修や子どもへの安全教育などのソフト面，教員や外部専門事業者等による定期的・組織的点検などのハード面の対策が求められる。［冨田明徳］

教職員

スクールリーダー

学校教育目標の達成に向けて，学校という組織をよりよい方向に導くリーダーを意味する。スクールリーダーは校長をさす場合が多いが，副校長・教頭（サブリーダー），さらには，主幹教諭・指導教諭・各種主任（ミドルリーダー）を含める場合もある。スクールリーダーは，学校内外のさまざまな情報の収集・分析，問題設定，問題解決策の策定，判断，実行，評価，問題解決に向けたさらなる取り組みといった行動をとる。この時，リーダーには，教職員を「引っ張る」行動だけでなく（あるいは，それを極力抑え），教職員の協働意識を高めるために，「支え」「促す」行動，すなわち，サーバント・リーダーシップの発揮が求められる。

→管理職；教頭；校長；副校長

［諏訪英広］

リーダーシップ

目標を達成するための，組織内外の人々に対する影響過程のことである。歴史的に，学校という組織は，管理職（校長，副校長・教頭）とそれ以外の教職員という構造であり，リーダーとしての管理職がリーダーシップを発揮し，フォロワーとしての教職員がそれに従う，ないしは影響を受けるというものであった。しかし，近年では，このようなリーダーシップに加え，多様な立場の教員の主体性・能動性に基づくリーダーシップの発揮が組織に好影響を及ぼすという研究と実践事例が増えてきている。このようなリーダーシップを「分散型リーダーシップ」と言う。とくに，主幹教諭・指導教諭・学年主任等の主任層といったミドル層がこの役割を担うことが多い。このとき，管理職には，教職員を強く引っ張るというよりも，教職員を信頼し，支える支援的・協働的なリーダーシップとしての「サーバント・リーダーシップ」の発揮が期待されている。

［湯藤定宗］

校長の専門職基準

日本教育経営学会が，2009年に提案した，「校長という専門職に求められる校長像とその専門的力量の構成要素」であり，７つの基準からなる。それが，基準１「学校の共有ビジョンの形成と具現化」，基準２「教育活動の質を高めるための協力体制と風土づくり」，基準３「教職員の職能開発を支える協力体制と風土づくり」，基準４「諸資源の効果的な活用と危機管理」，基準５「家庭・地域社会との協働・連携」，基準６「倫理規範とリーダーシップ」，基準７「学校をとりまく社会的・文化的要因の理解」である。

校長は，学校教育目標の達成に向けて，自身の信念や考え，自校や地域の特性などをふまえて，リーダーシップを発揮する。リーダーシップを発揮するためのひとつの参考として，校長の専門職基準の活用が考えられる。

→校長　［諏訪英広］

民間人校長

「教育に関する職」に就いたことがない人で教員免許をもたない「民間人」の校長をさす。2000年４月施行の学校教育法施行規則の改正により，地域や学校の実情に応じ，学校の内外から幅広く優秀な人材を登用し，民間人を校長に登用できるようになった。民間人校長の登用には，閉鎖的で柔軟さに欠ける学校に民間の手法を用いて，学校をよりよい方向に変えていくという目的がある。民間人校長として先の目的を達成した者がいる一方で，大きな問題を抱え，途中で辞める者もいる。民間人校長は，英語教育やICT教育の導入などひとつの教育課題を掲げて学校経営をおこなう傾向にあり，総合的な学校経営が求められる学校現場に混乱をもたらすことも少なくないからである。

→校長 ［上野佳哉］

ミドルリーダー

学校運営の中核を担う主幹教諭・指導教諭や各主任のことである。ミドルリーダーが着目された背景には，次の２点がある。１点目は，ベテラン層の大量退職によって，指導技術の継承が難しくなったことへの対応である。２点目は，管理職をはじめとするベテラン層と若手層をつなぐ役割を果たす学校のキーパーソンを確保するためである。具体的にいうと，ミドルリーダーは①自身が授業をおこなうだけでなく，若手教員の授業のフォローをする，②学校ビジョン構築への参加や職場の活性化を図るといった学校運営を進めるうえでの役割を果たすことを期待されている。

→学年主任；教務主任；主幹教諭 ［田中真秀］

校務分掌

各学校において校長が教員の専門性や希望等をふまえて割り当てた仕事のことである。

教員の仕事には，授業や生活指導といった子どもを直接指導する仕事のほかに，子どもを直接指導しない仕事があり，後者を割り当てたものが校務分掌である。例えば，①授業や教育課程に関する教務担当，②生徒指導・進路指導担当，③学校教育目標を実現するため，地域の人と連携する地域連携担当，④道徳教育推進担当，⑤給食担当などがある。このような多岐にわたる仕事を教員が担うことで学校運営が図られる。しかし，一人の教員がすべての仕事内容に携わることは困難であることから，役割分担をすることで学校が機能することとなる。

ただし，学校事務職員等の職員も校務分掌を担っている。

→生活指導 ［田中真秀］

チームとしての学校

校長のリーダーシップの下，教職員や学校内外の多様な人材が，それぞれの専門性を生かして能力を発揮し，子どもたちに必要な資質・能力を確実に身につけさせることができる学校のことである。チームとしての学校を実現するためには，カリキュラム，日々の教育活動，学校の資源（ヒト・モノ・カネ・情報）を生かした学校マネジメントの強化，教職員一人ひとりが力を発揮できる環境の整備が求められる。子どもたちが抱える複雑かつ多様な課題を解決し，学習指導要領（2017）で示された理念を実現するために，教職員だけでなく，カウンセラーやソーシャルワーカーといった多様な専門スタッフ，さらには，学校支援ボランティアなどの地域住民等との連携・協働に基づくチームとしての学校づくりが求められるのである。

→スクールカウンセラー；スクールソーシャルワーカー ［西井直子］

多職種連携

教職員が，スクールカウンセラー，スクールソーシャルワーカー，スクールローヤーといった教員以外の心理・

福祉・法律の専門家，ICT支援員，部活動指導員といった多様な職種の人々と連携・協働することである。中央教育審議会答申「チームとしての学校の在り方と今後の改善方策について」（2015）では，学校が教育課程の改善等を実現し，複雑化・多様化した課題を解決していくために，「チームとしての学校」の重要性が提言された。多職種連携が効果を発揮するためには，めざす学校像の共有，適切な組織・仕組み・体制づくり，学校や教師の文化（ものの見方や考え方）と各専門家が有する文化との交流・協調が重要となる。［諏訪英広］

地域連携担当教職員

地域と学校の連携・協働を推進する役割を担う教職員（教員，学校事務職員等）のことである。文部科学省では，地域連携担当教職員の役割を明確にし，校務分掌に位置づけることが有効であるとし，各自治体に法制化を促している。

すでに学校管理規則等で地域連携担当教職員の配置や役割等を定めている自治体もある。生涯学習の観点から，社会教育主事資格をもつ教員を担当にしている自治体もある。

担当となった教職員は，主に，地域と連携した取り組みの全体的な計画に関すること（総合調整），取り組みの調整や情報収集（連絡調整），事業の運営等の支援（企画・支援）を担う。

［西井直子］

国際教員指導環境調査（TALIS）

経済開発協力機構（OECD）による教員の勤務環境と学校の学習環境に関する国際調査をさす。これまで3回実施され（2008年，2013年，2018年），日本は2013年から参加し（2013年は中学校のみ参加），2018年は小学校も参加した。調査項目は，学級の環境，教員の仕事時間，指導実践，教員の自己効力感，職能開発など多岐にわたる。2018年の調査において，小・中学校ともに，日本の教員の1週間当たりの仕事時間の合計は，参加国中最長であった。日本の中学校教員は「課外活動の指導」の時間がとくに長い。一方，日本では小・中学校ともに「職能開発活動」に使った時間が，参加国のなかで最短であった。これらの結果をふまえた教員の働き方のさらなる改革が期待される。［湯藤定宗］

教職員のメンタルヘルス

教職員の心身の健康のことである。教職員の業務が多忙化・複雑化しており，ストレス等による心身の疾患で病気休職をする割合が高くなっている。学校教育は児童生徒と教職員との人格的触れ合いを通じておこなわれることから，教職員が心身とも健康で教育に携わることが重要である。そのため，教育委員会・管理職にとって，教職員のメンタルヘルスの改善は課題となっている。具体的な対策として，教員一人当たりの業務量の適正化や精神的な負担の軽減など，管理職や教育委員会による労働安全衛生体制の整備が進められている。また，管理職を中心として，教職員にとって安心できる居場所としての職員室づくりや良好な同僚関係づくりも大切となる。［新城　敦］

バーンアウト

バーンアウト（burn out）は，燃え尽き症候群と訳される。教師の仕事は，不確実性（何が正しいか絶対的解答がない等）や無境界性（どこまでが仕事なのか不明瞭等）の特徴をもつため，「良心的」「まじめ」な教師ほど際限なく仕事に向き合う傾向がある。よって，過度な仕事量と心理的負担が高まると，身体的・心理的変調といった症状が生じる。症状が悪化すると，休職・退職に追い込まれることがある。教師の心身の健康を担保するために，働き方改革が推進されており，教師には，労働時間の縮減とともに，「被援助志向性（他者に助けを求めること）」の発揮が求められる。そのためにも，「ソーシャル・サポート（心理的・情報的支援）」を発揮し合う職場の雰囲気づくりが重要となる。 ［諏訪英広］

働き方改革

厚生労働省によれば，働き方改革とは，働く人々が，個々の事情に応じた多様で柔軟な働き方を自分で選択できるようにするための改革である。小・中学校ともに，日本の教員の仕事時間の合計は OECD 参加国の中で最長になっているため，教育現場では教員の長時間労働の解消を主な目的とした改革として述べられることが多い。

中央教育審議会答申（2019）で，学校現場の働き方改革をおこなうためのさまざまな提言がなされた。現在は，変形労働時間制が導入され，長期休業中等に休みをまとめ取りするように法律の改正がおこなわれ，2021年度から自治体の判断で実施可能になる。しかしながら，学校現場の長時間労働を抜本的に解決するかどうかは疑問視されている。 ［上野佳哉］

教育委員会・保護者・地域社会

教 育 長

教育長は，地方教育行政の最高責任者である。教育長は，地方公共団体の長の被選挙権を有し，人格が高潔で教育行政に関し識見を有する者であり，地方公共団体の長が，議会の同意を得て任命する（地方教育行政の組織及び運営に関する法律）。教育長は，常勤職であり，非常勤職の教育委員とともに，教育行政を担う教育委員会を構成する。

2015年にスタートした新教育委員会制度においては，それまでの教育委員長と一本化され，その責任が明確化されることとなった。また，地方公共団体の長が4年の任期中に，交代させることができるよう教育長の任期は3年に短縮された。

教育長は，教育大綱の策定や総合教育会議の開催を通じて，地方公共団体の長と教育委員会が十分に意思疎通を図り，よりいっそう民意を反映した教育行政を進めていくことが求められている。

→教育委員会 ［冨田明徳］

教育委員

教育長とともに教育委員会を構成する委員である。

教育委員は，地方公共団体の長が，人格が高潔で，教育・文化に関して見識ある者を議会の同意を得て任命する。任命に当たっては，年齢，性別，職業等に著しい偏りがないように配慮するとともに，委員のうちに，保護者である者が含まれるようにしなければならない。教育委員は，任期４年の非常勤行政委員である。

教育委員には，教育行政の専門家と異なるそれぞれの視点から，地域の抱える課題を捉え，地方公共団体の長や教育長，事務局とともに，よりいっそう民意を反映した教育行政を実現していくことや教育長，事務局に対するチェック機能を果たす役割が求められる。

→教育委員会　［冨田明徳］

指導主事

都道府県教育委員会や市町村教育委員会の事務局に配置された教員のことである。学校における教育課程，学習指導，その他，学校教育に関する専門的事項について教養と経験がある人物でなければならない。

主な職務内容は，学校における教育課程，学習指導その他学校教育に対する専門的事項の指導に関する事務である。また，学校教育の向上のため，専門的な事項について校長や教員に対して研修や指導・助言をおこなう。

とくに教科指導力等のある教員が指導主事に任用され，学校現場に戻る際は管理職に昇進することも多い。

→教育委員会　［新城　敦］

教育委員会による学校改善支援

教育委員会が個々の学校の自律性を尊重したうえで，学校改善（個々の学校が抱える課題を解決すること）を支援する取組のことである。支援内容はハード面，ソフト面と多岐にわたる。例えば，ハード面については，校舎，体育館，校庭，ICT機器といった施設・設備の整備等，ソフト面については，学習指導要領に基づくカリキュラム開発や指導方法の支援，マネジメント力をもった管理職や中核的な働きが期待される教職員の適正配置，校内研修の活性化の支援，人材育成等がある。また，教育委員会は，地域とともにある学校づくりを支援するために，学校運営協議会の設置，学校支援ボランティアコーディネーターや地域連携担当教職員等の人材配置，学校支援ボランティアの人材バンクの提供，地域住民が集まる場の提供等の支援をおこなう。いずれにしても，各学校の運営上の課題をふまえたきめ細やかな支援が求められる。

→教育委員会　［冨田明徳］

保護者

児童生徒を育てる者をさす。具体的には，親，祖父母，里親，未成年後見人（親族，弁護士，児童養護施設長等）など，その子どもを育てる法的な権利を有している者がそれにあたる。民法，教育基本法などの法に基づき，児童生徒に教育を受けさせる義務を負う。

今日，多様な家族形態や家庭環境があり，さまざまな保護者のありようを想定することが必要である。例えば，外国にルーツのある保護者や障がいを有する保護者は，子どもの学校生活に不安を抱えている場合が多い。そのため，教師は，多様な保護者の意見や状況をふまえ，保護者とともに子どもを育てることが大切である。

→保護者との関係　［西井直子］

保護者会

保護者で構成する組織のことである。保護者会とPTAを区別している学校とそうではない学校がある。前者の保護者会は通常，学年もしくは学級ごとに集まり，担任と児童の生活の様子などについて話し合う会をさしている場合が多い。

保護者会は平日に開催されることが多いが，学校によっては，保護者が出席しやすいように土・日に開催する場合もある。平日・休日にかかわらず，仕事や家庭事情で出席できない保護者も少なからずいる。このことを理解し，欠席の保護者への連絡を怠らないようにするなどの配慮が必要である。

［西井直子］

PTA

Parent－Teacher－Association の略称であり，児童生徒の保護者と教員が会員の社会教育関係団体のことである。PTA は任意組織であり，参加するかどうかや，PTA自体をつくるかどうかは各人・各学校が決めることができる。

日本においては戦後のGHQ（General Headquarters：連合国軍最高司令官総司令部）の指導の下，教員と保護者が対等な立場で参加し，児童生徒の福祉増進や教育計画の改善，成人教育の実施を目的として導入された。現在も学校教育活動の充実に寄与している一方で，保護者にとっては，負担感が大きく，やりがいや必要性を感じられないとして2010年代には「ブラック PTA」「PTA不要論」といった言葉が生まれた。

実際にPTAを廃止する学校もあるが，新しく活動内容や運営方法の改善，地域住民も加えた PTCA（Parent－Teacher－Community－Association）組織の立ち上げなどPTAの改革も取り組まれている。

［藤井　瞳］

学童保育

授業の終了後等に小学校の余裕教室や児童館等を利用して適切な遊び及び生活の場を与えて，その健全な育成を図るものである。地方自治体により呼び名はさまざまである。1997年に児童福祉法で放課後児童健全育成事業として定められた。対象は，保護者が労働等により昼間家庭にいない，おおむね10歳以下の児童としていたが，2015年より小学校６年生まで拡大した。

対象学年の拡大や，共働き家庭・ひとり親家庭の増加に伴い，登録児童数は年々増加しており，大規模化，指導員不足，待機児童の増加などの問題が見られる。今後は量的拡充とともに，子どもの権利を保障する観点からの質的保障も求められる。

→放課後

［藤井　瞳］

地域との連携・協働

学校が地域と連携・協働して地域全体で未来を担う子どもたちの成長を支えていく活動のことである。子どもを取り巻く環境の変化に対応して，次代を担う子どもたちの教育には，教育基本法に規定されているように，学校，家庭及び地域住民等がそれぞれの役割と責任を自覚し，連携・協力して地域全体で教育に取り組むことが求められている。そのため，とくに今日では，地域学校協働活動推進員を中心に，地域住民や豊富な社会経験をもつ外部人材等と協力し，学校支援活動，地域未来塾，放課後子ども教室，家庭教育支援，地域ぐるみの学校安全体制の整備等の取り組みを通じて，社会全体の教育力の向上及び地域の活性化を図ることが喫緊の課題とされる。

→家庭や地域の人々との連携；社会に開かれた教育課程　［林　孝］

外部機関との連携・協働

学校は，日常の教育活動の充実や緊急時の対応のために，外部機関との連携・協働を進める必要がある。外部機関は，他の学校，教育委員会，首長部局（市役所等の各部署），警察，児童相談所，医療機関，社会教育施設（公民館，図書館など），民間企業，NPOなど広範にわたる。いずれの連携・協働においても，まずは学校の窓口となる担当者や組織を整備し，外部機関の特徴や専門性を把握することが必要である。そして，人と人の繋がりが連携・協働の基盤であることをふまえ，互いの専門的な能力や経験を生かせるよう，日頃から情報共有に努め，信頼関係を構築することが求められる。

→関係機関との連携；専門機関との連携　［藤井　瞳］

学校評議員制度

開かれた学校づくりの一環として，保護者や地域住民等が学校運営に参画できる制度である。この制度の目的は，学校が保護者や地域住民等に情報を公開し，説明責任を果たしつつ，保護者や地域住民等からの理解や協力を得るところにある。学校評議員は，校長の推薦により教育委員会が委嘱する。また，校長の求めに応じて学校運営に関して意見を述べることができる。

通常は，年度当初に校長から学校経営方針の説明があり，節目に授業参観・行事などへの参加を含め会議を設定し意見を求める。年度末に1年間のまとめと次年度への課題の意見を評議員から求める活動をおこない，次年度の学校経営の参考とする。年に数回，学校評議員会会議が開催されることが多い。　［上野佳哉］

学校運営協議会（コミュニティ・スクール）

学校と地域住民等が連携・協働して「地域とともにある学校」をめざす制度であり，学校運営協議会の目的や活動内容等について地方教育行政の組織及び運営に関する法律で規定されている。学校運営協議会が設置されている学校をコミュニティ・スクールと呼ぶ。学校運営協議会委員（保護者・地域住民等）は，学校運営方針，教育課程，教職員の任用（組織編制）等について学校関係者（主として管理職）と話し合い，最終的にそれらを承認する。承認された方針にしたがい，学校運営協議会委員及び保護者や地域人材等が，学習支援・環境整備・登下校見守り等の学校支援活動をおこなう。また，児童生徒が地域清掃・地域行事への参加等の地域貢献活動をおこなう。これらによって地域活性化に繋がる。

［諏訪英広］

地域学校協働活動

地域全体で子どもたちの学びや成長を支えるとともに，「学校を核とした地域づくり」をめざして，地域と学校が相互にパートナーとして連携・協働しておこなうさまざまな活動のことである。学校支援活動，放課後子ども教室，登下校の見守り，学びによるまちづくり等，地域や学校の実情や特色に応じた多様な活動がおこなわれている。活動の推進に当たっては，次代を担う子どもにどのような資質を育むのかという目標を共有し，地域社会と学校が協働することが重要である。また，従来の地縁団体だけではない，新しい繋がりによる「地域学校協働本部」を整備することで，持続可能な地域づくりが期待される。 ［藤井　瞳］

学校支援ボランティア（学校ボランティア）

学校の教育活動を保護者，地域住民，学生，団体，企業等がボランティアとしてサポートする活動，またはそれを担う人のことをさす。学習支援活動，部活動指導，環境整備，登下校安全指導等がある。このような活動によって，子どもの教育が活性化し，学習が深まる。また，保護者や地域住民等の学校への理解が深まること，教員の負担が軽減されること，地域住民にとって生涯学習の場となることが期待される。

学校支援ボランティアは，よりよい活動に向けて，自らの役割・守るべきこと・マナーを十分理解することが重要となる。具体的には，守秘義務を守ること，人権に配慮すること，学校と意思疎通を図ることなどである。

［藤井　瞳］

外部人材

教職員と連携・協働しながら教育活動を担う，教職員以外の人々をさす。具体的には，外部人材が活用され始めた1980年代は①保護者・地域住民や授業・講演等の講師のことを主に示していたが，2000年代には②スクールカウンセラーやスクールソーシャルワルワーカーが加わり，近年では③ ICT に精通したエンジニアや部活動指導員等，専門的な知識・技能を有する幅広い人々を意味する。ただし，昨今では①を地域人材やゲストスピーカーと呼び，②を外部人材に含めずに学校の専門職員として位置づける場合がある。時代によって対象となる主な人材が異なるため，注意が必要である。

→ゲストティーチャー ［柏木智子］

地域人材

自ら有している専門的知識・技術等を提供し，小学校等の求めに応じて，教育課程をはじめ教育環境の整備や登下校の安全確保などの諸活動に携わる，保護者や地域の人々等の存在のことである。制度的には，「特別非常勤講師制度」と「特別免許状制度」がある。前者は，教員免許状をもたない社会人や地域住民が，自分の有している優れた知識や技術など生かして，教科や「総合的な学習の時間」の一部を担当できる制度である。後者は，各種分野の優れた知識経験や技術を有する社会人が都道府県教育委員会のおこなう教育職員検定によって，特別免許状を授与し教諭に任用できる制度である。

今日にあっては，学校支援ボランティアや，地域学校協働活動推進員の活躍が期待されている。 ［林　孝］

部活動指導員

部活動の指導を担う教員以外の指導員のことである。中学校・高等学校等において，校長の監督を受け，部活動の技術的な指導に従事する者として，学校教育法施行規則（2017）で新たに規定，制度化された。

従前の外部指導者は，活動中の事故等に対する責任の所在が不明確であることなどから，外部指導者だけでは，大会等に生徒を引率できなかったが，部活動指導員は，校長の監督を受け，部活動の技術指導や大会の引率，指導計画作成や生徒指導に係る対応等をおこなうことができる。

制度化の背景は，教員の働き方改革推進のため，長時間勤務の削減や競技経験がない部活動の顧問を担当することによる過重負担の解消などであるが，教育委員会等の学校設置者は，部活動指導員活用のための規則制定等体制の整備や部活動指導員に対する事前及び定期的な研修の実施が求められる。

→部活動 ［冨田明徳］

社会教育・生涯学習

地域教育経営

地域にある学校教育や社会教育の人・モノ・お金等のあらゆる教育資源を有効に活用して，地域全体で教育活動を推進しようとする考え方である。一般には，学校経営と対比されるもので，その意味では「社会教育経営」と言えなくもない。ただし，最近では，その学校教育をも含んで，「地域における教育経営」という捉え方が浸透してきている。これまで，「学校教育は学校だけで，社会教育は地域だけで」という捉え方が普通であったが，教育・学習は，「いつでも，どこでも，誰でも」，そして，その成果は，生涯を通じて適切に評価されるべきだという，「生涯学習の理念」に基づいて捉えられようとしている。したがって，これからは，学校教育と社会教育がさらに力を合わせること，そして，その成果を，お互いの教育実践に生かしていくことが重要だということである。

［井上講四］

生涯学習

人々が生まれてから死ぬまでの，まさに一生涯にわたる学習のことをさす。生涯教育という言葉と混同されている場合も多いが，学習者の「自主性・自発性」を尊重するということで，「教え育てる」という意味合いの「教育」に取って代わられ，現在に至っている。いずれにしても，そうした「人々の生涯学習」をよりよく実現していくためのしくみや環境を整備していくことが大事であり，そのことを法的に示しているのが，教育基本法第３条であると言えよう。「学校」での学習も，実は，「生涯学習」の一環なのである。あらゆる学習が，生涯学習ということである。 ［井上講四］

社会教育

社会教育法第２条によると，「学校の教育課程としておこなわれる教育活動を除き，主として青少年及び成人に対しておこなわれる組織的な教育活動（体育及びレクリエーションの活動を含む）」のことである。簡単に言えば，学校以外でおこなわれている教育・学習のことである。

用語としては明治期から使用されており，大正期には法制度として確立されていた。当初は通俗教育と呼ばれていたが，戦後は社会教育として改めて整備された。社会教育が，生涯教育あるいは生涯学習であるというような誤解もあるが，社会教育は，生涯教育のひとつである。子どもたちの生活体験・自然体験等の活動機会を提供する社会教育活動は，これからの学校教育にとっても，大切なパートナーとなる。

［井上講四］

社会教育主事

社会教育を推進するために，都道府県・市町村の教育委員会に置かれる，資格が必要な職員である。都道府県と市町村では，その仕事の内容は異なるが，事業計画の立案や社会教育活動をおこなっている人達への指導・助言ということでは同じである。社会教育をおこなう者に，専門的技術的な助言と指導を与える。ただし，命令及び監督をしてはいけない。指導主事と同じく，教育公務員特例法に基づいた専門的教育職員である。

この資格を取得するためには，①大学での必要な単位を取得し，かつ実務経験等を積む，②文部科学省の委嘱に基づいて大学等で実施される講習を修了する，の主に2つの方法がある。なお，都道府県の社会教育主事には，教員からの流用（人事異動）が多いが，教員の社会教育主事の経験は，学校経営においても大いに生かされるという評価もある。　［井上講四］

社会教育施設

社会教育活動をおこなう施設の総称であるが，厳密には，公民館，図書館，博物館のように，社会教育法に基づいて設置・運営されているものをさす。そのほか，生涯学習（推進）センター，青少年の家等がある。ただし，それと同じような役割をもつ施設も多く，広くそれらを社会教育施設と呼んでもよい。これからの生涯学習社会，さらには地域学校協働活動の充実においては，公立，民間を問わず，それぞれの施設が，独自の役割を発揮しつつ，全体として教育・学習資源のネットワークを構築していくことが重要である。

［井上講四］

図書館

図書，記録その他必要な資料を収集し，整理し，保存して，一般公衆の利用に供し，その教養，調査研究，レクリエーション等に資することを目的とする施設である（図書館法）。

地方自治法の一部改正（2003）により，民間事業者等に，社会教育施設である公立図書館の管理運営を任せること（指定管理者制度）が可能となった。最近は，人口減少に悩む地方都市が，地域活性化の中核施設として位置づけ，民間活力を導入している。例えば，くつろぎとゆとりの空間を取り入れるなど，これまでのイメージを変える公立図書館が設置される事例もある。

一方で指定管理者制度は，①指定期間の短さによる図書館運営の継続性や安定性，②優秀な専門職員（司書）の確保や育成，③他機関や学校図書館を含む地域との連携，といった課題があり，公立図書館にはなじまないという意見も多い。

→司書教諭　［冨田明徳］

博物館

社会教育施設の代表的なもののひとつであり，歴史，芸術，民俗，産業，自然科学等に関する資料を収集，保管，展示して教育的配慮の下に一般公衆の利用に供する施設である（博物館法）。そこでの専門的職員が学芸員である。総合博物館，科学博物館，歴史博物館，美術博物館，野外博物館，動物園，植物園，動植物園，水族館等が，それに該当するが，その設置形態は，公立と私立に分かれている。なお，他の社会教育施設と比べると，私立の方が圧倒的に多い。近年では，「博学連携」ということで，学校と博物館の交流・相互連携も進んできている。実物に出会えるということが，強みである。

［井上講四］

美 術 館

博物館のひとつである美術館は，美術・工芸等の，人間の精神・表現文化，地域の伝統文化を「教育・学習用に」収集・展示しているものである。正式には「美術博物館」と呼ばれるものである。近年では，「博学連携」というような，博物館（美術館）と学校教育の連携・協力の場面が多く見られるようになっている。とくに美術館は，図書館とともに，郷土学習や教科の学習等にも，さまざまに活用できる。また，休日等には，家族や友達等と，特別展や企画展等にも，気軽に，楽しく訪れることもできる。また，「案内ボランティア」として，自らの学習活動の成果を社会に還元している人も多い。

［井上講四］

公 民 館

地域の人たちが，生涯学習の一環として，身近で気軽に学習・交流活動をおこなう施設である。社会教育法に基づいて，戦後，市町村に設置されたものである。正式には，条例公民館といい，学校と同じ教育施設である。また，地域のイベント・行事等に利用されている集会施設も，公民館（自治公民館）と呼ばれている。最近では，学校と地域を結ぶコーディネーター的役割が公民館に期待され，「地域学校協働活動」の中核を担っているところも出てきている。なお，公民館は市町村しか設置できないこともあり，都道府県では生涯学習（推進）センターと呼ばれるものが設置されている。

［井上講四］

生涯スポーツ

人々の，生涯にわたるスポーツ活動をさす。ただし，以前は社会体育と呼ばれていた。「生涯学習」の理念の普及・発展により，体育・スポーツ（レクリエーションを含む）の分野では，この用語が定着してきた。端的に，伝統的な学校体育（スポーツ）あるいは競技スポーツとは違って，人々の，自由で自発的な社会教育の一領域である。とりわけ，生涯にわたるスポーツの享受（楽しむこと）や健康増進・余暇の充実のために各種スポーツ活動が重要であることから，「市民スポーツ」と呼ぶ場合もある。「人生100年時代」とも言われる今，心身ともに健康で，豊かに生きていくためには，ますますこの分野の発展が期待される。学校での体育も，こうした視点や指導のあり方が導入されつつある。　［井上講四］

学校安全・危機管理

学校安全

学校健康教育を構成する３つの領域の１つであり（残りの２つは，学校保健と学校給食），児童生徒らの命を守る安全教育と安全管理，そして両者の活動を円滑に進めるための組織活動がある。安全教育とは，児童生徒らが自らの行動や身の回りのさまざまな危険を察知・予測して，自ら安全に行動したり，他の人や社会の安全のために貢献できることをめざす教育である。

安全管理とは，児童生徒らを取り巻く環境を安全に整えることをめざす教育をさす。学校安全の領域は，生活安全，交通安全，災害安全で構成されるが，想定外の事態にも対応できるよう，学校保健や生徒指導などとも連携し学校安全を進めていくことが必要である。

［湯藤定宗］

学校安全の危機管理

事故等を未然に防ぐ事前の危機管理，事故等発生時の適切かつ迅速な危機管理，危機後の再発防止のための危機管理，という３つの危機管理がある。

学校保健安全法に基づき，学校は危機管理マニュアルを作成することが義務づけられている。危機管理マニュアル作成の目的は，学校管理下で危険等が発生した際，教職員が円滑かつ的確な対応を図ることである。危機管理マニュアル作成後においても，全国各地で発生する事故等や自校の訓練の結果をふまえた検証・見直しを絶えずおこなうことが必要である。その際，日本スポーツ振興センターの提供する情報等を参考にし，実証性の高い危機管理マニュアルの作成に努めることが必要である。

［湯藤定宗］

学校事故

教育課程や教育計画に基づく校内外の活動（登下校時を含む）における事故等，一般的に独立行政法人日本スポーツ振興センター「災害共済給付」対象の学校管理下で発生する事件や事故のことである。

学校管理下での諸活動の際に，学校や学校設置者に求められる対応として，児童生徒の安全確保は最優先事項であり，とくに事故発生の未然防止及び事故発生に備えた事前の取り組みが重要である。

学校においては，日頃から，①研修などによる教職員の資質向上，②学校施設・設備の安全点検の実施，③児童生徒の安全教育の充実，④危機管理マニュアルの策定・検証・見直し等，未然防止の取り組みとともに，事故発生に備えた取り組みに努めなければならない。

また万が一，学校で事故が発生したときには，管理職の指揮のもと，児童生徒の生命と健康を最優先に迅速かつ適切な対応に全力を挙げる必要がある。

［冨田明徳］

安全教育

何かしらの危険から自他の身を守り，安全を確保するためにおこなわれる教育である。安全教育は，生活安全，交通安全，災害安全から構成される。その目標は，安全確保のために必要な事項を実践的に理解し，自他の生命尊重を基盤として生涯を通じて安全な生活を送る基盤を培うとともに，進んで安全で安心な社会づくりに参加し貢献できるよう，安全に関する資質・能力を育成することである。児童生徒らが安全に関する資質・能力を教科等横断的な視点で確実に育むことができるよう，自助，共助，公助の視点を適切に取り入れ，地域の特性や児童生徒らの実情に応じて各教科等の安全に関する内容の繋がりを整理し教育課程を編成することが重要である。［湯藤定宗］

防災教育

防災学習と防災指導から構成される教育のことである。減災についての教育の意味も含まれ，安全教育の一環としておこなわれる。防災教育は，防災に関する基礎的・基本的な内容の理解や思考力，判断力の向上，また防災についての適切な意志決定を児童生徒が身につけることをめざしておこなわれる。他方で直面している，あるいは直面するであろう防災に関する課題に関して，安全の保持増進に関する実践的な能力や態度等の形成をめざしておこなう側面もある。東日本大震災や新型コロナウイルス感染症の影響により，防災教育の重要性は高まっている。

［湯藤定宗］

喫煙・飲酒・薬物防止教育

未成年者が，禁止されている喫煙・飲酒及び薬物の使用をおこなわないように理解を促進するための教育である。喫煙・飲酒・薬物は，児童生徒の健康に多大な影響を与えるために，その悪影響を十分に理解する教育をおこなわなければならない。とくに，インターネット，スマートフォンの普及により，薬物に関しては児童生徒の身近に存在する傾向にある。薬物は，ストレス解消やダイエット，集中力増加などの効能をしめすことで，その危険を隠して児童生徒に近づいてくるために，よりいっそうの理解が求められる。警察や保健所などとの連携により，より現実に即した教育の実施が求められる。

［上野佳哉］

学校のコンプライアンス（スクールコンプライアンス）

学校は法を守ることと同時に，社会の規範となる行動をとらなければならない。これが学校のコンプライアンスである。これができない学校は，社会からの信用を失墜し，児童生徒に多大な影響を与えることになる。

ここで言う法とは，日本国憲法，教育基本法，学校教育法などの国が定める法律だけでなく，自治体が定める条例や規則もこれに当たる。子どもに対する指導，教職員の服務など，いかなる場合であってもこれらの法を逸脱することはできない。

教職員は，関係法規を学び，理解したうえで，自らの行動に規範意識をもつことはもとより，平素からコンプライアンス意識を高く保つことを意識しなければならない。［西井直子］

教職員の不祥事

教職員が引き起こす犯罪や教育公務員としての信用失墜行為のことである。例えば，わいせつ行為，飲酒運転等の交通違反，体罰，窃盗・万引き，個人情報の漏洩等があるが，教職員としての職責の重要さから，子ども・保護者・社会に及ぼす影響も大きい。

教職員の服務監督者である教育委員会は不祥事防止に向けてさまざまな研修をおこなうなど，非違行為による懲戒処分の規定を設け注意喚起をおこなっている。また，管理職には，不祥事防止にかかる日々の職員啓発とともに，効果的な研修の実施が求められる。

→教員の服務；守秘義務；懲戒処分

［新城　敦］

クレーム対応

学校に対して保護者や地域から寄せられるクレーム（苦情や改善要求）への対応のことである。

クレーム対応の際，対応した教職員が，正当なクレームを無理難題だと認識したり，面倒なことだと感じたりすることなど，初期対応のよし悪しによってその後の展開が大きく変わる。まずは落ち着いて，相手の主張の内容と背景を丁寧に把握することが重要である。

なお，クレームが発生した際には，速やかに管理職に報告・連絡・相談（ホウレンソウ）し，学校全体で組織として対応しなければならない。場合によっては，弁護士，カウンセラー等専門家に助言を求めることもある。

［冨田明徳］

リスクマネジメント

学校におけるリスク（人の命や安全が脅かされている危機的な状態・状況）に対して，事前・発生時・事後にわたって対処をすることである。例えば，登下校，授業中，校外学習，部活動など，子どもや学校が危機に直面する場面はさまざまである。また，東日本大震災などの自然災害によって，多くの児童生徒が犠牲になったことで，学校のリスクマネジメントが注目されるようになった。

事前段階では安全な環境を整備し事件・事故災害の発生を未然に防ぐこと，発生時には事件・事故災害の発生に適切かつ迅速に対処し被害を最小限に抑えること，事後の危機管理としては危機がいったん収まった後に心のケアや授業再開など通常の生活の再開を図るとともに，再発防止に努めることに留意しなければならない。　［上野佳哉］

スクールローヤー

学校で起こる問題の法的解決をめざして派遣される弁護士のことである。学校現場で法的に対応しなければならない事象には，いじめ，体罰，不登校，学校事故，保護者の児童虐待，教員と保護者間のトラブル，教員同士のトラブルなどがある。

とくに，いじめ事案では事態が深刻化する傾向にあり，的確に法的立場からアドバイスをおこなうのがスクールローヤーである。また，保護者からの過度の要求で，教職員が疲弊することへの防止にも，この制度は役立っている。しかし，全国の学校現場への配置はまだまだ進んでいない。［上野佳哉］

教 育 課 程

教育課程の視点

教育課程

学校でいつ何をどのような順序で教え学ぶのかに関する計画と実施のことである。このことは第二次世界大戦前には教科課程や学科課程と呼ばれていたが，戦後初期に curriculum の訳語として教育課程が行政文書に用いられて定着した。ただし，教育課程は，カリキュラムとは異なり，国家が定める学習指導要領や各学校で編成する教育内容の選択と配列に限定して使用されることが通例である。そのため，「カリキュラム」が研究用語で「教育課程」は行政による公式の用語であると使い分けられてきた。しかし，現在は2017年改訂学習指導要領にカリキュラム・マネジメントという用語が記載されたことにより，この区分は必ずしも明確なものではなくなってしまった。

［若松大輔］

カリキュラム

意図的に組織された文化内容とその教授ならびにその結果子どもが学び得た学習内容の総体のことである。そのため，教育課程よりも広い意味で用いられる。カリキュラムは，学習の事前計画だけではなく，学習の成果（学びの履歴）というニュアンスも含んでいる。この定義は，国家・学校・教師が教えようとする内容と，実際に子どもが学んだ内容が必ずしも一致しないことを前提にしている。

そのため，次の３つにカリキュラムを区分できる。それは，学習指導要領のように国家が計画した「意図したカリキュラム」と，学校や教室のなかで教師が実際に行った「実施したカリキュラム」と，これらの実践を通して子どもたちが実際に学んだ「達成したカリキュラム」である。　［若松大輔］

教　科

一般的には，学問や芸術などの分野にあわせて，目標や内容を体系づけたもののことである。現代日本の小学校の教育課程は，国語科，社会科（３～６年生），算数科，理科（３～６年生），生活科（１～２年生），音楽科，図画工作科，家庭科（５～６年生），体育科，外国語科（５～６年生）の11の教科から編成されている。従来は教科の枠組みには入っていなかった「道徳の時間」も，2018年度から「特別の教科」と位置づけられることになった。ほかに特別活動，総合的な学習の時間（３～６年生），外国語活動（３～４年生）があるが，これらは教科ではない。

なお，国語科，社会科，算数科，理科の４教科を主要教科と呼び，それ以外を副教科と呼ぶことがあるが，法令上はこうした区別はない。

→総合的な学習の時間；道徳科；特別活動 ［赤沢早人］

教育内容

学校現場で用いられる広い意味では，教科等の授業で子どもに教える内容一般のことをさす。教育研究で定義された狭い意味では，私たちの文明社会が築きあげてきたさまざまな文化遺産（科学や芸術など）のうち，次世代の子どもたちにも分かち伝えていくべき知識や技能をさす。どんな知識や技能を分かち伝えていくべきと考えるかは，時代や国によって異なるため，教育内容はつねに変化している。こうした教育内容を一定の考え方に沿って選び，順序立てたものが教育課程である。子どもは，教師の指導によって教育内容を理解し，習得することを通じて，学力を身につけていく。 ［赤沢早人］

学　力

一般的には学問を身につけた能力という意味である。しかし実際には，ペーパーテストでどれほど点数が取れるのかという基本的な知識や技能の習得のみを意味することも多い。2007年改正の学校教育法では，学力の３要素として「知識及び技能」のほかに「思考力，判断力，表現力」「主体的に学習に取り組む態度」が挙げられ，とくに思考力・判断力・表現力といった資質・能力が重要視されるようになった。知識や技能がどれだけ身についたかだけではなく，その学習によって「何ができるようになったか」が学力として位置づけられるようになり，単元構成や指導・評価においても変革が求められている。 ［赤沢真世］

陶　冶

日本の教育実践においては，知識や技能を教えることによる人間形成のことを意味している。つまり，感情や人格の教育ではなく，知ること，わかること，考えることなどの認知的な知的発達のことである。陶冶とは何かをめぐっては，実質陶冶と形式陶冶という立場がある。実質陶冶は，学習者の外部にある文化内容それ自体の習得を重視する。例えば，文字や計算技能を習得することや，歴史の出来事を知ることである。他方，形式陶冶は，学習者の内部で働く精神作用に焦点を合わせる。例えば，古典や文学を読むことを通して，どのような文脈でも働く記憶力や思考力を育てることである。ただし，実践場面ではどちらか一方の立場を選ぶことは現実的ではない。

［若松大輔］

訓　育

陶冶と対をなす概念であり，行動の指導（例えば仲間づくり）や価値観の形成のことを指す。すなわち，知育ではなく徳育のことである。この概念は，戦後にソビエト（現在のロシアとその周辺国家）や旧東ドイツの教育学に影響を受けた集団づくりの議論のなかで定着してきた。そこでは，陶冶を主とする教科指導と訓育を主とする生活指導という図式で理解されてきた。ただし，教科指導にも訓育的側面（授業を通した集団づくりなど）があり，同様に生活指導にも陶冶的側面（集団活動のなかでの学びなど）はある。教科指導と生活指導のそれぞれの固有性をふまえつつ，教育実践のなかでいかに陶冶と訓育を統一するかを追求することが重要である。

→集団づくり；生活指導 ［若松大輔］

隠れたカリキュラム（潜在的カリキュラム，ヒドゥンカリキュラム）

明示されていないにもかかわらず学校で無意識的に教え学んでいる内容のことである。例えば，教師は，各教科の知識を教える際，知らず知らずのうちに，立ち振る舞いや指示を通して「授業中は私語を慎むべきだ」や「無断で立ち歩いてはいけない」というメッセージを発していることがある。子どもたちは，これらのメッセージを学んで適応しようとする。また，男子と女子に分けて座席を決めることや，子どものプリントに男子と女子で異なったシール（例えば男子には乗り物で女子には花のシール）を貼ることを通して，子どもたちは，ジェンダーに関するステレオタイプの考え方を内面化していく。これも隠れたカリキュラムの一例である。

→無意図的教育 ［若松大輔］

顕在的カリキュラム

隠れたカリキュラムとは対照的に，教育内容が意図的に組織され，明示されたカリキュラムのことである。例えば，各教科の目標と，各学年で扱う内容を国家が定めている学習指導要領は顕在的カリキュラムの好例である。学習指導要領では，例えば「社会的事象の特色や相互の関連，意味を多角的に考える力，社会に見られる課題を把握して，その解決に向けて社会への関わり方を選択・判断する力，考えたことや選択・判断したことを説明したり，それらを基に議論したりする力を養う」（第5・6学年社会科）のように，どの子どもにも必要とされる一般的な記述がなされている。そのため，全国のそれぞれの学校は，学習指導要領を基にして，自校の子どもに合わせて具体的に年間の目標を設定して教育内容を計画する。これが年間教育計画である。さらに，各教室の子どもの様子に合わせて教師が単元や1回の授業を構想したものが学習指導案である。これらはいずれも顕在的カリキュラムである。

→学習指導案 ［若松大輔］

教育課程を創る

経験主義

子どもたちが日々の生活のなかで感じたり，気付いたり，疑問に思ったりすることを出発点とし，さまざまな経験を通して子どもたちの発達を図ろうとする立場のことをいう。この考え方に基づくと，子どもたちの生活や認識の発達を考慮して教育内容が選択され，日常生活で子どもたちが気付くであろう問題と，その解決をめざす活動を設定することによって，教育課程が構成される。

教育課程を編成するうえで，経験主義と系統主義，どちらの編成原理を採用するかが，重要な論点のひとつとして存在してきた。戦後初期の日本の教育課程においては，経験主義が採用され，実生活に起こる問題を解決する経験を

ひとまとまりの単元として設定し，生活単元学習が進められた。［森　枝美］

系統主義

子どもたちに必要とされる知識の背景にある科学などの体系を重視し，何をどの順番で教えるか決定しようとする立場のことをいう。教育課程の編成原理のひとつであり，1958年改訂の学習指導要領で採用された。この転換の背景には，戦後新教育のもとで採用された経験主義の教育課程に対して，基礎学力の低下，教授する知識の系統性の欠如というような批判が生じてきたことがある。教科の系統性を具体的に追求していったのは，教師や大学の研究者による民間教育研究団体である。例えば，遠山啓を中心とする数学教育協議会では，数学の学問体系に基づき，具体から抽象へ，一般から特殊へ，という原則を見出し，計算指導の体系として「水道方式」を提起した。

［森　枝美］

スコープ

教育課程や単元を計画・組織していく際に用いられる指標のひとつで，教育内容の「範囲」「領域」のことをさす。子どもの生活や経験を重視する立場では，子どもの興味・関心や生活に関連したトピックに即して教育内容のスコープを決める一方で，科学などの系統性を重視する立場では，化学や歴史学などといった体系に即して教育内容のスコープを決める。このように，どのような教育内容をどのようなまとまりで編成するかは立場によって異なる。2017年改訂の学習指導要領では，資質・能力や教科の本質を重視した指導や，教科横断的な学習も求められていることから，スコープの視点を今一度問い直す必要がある。［赤沢真世］

シークエンス

教育課程や単元を計画・組織していく際に用いられる指標のひとつで，教育内容をどのように配列するかという順序や系統性のことをさす。基本的には，子どもの発達段階に即して易しいものから難しいものへ，単純なものから複雑なものへと配列する。ただし1960年代には，科学などの系統性を重視する立場から，教科の本質的な内容を系統的に繰り返し教えるシークエンスが提唱されたこともあった。

［赤沢真世］

相関カリキュラム

ある教科におけるトピックを他の教科のトピックと関連させるカリキュラムのあり方である。例えば，小学校5年生において，国語科の説明的文章「天気を予想する」と理科の「天気の変化」の学習をリンクさせて授業を展開することが考えられる。このように相互の関連を重視するものの，各教科の学習における目標は変更されない点に特徴がある。上記の例で言えば，国語科の授業の目標は図表を活用して文章を読解する力を培うことであり，理科の授業の目標は天気の変化の仕方を理解することである。2017年改訂学習指導要領では「教科等横断的な視点」でカリキュラムを編成することが推奨されており，今後よりいっそう相関カリキュラムの考え方が重視されると予想される。［若松大輔］

融合カリキュラム

教科の学習を中心としつつも，相関カリキュラムよりもいっそう統合されたカリキュラムのことである。つまり，すでに存在する教科を関連づけるのではなく，複数の教科を合わせてひとつの形にしたものである。高等学校では，教科目として親学問と結びつきの強い「日本史」「世界史」「地理」「政治・経済」「倫理」などが設定されているが，小学校や中学校では「社会科」にまとめられている。このように社会科にまとめることにより，それぞれの学問分野の知識を断片的に教えるのではなく，より広く多角的な視点から社会について教え学ぶことが可能になる。この意味において「社会科」は融合カリキュラムの一例であると見ることができる。

［若松大輔］

広領域カリキュラム

教科という枠組みを解体して，広い対象をカバーする少数の領域で構成されているカリキュラムのことである。相関カリキュラムや融合カリキュラムとは異なり，親学問との結びつきが強い教科という枠組みにとらわれずに領域を設定する点に特徴がある。例えば，カリキュラム研究が盛んにおこなわれていた戦後初期には，社会生活を「表現」「社会」「自然」「健康」という4つで大きくくくり，この4領域から構成されるカリキュラムが提案された。また，現代でも，広領域カリキュラムで実践をおこなっている学校がある。例えば，新潟県の大手町小学校は，国語科や社会科などの教科ではなく，「探究」「論理」「ことば」「創造」「自律」という5領域を独自に設定している。

［若松大輔］

コア・カリキュラム

コアとなる中心課程とそれに関連づけられる周辺課程から構成されるカリキュラムの形態である。1930年代に，ヴァージニア・プランに代表されるコア・カリキュラムがアメリカで提唱され，日本では戦後に広く受容された。例えば，東京都港区桜田小学校の桜田プランが有名である。社会科をコア（中心）に設定し，スキルを習得する周辺課程として国語・算数・理科・音楽・図工・家庭・体育の7教科を置いていた。この社会科には，「ゆうびん（2年生）」や「新聞とラジオ（6年生）」など子どもの生活に身近なトピックが精選されていた。そして，この社会科の学習活動に必要であるものの社会科の時間ではカバーできないスキルの習得を周辺課程でおこなうのである。

→総合的な学習の時間と総合学習；地域教育計画

［若松大輔］

工学的アプローチ

カリキュラムの開発と評価に関わるアプローチのひとつである。このアプローチは，近代の合理的な生産システムに倣い，次の手続きでカリキュラムを開発する。まず，「民主的な人格を形成する」などのような大くくりで抽象的な一般的目標を設定し，それをいくつかの具体的な目標にする。次に，この具体化された目標を達成するのに有効な教材を考案する。そしてこの教材を用いて授業を行う。最後に，設定された具体的な目標に照らして子どもの学びを評価する。このような手順を経る工学的アプローチでは，誰が見ても共通にイメージできるように目標を明確化することが何よりも重視される。そのうえで最も有効な教材とは何かという議論が重んじられる傾向にある。

［若松大輔］

羅生門的アプローチ

工学的アプローチと対比的に提唱されたカリキュラムの開発と評価に関する考え方である。このアプローチが提唱された背景には，工学的アプローチが，実践前に想定された学びしか捉えられないのではないか，という疑問があった。そのため，次の手順でカリキュラム開発を行う。まず，工学的アプローチと同様に一般的な目標は設定するものの，そこから具体的な目標を設定せずに，一般的目標を実現するための授業が試みられる。次に，実践のなかで生じたことを詳細に記述する。この記述とそれに基づく判断が評価に該当する。この評価の場面では，教師だけではなく，子どもや地域の人々などさまざまな立場の人たちが多角的に検討する。なお，羅生門的アプローチという名称は，ある同じ事件をめぐって証言者の主張が三者三様に異なっていることを描いた黒澤明の映画『羅生門』に由来している。

［若松大輔］

等級制

年齢や学年ではなく，教育内容の修得状況によって学級を編制する方法のことである。現代の日本の小学校とは異なり，明治時代には，「小学校ノ学科及其程度」（1886）という制度に基づいて，等級制が採用されていた。これは，課程を4年ごとに上下に分け，さらに学力の程度によって子どもを8つに区分し「級」を設定するものである。教員1人に対して1つの学級が設けられ，尋常小学校（現在の小学校に相当）では80人，高等小学校（現在の中学校に相当）では60人の上限が設けられていた。しかしながら，とくに農村部では上級に上がるほど子どもの数が極端に減少していくなどの問題が生じ，等級制とは異なる制度が取り入れられるようになった。

［赤沢真世］

学年・学級制

等級制とは違って，年齢によって学年や学級を編制する方法のことである。日本の小学校の場合，4月2日生まれから翌年4月1日生まれまでの子どもが1つの学級に所属している。1891年に「学級編制等ニ関スル規制」が制定されてから，日本の学校は，主に同学年の子どもで学級を編制する学年・学級制を採用している。ただ，この方法は，よりコストを掛けずにたくさんの子どもを一度に教えるという考え方によるものであり，子ども一人ひとりの個人差や多様性に対応することが難しいという課題が生じやすい。このため，現代では，学年・学級制を保ったまま習得状況に応じて一時的な集団編成をおこなう習熟度別学級編成などの工夫が試みられている。

→習熟度別学級編成

［赤沢真世］

履修主義

子どもが何をもってその教育課程を履修したかを判断する際に，授業への出席日数など，一定の年限を基準とする考え方のことである。現代日本の小学校は，履修主義を採用している。教育の目標に照らして一定の成績を収めることを必要条件としないため，その学年の教育内容を十分に理解・修得しないまま進級や進学をしてしまうこともある。このため，履修主義の制度のなかでも，いかに子どもの学力保障をおこなうかが重要な課題になる。

［赤沢真世］

課程主義

子どもが何をもってその教育課程を履修したかを判断する際に，その学年で学ぶべき内容を修得したことを基準とする考え方のことである。すべての子どもに一定の学力を保障するという理念が土台にあり，事前に設定した教育目標に対して一定の成果を挙げることが求められる。修得状況によっては，原級留置（いわゆる留年）や飛び級もありうる。フランスやドイツは現在でも義務教育段階で課程主義を採用している。

［赤沢真世］

年齢主義

履修主義に基づいて教育課程を編成する場合の，進級・卒業を決める考え方のことである。年数主義とも言われ，進級・卒業に必要な出席日数に達していれば，成績や教育内容の修得状況にかかわらず，進級・卒業を認めるものである。現代日本の小学校は，基本的に年齢主義の考え方に立っている。年齢主義では同じ年齢の子どもが同じ学年や学級に所属するため，とくに身体面や精神面の指導をおこなう場合にはメリットが大きいが，一定の教育内容の修得が認められなくても進級・卒業してしまうため，すべての子どもに対して一定の学力を保障することは一般的に難しくなると言われる。

［赤沢真世］

修得主義

課程主義に基づいて教育課程を編成する場合の，進級・卒業を決める考え方のことである。教育課程の目標に照らして一定の習得状況に達していることを条件として，進級・卒業を認めるものである。現代日本の小学校は年齢主義によって進級・卒業を決めているが，学校以外では修得主義を採用しているところもある。例えば，そろばん塾やスイミングスクール，自動車教習所などは修得主義である。教育課程によって修得される教育内容を実質的に保障しようとする考え方であると言える。

［赤沢真世］

教育課程の今を捉える

生きる力

1996年に中央教育審議会の答申「21世紀を展望した我が国の新しい教育の在り方について」で示された，これからの子どもたちに必要な学校教育で育むべき力のことである。これは，学校現場で近年叫ばれている資質・能力の先駆けである。「生きる力」は，知識・技能に加え，自ら学び，考え，判断・行動し，よりよく問題を解決する資質・能力（確かな学力），自らを律しつつ，他人とともに協調し，他人を思いやる心や感動する心（豊かな人間性），たくましく生きるための健康や体力から構成される。それ以前の「新しい学力観」とは異なり，基礎的な知識・技能を習得させることも視野に入

れ，それと自ら学び，考える力の両者を総合的に育成することがめざされていた。 ［大貫　守］

知識基盤社会

新しい知識・情報・技術が社会のあらゆる領域での活動の基盤として飛躍的に重要度を増す社会をさす。2008年改訂の学習指導要領では，知識基盤社会において，子どもに「生きる力」を育むことが掲げられた。

このような社会では，個人が複数の情報源から情報を得て読み解き，主体的に意思決定できるように，情報を活用して課題を発見・解決する思考力・判断力・表現力が重要とされる。さらにSociety 4.0（情報社会）からSociety 5.0（スマート社会）への移行が叫ばれる昨今，例えば，医療現場で過去の治療などの膨大なデータを解析し，それと患者のデータを照らし合わせて最適な治療法を提案するなど，人工知能（AI）を活用して新たな価値を生み出す力の育成が求められている。

→Society 5.0 ［大貫　守］

習得・活用・探究

2008年改訂の学習指導要領で示された「生きる力」を育成する指導のあり方を示したものである。各教科を中心に基礎的・基本的な知識・技能を「習得」し，習得した知識・技能を言語活動等で「活用」して思考力・判断力・表現力を高め，そして総合的な学習の時間（以下，総合学習）を中心に主体的に「探究」する態度を形成するという形で体系化されている。

これは，一見すると教科から総合学習という学びの道筋を示すものだと思われがちである。だが，総合学習で発見した課題の解決に向けて，教科で知識や技能を養うこともある。教科学習において，パフォーマンス課題等を通して知識や技能を現実世界に活用することで，習得と探究をより効果的に繋ぐことができる。

→探究的な学習；パフォーマンス課題

［大貫　守］

言語活動

論述，討論，発表など，主に教科において習得した知識・技能を活用する学習活動のことである。2008年改訂の学習指導要領では，思考力・判断力・表現力を育むために言語活動を充実させる方針が示された。その背景には，2003年に国際学力調査のPISAで日本の読解力の低下が指摘されたことがある。

国語科では詩を朗読し，その解釈を議論し，説明するといった活動が提案された。このほか，社会科で明治期の資料を分析し，新聞記者になった想定で社説を書く活動など教科に応じた言語活動がおこなわれた。一方で，『ごんぎつね』の学習後に，印象に残ったシーンを描いた箱を創るだけの取り組みがなされるなど，単に活動することが目的化するといった問題も生じた。

→PISA ［大貫　守］

持続可能な社会

健全で恵み豊かな環境が地球規模から身近な地域に至るまで維持されつつ，私たちから次世代へと未来に向けてどの世代のニーズも損なうことがなく，豊かな生活を送り，引き継いでいくことができるような社会のことである。

このような社会の実現に必要な資

質・能力を育む教育として「持続可能な開発のための教育（ESD）」が提唱されている。近年では，多様性が排除されることなく尊重され，包容されるような社会に向けた目標として，全ての人に公平で質の高い教育を保障することを含む17個の「持続可能な開発目標（SDGs）」が掲げられている。ESDは，環境教育と混同されがちだが，SDGs の目標にあるように幅広い対象を含み，多様な教科で扱われている。
→ESD；SDGs；環境教育　［大貫　守］

資質・能力【小学校】

2000年代以降，社会の急激な変化に伴い，問題解決能力や読解力，コミュニケーション能力など，教科横断的で社会のさまざまな場面で用いることができる資質・能力が世界的に求められるようになる。

2017年改訂の学習指導要領も，このような動向を反映し，目標として資質・能力の３つの柱を掲げている。すなわち，①生きて働く「知識及び技能」の習得（何を理解しているか，何ができるか），②未知の状況にも対応できる「思考力，判断力，表現力等」（理解していること・できることをどう使うか），③学びや人生に生かそうとする「学びに向かう力，人間性等」の涵養（どのように社会・世界と関わり，よりよい人生を送るか）の３点である。
→コンピテンシー；資質・能力【幼稚園】　［大貫　守］

コンテンツベース

学校教育で用いられるときには，各教科等で教える内容（コンテンツ）の修得を重視した教育課程の考え方のことをさす。従来の学習指導要領では，知識や技能といった「何を教えるのか」という各教科等の基礎的な内容を網羅するように記載がなされていた。しかしながら2017年改訂の学習指導要領では，こうした従来の考え方から，実生活に即して子どもに身につけさせたい資質・能力に基づいた教育内容や配列を示す考え方へと転換が図られた。実生活のさまざまな場面で活用できる各教科等の知識・技能とは何かという視点に立って，授業等で教えるコンテンツの質や指導方法について改めて考え直すことが求められる。［赤沢真世］

コンピテンシーベース

各教科等で教える内容（コンテンツ）だけではなく，それらを特定の文脈のなかで活用して課題解決ができる能力（コンピテンシー）の育成を重視した教育課程の考え方のことをさす。2017年改訂の学習指導要領は，子どもに身につけさせたい資質・能力に基づいて各教科等の内容の配列をおこなうコンピテンシーベースへと転換したと言われることがある。各教員のレベルでも，これまでのように「何を学ぶか」を重視して知識・技能の伝達に留まるのではなく，知識・技能を習得することで「何ができるようになるのか」（どんな思考や判断や表現ができるようになるか）までを明確に意識して単元や授業を計画することが求められる。
→コンピテンシー　［赤沢真世］

知識及び技能

2017年改訂の学習指導要領において，

資質・能力の3つの柱に位置づけられている要素である。一般に，知識や技能の習得という場合には，例えば，「食塩が一定の水に溶ける量には限界がある」という知識や，ろ過といった個々の実験などの手続きの獲得をさす場合が多い。しかし「ものが水に溶ける量は，水の量と温度により決まる」という知識を得れば，食塩以外にも，ホウ酸やミョウバン等にも活用できる。同様に，ろ過もコーヒーフィルターなどと同様に「水に溶けた小さいものだけを通す仕組み」であるという原理を把握すれば，溶け残りを除く手段だけでなく，溶けてないものを分離する手段として活用できる。このような知識や技能の意味の理解までを含めて知識・技能と呼ばれている。［大貫　守］

思考力，判断力，表現力等

2008年改訂の学習指導要領では，①基礎的・基本的な知識及び技能，②知識・技能を活用して課題を解決するために必要な思考力・判断力・表現力，そして③主体的に学習に取り組む態度の3つが学力の要素として示されている。思考力，判断力，表現力等は，2017年改訂の学習指導要領でも，資質・能力の3つの柱に位置づけられている。

思考力，判断力，表現力等は，読み・書き・算や教科の基本的な概念（①）を活用する力である。例えば，理科においてものが燃えるためには，燃えるもの・酸素・温度（発火点）が必要であるという基本的な概念をもとに，どうして紙鍋は下から火をつけてもすぐに燃えないのかということを説明したり，社会科において明治期の社会事象について調査したことを分析して歴史新聞に表現したりするといった形で教科の知識・技能を実生活等で活用する力のことをさす。［大貫　守］

学びに向かう力，人間性等

2017年改訂の学習指導要領において，資質・能力の3つの柱に位置づけられている目標のひとつである。漢字を書く時にはねやはらいを忘れがちだから意識して書こうなどと，自分の感情や行動，考える過程について振り返ってコントロールする力（メタ認知）と，優しさや思いやり，リーダーシップなどの人間性に関する力から成り立っている。

これまでの関心・意欲・態度という目標は，やる気や根気といった心構えとして捉えられ，挙手の回数などで評価されることもあった。しかし，学びに向かう力は，例えば理科の実験で上手くいかないときに，自分の手続きを見直して，足りない知識や技能を考えて修正する場面などに現れるものとして定義され，評価されている。

→メタ認知［大貫　守］

教育課程を組む

教育課程編成権

各学校の教育課程を編成する権限のことをいう。第二次世界大戦後，1947年に「試案」として出された最初の学習指導要領は，そこに示された教育課程をどのように実現していくか，教師自身が研究していくための手引きとして位置づけられていた。そのため，さまざまな教育課程開発の試みが地域や学校，民間教育研究団体によっておこなわれた。その後，1958年以降は，文部大臣（現在は文部科学大臣）が官報に「告示」することとなり，学習指導要領に示された基準は法的な拘束力をもつものとして位置づけられた。教育課程の大枠を決める権限は，文部科学省や教育委員会にあり，各学校の教育課程を編成する権限は各学校にあるというのが，現在の一般的な考えである。

［赤沢早人］

学習指導要領

日本の小学校，中学校，義務教育学校，高等学校，中等教育学校，特別支援学校の教育課程の基準（きまり）のことである。各教科，道徳，総合的な学習の時間など，学校教育法施行規則に定められた領域（区分）ごとに目標や内容などが定められている。1947年に最初の学習指導要領が示されてから，約10年ごとに改訂されている。最新版は，2017年に改訂されたものである。

学校現場で，直接的に学習指導要領を参照する機会は必ずしも多くない。むしろ，多くの教員は，学習指導要領に基づいて作成された教科書に沿って教科指導などをおこなっている。このため，学習指導要領は，教科書をなかだちとして，学校現場における目標や内容に影響を与えていると言える。

→幼稚園教育要領　［赤沢早人］

総則【学習指導要領】

学習指導要領のなかで，基本的な考え方を示した部分であり，各教科等で目標や内容等を具体的に設定するための総論にあたる。「総則」という呼び方をするようになった1958年改訂の学習指導要領から60年あまり，その内容は「教育課程編成の一般方針」「共通に取り扱う内容」「授業時数」「指導計画に関する配慮事項」の4点を短文で示したものであったが，2017年改訂の際に抜本的に改められ，児童の発達や学習評価のことなども含めて記載されるようになった。2017年版の場合，育成すべき資質・能力，主体的・対話的で深い学び，カリキュラム・マネジメントなど，学習指導要領のメインキーワードはあらかた総則のなかで説明されている。

→学習評価　［赤沢早人］

各学校における教育課程の編成

教育課程を編成するのは誰かという問題に対する学習指導要領の基本的な考え方のことである。学習指導要領では，関係する法令等に基づきながら教育課程を編成する権限と責任は各学校にあるとされている。各学校の教育課程は，学校長の権限と責任のもとで，全教職員が協力して編成するものである。ここで言う教育課程の編成とは，各学校が設定する教育目標の実現をめざして，授業等で指導する内容を選択・組織したり，そのために必要な授業時数や日数を確保したり，これらに基づき年間の行事予定を作成したり，各学年・学級の時間割を組んだりすることなどをさしている。教務主任が実務に当たることが多い。

→教務主任　［赤沢早人］

社会に開かれた教育課程

学校と保護者や地域住民などの社会とが，教育課程を通して「よりよい学校教育を通してよりよい社会を創る」

という目標をまず共有する。そして，社会や世界，多様な人々と繋がり合いながら未来を切り拓いていく子どもたちに必要な資質・能力を明確化し，社会と連携しながらその育成を図ろうとする考え方である。2017年の学習指導要領改訂の際，これからの教育課程の理念として登場した。

地域にある教育資源を生かした取り組みは，これまでさまざまな形で実践されてきている。また，2004年に制度化されたコミュニティスクールでは，保護者や地域住民等の意見が学校に反映されている。教育課程全体を通して社会と学校とがどう連携するかが今改めて問われている。

→地域との連携・協働　［森　枝美］

特色ある教育課程

各学校が教育課程を編成する際の，現代的なトレンドを表す言葉である。教育課程は学校ごとに編成するが，学習指導要領等の法令に基づいて編成するため，結果的にどこの学校でも似たりよったりになることが多い。この状況に対して，2000年ごろから，各学校の歴史や地域性，在籍児童の傾向などの特色に応じた教育課程を編成することが勧められるようになった。

ここで言う特色には，２つの方向性がある。ひとつは，地域教材の活用など，他の学校には見られないオリジナルな教育課程を編成するという考え方である。もうひとつは，指導内容の選択や指導方法の工夫など，在籍児童の成長発達に即したオーダーメイドな教育課程を編成するという考え方である。

［赤沢早人］

領域構成

小学校の教育課程の区分としての領域は，学習指導要領の改訂とともに変遷してきた。1947年版では教科だけだったが，1951年版では教科とは別に教科以外の活動が置かれた。1958年版で教科，道徳，特別教育活動，学校行事となり，1968年版で特別教育活動と学校行事が統合されて特別活動となった。教科，道徳，特別活動の３領域制がその後30年ほど維持されたが，1998年版で総合的な学習の時間が，2008年版で外国語活動が追加された。

教育課程の理論に基づけば，教育課程の領域は大きく「教科」と「教科外」とに分かれる。教育課程の領域の変遷は，「教科外」の細分化のバリエーションの違いであると言える。

［赤沢早人］

領域【小学校】

小学校の教育課程において，領域という言葉はいくつかの意味で用いられている。まず，学校教育法施行規則に示されている「各教科，特別の教科である道徳，外国語活動，総合的な学習の時間並びに特別活動」という教育課程の区分を領域と呼ぶことがあるが，法令上の正式な用語ではない。この呼び方でも，「各教科」以外の区分を領域と呼ぶ場合と，「各教科」も含んで領域と呼ぶ場合がある。次に，各教科の内容の区分も領域と呼んでいる。たとえば，小学校算数科の内容は，「A　数と計算」「B　図形」「C　測定（１～３年生）／変化と関係（４～６年生）」「D　データの活用」の４つの領域からなっている。なお，幼稚園教育要領における領域はまた別の意味である。
→領域【幼稚園】 ［赤沢早人］

教科学習

教育の目的に即して知識や技能を体系的に組織した教科における学びである。2017年改訂小学校学習指導要領では，国語，社会，算数，理科，生活，音楽，図画工作，家庭，体育，外国語の10教科が設けられている。これに加えて「特別な教科」として道徳がある。教科は，歴史的に学問領域から設定されてきたケースが多いものの，生活科などのように必ずしも一定の学問的背景を有さない教科もある。教科を学習するということは，これまでに人類が切り拓いてきた文化遺産を継承することに繋がる。先人の知恵に学び，新たな時代をつくっていく子どもたちを育てるために，教科の学習は必要不可欠である。
→総合的な学習の時間と教科学習
［若松大輔］

必修教科／選択教科

各学校の教育課程において，進級や卒業の要件となっている教科を必修教科と呼び，必修教科以外は選択教科と呼ぶ。現代の日本では，小・中学校の教育課程はすべて必修教科であるが，中学校については，選択教科を置くことになっている時期も過去にはあった。外国では，義務教育段階であっても選択教科の比重が大きいところもあるので，今後の日本の小・中学校の教育課程がずっと必修教科のみで編成され続けるとは限らない。

高等学校の教育課程では，多くの選択教科・科目を用意していることが多い。とくに総合学科を設置している高等学校では，生徒の興味・関心や将来の目標や進路にあわせて，大学なみに選択教科を履修できるところもある。
［赤沢早人］

学校設定教科／学校設定科目

教育上の必要から高等学校の教育課程に置くことのできる各学校独自の教科や科目のことである。学習指導要領では，生徒や学校，地域の実態及び学科の特色等に応じ，特色ある教育課程の編成に資するために，学習指導要領に示されていない教科や科目を設けることができるとされている。例えば，「ヒューマン」「SS（スーパーサイエンス）」などの学校設定教科や，「古典講読」「英語総合演習」などの学校設定科目がある。

なお，中学校学習指導要領においては，学校設定教科に類するものとして，「その他特に必要な教科」が示されている。小学校学習指導要領においては，学校設定教科に類するものはない。
［赤沢早人］

教科外活動

広くは教科以外の時間（総合的な学習の時間や外国語活動を含む）における活動や学びを指すが，狭義には「特別活動」の時間における活動を意味している。2017年改訂学習指導要領では，特別活動として学級活動，児童会活動，クラブ活動，学校行事が挙げられている。教科学習の目的が主として知識や技能の獲得や理解であるのに対して，教科外活動の目的は，アイデンティティや人格の形成，集団生活における自治の力（例えば，集団をつくる力や権利を行使する力）を育成することなどの徳育や行動の指導に重きが置かれている。具体的な活動として，生活指導や，学級新聞の作成，生き物の飼育，遠足や修学旅行などが行われている。
→アイデンティティ；生活指導；特別活動の内容　［若松大輔］

○○教育

環境教育，人権教育，国際理解教育など，社会の情勢に合わせて，各学校で多様に取り組まれている教育のことをさす。例えば，阪神・淡路大震災（1995）や東日本大震災（2011）の後には，各地で防災教育が推進された。日本で初めての HIV感染者が確認された1985年以降はエイズ教育が注目され，セクシャルマイノリティの認知や理解が進みつつある昨今では，LGBT教育や，性の多様性教育も登場している。

これらの教育を新たに組み込もうとすると教育課程が過密になる恐れもあるので（カリキュラム・オーバーロード），何を子どもたちに伝えるのかを明確にし，限られた時間のなかで，各教科で取り組める内容はないのか，柔軟に検討することが重要である。
→LGBTs；環境教育；国際理解教育；人権教育　［森　枝美］

外国語科

2017年改訂の学習指導要領より，小学校５・６年生に新しく導入された教科である。「聞くこと」「話すこと」に重きが置かれた小学校３・４年生の外国語活動を踏まえ，「読むこと」「書くこと」も段階的に入れながら４技能が総合的に指導される。重要なのは，目的や場面，状況に応じたコミュニケーションの基礎的な力を養うことである。単なる会話の練習ではなく，目的や課題意識を子ども自身がもつことや，相手を意識した課題や活動の設定が求められる。さらに，教科となったことにより評定による評価が始められる。思考・判断・表現の観点では，実際にコミュニケーション場面を設定してコミュニケーションをおこなうパフォーマンス課題やテストの実施が注目されている。
→パフォーマンス課題；評定
［赤沢真世］

外国語活動

2008年改訂の学習指導要領で新設された領域である。小学校高学年（５・６年生）に週１時間（年間35時間）の外国語活動をおこなっていた。2017年の改訂では高学年に週２時間の外国語科が新設されることに伴い，中学年（３・４年生）で週１時間の外国語活動が展開されることとなった。外国語活動では，４技能のうち，「聞くこと」「話すこと」の音声面を重視し，コミュニケーション能力の素地を養うことが目標とされる。そのために，身近なことがらについて目的や場面，状況に応じて，相手を意識した実際のコミュニケーションをおこなう。すなわち，外国語の基礎的な技能の習得よりも，場面設定や相手の設定を重視し，コミュニケーションへの興味，関心や態度の育成が大切にされる。
［赤沢真世］

カリキュラム・マネジメント

2017年改訂学習指導要領のメインキーワードのひとつである。学習指導要領解説の総則編では，「学校教育に関わる様々な取組を，教育課程を中心に据えながら組織的かつ計画的に実施し，教育活動の質の向上につなげていくこと」と定義されている。具体的な取り組みとしては，①教科等を横断した教育内容の編成，②教育課程のPDCA サイクル，③教育課程の実施に関わる人的・物的体制の確保と改善が挙げられている。

教育研究の分野では，アメリカでの学校改善の動向をふまえ，各学校が自律的に教育課程を編成する営みとして，2000年前後から理論化が進められてきた。もとは学校経営や教育経営の用語であったが，教育社会学や教育課程，教師教育にも裾野が広がってきている。

→PDCA サイクル ［赤沢早人］

「逆向き設計」論

教育課程を編成する方法論のひとつである。各教科等の単元や学年全体の教育計画を立てる際に，先に「求められている結果（目標）」を具体的に考え，それを実現するための指導内容や方法などを後で考えることから，「逆向き（backward）」と呼ばれている。例えば，算数の「重さ」（3年生）の単元で，①単元計画の当初に「単元終了後に，子どもたちが，はかりを使ってものの重さを適切に測ることができるようになる」姿を設定し，②次に，こうした姿に迫ったことを示す評価規準（重さの表し方やはかりの使い方など）を示し，③最後に，こうした姿に至るための指導計画を構想する，という3つのステップを踏んで計画を立てる方法は，「逆向き設計」と言える。

→評価規準 ［赤沢早人］

教育課程特例校

学校や地域の特色を生かし，特別の教育課程を編成することを文部科学省から認可された学校のことである。学校教育法施行規則第55条の2により認可の要件として，①児童生徒の発達段階や各教科の特性に応じた内容の系統性・体系性に配慮すること，②学習指導要領等が定める履修内容を適切に取り扱うこと，③総授業数を確保すること，がある。小学校3～6年生及び中学校1年生で「総合的な学習の時間」の一部を組み替え「コミュニケーション科」を実施したり，中学校で「国語，社会，理科，外国語，総合的な学習の時間」の一部を組み替え「ことば科」を実施したりする事例がある。2019年には小・中学校あわせて3182校が認可されている。 ［柿本篤子］

研究開発学校【教育課程】

教育課程・指導方法の研究を開発するために文部科学省から特別な認可を得た学校のことである。学校における教育上の課題や急激な社会の変化・発展に伴って生じた学校教育に対する多様な要請に対応するために，1976年に「研究開発学校」制度が設けられた。認可を受けた学校は，学習指導要領の基準によらない教育課程を編成・実施することができる。

研究開発の成果は一般社会に公開されるだけでなく，中央教育審議会等において，教育課程の改善に資する実証的資料として活用されている。また，その実践の成果は，「総合的な学習の時間」（小・中・高）や「外国語活動」

（小学校）の新設など，学習指導要領の改訂に生かされている。［柿本篤子］

教育課程を実践する

授　業

教師が教えようとすることを実現する場である。教師の生命線となる。授業で教えるものは２つある。ひとつは，その授業の教科内容である。例えば，三角形の面積の授業であれば，「どうして三角形の面積が底辺×高さ÷２で求められるのか」を理解させることである。

もうひとつは学びの姿勢や仲間への関わり方である。授業中に出た「なぜ÷２をするのかわからない」という質問にどう対応するかにより子どもや学級のあり方は変わる。正解を言いそうな子にあてる，教師が説明する，みんなの問いにして考える。子どもたちはその対応を通して，学ぶ姿勢や仲間への関わり方を，無意識ではあるが確実に学習していく。したがって，教師は授業において自分の指導理念を体現しなければならない。

上記の場面で何の意図もなく教師が説明した場合，子どもは「疑問は教師が解決してくれる」と学習する。もし「考えることを大切にしよう」と指導したいのであれば，可能な限り，みんなの問いにして考える，を選ぶべきである。［北村公大］

標準授業時数

学習指導要領に定められた学習内容を教えるために必要な各教科等の年間授業時間を示したものである。各学校には，標準授業時数を下回らないように授業をおこなう責任がある。

2019年度の小学校５・６年生の標準授業時数は995時である。なお，授業日数から年間授業時間を割り出すと，約1050時前後になる。この50時間程度の余剰を弾力的に使うことにより学校の教育は充実する。運動会や卒業式などの行事の練習や，地域との交流行事，子どもの現状に合わせた復習や発展を目的にした授業などが計画できる。

しかし，2017年の学習指導要領改訂により，2020年度から標準授業時数は増加した（５・６年生は1015時間）。そのため各学校において，教育内容の精査が必要である。［北村公大］

授業日数

子どもが学校に登校する日数のことである。学習指導要領に定められた内容を教えるのに必要な授業数を計算し，各学校で設定される。同じ市の学校では授業日数を揃えることが多い。しかし，県や市により長期休みの開始・終了の時期の差がでることや土曜授業や業務の内容により，授業日数が異なることがある。例えば三重県伊賀市の小学校の多くは，年間授業日数が毎年200前後であるが，全国には210を超える学校も存在している。

授業日数から出席停止・忌引きをひいたものを要出席日数，要出席日数から欠席日数をひいたものを出席日数という。［北村公大］

時 間 割

１日の学習の予定を定めたものである。各学校で標準授業時数をもとに編成する。基本となる時間割を１週間単位で作成している学校が多い。多くの学校では，①教務主任を中心に下案をつくる，②担任が交換授業（例：家庭科と音楽科は担任とは別の教師が授業をする）を選ぶ，③交換授業の時間を調整する，という過程を経て，基本の枠組みがつくられる。その枠組みに，「安全面を考え，昼食直後の体育はなるべく避ける」「子どもの集中力が高い朝には同じ科目を固めない」など各担任の経験や理念をもとに科目を入れ，仮の時間割を作成する。学校全体で特別教室の使用などの最終調整をおこない，１週間程度試した後，最終的に時間割として子どもたちに配布する。

→教務主任；交換授業 ［北村公大］

帯時間

10分から15分程度の時間でおこなう短い学習のことである。帯時間が15分であれば３回で授業１時（45分）とみなせる場合もある。朝学習も帯時間に含めることができる。授業時数を確保することは学校経営上，大きな課題である。しかし，行事の精選は学校の文化や地域との関わりがあるため，簡単にはおこないにくい。そこで帯時間を授業として活用する動きがある。

外国語であれば，授業を「書く」「発音する」「会話」などの要素に分ける。そして帯１でアルファベットを「書く」，帯２で単語を「発音する」，帯３で「会話する」という活動をおこなうように工夫するのである。ただし，３つの時間をどう繋げるのか，これを本当に１時間の授業とみなしていいのかは検討が必要である。 ［北村公大］

朝学習

主に朝の会の前後におこなわれる短い時間の学習活動である。時間は10分前後が多い。

各学校の方針により活動はさまざまであるが，漢字・基礎計算もしくは読書の練習をすることが多い。漢字・基礎計算では，直接的な学力向上とともに，学習の準備と規律づくりのねらいも大きい。読書では読書量の確保とともに，静かな時間をつくり出すことにより，心を落ち着けたり，集中力を高めたり，１時間目の学習への心の準備をすることもねらいに含んでいる。

また，この時間を利用してその日の子どもの様子を確認したり，気になる子どもの話を聞く時間にあてたりと，学級経営上でも有効な準備時間である。

→朝の会；学級運営；読書の時間

［北村公大］

チャイム

学校の時間を知らせる音である。音楽やベル，ブザーの場合もある。伝統的なシステムで賛否両論はあるが，集団活動や学習規律の育成には一定有効である。また，「チャイムが鳴ったから，いったん終わろう」など，子どもの気分の切り替えや授業の延長の予防など有効に活用できることも多い。

一方で，自主性を掲げる学校では，ノーチャイムを取り入れることもある。しかし，その形態はさまざまである。一切チャイムが鳴らない自律的な学校もあり，授業開始５分前に「教室に入りましょう」と放送を入れる学校もある。後者であれば，チャイムがあるのと本質的には変わらない。そのため，何のためにチャイムを使用するか，しないかを校内で十分に議論しておく必要がある。
→学習規律；集団活動　［北村公大］

指導書

教科書の解説書集のことである。教科書に朱書きなどで解説を加えた指導編（各出版社で名称が変わる）と，より詳細な考察を加えた研究編からなる。指導編には単元の流れ，授業の目標，子どもの反応の一例，板書例，発問の意図などが記述されている。そのため，指導編（「赤本」：教師が使う俗称）通りに授業をおこなえば，一定の授業の形ができる。ただし，想定している子どもは一般的で自分の学級の子どもではないことに注意すべきである。子どもの実態に合わせた授業をおこなうためには，研究編も合わせた指導書の活用法が重要となる。

一例としては，まず指導書で授業の目標を確認する。そして自分の学級の子どもを想定しながら授業を構成する。そのうえで指導書を使って構成を見直すことで，子どもに合わせた授業ができる。またこの推敲を通して，教科書の数字や文言に込められた意図を学ぶ機会にもなる。　［北村公大］

縦割り活動

学年を越えて班員を構成し，学級とは違う構成員でおこなう活動のことである。運動会や遠足，掃除など活動は多岐にわたる。集団行動の練習・充実とともに，児童の新しい面を引き出すこともねらいとなる。

例えば，学級では控えめな６年生児童が縦割り班長を務め，運動会の縦割り練習をやりぬいたとする。まず本人にとって大きな自信になるだろう。学級の仲間にとっては，その児童の新たな姿を確認する機会になっている。他学年の児童が「あんな６年生になりたい」と思えば，キャリアモデルを示したことになる。

また，指導において教師は自分の学級の児童だけでなく，他学級の児童や学校全体をみることになる。それは，自分の学級を客観的に見ることや，学校全体を意識して教育を行う視点をもつきっかけになる。このように教師にとっても縦割り活動の意味は大きい。
→異年齢集団　［北村公大］

教育課程を振り返る

学習指導要領の歴史的変遷

小学校の学習指導要領は，1947年に作成されて以来，およそ10年に一度の周期で改訂されてきた。具体的な改訂年は，1951年，1958年，1968年，1977年，1989年，1998年，2008年，2017年である。途中，一部改正がおこなわれたこともある（2003年など）。子どもの生活経験を重視する1947年・1951年版から学問の系統性を重視する1958年版へという転換に代表されるように，改訂の歴史は，経験主義と系統主義の間を揺れ動く振り子として特徴づけられることが多い。この変遷は，学校や社会のさまざまな要求や課題への応答の歴史であるから，単なる図式的理解にとどまらず，背景にある問題意識も理解することが，今後の教育を見通すうえで重要である。　［福嶋祐貴］

試　案

学習指導要領がとる形式のひとつで，学校が教育課程を編成するための手引きとして出される形式のことである。1947年版と1951年版の学習指導要領が該当する。戦後新教育において，教師はそれぞれの地域に住む子どもたちの生活の実態や，地域社会の抱える問題，学校が置かれた状況などを勘案して，適切な教育実践をおこなっていくよう期待されていた。それに際し，学習指導要領（試案）が，教師たちに有効な手引きを与えるものとされた。この点で，現在の「告示」としての学習指導要領とは対照的である。今日また，地域の実情に照らした特色ある教育が求められている。「試案」は，教師が学習指導要領にどう向き合っていくべきかを見直させてくれる。 ［福嶋祐貴］

社 会 科

第二次世界大戦後，子どもたちを民主主義社会の担い手として育てるための中核となる科目として新設された教科である。その目的は，将来への準備をするためではなく，今の生活を発展させるのに役立つ能力や態度を育成することにあり，子どもたちが暮らす地域社会での生活に基づく体験学習が重視された。例えば，東京都港区の桜田小学校における２年生の「郵便ごっこ」では，子どもたちが田舎の人に手紙を書くという場面が設定され，郵便局の見学を経て，子どもたち自身で郵便ごっこに必要な資料を準備し，必要な道具をつくる。そして，手紙を書いたりやはがきや切手を売り買いしたりする遊びを通じて，通信や運輸のしくみを学ぶことがめざされた。

［森　枝美］

自由研究【教科】

子どもたちの個性や興味の赴くところに従って，その個性を伸ばしていく時間として，第二次世界大戦後に新しく設けられた教科である。その活動をみると，研究活動，クラブ活動，自治活動（当番や学級員の仕事）が含まれていた。例えば，新潟県の高浜小学校では，1947年12月におしよせた大波について，４年生以上の全児童が所属する科学クラブの各研究班で，気象条件や地形などそれぞれの関心に基づいて研究を進め，その研究結果に基づいて大波の対策を提案する，というような活動が展開されていた。その目標や活動の範囲が広いことから，各学校での実施状況もさまざまであり，小学校では４年間，中学校では２年間しか実施されなかった。 ［森　枝美］

生活単元学習

子どもが現実の生活のなかで出合う具体的な問題を単位とする学習のことである。この単位は生活単元と呼ばれ，子どもの経験を中心とする経験単元の一種である。各教科のもとにある学問の論理に基づいて学習活動を組織する教科単元（教材単元）の考え方とは対照的である。生活単元学習はアメリカの経験主義教育に影響を受けたもので，戦後新教育期にとくに活発におこなわれた。しかし教科の理屈（とくに内容の系統性）を無視しがちで，系統主義の立場から批判を受けた。また，現実の生活に即すると言いながら，戦後の厳しい現実に目を向けていないとも批判された。生活単元学習の実践は縮小していったが，その意思は，今日の生

活科や総合的な学習の時間に引き継がれている。［福嶋祐貴］

告　示

学習指導要領に関して言えば，法的効力をもって官報（国の広報紙）に全文が公示される形式のことである。1950年代のいくつかの法改正を通して文部省（現在の文部科学省）の権限が強化されるなか，学習指導要領は「試案」でなくなり，1958年の改訂によって「告示」の形式をとることとなった。それ以降，現在に至るまで学習指導要領は，教育課程の基準として学校教育法施行規則に規定されている。学習指導要領に法的拘束力があるのか，つまり法律に定められているから従わないといけないのかは，これまで論争され続けてきた。「告示」としての学習指導要領を基準としつつ，特色ある実践を展開していくなかで，教師・学校の創造力が問われることになる。

［福嶋祐貴］

教育内容の現代化

現代科学の成果を積極的に教育内容に取り入れようとした，1960年頃の国際的な教育課程改革の動向のことである。その背景には，当時の社会の急激な変化と，理数教育の内容の古さとがあった。冷戦期，ソビエト（現在のロシア）が人工衛星の打ち上げに成功したことに触発され，アメリカが理数教育を大幅に見直したのが始まりとされる。日本では主に，1968年に改訂された学習指導要領の特徴のひとつとされている。例えば現在，数学の「集合」という概念はまず中学校で触れ，高等学校で詳しく学ぶ。しかし「教育内容の現代化」のもとでは，小学校の時点で本格的に学んでいた。このような内容の高度さと過密さが，「つめこみ教育」を生んだとされる。［福嶋祐貴］

レリバンス

学校で学習する内容が，子どもたちや彼らが暮らす社会にとってどれほど切実であり，関連しているかを考慮する視点のことである。適切性と訳されることが多い。1960年代後半のアメリカでは学問中心カリキュラム（各教科のもとにある学問の構造に基づいた系統主義的な教育課程）に対して厳しい批判が向けられていた。牽引していたブルーナーは，学問の系統性に基づいたカリキュラムが，子どもにとっては学ぶ意味が見出せないものになっていると自己批判をおこない，レリバンスという概念を打ち出した。これは，学習者が科学的な認識を形づくっていくことと，自らにとっての学習の切実性や意味を追求することとを統合しようとする考え方である。

→ブルーナー［赤沢真世］

能力主義

教育に関しては，能力や適性に見合った教育をおこなうことで，教育の機会均等を達成しようとする立場のことである。経済審議会答申「経済発展における人的能力開発の課題と対策」（1963）が初めて用いた。その主眼は，高度経済成長をリードする優秀な人材を早期に選別して，彼らに最適な教育環境を用意することにあった。同答申は「能力による差別は差別ではない」と主張するが，その好例である習熟度別学級編成は，低位の学習者が劣等感や被差別感情を感じるなど，負の効果が知られている。「能力」概念が協調性や主体性などにまで及んでいる今日，教育における平等とは何か，学校が育むべき力とは何かという問いは，教師もけっして避けては通れない。

→習熟度別学級編成 ［福嶋祐貴］

落ちこぼれ／落ちこぼし

教育内容が高度化したことで，授業についていけなくなった子どもたちのことである。あるいは，こうした事態そのものを問題にする言葉のことである。「落ちこぼれ」という言い方ではその原因を子どもの側だけに求めるおそれがあるため，国や学校をはじめとする大人側の要因に目を向けるべく，「落ちこぼし」と呼ぶこともある。学習指導要領（1968）において，教育内容が難しすぎたり多すぎたりして当時の教育が「つめこみ教育」に陥ったことにより多数発生し，1970年代に問題となった。加えて，そうした子どもたちが校内暴力や非行に走り，大きな社会問題にもなった。教育課程を編成するとき，子どもたちがこの状態に陥らないように配慮することが大切である。

→非行；暴力行為 ［福嶋祐貴］

つめこみ教育

事実や手続き，概念や法則といった種類にかかわらず，できるだけ多くの知識を記憶させることに価値があるとする，暗記中心の教育のあり方をさす。想定された教育内容が，授業時数に照らして過剰であるほど生じやすい。学習者がある知識をどのような意味で理解するかという点は軽視される。古くから広くおこなわれてきた教育方法であるが，とりわけ，「教育内容の現代化」により教育内容の高度化・過密化が生じた1970年代に問題視された。しかし，「つめこみ」という方法を拒絶するあまり，知識を身につけることそれ自体まで否定してしまう論調も見受けられる。教師としては，子どもたちに身につけさせたい知識がどのような意義や可能性をもっているのか，よく吟味していきたい。 ［福嶋祐貴］

ゆとり教育

1968年改訂の学習指導要領では，アメリカの教育内容の現代化を受け，小学校の算数で集合や論理といった教育内容を扱うような高度なカリキュラムをつくることが提案された。その結果，落ちこぼれが社会問題化し，1977年改訂の学習指導要領で人間性を重視する「ゆとり教育」政策へと転換した。そのなかで，授業時間数の削減と教育内容の精選がなされ，例えば，これまで小学校で扱われていた集合や論理は高等学校へと移行された。

各学校では，知識や技能をつめこむ既存の教育とは異なる方針が出された。子どもたちの個性や興味を尊重し，学校が創意工夫をおこなうための時間として体験的な活動や生活指導等を行う時間（ゆとりの時間）が設定された。

［大貫　守］

ゆとりと精選

1977年改訂の学習指導要領を特徴づけるキーワードである。この学習指導要領は，授業時数を削減したことで生じた時間を，学校の裁量で創意工夫を凝らして用いることができるように「ゆとりの時間」を設置した点と，それに伴い，教育内容を削減・繰り上げして大規模に組織しなおした点が特徴であった。1968年改訂の学習指導要領以降，落ちこぼれ・落ちこぼしなどの問題が教育界に生じていた。それを克服すべく，「ゆとりあるしかも充実した学校生活」の実現がめざされることとなった。しかし，「ゆとりの時間」の使用用途が文部省（現在の文部科学省）の意図とかけ離れていたり，肝心の精選が不十分で状況の改善につながらなかったりと，問題も多かった。

［福嶋祐貴］

新しい学力観

1989年改訂の学習指導要領でスローガンとして示された，自ら学ぶ意欲に重きを置く学力の考え方のことである。知識や技能を詰め込む教育だけでは社会の変化に対応できないことや，それが非行や校内暴力，いじめや自殺といった社会問題をより深刻化させると批判されたことが背景にある。

それを受けて，観点別学習状況評価において，これまで最も重要な観点とされてきた「知識・理解」の観点に先んじて，学びへの積極性を評価する「関心・意欲・態度」の観点が筆頭に位置づけられた。具体的には，進んで課題を見つけて，主体的に判断したり，表現したりするなかで，社会の変化に対応できる自己教育力を身につけられるという，やる気を重視する学力観が新たに掲げられた。

→学習意欲；観点別評価　［大貫　守］

関心・意欲・態度

各教科の学習内容や学習対象に対して，関心をもち，進んでそれらを調べようとしたり，学んだことを生活に生かそうとしたりする資質・能力を評価するための観点とされている。

しかしながら，関心・意欲・態度の観点については客観的な評価方法が確立されず，学校現場では挙手や発言の回数，教師への授業外の質問の頻度といった子どもたちの表面的な態度のみで評価されることがある。その結果，教師の前だけいい子を演じる子どもが生まれたり，授業中に熱心に取り組んでいるが，テストで成績が振るわない子どもを教師が救済するための手段として用いられたりするなどといった問題も生じている。　［大貫　守］

生 活 科

1989年改訂の学習指導要領で低学年社会科と理科を廃止して，新教科として設置された教科である。低学年児童の発達段階や，就学前教育から小学校教育への円滑な接続を視野に入れて，入門期の教科として設定された。

生活科は，自然や社会の個々の事実に関する知識や技能を身につけることに力点を置くのではなく，身の回りの人や社会，自然との関わりを学ぶことや，基本的な生活習慣を養い，自立への基礎を培うことが重視されている。そのため，子どもの興味や生活現実をふまえ，地域や学級・学年を基盤とした教科横断的な教育計画がつくられる。加えて，授業では野菜づくりや町探検など地域素材等を取り入れた，体験的で活動的な取り組みとそこからの気付きを共有し，質的に高める取り組みがおこなわれている。　［大貫　守］

教育方法

学習の視点

主体的・対話的で深い学び

資質・能力を育むために，2017年改訂の学習指導要領で示された学びの視点である。「主体的な学び」「対話的な学び」「深い学び」を統合した学びであり，子どもが問題解決の見通しをもったり，対話を通じて知識を関連づけたり，他の単元でも活用できる体系立った知識を身につけたりする学びをさす。

この学びを実現するには，次の3点に留意すべきである。第一に，毎時間ではなく，単元など内容や時間のまとまり全体で達成をめざす。第二に，グループ学習などの活動をおこなうことを目的視せず，学習活動が資質・能力の育成に繋がっているかを意識する。第三に，子どもがさまざまな「見方・考え方」を働かせて資質・能力を育める教材や学習課題を準備する。

→アクティブラーニング；資質・能力【小学校】　［細尾萌子］

主体的な学び

「主体的な学び」とは，学ぶことに興味や関心をもち，自己のキャリア形成の方向性と関連づけながら，見通しをもって粘り強く取り組み，自己の学習活動を振り返って次に繋げる学びのあり方である。

例えば単元の最初に，子どもの素朴な気づきや疑問をもとに学習問題を設定し，学ぶ対象に興味をもたせる。その問題を生活経験と繋げて理解させ，子どもの予想や発想を意味づけしつつ，問題解決の着眼点や調べる方法へと教師が導き，学習計画を立てる。学習計画を学級で共有する。その計画に沿って学んだことやわからなかったことを子どもが振り返り，次の学習の目標に繋げる。このように教師が介入しつつ，問題解決の見通しを子どもにもたせることが重要である。　［細尾萌子］

学習問題

児童の学習課題を追究するなかで生まれてくる問題のことである。通常，学習課題は学習を進めるために教師から提示されるものである。一方，学習課題を児童に理解させたうえで，学習課題と学習上の出来事を関連づけながら，児童と教師が共同して設定するものが学習問題とされている。例えば，「日本の農業はどのような問題を抱えているか」という学習課題に取り組むなかで，「日本の農業の問題を解決するためには，どうすればよいか」という学習問題が学級で共有されるといっ

たようなものである。学習問題は一般的には，単元全体の問題をさして使われるものである。　［黒田拓志］

学習課題

学習を進めるために設定される課題である。教師から提示することが多い。教育現場では，学習問題設定以前の学習課題と学習問題設定後の学習課題の２つの意味で捉えられる。前者は，単元の導入などにおいて，学習問題を児童とともに設定するために出されるものである。例えば，「どうして江戸時代は250年以上も続いたのか？」という学習問題を設定するための学習課題として，「江戸時代は今までの時代と比べてどんな時代か？」「江戸時代は何年続いたか？」などがある。後者は，学習問題を解決するために，教師が設定する単元を通した課題である。例えば，「どうして江戸時代は250年以上も続いたのか？」という学習問題に対して，「徳川家康や家光はどんな政策をおこなったか」「政策の意味は何か」という学習課題を設定する。両者とも，学習問題と関連づくように，意図的に設定するものである。そのため，学習課題はつねに学習問題と紐付いていることが前提である。　［黒田拓志］

ねらい

児童にとっての「ねらい」と，教師にとっての「ねらい」の２つをさして使われる。前者は学習課題や学習問題のことであり，単元や本時の「めあて」と同義で使われる。すなわち，めあてとは，児童にとってのねらいのことである。後者の教師にとってのねらいは，単元の目標や本時の目標と同義である。教師にとってのねらいは，本時の目標，単元の目標ともに，到達目標として達成をめざすものであるという点で「ねがい」とは異なる。教師にとってのねらいと児童にとってのねらいにずれが生じることがあり，両者のすり合わせが大事である。

→到達目標　［黒田拓志］

ねがい

方向目標として追究することしかできない目標であり，到達目標として達成をめざす「ねらい」とは異なるものである。一般的には学校で設定されている「目指す子ども像」や「学校教育目標」，学級で設定される「学級目標」など，どんな子どもを育てたいかの価値観に関わるものである。例えば，小学校学習指導要領（2017）でめざす「資質・能力の３つの柱」などはねがいであり，「各教科等の目標及び内容」（算数科第１学年の（３）「数量や図形に親しみ，算数で学んだことのよさや楽しさを感じながら学ぶ態度を養う」など）はねらいである。

→資質・能力【小学校】；到達目標；方向目標　［黒田拓志］

学習計画／見通し

学習計画とは，教育目標の達成や学習内容の習得に向けて，学習者の実態や学習内容に応じて立てる計画である。単元計画とは異なり，学習者自身で計画を立てていくことが多い。学習計画を立てる際には，教科の特性や教育目標を意識して計画できるように教師がサポートすることが大事である。見通しは，既習事項や他者の意見等をもとに学習者が考えた，問題の解決方法の方向性のことである。見通し活動は，単に学習の見通しをもたせるだけではなく，学習を振り返って次の問題解決に繋げる振り返り活動と組み合わせて，深い学びへ繋げていくことをねらっている。学習計画，見通し活動ともに，児童の学習の自己調整力の育成を図っている。 ［岡田広示］

学習規律

学習集団のなかで共有される学習に関する価値観や規範，そしてこれらをもとに学習しようとする態度や行為をさす。学習活動成立に向けて学ぶことの基本的な価値の合意を図る規律があることは大切である。

学習規律は大きく２つの意味に分けられる。１つめは秩序の保持である。教師が話し始めたら黙って話を聞くなど落ち着いた雰囲気のもとで学習に取り組めるようにすることである。２つめは責務の遂行である。今の課題を終えたらそれに該当する学習ドリルを自ら進めてかまわないなど，学習のねらいの達成に向けて自ら学習計画を立てて学習に取り組めるようにすることである。学校現場では前者の管理指導面が強く見られがちで，バランスを考えて進める必要がある。 ［阿部隆幸］

対話的な学び

「対話的な学び」とは，子ども同士の協働，教職員や地域の人との対話，教材や資料に示されている先哲（昔の人）の考え方を手掛かりに考えることなどを通じ，自己の考えを広げ深める学びのあり方である。

例えば，課題について自分の考えをもたせたうえで，それをグループで交流させ，学級全体で発表させて練り上げるといった学習が考えられる。

子どもが本音の意見や疑問を出しあってやりとりが続くためには，答えがひとつではない多様な考えが出る課題や，課題解決に必要な知識を事前に伝えておくこと，「Ａさんと違って」などのつなぎ言葉や「なぜなら」などの接続詞，話型を教えること，どんな意見でも受け止める学級の雰囲気が必要である。 ［細尾萌子］

話　型

児童が話し合い（交流）の学習で使う意見の言い方や発表での話し方の典型的な文型のことである。例えば，「私は～です。そのわけは～です」「私は○○さんの意見に賛成です。そのわけは～です」「私たちは○○について調べました。用いたのは△△です。調べると□□がわかりました」などである。「わけい」だけでなく，「わがた」と呼ぶこともある。相手にわかりやすく伝えたり，考えたことや意見を論理的に伝えたりするための指導の一環である。すべての教科で活用できるように，教室文化として根づかせることが大事である。形式的なことにこだわり過ぎて，理由や論理が間違っていることに指導が及ばないことがあるので，注意が必要である。 ［西仲則博］

発　表

授業内で児童が事実や意見，実技を他の児童の前で発言・披露することをさす。学習成果のプレゼンテーションや実技テストのように発表そのものを学習の節目や成果とするだけでなく，授業の流れのなかで発表を取り入れることもある。

発表が成立する前提として，何をどう発表すればよいかが明確に指示されていることはもちろん，発表を教師だけでなく他の児童もきちんと受け止められる関係が成立している必要がある。また，発表者に対し単に正解か否かを示すだけではなく，他の児童の意見を促したり，教師の言葉で言い換えることでより考えを深めたりすることが，発表を生かした授業づくりの観点から求められる。 ［和田篤史］

練り上げ

日本の学校教育におけるひとつの学習形態である。学習問題について，児童一人ひとりが学習問題の解（自分なりの考えや答え）をそれぞれもったうえで，全体の場で，教師と児童，あるいは，児童と児童で解を出し合い，吟味し，個々の解が学習問題に対する集団の解へと再構成される学習過程をさす。

練り上げ型の授業の要件として，主に次の３点が挙げられる。①一人ひとりが解や仮説をもっている。②一人ひとりの解や仮説が表出され，吟味される対話がおこなわれている。③個々の解が集団の解へと再構成されている。

［黒田拓志］

学びの共同体

机を「コ」の字型に並べ（アイランド型，円型などもある），互いに協力し，支え合い，探究し合う学び方で，児童，教師ともに学ぶ学習方法である。児童から出された問いや疑問，発見から始め，集団活動・個人活動，協同（小グループ），表現の共有という授業の流れである。この授業をおこなうために，「児童の聴き合う関係」「ジャンプの課題」「真正の学び」が必要である。児童の聴き合う関係とは学び合う関係であり，仲間のつぶやきや言葉に耳をすませて，深い思考をすることをさす。ジャンプの課題とは，可能な限り高いレベルの課題に挑戦させることである。真正の学びは，教科を支える学問の考え方であり，教科の本質に沿った学びである。 ［西仲則博］

深い学び

「深い学び」とは，習得・活用・探究という学びの過程のなかで，各教科等の特質に応じた「見方・考え方」を働かせながら，知識を相互に関連づけてより深く理解したり，調べた情報をもとに自分の考えをもったり，問題を見出して解決策を考えたり，思いや考えをもとに創造したりする学びをさす。

例えば算数では「長方形の教室と台形の理科室のどちらが広いか調べるにはどうしたらいいか」，国語では「自分が選んだ植物の説明文にどんなことを書いたらおうちの人に伝わるか」という問いがありえる。こうした各教科等に固有の見方・考え方に基づいた課題を設定し，知識を関連づけて体系立てて理解させ，他の単元にも活用できる知識を獲得させるのが深い学びである。

→習得・活用・探究 ［細尾萌子］

反転授業

反転授業は，授業と宿題の役割を反転させる授業形態のことをさす。すなわち，基礎知識を説明する講義動画の視聴など基本的な学習を宿題（予習）として授業前におこない，個別学習や協同学習など知識の定着や活用力の育成に必要な学習を授業中におこなう。

反転授業は，知識を教授しつつ主体的・対話的で深い学びの時間を確保する方法のひとつとなる。

反転授業の実践は，初等・中等教育に広がりつつある。小学校では子どもや保護者の負担軽減のため，予習のためのデバイスを無償で貸与したり，予習動画は5～10分程度と短くしたりすることが求められる。家庭のインターネット環境や学習環境の多様性に配慮し，子どもが全員参加できる体制を整えることも必要である。　［細尾萌子］

ロールプレイング（役割演技）

国語・社会・道徳・英語などで，役割を与えて演じさせ，それを通じて問題点や解決方法を考えさせる学習方法である。登場人物の視点から見させたり，心情に寄り添わせたりして学習課題をより深く具体的に把握させたいときに有用である。ロールプレイングの学習活動では，学級の児童が相互に演者となったり観察者となったりするので，自己を客観視したり他者を理解したりすることが可能になり，楽しく主体的に参加できる。また，事前にセリフを準備し，役割に応じた名札を首からかけたり，かつらなどの衣装を着用したりすると，他者の言葉として本音が出しやすくなり効果を高めることが可能である。　［間森誉司］

生活綴方

子どもに自分の生活と内面をリアルに見つめさせ，ありのままに書かせた作文のことをさす場合と，その作文を学級集団で読み合うことで互いの考え方を共有させ，生き方の指導をおこなう教育方法をさす場合がある。

大正から昭和期にかけて，教師たちの生活綴方運動が起こった。大人の文章技法を暗記させるのではなく，子どもらしいと大人が考える作文（ロマン）を押しつけるのでもなく，生活の現状や問題点などを自由に表現・議論させ，生き方の目標をつかませる運動である。

自分の生活について書き，語るなかで，素朴な疑問や思いが生まれる。そこから生じた問いは，「主体的な学び」の出発点となる。子どものリアルを重視する生活綴方の発想は，現代にも欠かせない。　［細尾萌子］

読書の時間

児童が各自読書する時間のことである。朝の読書の時間や午後の授業前，読書タイムなどといった決められた時間におこなわれるものと，授業で課題が終わった後，給食前の待ち時間といった隙間の時間におこなわれるものがある。いずれの場合も児童の想像力や感性といった情操面の育成や知識や教養，語彙の獲得などをねらって実施される。朝の読書運動は，児童に読書習慣をつけることを目的に，1980年代に始まった。発達段階に合わせて小学校低学年では，教師による読み聞かせとセットで実施することもある。読む図書は，児童が自分の興味関心に合わせて学校の図書室で借りたり，自宅からもってきたりするなど，自由に選択していることが多い。

→朝学習　［岡田広示］

言語能力

言語能力とは，言語のきまりや言語

文化に関する理解，さらに言葉を用い文章や発話で表現する能力などの，言語に関わるさまざまな資質・能力を総称した用語である。学習指導要領(2017) で言語能力は情報活用能力，問題発見・解決能力と並び「学習の基盤となる資質・能力」として位置づけられた。国語科や外国語科だけでなく，すべての教科の指導で言語能力を育成することが望ましい。

言語能力は言語活動を通して，認識から思考へ，さらに思考から表現へという過程を繰り返すことで向上する。つまり，言語能力は，言葉を含んだ図表や文章を読み取り，解釈し，そこから自分の考えを構築し，その考えを言葉で表現するという過程のなかで向上するとされている。

→言語活動；資質・能力【小学校】

［小柳亜季］

音読／黙読

文章を声に出して読むことを「音読」，声に出さず読むことを「黙読」という。音読に似た用語に「朗読」がある。朗読は文章を声に出して理解したことを相手に伝えようとする「表現行為」であるが，「音読」は声に出して文章の内容を把握しようとする「理解行為」であり，黙読も理解行為である。短歌，俳句，古文，漢文，文語調などリズムよく読める文章の場合は，黙読よりも音読のほうが，文章に親しめるとともに理解もできる。「小学校学習指導要領解説　国語編」では，全学年で音読が取り上げられるとともに，1・2年生，3・4年生，5・6年生ごとに目標が設定されている。3・4年生から音読に加えて黙読の活用が始まり，5・6年生で朗読が初めて登場する。

［阿部隆幸］

教材・教具

教　材

教材とは，教育目標を達成するための内容や素材である。学校教育法では，教材として「教科用図書（教科書）」「教科用図書以外の図書」「その他の教材」が挙げられている。教科書は「主たる教材」と言われるように，その内容そのものがまず重要な教材であると言える。ただし教材は学習者の発達段階や興味・関心によっても選択，編成されるものであり，教師の自作ワークシートなどのその他の教材や，児童の周りにある自然や事物，児童の経験など，物でないものも教材になりうる。

かつては各教科の基本的な概念や原理，技術などの「教育内容」と，教育内容を教えるための材料・手段である「教材」が十分に区別されていなかった。しかし，教育内容が高度化するにつれて両者の区別がなされ，教えるべき内容を習得させるための多様な教材の開発が可能になった。

教材を選択する方法は，大きく2つに分けられる。教育内容から出発して最も適切な教材を見出すやり方と，学習者にとって魅力的な素材から習得すべき教育内容を見出すやり方がある。両者の適切な相互作用がよい授業に繋がる。

→教育内容；教育目標　［杉浦　健］

教　具

教具とは，教育目標を果たすための

道具（物）である。特定の教科に限定されない教具としては，ノートや鉛筆，黒板や視聴覚機器，コンピュータ（PC）などがあり，教科に限定された教具としては，理科での実験器具や算数での数タイル，体育での跳び箱や跳び縄，音楽での楽器などがある。

子どもたちの発達段階や興味・関心に合わせて，適切な教具を選ぶことも，教材研究の重要な１プロセスである。教具の価値は学習者が教育内容を習得する助けになったかどうかで判断されるものである。例えば１人に１台のPCかタブレットを割り当てられるが，子どもの興味を引いたり，教育内容を深めたりするためにどのように使うかがつねに問われることになる。

→玩具　［杉浦　健］

教科書【教科】

教科書は，正式には教科用図書という。学校で教科を教える中心的な教材として使われる児童生徒用の図書で，文部科学大臣の検定に合格したものをさし，「主たる教材」と言われる。小学校においては，この教科用図書を使用しなければならないと定められている。

かつては学習指導要領において，「〜を取り扱わない」「〜は触れない」など，いわゆる「はどめ規定」が置かれていたことにより，教科書の内容が厳密に制限されていた。現在は学習指導要領の範囲を超える発展的な学習内容については，学習指導要領内の記述と区別して教科書に掲載することができるようになっている。

→学習指導要領　［杉浦　健］

教科書で教える

授業をおこなう際，教科書については，「教科書を教える」「教科書で教える」という表現があるように，さまざまな位置づけ方がある。算数や理科など事実的知識や概念，法則を教えることが中心となる教科は「教科書を教える」ことが中心となるが，図工や音楽など技能を身につけさせることが中心となる教科は「教科書で教える」ことが中心となる。

しかしながら，学習指導案において単元観（教材観）の明確化が求められるように，主たる教材である教科書を教えるにあたって，その内容を何のために，どのように教えるのかを考えることがつねに求められている。その意味でどの教科でも，授業には必ず「教科書で教える」要素が含まれているのである。　［杉浦　健］

副教材（補助教材）【教科】

文部科学省の実施する検定を受けた教科書以外の教材のことである。副教材には教師自身が作成したワークシートやテキスト，写真等のほか，教科書の内容を習熟させるための漢字や計算のドリル，問題集，社会科資料集など外部（市販やインターネットの）教材も用いられる。

教師が作成する教材は，身近な校区内の写真で興味を惹きやすくしたり，作文用紙のマス目の大きさを変えて書きやすくしたりするなど，児童一人ひとりの学習状況に応じたものを作成できるという利点がある。教師の教科に対する専門性を生かすことが重要である。　［岡田広示］

ワークシート

辞書的には表計算ソフトの表や作業の予定表などの意味もあるが，小学校現場では多くの場合「学習用の問題プリント」や「学習のまとめプリント」などをさす。ただし計算プリントは一般には含まない。学習内容を簡潔にまとめて児童の学習の手助けをしたり，思考・判断したことや振り返りを児童が書き込むことを促す仕組みや工夫をしたりするものを言う。目的にもよるが，よいワークシートは児童が自身の力だけで読み解けるように構成してあるものである。そのために，指示文・質問文の意味を吟味することはもちろんのこと，文字の大きさや書体，視覚的に理解しやすい図の工夫など，児童の実態を考慮して作成することが大切である。 ［阿部隆幸］

フラッシュカード

かけ算九九，計算，漢字，地図記号，都道府県などのような単語や数字，絵を書いたカードのことである。一般に教師が短時間に次々とめくって見せて，その都度児童が答えていく形式をとり，反復することで知識の定着をめざす。「フラッシュ（瞬き）」という意味の通りに素早いテンポでリズムよく進めると効果的である。

短時間に大量の情報を伝えられること，特殊な道具や，多くの労力を必要とせず，児童に苦痛を強いることなく実践できる点において有効である。効果を上げるには授業の導入で毎時間実施するとよい。

批判的な意見として，一方的に情報を与えるので受け身の姿勢を育てる，学習の過程が無視され知識の詰め込みになるといったことなどがある。

［阿部隆幸］

実物教材（実物資料）

実物教材とは，子どもたちが実際に見たり触れたりしながら考えることができる，具体物をもとにした教材のことである。「百聞は一見に如かず」という言葉の通り，とくに小学校段階の子どもにとっては，教科書や図説，写真といった抽象物をもとに考えるよりも，五感を通して具体物に繰り返し関わりながら思考することで，学習内容の深い理解が促される。実物教材には，子どもが実際に手に取って観察できるもののほかに，学校外の施設や場所，山や川といった自然そのものも含まれる。

実物教材を扱う際には，実物を子どもに見せて教師が説明をする方法よりも，子ども自身が実物から情報を読み取り，友達と一緒に理解を深めていく過程を重視したい。 ［橘　慎二郎］

教材解釈

教材解釈とは，そこで扱う教材が，教育的にどのような意味や価値をもったものであるかを読み解き，理解していくことである。言い換えれば，子どもが学ぶべき内容の本質を見出していく過程であるとも言える。

教材解釈をおこなう際には，時には子どもの側に立ちながらの解釈をおこなうことも重要である。例えば，「みかん５個とりんご３個ではどちらが多いか？」という問いに対し，「１個が大きいからりんごが多い」とか「種類が違うから多さは比べられない」という解釈をもつ子どももいるだろう。そうした子どもの多様な解釈が生まれることも想定しつつ，曖昧さを取り除いたり，内容を焦点化したりしながら，扱うべき教材を吟味していく必要がある。 ［橘 慎二郎］

教材開発

教材開発とは，教育目標と子どもの実態に鑑み，新たに教材をつくり出す作業のことである。例えば，伝統的な地域行事を学習内容と関連させたり，ノーベル賞や恐竜の新説発表のニュースなどを素材として問いをつくり，教材として発展させたりすることが考えられる。子どもにとって身近な関心事を教材として扱うことで，学習意欲の向上に繋がっていく。

ここで留意しておきたいのは，つねに学習の目的や内容に立ち返る意識をもっておくことである。そうすることで，子どもの興味に引っ張られて内容が疎かになることなく，教科の本質を押さえた教材を生み出すことが可能になる。教師の専門性や人脈を十分に生かしつつ，新たな教材開発に臨みたい。

［橘 慎二郎］

教材研究

効果的な学習指導をおこなうためには，学習内容についての深い理解が必要である。教材研究は，教師が，授業で扱う内容にどんな価値や教育効果があるかを判断したうえで，単元で身につけるべき知識や技能を構造化しながら内容を整理したり，その内容を学ぶのに適切な教材を開発したりする，学習指導の準備作業である。その手法としては，教科書や関連する資料などを分析したり，実際に現地に出向いて見学や調査をおこなったりするなど，多様な取り組みが考えられる。

教材研究はまず，教材以前の材料となる素材を探すことから始めていく。授業づくりのイメージをもつ前に教師が素材と向き合い，その本質を理解する。このような素材研究を十分におこなったうえで，教育目標や児童の実態に合わせて教材化を進めていく。こうした素材研究に基づく教材開発と教材解釈を往還することで，その単元で学ぶべき内容の本質を見出し，それをどの児童も学び取れるようにするための教材をつくり出していくのが教材研究である。一流の料理人が食材に敏感になるように，教師もまた日常生活のあらゆる場面にアンテナを張り巡らせ，効果的な教材に繋がる良質の素材を探す意識をもつことが重要である。

［橘 慎二郎］

ICTを活用した教育

ICT

Information and Communication Technology の略である。情報通信技術と訳される。教育の世界では，PCやタブレットなどのインターネットにつながる機材を用いる技術をさすことが多い。ICTを活用した教育では，映像や写真などを提示して児童の理解を促せるほか，遠隔授業や反転授業などの時間と距離の制約を超えた教育活動が可能になる。

GIGAスクール構想により１人１台の PC（タブレット）が貸与されているが，活用状況には地域差・学校差が大きい。また学校ではセキュリティが重視されているため，アプリケーションのインストールが自由にできないなどの制約があり，ICTの活用が広まっていかない現状がある。 ［正頭英和］

ICT機器

教育現場で，より効果的に学習をおこなうための手段として ICTを活用するための機器をさす。具体的には電子黒板（interactive whiteboard：IWB），プロジェクター，実物投影機，PC，タブレット，プリンター（3Dプリンター含む），コピー機，スキャナー，デジタルカメラ，デジタルビデオカメラ，Webカメラなどをさす。

GIGAスクール構想によりPCやタブレットが１人１台整備され，ICT機器を活用した教育がおこないやすい環境が整いつつある。今までの教育のあり方を固持するのではなく，ICTの特性を生かし，アナログとデジタルを融合したハイブリッド型の新しい教育を展開していく必要がある。 ［六車陽一］

電子黒板

interactive whiteboard，略して IWBとも呼ばれる。書いた文字や図形などを電子的に変換できるホワイトボードのことである。プロジェクタータイプや大画面薄型ディスプレイタイプがある。普通の黒板やホワイトボードと違い動きのあるものを提示できる。

実物投影機と接続して写真や資料を拡大表示したり，PC と接続して映像，アニメーションなどのコンテンツを使用しながら授業を進めたりすることが可能である。また，マーキングや補足説明などを直接画面に書き込むことや，提示した画面を保存しておき，関連する別の学習のときに再び見せることができる。教師や児童の画面を全体で共有したり，協働学習を活発に進めたりすることもできる。 ［六車陽一］

タブレット

iPad に代表されるタブレット型コンピュータのことである。コンピュータ（PC）には大きく分けて，デスクトップ型・ノート（ラップトップ）型・タブレット型の３つがある。数十年前の学校現場ではデスクトップ型が一般的だったが，「１人１台」が求められるようになった頃から，持ち運びが便利で比較的安価なタブレット型に主流が変わった。

最近ではタイピングなどの基礎スキルを習得させるために，タブレットとキーボードが一体化した「２in１」タイプ（Surfaceなどが代表例）のタブレットも人気を集めている。タブレットだけでは PCの基礎スキルが身につかないため，キーボードとセットで考えることは重要である。 ［正頭英和］

デジタル教科書（電子教科書）

一般的には「教師用デジタル教科書」「学習者用デジタル教科書」「学習者用デジタル教材」のことをさすことが多い。教師用デジタル教科書と学習者用デジタル教科書は，紙の教科書の内容をすべてそのままデジタル化したものである。他方，動画やアニメーション，AI を活用した自己採点ができるドリルやワークなどデジタルだからこそできる教材は，デジタル教材と呼ばれる。

デジタル教科書を使うと，検索や保存ができるうえ，特別な配慮を必要とする児童の学習上の困難低減のための拡大縮小表示，音声読み上げ，総ルビなどもその場で対応することが可能である。 ［六車陽一］

プレゼンテーションソフト

スライド形式で発表用の資料を作成・表示するためのアプリケーションソフトのことをさす。Microsoft社のPowerPoint（Windows／Mac）やApple社の Keynote（Mac）が有名である。文字だけでなく，グラフや表，画像，動画，音声などを挿入でき，視覚に訴えるプレゼンテーションをおこなうことが可能である。

子どもたちがプレゼンテーションソフトを使って学習成果などを発表することがあるが，指導の際にはソフトの使用方法とともに，「誰に」「何を」「どのように」伝えるのかをよく考えて効果的な発表スライドを作成することができるように，プレゼンテーション方法も指導することが重要である。

［六車陽一］

校内LAN

校内ローカルエリアネットワーク（Local Area Network）の略である。光ファイバーなどで接続する有線LANと電波などを用いた無線LANがある。校内のPCをインターネットやPC 同士，プリンターなどの機器に接続できるネットワークのことをさす。

校内LANを整備することで，教師がオンライン会議をしたり，学習指導，成績などのデータと学習用のソフトウェアやファイルをサーバ等で一元管理できたりして，校内で共有しながら使える。また，児童も校内のどの教室でもインターネットに接続できるようになり，Web上のコンテンツの利用や検索，メールでのやりとりなどがおこなえる。学校ホームページにより学校情報を外部に公開することで，保護者や地域とのコミュニケーションを生みだし，開かれた学校づくりにも繋がる。校内LANにおけるセキュリティとして，教師用のネットワークと児童用のネットワークを分割して構築するのが一般的である。 ［六車陽一］

プログラミング

コンピュータが自分の意図したとおりに動くように，正確な指示をすることをプログラミングという。コンピュータへの指示は文字で書く。その文字（言語）のことをプログラミング言語と言い，その言語で書く文字のことをコードという。

プログラミング教育で文部科学省が求めているのは「プログラミング的思考を育てること」であり，必ずしもプログラミング言語を習得させる必要はないことに留意したい。

小学生でも簡単にプログラミングができるように，Scratchに代表されるようなビジュアルプログラミング言語がある。 ［正頭英和］

プログラミング的思考

自分の思いを実現するために，何をどのような順番でおこなえばいいかを考えることが，プログラミング的思考である。近年よくある誤解だが，プログラミングとプログラミング的思考は別物である。大切なのは「的」であり，プログラミング的思考は必ずしもプログラミングの技術を意味しない。小学校では各教科等のなかでプログラミング的思考を育てることが重視されている。

例えば家庭科の調理実習では，効率的につくるために「何を」「どの順番で」調理するかを考えさせることで，プログラミング的思考を育める。そのほか，生徒指導では「そのとき，どうすればよかった？」という分岐をつくらせ，自分の行動を振り返らせる際に，この思考を活用できる。　［正頭英和］

情報活用能力

昔は情報を頭のなかに入れることが学習の目的であった。しかし，インターネット環境が普及した現在，私たちは簡単に手早く，必要な情報を手に入れることができるようになった。情報を一生懸命に頭のなかに入れることは時代の流れに沿わなくなり，注目されたのが情報活用能力である。つまり，「手に入った情報を目的達成のためにどのように生かすのか」を考える力である。

その実践例としてPBLと呼ばれる問題解決型学習などがあり，プロジェクト型の授業が重要視されるようになってきた。例えば小学校の社会科では，「縄文時代と弥生時代，どちらが暮らしやすいか？」というテーマを解決する過程で必要な知識を取捨選択し，活用していく授業が考えられる。

［正頭英和］

EdTech

Education（教育）とTechnology（テクノロジー）を掛け合わせた言葉で，エドテックと発音する。2010年頃にアメリカで生まれた言葉で，「デジタル機器などを活用した教育の改革」を総称してEdTechと呼ぶことが多い。AI（人工知能），VR（バーチャルリアリティ）などを活用した教育をイメージすることが多いが，YouTube などの動画を使った学習など，その定義はもっと広域なものである。

日本ではEdTechの認知度が低いが，これらを活用することにより，従来ではおこなうことができなかった授業が可能になる。例えば，テレビ電話システムなどを活用して海外の学校と英語で交流するなどの実践例が挙げられる。

［正頭英和］

教授行為

指導言

小学校現場においての営みとは，教師と子ども，子どもと子どもの間の話し合いの過程と言える。この過程をよりよく進めたり，組織したりするうえで重要な役割を担っているのが，教師のことば（話しことば）である。これらをまとめて指導言という。

授業のなかで用いられる教師のことば（指導言）を目的に応じて分類すると「説明」「発問」「指示」「助言・切り返し」などがある。授業で取り扱う内容によって１授業時間の説明，発問，指示，助言・切り返しの量や内容（質），順序が異なる。

同僚の授業を参観するときや授業を組み立てるとき，授業を終えて振り返るときなど，指導言を意識することで授業の質が向上すると考えられる。

［阿部隆幸］

説　明

説明とは，学習者が知らない事柄や

内容を，知っている言葉と方法で理解できるように解説することである。教師の意図が正確に伝わる説明は，児童の学習意欲を高めることができる。そのためにはまず，1つの事象に対して1つの説明とし，短く的確に話す。さらに①掲示物の活用，②具体例の引用，③身振り手振りの身体表現，④言葉や声の調子を変える，⑤ICT機器の併用などで，より効果を高めることができる。

一方で児童の「説明する力」を育てるために，話し方の技術を身につけ語彙を増やす学習も大切である。調べ学習によりまとめる力や書く力を鍛え，発表や説明をする経験の場を多く設けることが求められる。　［間森誉司］

発　問

授業者が，児童の思考が深まり拡がるように問いかける言葉が発問である。発問の質は，児童が主体的に学習する授業づくりの大きな要素である。本時の目標を達成するための授業の核となる問いかけを「中心発問」と言う。

学習集団に深く思考させる効果的な発問として，次の点に留意したい。①一問一答の発問にならないようにする。②1回で的確に伝わる言葉を選択する。言い直しは思考を混乱させる。③「～わかるか」は，児童が考えにくく，ハードルが高い。例えば資料を提示したとき「～見えるか。読み取れるか」と問うほうが思考の幅が広く，学習参加度が高まる。

→中心発問　［間森誉司］

指　示

指示とは，児童が適切に行動し，考えることができるよう示す言葉である。的確な指示を出すために次の点に留意したい。第一に，低学年と高学年では言葉の理解度に違いがあるため，学年に応じた言葉の使い分けをする。第二に，確実に伝えるために一指示一行動を意識し，1つの指示に多くのことを盛り込まない。第三に，児童の学習行動を変えるために，「～しなさい」「～しましょう」のように語尾を使い分ける。第四に，多くの児童に指示を与える場合は，言葉だけでなく板書や実物投影機などを使い視覚的に発する。第五に，言葉だけでなく，児童と目を合わせることを大切にしながら指示を発するよう努めることである。

［間森誉司］

助言／切り返し

助言は，児童に対して思考が深まり広がるようなプラスになる言葉をかけたり，情報を与えたりして支援することである。

切り返しとは，児童の思考を意図的に揺さぶり，まったく別の視点から発見させたり深めたりする発問の手法である。学習集団の意見が多数派に流れそうなときに，児童がなぜそう考えているかの理由をさらに問うたり，他の言葉で説明させたりすることで，考えを明確にさせたり，新たな視点に気づかせたりするのである。学習内容や視点を学級全体に広げたり，教育目標に迫る考えが児童から出ないときに導入したりすると大きな学習効果をもたらす。　［間森誉司］

ゆさぶり

文部科学省の定義によると，広義に

は，子どもたちの学習に変化をもたらし緊張を誘う発問のことである。狭義には，子どもたちが考えたことやわかったと思ったことに対して，教師からあえて疑問を呈したり，混乱を引き起こしたりすることによって確かな見方へと導く発問のことである。例えば，「本当にそうかな？」「先生はみんなの意見と逆だな」「A君はみんなと違う考え方をしているよ」「これで全員納得？」などがある。

単に発問をすれば子どもたちの考えが深まるということではない。ゆさぶりの効果を上げるためには，それまでの学習過程において，児童の思考を丁寧に見取り，ゆさぶるポイントを見極めることが必要である。［黒田拓志］

構造的板書

書く場所や文字の色などで授業の流れや学習者の思考を視覚的に構造化した板書のことである。一般的な板書には，学習者に対して，教師の口頭説明で理解を促したり，板書をノートに写すことで学習内容が後で振り返れるようにしたりする効果が求められている。構造的板書は，授業1時間の学習内容の構造が板書の記述で明らかにされるため，学習者にとって必要な事項が「どこに書いてあるか」が一目でわかるようにつくられている学習者主体の板書である。そのため学習者は自らの思考の流れを視覚的に捉えることができ，より深く考えたり理解したりしながら思考を整理できる。また，構造的板書を写すことで，思考のノートへのまとめ方を学べる効果もある。

［岡田広示］

ノート指導

ノートを介して学習者の学習過程や結果を指導することである。授業でのノート指導は，児童に板書を写させることが基本となる。小学校低学年では日付や教材名等を視写（書かれている通りに写すこと）させることにより，文章の正しい書き方や文字を使いこなせるようにするといった効果もねらっている。小学校高学年では板書を写すだけではなく，自分の考えや友だちの意見をもとに課題に対する考えを整理したり広げたり，深めたりできるように書くことが中心となり，学習過程の記録という役割が出てくる。ただし，小学校低学年段階でも，児童が自由に書いてよいノート（自由帳）や自主学習ノートなど，児童が自らの思考に沿って書いていくものもある。

［岡田広示］

机間指導

自力解決や小集団での児童の活動を支援したり，学習活動を評価したりするために児童の学習活動を見て回る行為である。机間巡視という言葉で語られていたが，学習者の視点に立って指導に生かすことから，机間観察，机間指導という言葉になった。

児童の活動のなかに入り，どのような考え方をしているのか，どこでつまずいているのかを把握して指導に生かすことが大事である。活動が止まっている児童には，学んできたことを思い出させたり，それを活用できるかを考えさせたり，新たな視点を示したり，表現の工夫等を促すことで，活動を促進させる指導をおこなう（足場かけ）。

机間指導で見つけた児童の独自の視点や考え方を共有することで，活動が活発化することもある。

→足場かけ ［西仲則博］

手立て／しかけ

手立てもしかけもともに教育目標達成のために，教師がおこなう指導方法のことである。手立ては，「情報を整理する方法を示す」や「子どもの気づきを全体で共有する」といった直接的な働きかけをさす。

一方，しかけは，直接的な指導や支援とは異なり，それぞれの学習過程において，児童が自ら学習したくなる状況づくりや環境づくりなど，教師の間接的な働きかけをさす。例えば，生活科の「おもちゃづくり」において，おもちゃづくりの材料を多様にそろえ，児童が自由に何度も使えるような環境を設定する。対話が活性化するように，児童の机をコの字に配置する。休み時間に自由に調べ学習ができるように，資料コーナーを設定する。総合的な学習の時間の導入で児童の活動意欲を高めるために，地域の方からの切実なねがいを書いた手紙を紹介するなどが挙げられる。 ［黒田拓志］

指名法

授業において児童に発言させる方法のひとつが教師の指名である。一般的には，挙手した児童のなかから教師が当てる「挙手型」が用いられる。この方法は，発表の意欲づけとしては効果があり多用されるが，発言が活発な児童に限定されるおそれがある。より多くの児童に意見を発言させるための方法として，①順番指名（列や番号順に当て，どの子にも発言機会を保障），②意図的指名（挙手に関係なく授業構想に基づき指名），③グループ指名や相互指名（学習規律をつくり児童が相互に指名しあう）などがある。目的にあわせて多様な指名法を使い分けることが重要である。 ［間森誉司］

待　ち

子どもの発言や行動を引き出したい場合，その場での反応を求めることが得策であるとは限らない。子どもが問いを理解し，思考する時間を保障する手立てが「待ち」である。

一般的に教師は，子どもたちに物事を教えたがる傾向がある。しかし，大切なのは子ども自身が思考し，自らの力で問題解決をしていくことである。教師から情報を与えすぎるよりも，逆に待つことによって子どもの思考を促し，主体的な態度が促されていくこともある。「待ち」のためには，深い子ども理解が必要になる。教師は待ちの場面において，子どもの思考を予測し，できる限り子どもの声に耳を傾けようとする。「待ち」は，愛情に支えられた教師行動だとも言えるだろう。

［橘　慎二郎］

教室環境

教室において子どもが学習・生活を営む環境のことをさす。掲示物や机の配置など，子どもや教師なども教室環境の要素のひとつである。近年，多様な子どもたちに対応するという視点から，掲示物の精選などが学習支援のひとつとして有効であると考えられている。一方，子どもたちの学びの履歴を残すことや係活動等の主体的な活動を表現する空間とすることも大事であるという議論もある。各々の学級の実態に応じて，環境を整えていくことが求められる。学習経験の充実や発展を促す環境として機能しているか，生活を営む場として誰もが安心して学ぶことができる場になっているかなど，一人ひとりの学びの意味を問い，吟味していくことが重要である。　［山中左織］

側面掲示

子どもの学びを間接的に支援する方法のひとつが掲示である。とりわけ側面掲示は，学習の履歴や基礎的な知識，問題解決に必要な情報等を教室の壁などに常時掲示したものであり，学習の過程を振り返ったり知識を再確認したりできるという利点がある。例としては，国語科における教材文の拡大掲示や，理科における実験結果の提示などがある。

側面掲示を活用する際には，子どもたちの学習の進度に合わせて，教師がつねに情報を付加，修正することが必要である。側面掲示の情報の更新は，学習意欲を高めることに寄与していく。

ただし，子どもによっては目に映る情報が多くなりすぎると集中力を欠いたり注意が散漫になったりすることもある。子どもの実態に合わせ，情報の精選，整理に努めたい。　［橘　慎二郎］

立ち位置／目線

立ち位置とは，授業中に教師が立つ場所，目線とは，教師の見ている方向，視野の広さを意味する。立ち位置や目線に配慮しながら授業を進めるメリットは大きく2つある。1つめは，子どもの学習状況が見えやすくなり，具体的な支援に生かせるという点である。教師が積極的に動き，立ち位置や目線を変えながら子どもを見取ることで，子どもが集中して話を聞くことができているか，ノートがきちんと書けているかなど，一人ひとりの状況を知ることに繋がっていく。2つめは，子どもの相互交流を促すという点である。子どもの発言が対教師に終始しないよう，あえて子どもから離れた場所に移動することで，子ども同士の対話を見守る時間や機会が生まれてくる。

［橘　慎二郎］

ユニバーサルデザイン（授業のUD）

障害の有無や能力差などを問わず，すべての学習者に配慮した学習環境や授業をデザインすることである。UDと略される。①授業方法や技術に関するUDの進め方と，②教材のUD化が考えられる。①については，発問や資料提示などにおいて「スモールステップ」を重視した授業展開の工夫が必要となる。とくに焦点化（児童の視線を1点に集中），視覚化（視覚的な資料の活用），共有化（1人の発見を全体で共有）の3要素を効果的に生かした授業の組み立てを重視したい。②については，児童に馴染みの深い教材や生活体験に関連した教材を工夫すること，板書のチョークやワークシートの色，UDフォントの使用，指示内容の明確化などの視覚支援・聴覚支援が求められる。　［間森誉司］

学習形態

学習形態（授業形態）

学習形態とは一般的に授業における

学習の組織形態をさす。その形態は「個別学習」「小集団学習」「一斉学習」の大きく3つに分けることができる。この3つの学習形態は個々独立したものや，対立したものと考えるよりも，達成しようとする目標に向けて互いに補完しあう関係と考えることが妥当である。

そのためには，第一に3つの学習形態の特徴を把握する。第二にこれからおこなおうとする授業の目標を明確に設定する。第三に3つの学習形態をどのように組み合わせて授業を進めれば，個々の子どもたちの学習を成立させながら，学級内の異質な子どもたちが互いに意見を練り上げて，目標を達成することができるかを考えて構成することが大切である。［阿部隆幸］

一斉学習（一斉授業）

一人の教師が学級の児童全員に同一の内容を同一の進度で同時に指導する授業でなされる学習をさす。

一般的に教師が講義形式で授業し，児童が黙々とノートに取る姿が連想され，これが児童個々の関心や理解度に対応しにくいとの批判もあるが，知識を効率的に伝達できる利点や周囲の取り組みから刺激を受ける効果もある。また，講義は一斉学習（一斉授業）の一局面であり，学級全体での討論も含まれる。さらに，全員で知識や見方・考え方を共有したい局面でも一斉学習が活用される。例えば導入場面で学習課題や前提知識を示すことや，まとめの場面で個人やグループの結論を発表させることで多様な思考に触れる機会を与える場面が考えられる。

［和田篤史］

個別学習

授業の場で各児童が一人で課題に取り組むことをさす。児童一人ひとりが異なる課題をそれぞれの進度でおこなう学習だけではなく，同じ課題に児童全員が取り組むものの各自の進度で自力解決する学習も個別学習である。

計算や楽器の演奏など練習を通して知識や技術を獲得する場面を中心に必要とされるものである。とくに高度な技術を身につけたい場合には，個別学習で練習させつつ机間指導することが望まれる。ただ，これらの技術でも，個別学習ではなく集団のなかで批判を受けることでさらに向上する面がある。逆に，討論やグループワークが中心となる授業でも個別に振り返る場面を与えることにより考えをいっそう深めることが可能になる側面もある。

［和田篤史］

個に応じた指導

児童の現状に応じ指導方法や目標・内容を変えて対応することである。

方法面では，学習内容を細分化したり，教材の与え方を変えるなどしたりして，個々の進度にあわせて学習に取り組むことができるようにすることである。目標・内容面では児童によって学習させる項目の量や深さを変えることが考えられるが，小学校段階では学力差の固定に繋がるとして否定的な見方もある。

この個に応じた指導をおこなうために習熟度により集団を分ける方法もあるが，多様な児童がいるなかでも取り入れられる。例えば，内容面で十分に到達している児童がそうでない児童に援助することや，調べ学習で図書・映像など各自が得意とする方法を選択させることなどである。　［和田篤史］

小集団学習

学級などの学習集団をいくつかの集団に分けた学習で，ペア学習とグループワークの総称である。英会話や少人数での討論など複数人で取り組むことが前提となる学習のほか，個人でも取り組める問題の解法などを教え合う協同学習もこれに含まれる。さらに，半学級授業などの少人数指導もこの一種と言える。

すべての児童が教育目標を達成できるように，教師が個々のグループ，あるいは全体にどう介入するかに加えて，グループをいかに編制するかも検討する必要がある。小集団グループは，生活班と一致させてリーダーシップや協力する姿勢の育成も図ることがありえるし，授業内容ごとに児童の学習内容の形成状況や興味・関心などをふまえてグループを編制することもある。

［和田篤史］

班編制

学級における班には，大きく分けて2つある。学習班と生活班である。学習班は，授業における班学習の基本単位である。通常，席の近い学習者でつくられる。班を決めてから，席替えをおこなうこともある。学習効果をあげるためには，3～5人の班が適当であると言われている。人数が多い場合，議論に参加できない子どもが増え，一部の子どもだけの活動になりがちである。

生活班は，給食，掃除，日直などの役割を担うものである。1つの班に6人くらいが多い。班活動を通して，互いを認め合い，助け合いながら，協働して取り組むことを学ぶため，男女別や，仲のよい友達同士の班ではなく，性別，意見や性格の違う者同士での異質な集団をつくることが求められる。

［西仲則博］

学習集団

教育目標を達成するために構成される集団のことである。学級集団を母体とすることが多く，児童の学習状況や教科の特性に応じて，2，3人くらいの小集団と，学級全体で構成される大集団の形態がある。

大集団は一斉指導がしやすいという利点がある。他方，小集団での学習形態は協同学習に発展させていくために導入されることが多い。小集団学習では学習者間の意見交換が活発になり，学習意欲の向上が図られる。また総合的な学習の時間や特別活動などでは，他の学年や学級を交えた小集団学習が取り組まれることがある。異学年集団では上級生がリーダー性を培ったり，下級生は上級生の姿を目標としたりするなどの教育効果が期待できる。

［岡田広示］

少人数指導（少人数教育）

少人数の集団を編制したうえでの指導をさす。小集団学習のうち，それぞれの集団に教師が一人ずつ配置されるものを想定している。半学級など通常の学級を分けること（複数指導）もあれば，学級をまたぐ形で集団を編制することもある。

集団編制は，学力や興味・関心に基

づき分ける場合もあれば，それらに関係なく名簿番号などで機械的に分ける場合もある。前者については，習熟度別学級編成が代表例であり，均質な集団に細かな指導が可能となる利点がある一方で，多様な意見に触れる機会が減るという問題点もある。

最近は少子化により学級自体が少人数で編制されることも多く，授業中に目が行き届きやすい一方で人間関係の固定化などの問題点も指摘されている。

［和田篤史］

習熟度別学級編成

児童の学力の形成状態にあわせて編制される学習集団である。能力主義の考え方に基づいている。2002年の文部科学省の「学びのすすめ」で少人数指導や習熟度別指導等が奨励されたことにより，全国的に広がった。

児童の学力レベルにあわせて編制する方法と，特定の教科等の時間だけ習熟度別に再編する方法がある。いずれの場合も1年間の固定ではなく，児童の学力の形成状態や教育条件等を考慮し，単元や学期等一定期間で見直され，再編されることが多い。この点が能力別や学力別と呼ばれる学級編成と異なる点である。しかしながら小学校での実施については，学力の固定化や選別の危険性も含んでいるため注意が必要である。

→学年・学級制；学級編制；能力主義

［岡田広示］

協同学習（協働学習）

複数の個人が力を寄せあって，同じ教育目標や問題を達成，解決することを目的とした学習方法である。2017年改訂の小学校学習指導要領から，異なる個性をもつ者同士で問題の解決に向かうことの意義を強調するために，「協同」ではなく「協働」という漢字を使うことになった。

協同（協働）学習の特徴として，問題（課題）・学習手順・その問題について学ぶ理由を教師が示した後，児童がこの問題について，自力解決（個人思考），協同（グループでの学習）をおこない，その成果をまとめて学級全体で共有し，最後に振り返りを入れることが多い。児童の活動の概略やその価値等を最初に示すため，児童が活動の方法や意味を理解しておこなえるのが利点として挙げられる。［西仲則博］

協調学習

決まった手続きでは解決できないノンルーチンな問題について，複数の児童が知識を出しあい，共有しながら，さまざまな知識，視点，経験を適用して問題を解決する学習である。構成主義の考え方に基づいている。協調学習では，教師からのガイドや価値づけはせず，児童がチームとして，問題に関心をもち，解決を図り，その過程や結果について発表し，共有化する。

協調学習をおこなうことで，チームメンバーが互いに刺激を与えあうことができ，創造性の向上と問題解決の質的向上に繋がることを目的としている。社会に出て，文化も考え方も違う人々と，問題解決をおこなっていく必要があるため，協調（性）それ自体が身につけるべき技能として考えられている。

→構成主義 ［西仲則博］

問題解決

児童の日常生活から問題を見出し，それを解決していく過程や，一連の行動をさす言葉である。問題解決の過程としては，一般的には「問題の発見→問題の明確化（問題の理解）→計画を立てる→実行→振り返る」とされているがこの限りではない。

授業における問題は教師から提示される問題（学習課題）がほとんどである。そのため，教師の指導の意図を含み，ある決められた規則や法則，公式等を適用すれば解ける問題（ルーチン的問題）が多い。

これに対して，PISAの問題解決では，決まった手続きを当てはめることができないノンルーチン的問題について，自力解決や協調学習を通してどのように解決していくかが問われている。

［西仲則博］

問題解決的な学習【教科】

児童自身が問題を立て，その解決策を考えることを中心に組み立てられた授業である。問題解決という目的意識をもって学習できることや身近な課題を起点とすることで学習の動機づけをおこないやすいという利点がある。他方，生活経験に根差した問題だけで各教科の基礎的事項など指導すべきことを残らず扱えるのかという批判もある。

教科学習においては児童の生活経験に根差した問題だけではなく，教科内容に関わる社会問題などを教師から児童に提案することも考えられる。それによって，身近な課題を教科の枠にとらわれず解決しようとする総合的な学習の時間における問題解決や，課題を通して道徳心を養おうとする道徳との役割分担になるといえる。

→問題解決的な学習【総合的な学習の時間】；問題解決的な学習【道徳】

［和田篤史］

PBL（問題解決型学習）

PBL とは Problem Based Learning の頭文字をとったものであり，問題解決をおこないながら必要な知識を学習する方法である。主に医療教育で発展してきた。自ら問題を発見し解決する能力を養うことを目的としている。ここでの「問題」とは，決まった手続きを当てはめることができる問題（ルーチン的問題）ではなく，ノンルーチン的問題である。従来のように先に知識を得るのではなく，問題の解決中に必要な知識に気付き，その知識を得ていくところが特徴である。そのため，知識習得のための動機づけが明確で，その活用も同時に体得できる利点がある。児童の学年では学習しない知識，教科外の知識にも直面するので，教材研究が重要である。

［西仲則博］

プロジェクト型学習（PBL）

プロジェクト型学習（Project Based Learning：PBL）とは，プロジェクトを通して知識やその活用法を学ぶ方法である。主に工学教育で発展してきた。自ら問題を発見して，プロジェクトを興し，それを解決する力を養うことが目的である。プロジェクトとしては，小規模なものをつくることから，学校や地域の問題について産学協同でプロジェクトをつくって解決する大規模なものまである。問題解決型学習よりも，地域の課題について取り組むなど，問題の対象の範囲が社会のほうに開かれている。教師は児童の自主性を重んじながら，地域と連携して，児童の学習成果が反映できる機会を設定することが重要である。［西仲則博］

発見学習

学習者自身が，知識がつくられていくプロセスを辿ることにより，新しい概念の構造や意味を発見的に学習する方法である。アメリカの教育現代化運動のなかでブルーナーらにより，科学的な法則・原理・概念などをより深く学びとる方法として提唱された。日本では，探究的な学習の方法のひとつとしておこなわれる。

子どもが課題や仮説を立て，それを検証するなかで導かれた一般的な法則をほかの事例にも当てはめるという過程である。「発見による学習」が発見学習の中核をなすが，発見の方法や学習過程の価値も強調されている。発見した知識を獲得，記憶しやすいという効果と，得た知識をさまざまな状況で適切に活用できるという効果がある。

→教育内容の現代化；ブルーナー

［山中左織］

仮説実験授業

独自に作成された「授業書」を用いて「問題→予想→討論→実験」という一連のサイクルを通して，科学上の最も基本的な概念や原理・原則を教えることを意図した授業方式のひとつである。1963（昭和38）年に板倉聖宣が現場の教師たちと協力してつくり出した。授業書は「教科書兼ノート兼読み物」としてまとめられている。授業書は通常，普遍的だが意外な質問（問題）から始まり，選択肢のなかからある予想を選ぶことで全員が討論に参加でき，結論を実験で得るようになっている。教師の役割は司会や支援にとどめ，科学の論理と子どもの直感的判断との往来を通して，子どもたち自身が科学の楽しさや有効性に気づいていくような仕組みが施されている。

［阿部隆幸］

ジグソー学習（ジグソーメソッド）

学習を協同（協働）でおこなう方法の一つである。知識（学習課題）をいくつかのトピック（ピース）に分けてグループで組み立てるので，ジグソーパズルのようなところから，この名前がつけられた。最初に，学級などの学習集団をグループに分ける（ホームグループ）。そのグループのなかで，トピックについての分担を決める。この分担では，１人１トピックとする。各自に役割の責任をもたせるためである。次に，他のグループの同じ分担者を集めてグループをつくる（エキスパートグループ）。エキスパートグループでは，自分の分担箇所について深く調べ，話し合ってまとめる。エキスパートグループでの活動の後，ホームグループに戻り，それぞれのエキスパートグループで学んだことを発表し，共有する。

この学習法の大きな特徴は，分担箇所については深く学ぶが，分担以外のことは仲間からしか学べない点にある。そのため，児童は他の児童に迷惑をかけないよう，自分の学習に対する責任感をもつようになる。この責任感が，児童を学習に積極的に参加させ，達成感や自己肯定感を育て，協力的な学習

環境をつくる源となる。この学習法のデメリットは，トピックの作成・用意に時間がかかる点である。［西仲則博］

ワールドカフェ

飲み物やお菓子を準備し，カフェのようなリラックスした雰囲気のなかで対話を進めていくワークショップのひとつである。他者を非難・否定する話し合いではなく，他者に貢献し，アイデアを繋ぎ，創造することが重要視される。進め方の手順は以下のとおりである。①4名程度のグループをつくり，模造紙を囲むように座る。②テーマに沿って話を進める。その際に模造紙にアイデアを書き出したり，イラストを描いたりする。③グループのなかの1人を残して，ほかのメンバーは違うテーブルに移り，引き続きテーマについて話をする。④再びそのグループ中の1人を残して，ほかのメンバーは違うテーブルに移り話をする。⑤全体で各自が考えたことを共有する。

テーブルの数だけワールド（世界）が存在し，そこを行き来し他者の考えを知るなかで自分のなかに新しい「世界」が生まれてくる。［荒木寿友］

ワークショップ

ワークショップとは，参加者が自分自身を見つめたり他者と関わったり，ものづくりをおこなったりするといった能動的な参加体験型の活動を通して，学びを深める学習スタイルである。一方的な知識伝達によって参加者が受け身になりがちな学習を乗り越えるものとして，例えば，演劇やアートの分野での実践を皮切りに，まちづくりや環境教育，国際教育（開発教育），ものづくり，仲間づくり，教科学習などの諸分野において広く実践されている。

ワークショップは参加者が実際に体験することを重視するため，活動が中心のプログラムになるが，「活動あって学びなし」とならないために，活動を意味づけていくリフレクション（省察）をすることが求められる。

→ファシリテーター；リフレクション

［荒木寿友］

他の教師などとの協働

TT（ティームティーチング）

2人以上の教師が教室に一緒に入って授業することを「TT（ティームティーチング）」や同室複数指導と呼ぶ。算数や理科などで複数の教員の連携の意味で用いられることが多いが，外国語の授業におけるネイティブ教員と一般教員の連携の意味でも用いられる。T1（TT の1人めの教師）が主担当（メイン）でT2（TT のもう片方の教師）が補助（サポート）という関係性ではなく，T1 とT2 のそれぞれの長所を生かしながら指導していくことが望ましい。

T1が学級全体に指導しているときに T2が困難を抱える児童に個別指導をしたり，グループワークのときにT1・T2 で個別に机間指導に入ったりするなど，より細かな指導ができる利点がある。

→同僚性 ［正頭英和］

交換授業

主に小学校において，学級担任制を前提としながらも，教師間で互いの合意に基づき，それぞれの学級で教科等の授業を交換しておこなうことである。例えば，１組の教師が１組と２組の理科の授業を担当し，２組の教師が１組と２組で体育の授業を担当するというようなことである。低学年の授業に比べ，やや教科等の専門性や教材・教具の準備が必要となる理科や体育，総合的な学習の時間などを中心に，高学年の授業で積極的におこなわれる傾向がある。

メリットとして，学級間格差の解消のほか，多様な教師が関わることで子どもの様子をさまざまな視点から見ることができる点，教師の専門性を生かし，教育の質の向上が期待できる点などが挙げられる。

→教科担任制【小学校】 ［山中左織］

ALT

ALT（Assistant Language Teacher）とは，語学指導などを補助する外国人教師のことである。1987年以来，文部省の JETプログラムを通して募集が開始された。現在では，自治体や各学校などで独自に採用される場合もある。ALTの活用形態としては，ALTの一斉指導・日本人教師の個別指導，日本人教師の一斉指導・ALTの発音指導などがあり，学校の実態に応じて柔軟に運用されている。ALT活用の利点として，児童の英語を使う必然性の増加や英語圏文化への理解の深まり，日本人教師の英語運用能力の向上などがある。一方で，ALTの来日動機や教育の知識の程度はさまざまであることを考慮して協働することが求められる。

［小柳亜季］

飛び込み授業

飛び込み授業とは一般に学級の担当教師以外の人が単発的におこなう授業をさす。飛び込み授業の目的は多様である。授業実施者が初対面の児童に授業をおこなうことをふまえ，さまざまな子どもに使える汎用性のある教材開発や教育技術の共有財産化など，教師全体に還元することを志向しおこなわれるものもある。学級の担当教師が，他の教師が自身の学級で授業をおこなうのを見て，授業のあり方を振り返り力量形成に繋げたり，子ども理解を改めたりするなど，教師個人の変化が目的とされるものもある。さらに，児童にとって授業担当者が通常と異なることをふまえ，学級に新しい学習規律を導入することをめざすような，個別の学級の変化を促すためにおこなわれるものもある。 ［小柳亜季］

ゲストティーチャー（外部講師）

学習理解をより深め，広げ，具体化するために学校外から招く外部講師のことである。さまざまな職業の人，ボランティア活動をしている人などを，教科や授業内容に応じて選定する。教科書に記述がある内容も，外部講師からの学びを加えると，児童の興味や関心が高まる。児童が生活する校区など身近な地域の人を講師にすると，より効果的である。限られた授業時間内で最大限の効果を上げるために，時間や導入する場面（ステップ）を計画的に位置づけることが大切である。また，難解な用語を用いたり，児童の理解度を配慮できなかったりする場合もあるので，事前の協議・打ち合わせをもち，

「学習の内容・目的」を外部講師に明確に伝えておくことが欠かせない。

→地域との連携・協働 ［間森誉司］

学習指導案作成

学習指導案

学習指導案は，授業の計画を一定の書式で記述したものである。指導案と略すことが多い。大きく分けると，単元全体の授業計画を詳細に示した細案と，その日の授業である本時の授業の流れを中心に示した略案がある。学習指導案に決まった書式はなく，地域や学校ごとに違いはあるが，単元の目標，単元観（教材観），児童観，指導観，単元計画，本時案などを記述する。

学習指導案を作成することは，授業の設計図をつくることであると同時に，教材を深く理解し，発問や資料提示などの授業技術を学ぶ教材研究そのものの意味をもつ。また学習指導案は，実際におこなわれた授業と比較検討することで，授業研究のために重要な役割を果たし，授業記録としても機能するものである。 ［杉浦　健］

単　元

単元は，教科の内容や教材の単位であり，一般的には教科書の章などのひとまとまりを意味する。学習指導案を計画する際には，単元案を構想し，その目標や計画に基づいて本時案を作成することが多い。単元には，内容的な繋がりによって教科書の複数の章をまとめた大単元，１章をまとまりとする中単元，１章のなかのひとつ，あるいはいくつかの節を単位とする小単元がある。ただし単元は本来，教師が子どもの思考活動を考慮に入れながら，内容のより深い理解のために教材を選択し，構成したまとまりであり，教科書の章あるいは節が単元に相当すると機械的に当てはめて考えるべきではない。

［杉浦　健］

単元観（教材観）

単元や教材の概略や価値（単元・教材を学習した後にどのような力が身につくと期待されるか）を教師がどのように捉えているのかを，学習の目標や内容と関連づけて示したものである。文章の主語は「本単元」にする。単元の目標，内容，単元の価値（単元を学ぶことの意味），教材の価値（単元の目標に迫るために本教材を設定した理由），単元構成などについて示す。単元の目標や内容は，学習指導要領から引用されることが多い。

授業者は，まず，学習指導要領から，本単元の目標と内容の分析をおこない，それに適した教材を選定する。教材開発の前に，目標及び内容の研究をおこなうことが大切である。

単元観を明確にすることで，単元の学習が教材ありきの学習にならず，学習指導要領が示す資質・能力の育成に繋がるものになる。よく授業後の討議会などで，「教材に溺れた実践」「教材ありきの授業」「学習指導要領とかけ離れた授業」と批判されることがあるのは，授業者が確かな単元観をもてていないことが原因として挙げられる。

［黒田拓志］

児 童 観

単元の内容に関しての児童の学習前，学習中，学習終末の学習状況などを示したものである。文章の主語は「児童」にする。例えば，本単元の学習内容と関連する学習を今までどのように学んできているか，本単元の学習内容を単元が始まってからどのように学んできているか，本単元を通して，どのような児童の姿を期待するかなどを示す。

学習の系統性を明示することで，学習の繋がりを児童にも意識させる指導ができる（「去年の○○の学習で～を学んだね。今回は～の△△を考えてみよう」）。また，児童の学習上の課題に気づけて，手立てを考えやすくなる。

［黒田拓志］

抽出児

抽出児とは，主に教師や教育研究者が授業の効果を見取るために，集中的に観察する対象となる子どものことである。授業の全体記録に加え，抽出児の反応をもとに授業を分析することで，教師の発問や板書，また，グループ構成の効果などを検証することができ，具体的な授業改善に生かすことができる。そのため，抽出児の選出は，子どもの実態を最もよく理解している教師自身が，単元ごとに意図をもっておこない，その反応と変化を継続的に見ていくことが望ましい。

抽出児の見取りにあたっては，発言のタイミングや頻度，実験や話し合いなどへの関わり方，ノートへの記述など，複数の視点から，できるだけ詳細に記録を取ることが重要になる。

［橘　慎二郎］

指導観

単元観（教材観）で示したその単元で身につけるべき力を，児童観で示した学習状況をふまえつつ，児童に獲得させるために，単元を通して教師がどのような指導をするのか，そのポイントを示したものである。文章の主語は「教師」にする。例えば，学習問題の設定に向けてどんな指導をおこない，その学習問題を児童たちにどのように追究させ，学習成果をいかにまとめさせるかなどを具体的に示す。また，その際，教師がどのような評価をし，その評価をどのように指導に生かすかなど，指導と評価を一体として示すこともある。単元全体の指導のポイントをふまえて，本時の指導（や評価）のポイントを示すことも多い。［黒田拓志］

単元目標

単元を通して達成する教育目標のことである。本時の目標は単元目標をより具体的にした1時間の授業目標である。他方，単元目標は，単元を通して学習者に身につけさせたい知識やスキル等を総括的に明記したものである。そのため単元目標は，思考力，判断力，表現力といった中長期で育成する高次の学力を目標として設定することができる。また単元目標を元にして，「知識・技能」や「思考・判断・表現」，「主体的に学習に取り組む態度」といった観点別に分けた単元の評価規準を設定していく。

単元目標は学習指導要領を，評価規準は国立教育政策研究所の参考資料を参考にしつつ，子どもの実態に合わせて設定する。

→評価規準　［岡田広示］

単元指導計画（単元計画）

学習のまとまりである単元を全体と

してどう構成するか，そのうえで毎時間の授業にその内容をどう割り振るかを示したものである。具体的には，単元が合計何時間であるか，単元を細分化した小単元（一次，二次……と呼ばれる）の内容と各小単元の時間数，本時が何時間目であるかを記載したものであり，学習指導案はこの単元指導計画をふまえて作成される。

単元の編成に際しては，学習指導要領をふまえつつも，そこにある項目を適当に分けるだけではなく，児童の生活経験などの実態をふまえるべきである。さらに，単元全体に与えられた時間をふまえつつ毎時間の位置づけを明確化することで単元指導計画，さらには毎時間の目標・展開が明確なものとなる。 ［和田篤史］

本時の目標

本時とは単元全体から取り出した１時間の授業のことであり，本時の目標はその授業の目標である。学習指導案では，研究授業のことを本時とさすこともある。

本時の目標を書く際，次の３点に留意すべきである。１つめに，学習指導要領の指導事項のなかから，本時の学習活動によって達成できそうな事項を１つか２つほど選び，本時の学習内容や児童の実態に即して具体的に述べて目標にする。２つめに，目標は児童が身につけるべき力なので，「……に気づく」など，目標の主語は児童にする。３つめに，「光合成のしくみについて口頭で説明できる」など，どんな学習内容についてどんな行動ができるようになることをめざすのかを書く。

［阿部隆幸］

本時の展開

本時の展開とは，本時の１時間（小学校は主に45分）の授業をどのような流れでおこなうか定めたものをさす。学習指導案においては，本時の目標に向けておこなう教師の活動や留意点，児童の活動，予想される児童の反応，評価規準などを，時間の経過に沿って書いたものを意味する。本時の展開を考える際には，「この教材の意義は何か」「子どもはどう取り組むか」といった視点を意識することが望ましい。

なお，実際の授業のなかで子どもの心の動きや独創的な意見を尊重して，本時の展開として想定した内容からずれが生じた場合，授業の流れや目標を柔軟に修正することが求められる。そうしたずれから，子どもたちの実態や，つまずきの構造について理解を深めるとよい。 ［中来田敦美］

導入・展開・まとめ

「導入・展開・まとめ」とは，１時間における授業の流れを区切る方法のひとつである。「導入」は，本時の目標を全体で共有する局面である。ここで本時の学習に取り組む姿勢を形成させる。「展開」は，課題の追究を通じて本時の目標を達成する局面である。出てきた意見を分類・対比したり，子どもをゆさぶる発問をするなどしたりして，考えを深めさせる。「まとめ」は，本時における学習の全体像を学習者に理解させる局面である。教師の意図をふまえつつも，実際におこなわれた学習活動の流れに即してまとめる。このような局面の移り変わりを意識して授業を組み立てることで，授業の流れにメリハリが生まれる。
→導入・展開・終末【道徳】

［中来田敦美］

板書計画

板書計画とは，黒板やホワイトボードに書く内容について授業者があらかじめ考えたものをさす。学習指導案に書く板書計画には，何を，どんな場面で，どの位置に，どのような大きさで，何色で書くかを記す。

板書計画を考えるときには，次のような板書の機能を意識するとよい。第一に，本時のめあてや指導内容を明示して，子どもたちの理解を助ける。第二に，子どもの意見や反応を書き取って，子どもたちの認識を深めたり，思考活動を活発にしたりする。第三に，学習活動を系統的に記録して，ノートに写させることによって，学習内容の振り返りを可能にする。［中来田敦美］

細　案

細案は，単元全体の学習指導案であり，単元案とも呼ばれる。単元名，単元の目標，単元観（教材観），児童観，指導観，評価の観点，単元指導計画などを明示し，次いで本時案を示すのが一般的である。教育実習においては，普段の授業実習では本時案である略案を作成し，研究授業の際には細案を求められることが多い。

細案の目的は，単元全体がどのような教育目標でおこなわれるのかを明確化し，それを実現するためにどのような時間配分で，どのような教材を使って授業をおこなうのかを計画することである。細案を書くことによって，教材が単元内容を本質的に理解させるものになっているか，子どもたちの実態に適したものなのかを検討できる。

［杉浦　健］

略　案

細案が単元全体の指導案であるのに対して，略案は本時案を意味する。略案では，日時，クラス，単元名，本時の目標を示したのち，本時１時間分の授業の構成や流れ，発問内容などを，児童の学習活動，指導上の留意点，評価の方法などに分けて示すのが一般的である。

略案の目的は，授業者自身が本時の授業の構成，展開，時間配分を明確にすると同時に，実際におこなわれた授業と対比して，その成否を検討し，授業改善に生かすことである。そのため，しばしば教育実習における授業実習や授業検討会で使われる。

なお略案は，授業者の覚書のためのものや，管理職が各学級の進度を確認するために提出を求める簡略な指導案を意味することもある。［杉浦　健］

教育評価

教育評価の基本的な考え方

教育評価

教育活動において実現すべき価値や目標に照らして得た情報を解釈し，学習者の状態を判断するとともに，指導や学習の改善に繋ぐことを意味する。

評価といえば，試験やテストを実施してその結果を数値によって序列化したり，通知表などで子どもたちの成績をつけたりすることなどがイメージされるかもしれない。しかしながら，教育評価とは，子どもたちの学習状況を判定して終わりとするものではなく，そこから次の指導や学習のあり方を考えていくことを含むものであるという点が重要である。つまり，試験やテストによって到達状況を把握したうえで，その結果を教育活動や学習の反省・改善のために生かしていこうとする発想が教育評価の原点にある。

［山本はるか］

指導と評価の一体化

学校における教育は，計画・実践・評価という一連の活動が繰り返されながら，子どもたちのよりよい成長をめざしておこなわれる。評価活動を学習の終着点とみなすのではなく，評価の結果をその後の指導の改善に生かし，さらに新しい指導の成果を評価するというように，指導と評価を連続的で相互往還的なものとして捉えることの必要性をさし示す言葉である。

ただし，この用語には2つの危険性が潜んでいる。ひとつは，指導したものをすべて評価しなければならないという発想であり，授業が評価のための窮屈なものと化す場合がある。もうひとつは，「教師主導の」指導と評価が強調されることである。子どもが自らの学習状況を把握し，その後の学習を決定していく「子ども主体の」評価の機能も不可欠である。　［山本はるか］

診断的評価

入学当初，学年当初，授業開始時などにおいて，新しい教育内容を教えるにあたって必要となる学力の実態や学習適性，生活経験を把握することをさす。子どもがすでにもっている知識はどのようなものか，それまでの学習を十分に達成できているか，これから学習する内容に対して，どの程度，興味や関心をもっているのかを把握することによって，教育目標を適切に設定し，指導計画に役立てることができる。診断的評価は，学級編制，班編制などの学習形態を考慮するためにも利用される。

→学級編制　［山本はるか］

形成的評価

授業の過程で実施される評価のことをさす。指導と学習の達成状況を点検し，次の指導に生かすためにおこなわれる。授業がねらいどおりに展開していない場合には，授業計画の修正や子どもたちへの回復指導がおこなわれ，期待以上の成果が見られる場合には，目標を設定し直し，さらに高次の学力の形成をめざすことも考えられる。子どもの学習成果をもとに指導を改善するという意味において，「指導と評価の一体化」の理念に繋がる。

ただし，授業の過程でおこなうことを強調すると，例えば授業中に小テストを繰り返すことを形成的評価とみなす誤解が生まれる。そこで近年では，評価活動の時期ではなく，評価活動の目的を明確にするために，子ども自身による学習改善の支援をめざす「学習のための評価」という言葉が用いられる。 ［山本はるか］

総括的評価

単元終了時，学期末，学年末などに，学習の成果を把握するためにおこなわれる評価のことである。総括的評価の情報に基づいて通知表や指導要録に成績がつけられたり，入試の合格者選抜や，学校の教育成果を判断するための評価情報の提示に利用されたりする。そのため，公平性や客観性が重視され，総括的評価をおこなう際の解釈や判断は，明確な共通の基準に基づいておこなわれる必要がある。

教師にとっては実践上の反省をおこなうための機会と情報を提供するものであり，子どもたちにとってはどれだけ学習のめあてを実現できたかを確認するためにフィードバックされるものである。評価の時期ではなく，その目的を明確にするために，「学習の評価」とも呼ばれる。 ［山本はるか］

目標に準拠した評価

教育目標を規準に評価するものをさす。「グラフの読み取りができる」などの目標の達成・未達成は単純なペーパーテスト（多肢選択問題など）で評価できる。しかし，批判的思考力や表現力などの高次の学力の場合には，具体的な問題場面に対し，実演や作品制作といった知識やスキルの総合的な発揮を求めるパフォーマンス課題の設定が重要である。その評価には質的な評価基準表（ルーブリック）を用いる。ルーブリックは，評価の観点に基づいて，パフォーマンスに見られるレベルと，その具体的な特徴を明らかにして作成する。作品が集まるごとに，ルーブリックを再検討したり，子どもに自己評価させたりすることも重要である。

［弘田真基］

絶対評価

相対評価の反対語であり，絶対的な規準に照らす評価をさす。戦前における教師の絶対性を規準とする狭義の絶対評価（認定評価），子ども自身を規準とする個人内評価，目標を規準とする到達度評価や目標に準拠した評価など，評価の規準によって定義が異なる。戦前の絶対評価に限定して「絶対評価」を用いるべきという意見もある。

戦後の指導要録で用いられた相対評価は，排他的な競争に繋がるなどの課題が指摘され，2001年度の指導要録の改訂以降は観点別の「目標に準拠した評価」が用いられている。すべての子どもの学習権や学力を保障するためには，客観的な教育目標を規準に，学力実態の具体的な把握や，指導の改善に評価を生かすことが不可欠である。

［弘田真基］

認定評価

絶対者としての教師が自分自身の主観や権威を規準に子どもたちを評価する狭義の絶対評価を一般的にさす。戦前には「人物第一・学力第二」という当時の教育政策における教育観のもと，「試問はよくできるが，態度が悪いから乙」「試問はまあまあだが，修身はよく，操行（道徳的な品性や行為，習慣）もよいから甲」（成績上位から甲乙丙丁と評価）といったように，教師が日頃の印象や勘によって子どもを恣意的・独断的に「ネブミ」するという事態も生じていた。そしてそれは，子どもが成績を上げるために教師に忠誠心を示して服従することに繋がる。教師の主観は一概に否定されるものではないが，それが教育的に妥当で適切かどうかを不断に問う姿勢が必要である。

［弘田真基］

到達度評価

「その授業で何ができれば目標達成といえるのか」という具体的な最低基準（到達目標）を事前に設定し，それに対する学習の到達度を評価するものをさす。また，目標を達成できなければ，子どもの学びの事実に即して目標や指導を見直す。目標と指導と評価を一体化するという点で重要な評価である。

相対評価は競争社会を助長しているという批判を背景に，子ども一人ひとりの学習権を保障することをめざし1970年代半ばに提唱された。しかし，批判的思考力など高次の目標を設定することの難しさや，目標の設定がかえって豊かな学びを阻害してしまうなどの課題も指摘されている。この課題は，目標に準拠した評価と個人内評価との結合によって克服がめざされている。

［弘田真基］

相対評価

子どもが所属する集団（学校やクラス，全国の同一学年など）のなかでの相対的な位置・序列を明らかにする評価である。客観性の保証には正規分布曲線が使用され，５段階の相対評価であれば，上位から７％が「５」，24％が「４」，38％が「３」，24％が「２」，７％が「１」となる。

集団における位置を明らかにする評価であるため，「同じ点数でも成績は隣のクラスの子のほうがよい」「あの子は頑張っているけど，このクラスでは『1』をつけないといけない」といった事態が生じる。相対評価には，子どもたちの間に序列や排他的な競争心をもたらすこと，子どもたちの学力の実態把握や教師の指導の改善には繋がらないことなどの問題があると言える。

→正規分布

［弘田真基］

個人内評価

子ども自身を評価の規準とし，その子どもならではの学習の進展や成長を継続的・全体的に評価するものをさす。「１学期に比べて学習に対する苦手意識が少なくなった」など，過去の自分と比較して進歩の状況を評価する縦断的個人内評価と,「算数は苦手だが,国語は得意だ」など,その子どもの得意不得意や長所短所を明らかにする横断的個人内評価がある。

戦後の指導要録では相対評価でよい成績がもらえない子どもに対する気休めや温情の評価として,相対評価の問題を助長する点に課題があった。しかし,2001年度の指導要録の改訂以降,目標に準拠した評価では示すことができない,その子どもならではの可能性や成長の状況を評価することがめざされている。［弘田真基］

ゴール・フリー評価

あらかじめ設定した目標に照らしてその達成度を確認する評価(目標に基づく評価)のもつ問題を批判し乗り越えることを目的に提唱された評価論で,目標にとらわれない評価とも呼ばれる。けっして目標のない評価ではない。この評価は,カリキュラム開発における評価としてスクリヴァン(Scriven, M.)が提唱したもので,計画・実施段階で設定した目標からいったんフリーになることで評価バイアスを避け,専門家の視点だけでなく,当該のカリキュラムに関係するさまざまな人々のニーズや要求をも重視して効果を吟味するところに特徴がある。また,適用対象もカリキュラム評価に限定せず,新たなプロジェクトや事業の成功度を,質的な要素をも加味して評価する際に活用される評価法である。［木守正幸］

教育鑑識眼

教育鑑識眼とは,ソムリエがワインの質を評価するように,教育の場において評価する対象(パフォーマンスや作品)がもつ微妙な質的特徴や価値を,対象の本質に関わる知識などに照らしてきめ細かく識別する能力のことである。芸術など創造性に富む表現活動の成果を評価するには,技能の習得の達成状況を見る場合のように事前に立てた目標に基づいて評価する方法とは異なった評価方法が求められるとして,アイスナー(Eisner, E. W.)が提案したものである。

この能力を磨くには,多くの対象(教育実践やパフォーマンスや作品など)に出会う経験が必要であり,また出会った対象がもつ質的特徴をいつでも呼び起こせる状態で記憶する能力や,その特徴を豊かに表現する方法を身につけることが必要となる。［木守正幸］

教育目標と評価の関係

教育目標

教師が教育活動を通して実現しようとする価値内容をさし示す言葉である。教科・学年・単元・授業レベルで学習者に習得させたい内容や育てたい能力を表現する。

学校教育全体を通じて実現したい全体的・究極的な教育理念を表現する際には,「教育目的」の語が用いられ,教育目標とは区別される。教育目的とする子ども像をめざしながら,個別の指導内容に即して教育目標(指導者の「ねらい」や学習者の「めあて」)を明確にする必要がある。

→教育の目的;ねらい ［山本はるか］

教育目標の明確化

教育目標が明確に認識・吟味されていない場合,子どもたちによる活発な活動はあるものの，知的な学びが成立していない活動主義的傾向や，教科書の内容をなぞるだけの網羅主義的傾向に陥る危険性がある。この問題を解決するために，何を最終的な教育目標とするのかを明確にすることをさす。

その際，到達目標と方向目標の区別が有用である。到達目標とは子どもに獲得させたい最低限度の内容を具体的に設定する目標であり，方向目標とは学びの方向性を示すものである。到達目標を多数羅列することには，目標一覧表づくりに終始したり，評価結果が教育成果とみなされたりするなどの危険性がある。到達目標と方向目標を使い分け，めざしたい子どもの姿を言語化することが求められる。

［山本はるか］

到達目標

教科の目標のうち，「二けたの数の足し算ができる」「ひらがなの文章が読める」などのように，授業を通してすべての児童に獲得させたい最低限の内容と能力を具体的に設定した目標を到達目標という。到達目標の設定により，児童の学習状況を的確に把握することが可能になるだけでなく，学習につまずいた児童に対して学力回復の手立てを講じるとともに，目標設定，教材の選択や配列，指導方法等の見直しが可能になる。1970年代以降，京都府などで取り組まれた到達度評価のなかでその重要性が確認された。教科の構造と系統を分析して最低限獲得すべき内容を具体的に明らかにした到達目標の考え方は「目標に準拠した評価」に大きな影響を与えている。［我妻秀範］

方向目標

「歴史に関心をもつ」「自ら考える態度を養う」「競技のルールを守る」などのように，達成すべき内容と能力を具体的に示さず，学習の方向性だけを明示している目標を方向目標という。そのため方向目標では目標に準拠した評価（観点別評価）は困難であり，集団での位置関係で評価（集団に準拠した評価＝相対評価）する傾向がある。また児童が学習につまずいた場合，どこでつまずいたかが具体的にわからないために教師が教材配列や指導方法を見直すことが困難となる。指導要録の新観点「主体的に学習に取り組む態度」も方向目標の一種であるが，あらかじめ教科の学習内容と関連づけた具体的な内容と能力をもつ評価規準を設定していく必要がある。［我妻秀範］

態度主義

児童が身につけるべき学力の要素のうち，情意（意欲や態度）を認知（知識や理解）よりも重視して，学習の目標や学力の中心に置く考え方を態度主義という。広岡亮蔵が提唱した学力モデルはその典型で，態度重視の考え方は今なお大きな影響力をもっている。しかし，態度主義は，学習のつまずきを児童の意欲や態度の問題として捉えてしまい，教材配列や指導方法といった学習指導を改善する取り組みを軽視する懸念がある。また教科の内容を理解していなくても態度がよければよいという誤った考えを児童に植えつけたり，教師に対する忠誠競争をまねいたりするといった問題も指摘されている。学習評価に当たって態度主義の克服は

重要な課題である。［我妻秀範］

態度の評価

客観的な知識内容の習得などの認知面に対して，積極性や主体性など人間の内面にあたる情意面を評価することをさす。例えば，最近まで，指導要録の観点別学習状況欄のなかでは，「関心・意欲・態度」という観点が設定されていた。2019年の指導要録改訂により，観点「主体的に学習に取り組む態度」へと改変された。

態度の評価にあたっては，知識・技能などの認知面とどのように関係づけるかが重要となる。すなわち，知識・技能と態度とはそれぞれ独立の関係にあり，知識・技能は十分ではなくても態度がよいという場合を認めるのか，それとも知識・技能などと結びついた一体的なものとして態度を位置づけるのかが問われるのである。また，そもそも個人の態度の評価を，他者が数値を用いておこなうことが妥当なのかどうかも議論されている。

→関心・意欲・態度；知識及び技能

［樋口とみ子］

学力モデル

学力モデルとは，教師が授業実践をおこなうにあたって想定する望ましい学力の姿である。指導要録の観点も，学力モデルを示すひとつである。これまで，広岡亮蔵の三層構造モデル，中内敏夫の段階説，京都の到達度評価実践のなかで生み出された並行説などが提案され，学力と態度をどのような関係性で捉えるかが論点とされてきた。学力モデルは，意識的あるいは無意識的に教育実践の質や方向性，具体的には，態度の評価のあり方等を規定することになる。観点別評価をおこなう際には，その拠って立つ学力モデルを自覚し，子どもたちに獲得してほしい学力の中身を吟味し，構造化する必要がある。［山本はるか］

観点別評価

各教科・科目の目標や内容に照らして，児童の学習の実現状況を観点ごとに評価し，学習状況を分析的に捉えるやり方を観点別評価（目標に準拠した評価）という。教科内容との関係で観点ごとに評価規準を設定し，児童の学習状況をＡ～Ｃの３段階の基準で評価する。1980年版指導要録において初めて登場し，2001年版指導要録では「目標に準拠した評価」が観点別学習状況欄と評定欄で採用された。これにより約50年にわたって採用されてきた相対評価（集団に準拠した評価）が最終的に克服された。2019年版指導要録はこれまでの４観点を「知識・技能」「思考・判断・表現」「主体的に学習に取り組む態度」の３観点に整理した。

→思考力，判断力，表現力等；知識及び技能［我妻秀範］

評　定

各教科の観点別学習状況の評価を総括して数値で示したものを評定という。指導要録の「各教科の学習の記録」欄では教科の学習状況を３つの観点ごとにＡ～Ｃの３段階で評価する。そのうえで「評定」欄（小学校３年生以上）では３つの観点の総合評価を，小学校は１～３の３段階で，中学校・高等学校は１～５の５段階で表す。総括するにあたっては，ＡＢＣの組み合わせや

ＡＢＣを数値に換算したものに基づいて総括する方法，観点に比重をつけて平均値を算出して評定を割り出す方法などがある。文部科学省は評定の適切な決定方法は各学校において定めるものとしており，各学校での合意形成とともに児童や保護者に対するていねいな説明が欠かせない。　［我妻秀範］

評価規準

通常，評価はなんらかのキジュンに照らし合わせておこなわれる。キジュンが意味することは，規準（criterion）と基準（standard）に区別される。評価規準とは，学習者のパフォーマンスや作品を評価するときの枠組みや観点をさすものである。例えば，小論文を評価する際には，構成性，表現性，首尾一貫性，独創性といった評価規準を設定することが想定される。一般的に，「目標に準拠した評価」では，評価規準は事前に設定された目標から導かれることになる。ただし，教育の画一化や創造性を排除してしまうことへの懸念から，評価規準をどこまで事前に明確化するべきかについては論争的である。　［石田智敬］

評価基準

評価基準とは，学習者のパフォーマンスや作品がどの程度優れているか，つまり達成の度合いやレベルといった尺度をさすものである。例えば，タイピング技能の評価では，「入力の早さ」と「誤字の割合」といった２つの評価規準に対して，「毎分〇〇字以上」と「〇％未満」といった量的な評価基準を定めることができる。一方，複雑なパフォーマンスや作品に対しては，量的な指標を設定することが困難であるため，各レベルの到達状況を特徴的にとらえる言語表現（ルーブリックなど）や典型作品の事例集によって質的な評価基準を定めることが必要となる。　［石田智敬］

教育評価の今日的課題

ルーブリック

成功の程度を示す数レベルの尺度と，パフォーマンス（作品や実演）の特徴を記した記述語からなる評価基準表のことである。パフォーマンス課題や探究活動のように，チェックリストでは評価できない子どものパフォーマンスの質を評価する際に用いられる。ルーブリックは，観点を分けるのか，特定の場面に対応するのか，長期的な成長を捉えるのか，といった違いからさまざまな種類が存在する。ルーブリックの作成は，教員・学校がめざす目標を念頭に置きつつ，子どもの作品を参照しながら複数名の教員が共同でおこない，教員間で評価基準の共通理解を図る。これにより，誰が評価しても同じ採点結果になるような，公平で一貫した評価が可能になる。また，子どもたちによい作品とは何かを理解させる手段として，課題に取り組む前にルーブリックを提示することや，ルーブリックづくりを子どもとともにおこなう方法もある。　［鎌田祥輝］

パフォーマンス評価

子どものパフォーマンス（作品や実演）を直接評価する評価方法の総称である。例えば，発問への応答，概念地図法や描画法などの自由記述式の課題，実験器具の操作の実演や楽器の演奏などの実技テスト，パフォーマンス課題などがある。客観テスト（多肢選択問題など）では測ることができない学力を評価するために用いられる。そのような学力の例として，要約する，実験を計画・実行するといった複雑なプロセスの理解，知識やスキルを総合して使いこなす力，教科や領域を超えて用いられる論理的思考力・批判的思考力，情報リテラシーなどが挙げられる。パフォーマンス評価の方法のなかでも，リアルな状況やそれを模した状況において，複数の知識やスキルを総合して使いこなすことを求める複雑な課題がパフォーマンス課題である。

［鎌田祥輝］

パフォーマンス課題

リアルな状況やそれを模した状況において，複数の知識やスキルを総合して使いこなすことを求める複雑な課題のことである。パフォーマンス評価の方法のなかでも最も複雑な種類のものである。課題の例として，「博物館員となり，『歴史を変えた道具』を取り上げ，どのような点で新しく，どのような歴史事象に影響を与えたのかについて来館者にわかりやすく伝える解説を書く」課題が挙げられる。

カリキュラム設計にあたって，教育目標，評価方法，学習と指導を三位一体のものとして設計することを提案する「逆向き設計」論では，想定する「本質的な問い」や永続的理解（理解してほしい内容を文章化したもの）とパフォーマンス課題との対応を意識することが肝要であるとされる。また，課題を作成する前に，課題の目的，子どもの役割，伝える相手，想定される状況，生み出すべき作品，評価の観点を明確化するとよい。

→「逆向き設計」論 ［鎌田祥輝］

真正の評価

リアルな状況やそれを模した状況において，子どもの作品や実演などのパフォーマンスを直接評価する立場のことである。リアルな状況は，子どもたちの生活の文脈のみならず，将来子どもたちが直面すると考えられる状況や，社会で働く人々や研究者の営みを模写した状況をも含む。真正の評価の背景には，行政が実施する標準テストが学校のなかでしか通用しない特殊な能力を評価しただけにすぎず，テストの存在が，学校教育を知識の暗記に偏重したテスト準備に貶めている状況に対する批判が存在する。以上の背景を考慮すると，真正の評価は，評価手法の提案にとどまらず，子どもが学校を出て詳細な内容を忘れたとしても身につけていてほしい能力・概念等は何かを検討して授業やカリキュラムを構想する必要性を提起している。 ［鎌田祥輝］

本質的な問い

単元の中核に位置する重点目標を問いの形に変換したものである。「本質的な問い」としては，「〜とは何か？」と概念理解を尋ねたり，「〜するには，どうすればよいか？」と方法論を尋ねたりする問いが考えられる。「本質的な問い」は論争的で探究を触発し，知識やスキルを総合することを促す問いである。

加えて，単元の「本質的な問い」を

抽象化した，教科・分野・領域を貫く包括的な「本質的な問い」を設定することで，単元間で目標とパフォーマンス課題の系統化を図ることができる。例えば，算数・数学科の関数領域における包括的な「本質的な問い」として「身の回りにあるさまざまな量はどのように表し，測定・計算すればよいか」，単元の「本質的な問い」として「比例，反比例で捉えられる数量関係とは何か」が考えられる。

→単元 ［鎌田祥輝］

ポートフォリオ

ポートフォリオは，もともと建築士や芸術家といった創造活動に従事する人が，自身の実績をアピールするために用いる作品集のことである。この発想は，学習の結果だけでなく学習の過程をも質的に評価する方法として，教育にもち込まれた。教育場面でのポートフォリオは，子どもの作品，自己評価の記録，そして教師の指導と評価の記録などを系統的に蓄積していくものをさす。ここでいう作品とは，学習の過程で生み出されたすべてのものが想定される。例えば，下書き，メモ，資料，発表の様子を記録したビデオや写真，レポートといったものである。

→キャリア教育における自己評価

［祁　白麗］

ポートフォリオ評価法

ポートフォリオ評価法は，継続的に子どもの作品を集めるポートフォリオづくりのプロセスを，評価の活動として生かす手法である。ポートフォリオ評価法は，子どもと教師の共同作業であるため，ポートフォリオづくりのねらいについて両者の共通理解をはかる必要がある。また，学習の流れをより的確につかめるように，蓄積した作品を編集することを必要とする。そして，学習の各段階にポートフォリオ検討会の実施が求められる。ポートフォリオ評価法では，子どもの学習の実態が具体的・継続的に把握されるため，教師の指導の質を向上させたり，子どもの自己評価能力や自己調整能力を育成したりするのに役立つ。また，学校や教師の説明責任を果たすための手段ともなる。

→説明責任 ［祁　白麗］

ポートフォリオ検討会

ポートフォリオ検討会は，教師と子どもがポートフォリオをもとに，これまでの学習や取り組みについて話し合う場のことである。そこでは，子どもの関心や学習の状況などを確認し合い，今後の学習の進め方などについて検討する。そのため，検討会は，定期的におこなわれる必要がある。検討会では，子どもの自己評価を引き出すために，教師による答えが１つでない問いかけが求められる。そして，教師は，子どもが語り始めるまで待つことが重要である。また，具体例を媒介として，子どもに自身の学習課題をより明確につかませたうえで，次の目標について合意を取ることも重要である。［祁　白麗］

eポートフォリオ

ポートフォリオとは，子どもの作品や自己評価の記録，教師の指導と評価の記録などを系統的に蓄積，整理していくものであり，eポートフォリオはこれらを電子化しておこなう。「紙」

から「e」へのメディアの変化には，学習記録への接続可能性を高め，子ども，教師，関係者等の相互交流を活性化して主体的な学びを促進するという正の効果がある。一方で，eポートフォリオを主体性の評価に利用することが，よい評価の獲得を目的として学ぶという「学びの手段化」を招来し，逆に主体性を抑圧するという負の効果もある。単純な技術賛美や，技術の進歩を不可逆と見る技術決定論に陥らず，メディアを利用しつつ同時に制御するための教育や社会の側の論理・倫理がいま求められている。

→主体的な学び ［樋口太郎］

主体的に学習に取り組む態度

指導要録の新観点「主体的に学習に取り組む態度」は学習指導要領がめざす「資質・能力」の「学びに向かう力，人間性等」のうち，あくまでも観点別評価を通じて評価が可能な部分に限定される。この評価について文部科学省は，挙手の回数，ノートのとり方など学習内容との関係を問わない形式的な活動ではなく，学習に関する自己調整をおこないながら，粘り強く知識・技能を獲得したり思考・判断・表現したりしていることを評価する必要があるとし，評価の材料として，ノートやレポート等における記述，授業中の発言，教師による行動観察，児童による自己評価や相互評価等の状況を例示している。論述，発表，討論等のパフォーマンス評価も重要である。

→資質・能力【小学校】；学びに向かう力，人間性等 ［我妻秀範］

自己調整

自己調整（self-regulation）とは，学習者が自分自身の学習過程に能動的に関与し，自己の認知活動や行動を調整し，方向づけていこうとする行為である。これは，ジマーマン（Zimmerman, B.）らが中心となって提唱している「自己調整学習」論の中心にある考え方である。理想的な自己調整がなされると，学習者が教師のフィードバックや手助けを必要とせず，自身の学習をコントロールして省察的に進めることが可能となる。つまり，自ら学べる学習者となる。学習者が主体的に自己調整のサイクルを進めていくうえで，「動機づけ」（有能感や自己効力感など）「学習方略」「メタ認知」の３つの要素が重要な役割を担うとされている。

→学習方略；メタ認知 ［石田智敬］

自己評価

自己評価とは，学習者が学習経験を振り返り，自身の学習の過程や学習成果について評価することをさす。教師から与えられた評価規準，つまり自己評価表やルーブリックなどに基づいて自己評価をおこなう場合もあれば，より自由な形式で記述する方法もある。自己評価は，内省を促し，自己認識を高め，自身の学習を把握し調整するメタ認知能力の発達に寄与するものと期待されている。ただし，このような自己評価のねらいを達成するためには，ある程度の練習を必要とする。例えば，自己評価を相互評価と組み合わせておこなうことは，自己のパフォーマンスについてより客観的に評価できるようになることを助けるという点で効果的である。

→メタ認知　［祁　白麗］

フィードバック

フィードバックは，現在の状態と目標のギャップに関する情報であり，そのギャップを縮小するために用いられるものである。フィードバックは，教育や学習の質を改善すると考えられている。学習者へのフィードバックは，学習者に自身の到達状況を認識させ，学習への取り組み方を調整することを促す。また，教師は，自身の提供した教育に関するフィードバックを学習者から受け取ることもできる。ただ，フィードバックを有効に機能させるためには，受け手がフィードバックの意味を理解し，改善に繋げる必要がある。ゆえに，「何ができていて」「どこに改善の余地があるのか」「どうすれば改善できるのか」など相手にわかりやすく伝える必要がある。　［石田智敬］

振り返り

振り返り（reflection）とは，これまで取り組んだことを省みて，解釈し，新たな理解を得る過程のことである。「我々は，経験から学ばない。我々は，経験を振り返ることから学ぶ」というデューイの言葉が示すように，振り返ることは学ぶことの中心にある。振り返りをおこなうことで，学びが生起し，深化し，記録されるのである。振り返りは，単なる感想の羅列ではない。そこでは，「どんな学びを得たのか」「その学びが自身にとってどのような意味をもっているのか」「どのように今後の学びに繋がっていくのか」といったことを熟慮することが求められる。

→デューイ　［石田智敬］

相互評価

相互評価は，学習の改善や学習者間でのコミュニケーションの促進を意図して，子ども同士がお互いの活動や作品について評価しあうことをさす。相互評価では，他者を評価したり，他者からの評価を受けたりするため，自分では気付きにくい指摘が得られ，評価が独り善がりとなることを防ぐ。なお，評価の枠組みを示すルーブリック等を使うことも助けとなる。また，相互評価では，同じ学習課題に取り組む他者の活動や作品を参考にすることができるため，自身の学習の改善に対する示唆を得ることに繋がる。このとき，他者の作品を匿名で見せるといった工夫も考えられる。　［祁　白麗］

学習のための評価

「学習のための評価（assessment for learning）」とは，児童の学習を改善することを目的としておこなわれる評価活動の総称である。「学習のための評価」では，児童に対して「何ができていて」「どこに改善の余地があるのか」「どうすれば改善できるのか」を伝えるフィードバックを効果的に提供することが求められる。また，評価規準（criterion）を児童と共有したり，相互評価や自己評価をおこなったりすることが期待されている。なお，「学習のための評価」という用語は，選抜・資格認証・説明責任を目的とする「学習の評価（assessment of learning）」，つまり総括的評価と対比的に用いられる。　［石田智敬］

学習としての評価

「学習としての評価（assessment as learning)」とは，児童にとって学びの場となるような評価活動の総称である。この用語は，「学習の評価（assessment of learning)」や「学習のための評価（assessment for learning)」といった語と対比的に用いられる。「学習のための評価」と「学習としての評価」は，評価の形成的機能を重視するという点で軌を一にしている。つまり，両者とも児童の学習を改善することを目的としておこなわれる評価活動である。しかしながら，「学習としての評価」は，とくに学習者のメタ認知や自己調整といった視点を重視し，評価主体としての学習者の役割をより強調する。

→メタ認知　［石田智敬］

学力調査をめぐる動向

学力調査

児童生徒を対象として，その学力実態を組織的に把握し，量的・質的なデータを提供しようとする調査をさす。通常，得られたデータは指導やカリキュラムの改善のために活用される。また，家庭や地域の経済的・文化的諸条件を含む社会的環境が，児童生徒の学力へ及ぼす影響について吟味することを目的に実施される場合もある。例えば日本国内では，2007年度から全国学力・学習状況調査が実施され始めた。ほかにも，国際比較調査として，学校で習う内容をどの程度習得しているかを評価するIEAのTIMSS（国際数学・理科教育動向調査）や，既習事項を社会生活で直面するであろうさまざまな課題に活用する力を評価するOECDのPISA調査（国際学習到達度調査）がある。　［山本匡哉］

全国学力・学習状況調査

全国の小学校６年生と中学校３年生を対象に，2007年度から悉皆調査（対象の全児童生徒に調査）として実施されている学力調査をさす。その目的は，義務教育の機会均等とその水準の維持向上の観点から教育施策の改善を図るとともに，日々の指導の充実や学習状況の改善等に役立てることである。当初から毎年実施されていた国語と算数（数学）に加え，３年に一度，理科（2012年度～）と英語（2019年度～）が実施されている。2018年度までは，基礎的・基本的な内容が問われるＡ問題，実生活を想定した場面で知識を活用して答えを出すことが求められるＢ問題の２種類が調査問題として出題されていたが，2019年度より一本化された。調査結果は都道府県，学校種ごとに国立教育政策研究所から公表されている。　［山本匡哉］

TIMSS

国際教育到達度評価学会（IEA）が実施する学力調査のことである。国際数学・理科教育動向調査と訳される。原語は Trends in International Mathematics and Science Study であり，その頭文字をとって「ティムズ」と呼ばれる。1964年に数学分野で始まり，1995年以降は TIMSS という名称で４年ごとに実施されている。日本では，小学校４年生と中学校２年生が調査に参加している。2019年調査には，小学校で58の国と地域，中学校で39の国と地域が参加した。

この調査では，各国の学校教育のカリキュラムとの関連において，算数・数学と理科の教育到達度を比較している。また，子どもたちの学習環境等についての質問紙調査も実施されている。

→カリキュラム ［樋口とみ子］

PISA

国際機関の OECD（経済協力開発機構）が実施する国際比較調査のことをさす。正式名称は Programme for International Student Assessment であり，その頭文字をとって「ピザ」と呼ばれる。「国際学習到達度評価」「生徒の学習到達度評価」と訳されることもある。2000年から３年ごとに実施されており，調査対象者は，OECD加盟国の多くで義務教育修了段階にあたる15歳児である。

PISAでは，これからの社会で生きるための知識や技能をリテラシーと呼び，調査分野として読解リテラシー，数学的リテラシー，科学的リテラシーなどが設けられている。国際比較調査TIMSSとの違いは，各国のカリキュラム内容との関連に限定せずに，広くこれからの社会で求められる能力を測ろうとする点にある。［樋口とみ子］

リテラシー

国際比較調査 PISAで用いられたことから，日本でも一躍注目を浴びるようになった言葉である。

もともとリテラシーとは，文字の読み書き能力を意味していた。つまり，文字の普及により，文字文化のなかで意思疎通ができる能力のことを指していた。具体的には当初，ひとまとまりの文章を音読できるなどの基礎的なスキルを意味していた。だが，その定義では狭すぎるとして，PISAでは，学んだことを実際の社会生活のなかで活用していく能力も含むものとしてリテラシーをとらえなおした。なお，最近では，○○リテラシーと言えば，○○について十分に理解し読み解き活用することができる能力をさすことが多い。リテラシーとは何かをめぐる議論は尽きることがない。

→メディア・リテラシー ［樋口とみ子］

キー・コンピテンシー

これからの社会で求められる重要な鍵（キー）となる能力（コンピテンシー）のことを意味する。2003年にOECDによって提起された。これは，「人生の成功と正常に機能する社会」のために今後どのような能力が必要になるのかを考える OECDのプロジェクトのなかで編み出された。具体的には，①道具を相互作用的に用いる能力，②異質な集団で交流する能力，③自律的に行動する能力，という３つの能力カテゴリーとともに，それらの中心に，省みて考える力が位置づけられている。OECDによる国際比較調査PISAでは，こうしたキー・コンピテンシーの構成要素の一部を調査している。キー・コンピテンシーという概念は，その後，世界各国に影響を与えている。

［樋口とみ子］

コンピテンシー

「能力」または「資質・能力」と訳される。OECDによって提起された「キー・コンピテンシー」概念の影響を受け，日本でも注目されるようになった。もともとは，心理学において学習者の「有能さ」を意味する言葉であった。また，実際の職場・仕事で優れた業績を上げる人々に共通する特性を明らかにしようとする際にも用いられてきた。コンピテンシーの構成要素としては，いわゆるペーパーテストで測ることのできる認知面（知識）のみならず，人間の内面にあたる意欲・動機や対人関係，自己イメージなど，情意面にも光があてられる。とくに後者の情意面は，年齢が高くなると開発が困難になるため早期（幼児期）からの介入が重要だとされる。それは最近では「非認知能力」「社会情動的スキル」とも呼ばれ，脚光を浴びている。

→コンピテンシーベース；コンピテンス；資質・能力【小学校】；非認知能力 ［樋口とみ子］

21世紀型スキル

21世紀に求められるスキルや能力について，ATC21S（Assessment and Teaching of 21st Century Skills）という団体が提起したものをさす。この団体は，メルボルン大学に本部をおき，シスコやインテル，マイクロソフトなどの企業も関わっている。

グローバル化や情報通信技術の発達を背景として，2012年に提起された21世紀型スキルは，４つのカテゴリーに分けられている。①思考の方法（創造性とイノベーション，批判的思考・問題解決・意思決定，学び方の学習／メタ認知），②働く方法（コミュニケーション，コラボレーション），③働くためのツール（情報リテラシー，ICTリテラシー），④世界の中で生きる（シティズンシップ，人生とキャリア発達，個人の責任と社会的責任）である。認知面のみならず，情意面にも光があてられている。 ［樋口とみ子］

評価の方法原理

評価の妥当性

評価の妥当性（validity）とは，評価したいものを本当に評価しえているかを問う概念である。同じテストでも，選抜を目的とする入学試験に比して，習得状況の確認を目的とする漢字テストのほうが一般的に妥当性は高いと言えよう。漢字といった具体的な内容よりも抽象度の高い知識や能力などを評価する場合には，評価したいものを学力モデルとして明確に規定しておく必要がある。これにより，妥当性をより正確に検証できるだけでなく，カリキュラムと評価方法の適合性を見極めることもできる。ペーパーテストという評価方法が不十分であれば，パフォーマンス評価などを用いて，より妥当性，カリキュラム適合性（評価がカリキュラム全体をカバーしえているか）を高める工夫も求められよう。

［樋口太郎］

評価の信頼性

信頼性（reliability）とは，評価結果の精度が安定，一貫しているかを問う概念であり，以下のように分類される。第一に，ある評価方法を２回実施しても同じような結果を示すかを問う必要がある（評価方法の信頼性）。第二に，評価者が違っても同じような結果を示すか（評価者間信頼性），あるいは同一評価者が同一学習者を２回評価しても同じような結果を示すか（評価者内信頼性）を問う必要がある。

信頼性を高めるために客観テストのみで評価すると，妥当性が減じる可能性もある。そこで，パフォーマンスを評価対象とする場合には，パフォーマンス評価など評価したいものが測れる方法をとり，評価者間で評価基準を調整，共有して比較可能性（複数の評価者間での評価の一貫性）を高めることが重要となる。　［樋口太郎］

評価の公正性

評価の公正性（equity）とは，評価が公正であるかどうかを問う概念である。第一に，採用する評価方法が経済的な階層，性別，人種や民族的な出自，障害などを考慮しているかを問う必要がある（平等性）。第二に，統一学力テストの結果公表が教師たちにテスト準備教育への圧力を強めるといった，ある評価の利用が教育にもたらす影響を問う必要がある（結果的妥当性）。第三に，テスト問題は秘密にすべきなのか，それとも学習者のパフォーマンスを引き出すべく評価への事前準備を認めるべきかを問う必要がある（条件の明瞭さ）。第四に，明瞭な評価規準が設定，公表され，学習者を含む公開での議論を経て社会的に承認されているかを問う必要がある（公表と承認の原則）。

→社会的公正　［樋口太郎］

評価の実行可能性

評価のあり方を考える際には，当該の評価方法を現実の場面で実行可能かどうかについても考える必要がある。評価の実行可能性とは，実際に使用することができる資源や材料，時間などの範囲内で，また人数や規模などの条件下で，当該の評価の目的を実現できるかどうかを検討することをさす。実行可能性は，英語では feasibility という単語が用いられるため，例えば「テストのFS」と言えば，実行可能性の検討（フィージビリティー・スタディ）を意味する。教室で子どもたちの学習状況を評価する際には，大人数の状態を短時間で把握しなければならない場合もある。そうした条件のもと，評価の目的を実現するための最善の方法を考えることが求められる。

［樋口とみ子］

偏差値

ある得点が平均に対してどの程度離れているかを示す尺度をさす。試験の成績のよさを判断する際，「平均との差」のみを指標として考えるには不十分である。平均が60点の試験で70点をとったとして，受験者の大半が60点付近に集中している場合と，90点以上と40点以下とで二極化している場合では，その意味は異なってくる。すなわち，「得点のばらつき（標準偏差）」についても考慮する必要がある。これら２点を考慮し，次の公式のように，平均との差を得点のばらつきで割って，調整したものが偏差値である。

$$偏差値 = \frac{(得点 - 平均)}{標準偏差} \times 10 + 50$$

$$標準偏差 = \sqrt{\frac{(得点 - 平均)^2 の総和}{試験の全受験者数}}$$

偏差値50がちょうど平均の位置を表し，例えば偏差値60は上位約16％の位

置にあたる。偏差値は，異なる受験者集団や試験の成績を比べることを可能にする点で有用である。［山本匡哉］

学習評価の具体的な方法

学習評価

学習評価とは，学校における教育活動に関し，子どもたちの学習状況を評価するものである。現在は，「目標に準拠した評価」によって，学習状況を分析的に捉える「観点別学習状況」の評価と，総合的に捉える「評定」とが実施されている。学習評価においては，授業のねらいをどこまで，どのように達成しているか，前の学びからどのように成長しているかを捉えることが重要である。その目的は，教師の指導のあり方と子どもたちの学習活動の改善をめざすことにある。そのためには，学習評価を教育活動の一環と捉え，教育の結果ばかりでなく，その過程を重視することが必要である。また，教師のおこなう評価と子どものおこなう自己評価の両方を重視する必要性も指摘される。［千々岩香織］

学力評価計画

学力評価計画とは，評価規準や評価方法に関する全体計画のことである。例えば，各教科における評価規準を「評価の観点」ごとに明確にしたうえで，どの単元でどのような評価方法を用いるかを図表化し，年間・学期の見取り図を描く。

学力評価計画は，次の手順でおこなわれる場合もある。第一に，学期末や学年末という長期的な視点で身につけてほしい学力や評価規準を明確にする。第二に，具体的な単元や教育内容のまとまりごとに，めざすべき学力や「評価の観点」を焦点化する。第三に，当該の単元や教育内容のまとまりごとに，評価方法を具体化する。［千々岩香織］

評価の観点

2019年の指導要録改訂に関する報告・通知により，評価の観点が「知識・技能」「思考・判断・表現」「主体的に学習に取り組む態度」の３つに再編された。「知識・技能」の観点では，各教科で身につけるべき知識やスキルを習得しているかどうかを評価する。「思考・表現・判断」の観点では，各教科において，問題に向き合って解決していく能力などが評価の対象になる。「主体的に学習に取り組む態度」の観点では，これまで授業での挙手やノートなどの形式的な活動が評価されるという問題点があった。そのため，児童が「いかに学習を調整して，知識を習得するために試行錯誤しているか」という意思的な側面を評価していくことが重要であると指摘されている。

［千々岩香織］

評価の方法

学習指導案には，「評価の観点」との関連で「評価の方法」を具体的に表記し，指導の改善に生かすことが求められる。観点「知識・技能」については，各教科で身につけるべきとされる知識やスキルについて，十分に習得しているかをペーパーテストや技能テストなどで評価する。観点「思考・判断・表現」については，児童が自ら取り組む課題について思考・判断したことをノート等の記録，発表・発言などの具体的な資料から評価する。そのためパフォーマンス評価の重要性も指摘されている。観点「主体的に学習に取り組む態度」については，教師による行動観察，ノートの記述や発言等により，「粘り強く学習に取り組む側面」と「自ら学習を調整しようとする側面」の両面から評価する。

→学習指導案 ［千々岩香織］

テスト

学力や能力を測定するものをさす。測定結果そのものではなく，結果をどう生かすかが重要である。実施目的には選抜や学習改善・指導改善がある。測定結果は教育活動の反映でもあり，それに基づいて教師は自らの教育力量を点検し，子どもの学びを改善することが必要である。個人の学力形成をさまざまな面から確認するためにも，どの教科においても多様な形式（客観テスト，記述式，実技など）の採用が求められる。テストの機能は，①診断（学習前に必要な学力などがどの程度あるか調べる），②形成（学習過程でねらいどおりに授業が展開しているか調べる），③総括（学習後に学習のめあてが実現できたか調べる）に分けられる。テストの目的や意図を子どもと共有することで，学習の方向性に影響を与えられるため，子ども自身も教育評価に参加するという視点が重要である。 ［高木夏未］

客観テスト

テストのうち，採点時に教師の主観が入りにくく，状況の影響を受けにくいものをさす。理論的背景には心理学の記憶研究があり，再生法（記憶した項目を自由に算出させる空欄補充問題など）と再認法（呈示される項目が記憶のなかにあるかを問う多肢選択問題など）がある。利点は，①安定性・一貫性を意味する信頼性が高い，②学力水準の数量的明示が可能，③採点が容易で誤りが少ない，④受験者の負担が少ない，などである。批判点は，記憶を中心とした教育目標に限定される，解答スピードを問う速度テスト化する，などである。結果のみに注目せず，学習のつまずき箇所を確認し指導を改善することが重要である。教育目標との整合性を考慮し他形式のテストとの併用が求められる。 ［高木夏未］

自由記述式テスト

一定量以上の文章により解答する形式のテストをさす。書く能力そのものや，認知領域（思考力・判断力），情意領域（関心・意欲・態度）の測定が可能である。採点方法では，採点者の環境・状況・主観により差が出ないよう，複数人による採点や作問段階での出題意図・採点基準の明確化が重要である。また，認知や情意領域を測定する際に，作文能力（漢字や語彙，文章構成技術等）が大きな影響を与えることが問題となる。測定対象が「よく考えている」なのか，「よく書けている」なのかが曖昧になる場合や，思考のすべてを言語化できない場合も考えられる。論述という形態をとれば，受験者の思考や判断がすべてわかるわけではないことを認識する必要がある。

［高木夏未］

実技テスト

身体反応に基づく非言語的な課題を

実際に遂行させ，その過程や結果を測定するものをさす。身体，心理運動，認知，情意の各機能やその組み合わせが測定の対象である。対面式の英会話テスト，プレゼンテーション，ディベートなども含み，さまざまな教科で使用される。行為そのものが対象になる場合（運動など）と，産出されたものが対象になる場合（絵画など）がある。どの機能的側面に注目するのかを明らかにしながら，適した測定方法を採用することが求められる。評価する際には，どちらの場合も結果のみではなく，そこにいたる過程も含めて総合的に評価する必要がある。また，一過性の出来事である場合，採点の精度を保つために記録を残すことが重要である。 ［高木夏未］

観　察

観察には，評価のための場面を特別に設定しなくても，日常的な指導や交流のなかで子どもたちの状況を把握することができるという長所がある。とりわけ筆記テストで扱いにくい，情意領域の評価にも適しており，観点別評価の「主体的に学習に取り組む態度」での評価にも用いることができる。また観察には，教師が子どもと日常的に接するなかで情報を得る場合と，事前に目的と方法を定めて計画的におこなう場合がある。前者においては，個人カルテのような形で観察したことをメモしたものを文章化し，蓄積していくと，信頼できる情報になり評価に役立つ。後者においては，予想される事象を事前にリスト化し，観察されたら項目をチェックする方法（チェックリスト）なども有効である。 ［千々岩香織］

見取り

教師や保育者が，子どもや子ども同士の関係，集団をありのままに観察し，現在の状況を把握することを意味する。子ども側の視点に立ち，子どもに寄り添い，表情・行動・言葉などの子どもたちの可視化できる様子，そして生活環境や生育歴などの可視化されにくい子どもの背景，さらに発達段階や今の子どもが置かれている状況などの事実を情報源としておこなわれるものである。このように外面的特徴だけでなく，「内なる声」としての内面的特徴を含めた包括情報として推測することが肝要である。見取りの結果をもとにして子どもへの接し方，学習方法や授業計画を見直しながら，見取りをいっそう深めていくことが望まれる。

［井上美鈴］

見える化

教師や子ども自身にとって視覚的な捕捉が難しい「子どもや学習集団の現状・関係性」「学習の課題・テーマに対する思考やその変容・発展」について，行動や記述，学習の成果物をもとに，教師や子ども自身が見える形で認識できるようにすることを意味する。とりわけ特定課題へのパフォーマンスについて，観点や尺度を設定し，誰でも見える可視的表現が実践の場で頻用される。例えば，理科の燃焼実験で，空気の流れをモデル図として描かせることにより，「燃焼時の空気の流れ」をいかに捉えているのかが見えるようになる。このように子どもによる捉え方を把握することで，個々の子どもに

いっそう適切な支援をおこなうことができる。 ［井上美鈴］

補助簿

補助簿とは，指導の過程や子どもたちの学習状況を記録し，後の指導に役立てるための記録簿のことである。通知表や指導要録においては，評価を客観的で信頼性のあるものにする必要がある。そのため，子どもたちの日頃の学習状況や各教科の単元ごとの指導過程の資料を日常的に収集・記録する。それらの資料は説明責任を果たす際にも活用できる。補助簿には，一定の様式があるわけではない。各自で学習指導や生徒指導などの内容に応じて，学級一覧形式のものと個人表形式のものを使い分けると効果的である。目的に応じて形式や内容などを各自で創意工夫し，評価情報が適切に記録されていくと，それをもとに個に応じた指導や支援をおこなうことが可能になる。

→説明責任 ［千々岩香織］

評価の制度や枠組み

指導要録

指導要録とは，学校教育法施行規則第24条・第28条において，その作成と保存（指導に関する記録５年，学籍に関する記録20年）が法的に義務づけられた公簿である。また，制度としてのカリキュラムたる学習指導要領のほぼ10年ごとの改訂に沿って２，３年後にその改訂がなされることから，指導要録が教育評価の制度としての機能を有することがひとまず了解されよう。

指導要録の歴史は，①指導機能の重視（1948年版），②証明機能への傾斜と相対評価の拡大（1955・1961・1971年版），③相対評価の矛盾の「解消」としての「観点別学習状況」欄の登場（1980・1991年版），④「目標に準拠した評価」の全面採用（2001・2010・2019年版）として整理できる。

→学校教育法施行規則 ［樋口太郎］

調査書（内申書）

進学などの際に在籍校が作成する記録（学校教育法施行規則第78条）のことをさす。入学者選抜の際に判断材料となる。内容は，当該児童生徒の学習成績，特別活動（クラブ・児童会・生徒会・文化・社会・スポーツ・ボランティアなどの活動），出欠や健康の記録，特技や趣味などである。主に指導要録をもとに作成される。入学者選抜において，調査書が重要視される理由は，学力試験のみではなく，人間として多様な面を評価するためである。調査書の内容や様式には全国一律の規定がない。記載にあたっては，内容の客観性，公平性，信頼性をどう確保するかが重要となる。また，調査書の存在が日常的な生徒の行動や学習内容を管理するための手段として使われることは，けっしてあってはならない。

→学校教育法施行規則 ［高木夏未］

通知表

子どもの成績や行動・性格・身体の状況等について学校が家庭に連絡する文書のことをさす。学校が独自で発行するものであり法定されていない。様式は，法定表簿である指導要録に影響を受けている。起源は，1891年の小学校教則大綱に関する「説明」において，「教授上ニ関スル記録ノ外ニ」「学校ト家庭ト気脈ヲ通スルノ方法ヲ設ケ相提携シテ児童教育ノ功ヲ奏センコトヲ望ム」と記述されたことにあるとされる。通知表の役割は記録の伝達のみではない。学校と保護者の双方向のコミュニケーションを果たすツールとなること，学びの到達度や達成度を確認し，今後の指導に役立てること，自己評価を通した自己学習能力の育成など，子どもの学びの改善に繋がるものであることが求められる。［高木夏未］

行動の記録

各教科，特別の教科　道徳，外国語活動，総合的な学習の時間の学習，特別活動やその他の学校生活など多様な教育活動全体における児童の行動の様子を評価するために指導要録に設けられた欄をいう。指導要録では「生きる力」の育成の状況を適切に評価するために「基本的な生活習慣」「健康・体力の向上」「自主・自律」「責任感」「創意工夫」「思いやり・協力」「生命尊重・自然愛護」「勤労・奉仕」「公正・公平」「公共心・公徳心」の10項目を挙げ，項目ごとに「その趣旨に照らして十分満足できる状況にある」と判断される場合には，○印を記入する。記入にあたっては児童の状況を日頃から細かく観察しておく必要がある。

［我妻秀範］

所　見

児童の学習意欲を高め，その後の学習や発達を促すために，児童の学習や学校での生活状況等を指導要録の記録欄（総合所見及び指導上参考になる諸事項）に記入することをいう。所見欄には各教科，総合的な学習の時間，特別活動，行動，児童の特徴・特技，成長の状況等に関わる総合所見を「文章で箇条書き等により端的に」記入する。その際，観点別学習状況の評価や評定では十分示しきれない児童一人ひとりのよい点や可能性，進歩の状況だけでなく，「努力を要する点などについても，その後の指導において特に配慮を要するものがあれば端的に記入する」としている。所見は児童や保護者のプライバシーに配慮し，正確さや適正さを保つ必要がある。［我妻秀範］

授業評価

授業者が，自らの授業実践を通して子どもが獲得した力の検討をおこない，その授業の成果や成否を判断することである。子どもやその学習集団が1時間の授業や当該単元の前後でどう変容，成長したのかの把握を通じて，授業内容の適否，課題の有無が吟味できる。評価は，授業者本人，授業を受けた子ども，同僚教員や保護者などがおこなう。テストや授業の観察，学習の成果物，子どもの発言内容や振り返りなどの記述をもとに，子どもの理解度を把握し，授業者が適切な指導をおこなえていたか否かを判断する。授業者は授業評価をもとにして，以降の授業や単元計画をおこない，授業改善を通じて，子どものよりよい学びに繋げていく。

［井上美鈴］

カリキュラム評価（教育課程評価）

学校における教育計画としてのカリキュラムのよしあしを評価し，その改善点を明らかにすることをさす。評価の対象としては，①目標設定，教材開発，指導過程の計画といったカリキュラムの開発のあり方と，②カリキュラムのめざしている教育目標がどの程度達成されたか，実際の効果はどうかといった成果とが挙げられる。評価主体には，カリキュラムを作成・実施する教職員や行政・専門の評価機関のみならず，地域住民やカリキュラムの受益者である児童などが挙げられる。評価にあたっては，数値化されるデータをもとにした統計的手法による量的調査に限らず，ノート分析や教師の観察といった事例に基づく質的調査も用いつつ，多面的に評価することが求められる。

→カリキュラム ［山本匡哉］

道 徳 教 育

道徳教育の歴史

道　徳

学校教育では道徳は教育課程における一領域をさす。西洋語で道徳を表すmoral（英），Moral（独），morale（仏）の語源はラテン語で習慣・風習を表すmosの複数形mores（モレス）とされる。つまり，moralとはその場に住んでいる人々の生活が安全であるために必要とされた慣習や風習，習慣を意味した。

一方，漢字の道徳における「道」については首を手に携えて行くという成り立ちをもつ。古代中国では，首には強い呪力があると信じられ，他の氏族がいる土地を通る際には，異族の首を携えて進むことで土地を祓い清め，災いから逃れようとした。この祓い清められた場所が道と呼ばれ，ひいては人が安心して進むことができる場所，人が進むべきところを意味するようになった。一方，「徳」は横になった「目」の部分があるが，目の威力を他の地に及ぼすことを成り立ちとし，人間が備えもった霊力のようなものを表す言葉として用いられ，しだいに個人に内在する優れた心性をさし示すようになった。つまり道徳には，進むべき道という外在的な意味と，備えるべき心性という内在的な意味とが含まれている。

［藤井基貴］

倫　理

学校教育では高等学校における公民科のひとつの科目名称を表す。西洋語で倫理を表す ethics（英），Ethik（独），éthique（仏）の語源はギリシア語で習俗・習慣を意味する ethos（エートス）であり，ラテン語では mores に相当する。

漢字の「倫理」は全体としてひとつの秩序をもった道理を意味する。明治時代に ethics が倫理学と訳されて以来，倫理は西洋哲学における規範や価値に関わる議論と結びつきを深めながら使用されてきた。

これに対して，「道徳」は日本文化における儒教思想の受容の一環として根づいた経緯があり，東洋的な思想に由来する身近な価値や規範を扱う言葉として使用される傾向がある。

［藤井基貴］

道徳教育の歴史

戦前の修身教育体制への反省に基づき，戦後の学校教育は道徳教育のための教科を置かず，教育活動全体を通じて道徳教育をおこなう，いわゆる「全面主義」の道徳教育として再出発した。

しかし，戦後の混乱期における犯罪の多さや社会科への「這い回る経験主義」批判などを理由に，保守的な徳育強化の声が強まり，1958年に小・中学校で道徳の時間が特設された。

それ以後，高等学校における倫理の単独科目化を除き，道徳教育に関わる制度変更はなかったが，2013年に教育再生実行会議がいじめ問題への対応として道徳教育の抜本的充実のための教科化を提言したことを発端として，道徳の時間は「特別の教科　道徳」へと姿を変えた。

→教育再生実行会議；経験主義

［小林将太］

修　身

修身教育は，近代日本の学校における道徳教育として，1872年の学制発布以降開始され，1880年の改正教育令以降は，筆頭科目となった。そして1890年の教育勅語の渙発（かんぱつ）以降，教育勅語に掲げられた徳目を教えることが授業の基本となった。

しかし，教師が一定の徳目＝道徳的価値を児童に伝達するという，修身科の「徳目主義」の指導法の効果をめぐっては教育関係者から疑問や批判が投げかけられることも多く，大正期になると新たな修身教育の提唱もおこなわれた。

修身は1941年の国民学校令の公布によって国民科に統合されて以降も実施されたが，戦後は廃止された。

［川久保　剛］

教育勅語

教育勅語は，近代日本の徳育の方針を定めたもので，法制局長官の井上毅（いのうえこわし）が起草した草案に，枢密顧問官の元田永孚（もとだながざね）が修正を加える形で，1890年に，天皇の言葉＝勅語として，国民に示された。

その内容は３段に分けられるとされている。第１段は「教育ノ淵源」（教育の根本）としての「国体の精華」（国柄）を説き，第２段は臣民（国民）が守りおこなうべき12の徳目を列挙し，第３段では前段に示した道が「皇祖皇宗の遺訓」（歴代天皇が残してきた教え）であり，古今東西を貫く普遍性をもつものであるとした。

戦前まで修身科の基軸となったが，敗戦後の1948年衆参両院において教育勅語排除・失効確認決議がなされた。

［川久保　剛］

愛国心

学習指導要領（2017）では，政府や内閣などの統治機構ではなく，歴史的に形成されてきた国民，国土，伝統，文化などからなる歴史的・文化的な共同体としての国を愛する心と説明されている。

自分が生まれ育った郷土は，その後の人生の拠り所となるものである。郷土でのさまざまな関わりを通して，郷土を愛する心が育まれていくが，郷土から国へと視野を広げて，国や郷土を愛する心をもち，国や郷土をよりよくしていこうとする態度を育成することが大切である。

また，自国のみを賛美する自尊的な態度に陥ることなく，わが国が国際社会で果たすべき役割を自覚するとともに，国際親善に努めようとする態度の

育成が大切である。［川久保　剛］

道徳の時間

1958年の改訂学習指導要領において，教科ではない，教育課程の一領域として特設された道徳の授業を意味する。

戦後の道徳教育は，道徳教育を主たる内容とする科目は設けず，社会科を中心として学校の教育活動全体を通して道徳の指導をおこなう，いわゆる全面主義の方針のもと展開された。しかし，その限界が指摘されるようになり，道徳の時間が設置された。

以後，学校の教育活動全体で道徳教育を推進することを引き続き基本としながら，その一環として，各教科並びに教科以外の活動などの指導における道徳教育を「補充，深化，統合」させるための時間として，週一時間，実施されることとなった。［川久保　剛］

道徳教育の展開

道徳教育と道徳科

道徳教育は，道徳科を要（かなめ）として，各教科，外国語活動，総合的な学習の時間，そして特別活動といった学校におけるあらゆる教育活動を通じておこなわれる（全面主義道徳）。

要とは，扇の骨をとじあわせる釘を意味するように，学校のあらゆる道徳に関する活動をひとつにまとめるものとして道徳科がある。より具体的には，各教育活動における道徳教育を道徳科において補ったり，深めたり，相互の関連を考えて発展させたり，統合させたりするのである（補充，深化，統合）。このように道徳教育と道徳科は密接に関連しているといえる。

［荒木寿友］

道徳教育の目標

道徳教育は，「自己の生き方を考え，主体的な判断の下に行動し，自立した人間として他者と共によりよく生きるための基盤となる道徳性を養うことを目標とする」教育活動である（学習指導要領（2017））。道徳教育は学校の教育活動全体を通じておこなわれるものであり（全面主義道徳），その要に道徳科が位置づく。道徳教育は，端的に示せば「他者とともによりよく生きる」ということを学校の教育活動全体を通じて養っていくことと言えよう。

そのために，各教育活動における道徳教育と道徳科は意図的にそして相互に連関するように計画を立てる必要がある。また児童の発達段階を考慮し，小学校６年間の計画だけではなく，幼・小の接続，小・中の接続も意識して計画を考えていく必要がある。

［荒木寿友］

道徳科（特別の教科　道徳）

2015年の一部改正学習指導要領において「特別の教科　道徳」（道徳科）が誕生した。1958年に道徳の時間が設置されて以来の大きな転換である。なお，年間授業時数35時間（小学校１年生は34時間）に変更はない。

道徳科が誕生した背景には，2013年の教育再生実行会議第一次提言「いじめ問題等への対応について」において，道徳教育の抜本的改善・充実が提言されたこと，その後2014年の中央教育審議会答申「道徳に係る教育課程の改善等について」を受けて，学習指導要領の一部改正という形で「教科」になった。

道徳科では，従来の道徳の時間の課題をふまえて，児童が主体的に道徳的問題に取り組むなかで道徳性を育んでいくことがめざされている。

→教科　［荒木寿友］

考え，議論する道徳

児童が主体的，批判的にさまざまな角度から道徳的価値について考え，他者と協働し対話や議論を深めていく道徳科の授業のあり方をさす。従来の道徳の授業が読み物資料を読むだけ，あるいはわかりきったことを伝えるような授業に陥りがちだったことへの反省として，2015年に「特別の教科　道徳」（道徳科）が誕生した際，「考え，議論する道徳」への転換がうたわれた。この背後には2012年に高等教育課程の改善をめざした中央教育審議会答申「新たな未来を築くための大学教育の質的転換に向けて」におけるアクティブ・ラーニングの提唱による一連の動きがあった。

考え，議論する道徳では，単なる授業形式のアクティブ化ではなく，児童が道徳の問題の当事者として取り組むことをめざす必要がある。

→アクティブラーニング　［荒木寿友］

多面的・多角的

多面的・多角的という用語は，学習指導要領（2017）の道徳科の目標において用いられた新たな言葉である。「多面的」とはひとつの事柄をさまざまな立場や視点から検討することを意味し，「多角的」とはひとつの立場や視点から周りを広く見渡して検討することを意味する。ただし，ここでは「多面的・多角的」を２つに分けて捉えるのではなく，さまざまな側面から問題や課題を総合的に捉えて理解することが意図されている。

道徳科では，児童が授業で扱う題材を通して，多面的・多角的に考える経験を積み重ね，同時にこうした複眼的な視点をもつことの重要性に気付くとともに，物事に対する見方や理解を広げ，深めていくことが期待されている。

［藤井基貴］

道徳教育の全体計画

学校の道徳教育の基本方針や，教育活動全体を通して道徳教育の目標を達成するための方策を示した教育計画のことである。道徳科のない高等学校でも作成される。様式は自由だが，教育関連法規（教育基本法や学校教育法など）や学校・地域の実態などに基づく学校の教育目標の下に，学校の道徳教育の重点目標や道徳科の指導方針，各教科・領域における道徳教育との関連，体験活動における指導方針，家庭や地域社会との連携などを図示するのが一般的である。また，各教科や各領域などでおこなう道徳教育の具体的な指導内容・時期を整理して示す別葉を作成することもある。家庭や地域社会からの理解と協力を得るためにも，全体計画は積極的に公開すべきとされている。

［小林将太］

道徳科の年間指導計画

各学年における道徳科の指導が計画的かつ発展的に実施されるように作成する年間を見通した指導計画である。

各学校の道徳教育の全体計画に基づき，各教科，外国語活動（小学校），総合的な学習の時間及び特別活動との関連を考慮して作成していく。その際，児童の実態や学校，地域の実情等に応じて重点的な指導をおこなったり，内容項目間の関連を図った指導をおこなったりするように計画する。

なお，各学校が創意工夫を生かして作成するものであるが，各学年の基本方針や，指導の時期，主題名，ねらい，教材，主題構成の理由，学習指導過程と指導の方法，他の教育活動との関連等の年間にわたる指導の概要は，明記しておきたいものである。［谷口雄一］

別　葉

各教科，外国語活動，総合的な学習の時間，特別活動等の道徳科の授業以外の時間におこなわれる道徳教育の内容及び時期を，道徳教育の全体計画のなかに書き示すことが難しいため，全体計画の一部として一覧表に整理し，示したものである。そのため，別葉と呼ばれる。

作成にあたっては，まず，各学校の具体的な道徳教育の重点目標を設定し，そのポイントを明確にする。そして，重点目標のポイントに関わって，重点となる内容項目を明らかにし，道徳科の授業以外の指導の内容及び時期を一覧表に明示していく。この後，重点となる内容項目以外の内容項目についても，道徳科の授業以外の指導の内容及び時期を検討し，一覧表に示していく。

［谷口雄一］

道徳教育推進教師

「道徳教育の推進を主に担当する教師」の略称で，各学校の教育活動全体を通じておこなう道徳教育を推進していくうえでの中心的な役割が期待される。小学校では2008年改訂の学習指導要領から置かれるようになった。

道徳教育推進教師の役割は学校ごとに異なってよいが，他の教師に代わって道徳科の授業を担当することはしない。一般的には，道徳教育に関わる各種指導計画の作成や，家庭・地域社会との連携などではコーディネーターとしての役割，道徳教育関連情報の提供・交換や道徳科の教材の整備充実などではファシリテーターとしての役割，校内研修の充実や評価方法の検討などではアドバイザーとしての役割がそれぞれ求められるだろう。［小林将太］

道徳性とは何か

道 徳 性

道徳性とは，人間としてよりよく生きようとする人格的特性であり，道徳教育は道徳性を構成する諸様相である道徳的判断力，道徳的心情，道徳的実践意欲と態度を養うことを求めている（「小学校学習指導要領解説　特別の教科　道徳編」2017）とある。「諸様相」という表現からも，道徳性は先に上げた3つの様相から構成されるのではなく，相互に密接に関連して切り分けることができないものと捉えられている。道徳性を育むことで，それが道徳的実践に繋がっていくとされる。

一方，コールバーグは道徳性を「正義に関する判断」と定義している。つまり，公平に物事を判断していくことを道徳性と捉えており，学習指導要領の捉え方とは異なる。どの文脈で道徳性が用いられているのか，注意が必要である。［荒木寿友］

道徳的判断力

学習指導要領に示された道徳性を構成する様相のうちのひとつである。道徳的諸価値についての理解をもとに，多様かつ複雑な状況のもとでも，よりよく生きようとするための判断能力を総称する。道徳的心情と並んで，道徳的行為を実行するための基盤とみなされている。

例えば，判断に悩むような葛藤場面を設定したモラルジレンマ型の授業をおこない，児童が自分の下した判断の理由・根拠を道徳的諸価値との関わりにおいて考えることは，道徳的判断力を育む実践のひとつと言える。

［藤井基貴］

道徳的心情

学習指導要領に示された道徳性を構成する様相のうちのひとつである。親切，公正，自然愛といった道徳的諸価値について理解し，これを基盤として人としてよりよく生きようとする感情を総称し，道徳的行為を実行するための基盤とみなされている。

例えば，登場人物が困難を乗り越えて偉業をなしとげたといった教材を扱う場合，登場人物がどのような信念や思いをもち，それらをどのように行為のよりどころにしていたかを学ぶことによって，これに関わる道徳的諸価値への理解や共感，「道徳的心情」を育むことが可能となる。　［藤井基貴］

道徳的実践意欲と態度

学習指導要領に示された道徳性を構成する様相のうちのひとつである。道徳的実践意欲とは，道徳的判断力や道徳的心情に基づいて，道徳的価値を実現しようとする意志の動きや働きをさす。また，道徳的態度とは，こうした意識の動きや働きに裏づけられた具体的な行為をとるための姿勢をさす。

例えば，困っている人を助けることの意味や意義について児童が教材を通して理解し，日常生活のなかで同じような場面に遭遇したら，自分で考え，判断し，よいと思うことをやってみようという姿勢をもつことが「道徳的実践意欲と態度」に相当する。

［藤井基貴］

道徳的行為

日常的な理解では，個人が自由意志に基づき道徳性を発揮しておこなう，道徳的価値のある行為を意味する。道徳の授業では従来，道徳的行為の指導をおこなうべきでないと言われてきた。たしかに，教師が一方的に「困っている人を助けましょう」と指導するような授業は不適当である。しかし，道徳的行為を実現してこそ道徳性が養われたと考えるなら，道徳的行為が問題にならない道徳の授業も適当とは言えない。心情理解のみに偏った指導から脱却するには，養おうとする道徳性を道徳的判断力などにも広げるだけでは不十分である。道徳的実践力としての道徳性を養うことに過度に自己抑制してきた道徳の授業の変革が求められる。

［小林将太］

道徳的実践力

道徳教育の分野においては，「道徳的判断力」「道徳的心情」「道徳的実践意欲と態度」を包括する概念として用いられ，主に道徳性に関わる内面的な資質をさしてきた。これらの資質が具体的な行動として表れたものを「道徳的実践」と呼び，道徳的実践力との相互作用によって道徳性の向上が図られるとされた。例えば，重い荷物を運んでいる人を見たときに，辛そうだと判断することが内面的資質としての道徳的実践力であり，実際に手伝う行為が道徳的実践である。

現在では「道徳的実践力を育成する」という従来の表現があいまいな印象を与えてきたという反省のもと，よりよく生きるための資質を培うという道徳科の趣旨を明確にするために，「道徳的判断力，心情，実践意欲と態度を育てる」という表現に改められ，2017年改訂の学習指導要領からは記載がなくなった。　［藤井基貴］

補充，深化，統合

補充とは，各教科や特別活動などにおいて，内容項目を十分に扱えない場合に道徳科で補うことである。深化とは，例えば社会科で扱った権利を道徳科で道徳の問題として深めることであり，統合とは例えば国語科で出てきた生命と理科の生命を関連させて，発展的に道徳科において扱っていくことを意味する。

1958年に道徳の時間が設置されて以降，2008年改訂の学習指導要領まで，「補充，深化，統合」は，道徳の時間と学校の教育活動全体を通じておこなわれる道徳教育とを結びつける重要な用語として存在していた。2017年改訂の学習指導要領では「補充，深化，統合」という表現そのものはなくなったが，指導を補う，指導をよりいっそう深める，内容項目の相互の関連を捉え直したり発展させたりするという形でその意図は残っている。　［荒木寿友］

道徳的価値

正しさや善さといった道徳の根幹に関わるものを，より具体的に示したものが道徳的価値と呼ばれるものであり，学習指導要領では内容項目，とりわけその内容を「端的に表した言葉」として提示されている。例えば，正直，親切，友情といったものが道徳的価値とされる。

これらの道徳的価値は，一般的に「徳目」と呼ばれ，徳目のみを教え込んでいく道徳教育を「徳目主義」という。道徳的価値そのものは，歴史や文化等において相対的なものであるために，それを絶対的な価値として教え込むことは厳に避けなければならない。道徳的価値が今を生きる私たちにとってどういう意味をもつのかについての理解を深めていくことが，道徳教育の目的である。　［荒木寿友］

道徳的価値観

道徳的価値をどのように認識しているか，どのように価値づけているかなど，その人なりの価値についての考え方を道徳的価値観という。いわば道徳的価値に対する見方や考え方であり，道徳教育の使命は，児童が道徳的価値観を形成し，それに基づいてよりよい生き方を探究することを支援していくことにほかならない。大人や教材の価値観を伝達することが道徳教育の目的ではない。

一方，教師は自らの道徳的価値観を伝えてしまうことを恐れるが，道徳的価値観から完全に離れた教育活動をおこなうことはできない。道徳教育をおこなうにあたっては，教師も自らの道徳的価値観についてつねに捉え直し，児童とともに考えながら，再構成していくことが求められる。［荒木寿友］

道徳的価値の自覚

特別の教科としての教科化以前に道徳の時間の目標のひとつに掲げられてきた用語である。当時の解説では，道徳的価値についての理解，道徳的価値を自分との関わりで捉えること，及び道徳的価値を自分なりに発展させていくことへの思いや課題を培うことが，自覚に向けて必要と説明されていた。

現在は，道徳的価値の理解をもとに，自己を見つめ物事を多面的・多角的に考えることが必要と説明されることがある。結局，道徳的価値の理解が深まらない限り，自覚には至らないだろう。子ども自身の生活経験や学校での体験活動，あるいは身体感覚などを基盤にして，感情と思考を結びつけて道徳的価値の意味やよさを吟味し続けることが求められる。［小林将太］

コールバーグ　Kohlberg, Lawrence (1927-1987)

1927年，アメリカに生まれた。シカゴ大学にて博士号（教育学・社会心理学）を取得し，その後，エール大学を経て，長年，ハーバード大学で教鞭をとった。ハーバード大学では道徳教育センター所長を務めている。シカゴ大学時代にはピアジェの影響を強く受けており，そこから発展させた６段階からなる道徳性発達理論は非常に有名である。日本でも，長年にわたり多くの教職者に研究・実践されている理論であり，教職科目はもちろん，教員採用試験や教員免許状更新講習においてもよく取り上げられる。このほかに，モラルジレンマ討論と呼ばれる教授法を開発しており，これをおこなうことにより，道徳性発達段階に沿って，道徳性の発達が促されることを明らかにしている。

→発達段階論；ピアジェ［藤澤　文］

道徳性の発達

人間としてよりよく生きようとする人格的特性が発達することであり，より具体的には道徳的判断力，道徳的心情，道徳的実践意欲と態度といった諸様相が発達することをさす。しかし，学習指導要領では具体的にどのような筋道で発達していくのかについては明言されていない。内容項目の提示において，「第１学年及び第２学年」「第３学年及び第４学年」「第５学年及び第６学年」と分けられているのが児童の発達に対する見解と認識できる。

道徳性の発達段階を提唱したコールバーグは，他律から自律への発達過程（３水準６段階）を提示している。前慣習的な水準では二者関係から正しさの判断をするのに対して，慣習的な水準では集団をふまえた判断が可能になる。脱慣習的な水準では集団をメタ的に捉えた判断が可能になる。

発達段階はあくまで目安であり，実年齢（学年）と発達段階を固定して捉えてはならない。

→発達［荒木寿友］

モラルジレンマ

モラルジレンマ教材とは，最終的な結論が描かれていないオープンエンドの道徳的価値葛藤（友情と正直，生命と法，一人の命かみんなの命かなど）を含んだ物語を意味する。

このモラルジレンマ教材を用いて，子どもの道徳性を発達させる授業をモラルジレンマ授業という。モラルジレンマ授業はアメリカの道徳心理学者コールバーグの道徳性発達理論に基づいている。モラルジレンマを用いて児童に道徳的価値葛藤を意図的に生じさせることによって，道徳的価値についての考え方を揺さぶり（認知的不均衡），モラルディスカッションを通じて，より高次の判断理由づけ，つまりより多様な他者の視点をふまえ，論理性が一貫した判断ができるようになるところに，モラルジレンマ授業の意義が見出される。［荒木寿友］

ギリガン　Gilligan, Carol（1936-）

1936年にアメリカで生まれた。ハーバード大学にて博士号（社会心理学）を取得し，ハーバード大学で，キャリアをスタートさせている。ここでは，コールバーグとともに道徳性の研究をおこなっている。同時に，道徳性には２種類（「正義」及び「配慮と責任」）があるとし，正義の道徳性を主張したコールバーグに反論する形で配慮と責任についての道徳性発達理論を展開している。前者は男性の道徳性，後者は女性の道徳性と言われることもある。配慮と責任の道徳性とは他者との関係性をもつことを志向し続けるものであり，この発達段階は３つのレベルと２つの移行期から構成されると考えられている。［藤澤　文］

ケアリング

ケアリングの定義には諸説ある。ケアリングとは，創始者とされるメイヤロフ（Mayeroff, M.）によれば，相手をケアし，相手の成長を援助することにより，自分もまた自己実現する結果になるということ，心理学的な観点から検討したギリガンによれば，人生はどれだけそれ自体に価値があるにしても，人間関係のなかでの心配りによってのみ維持されると定義される。それぞれ論拠とする学問やアプローチは異なるが，２人に共通するのは，ケアとは，比較的長い過程を経て発展していく他者との関わり方であり，自己と他者との受容的・応答的な関係における人間の現実のあり方だと考えている点，及びケアをする人，ケアを受ける人の関係性がケアリングの最も本質的な要素であると考えている点にある。

［藤澤　文］

ノディングス　Noddings, Nel（1929-）

1929年アメリカに生まれた。そして，スタンフォード大学にて，教育哲学の博士号を取得している。その後，学校教諭，行政官及び研究者を歴任し，ケアの哲学を打ち立てた人物である。その哲学はギリガンの延長線上にある。ケアの哲学はケアする者とケアされる者との関係性において成立すると考えられている。言い換えると，人はケアし，ケアされることにより責任ある人生を創り出すことができ，愛する人，愛されるべき人に成長することにより幸福な人生を創造すると考える。ノディングスによれば，教育の目的も「ケア」の認識と実践による幸福の実

現であるとされている。　［藤澤　文］

ハイト　Haidt, Jonathan（1963-）

1963年生まれのアメリカの社会心理学者。専門は，道徳心理学，ポジティブ心理学で，ニューヨーク大学で教鞭をとっている。ハイトはコールバーグの考える道徳性に対し，以下の2点から反論している。コールバーグが道徳判断時の理由づけ（理性）を重視するのに対し，ハイトは社会的直感理論を示し，道徳判断時には理性よりも直観が優先すると述べた。また，コールバーグが公正概念を中心に道徳性発達理論を示したのに対し，公正性以外にも複数の道徳基盤があるとする道徳基盤理論を提唱した。道徳基盤には，「傷つけないこと」「公平性」「内集団への忠誠」「権威への敬意」「神聖さ・純粋さ」などがある。　［藤澤　文］

道徳の授業づくり

品性教育

品性教育（character education）とは人格教育，性格教育とも呼ばれ，道徳的によいとされることを内面化していく教育のことである。かつては道徳的価値を教え込んでいく教育手法をさしたが，現在では広く道徳教育一般をさす。

アメリカの道徳教育において，品性教育は一度低迷した後に，1980年代以降，改めて注目されることとなった。リコーナによると，品性教育とは道徳性の知的，情的，行動的の3つの側面を視野に入れ，社会が等しく重要と考える価値項目について，子どもたちの理解を深め，心情を豊かにし，それを実際の行動に移せるように導くこととされる。そして，学校に対し，3R's（読み書き算数）に加え，尊重（respect）と責任（responsibility）というもう2つのRも取り上げ，総合的な教育活動アプローチをとることを求めた。

→3R's　［藤澤　文］

価値の明確化

1960年代から1970年代にかけてアメリカで提唱された価値教育のアプローチのひとつである。当時，公民権運動やベトナム戦争によってアメリカ社会の伝統的な価値観は大きく揺らいだ。これに対して価値の明確化は，特定の価値ではなく，価値を自ら選び取るための方法を教えることで，子どもの自己指導の力を育成しようとした。具体的には，自分にとって価値だと思うことが本当に価値だと言えるのかどうか，選択・尊重・行為という大きく3つの過程からなる「価値づけの過程」に照らして吟味させる。価値の明確化は，なんでもありが許されてしまうとしてしばしば批判されるが，自己決定という道徳教育がめざす究極の方向を示すアプローチでもある。　［小林将太］

内容項目

道徳科はもとより，学校の教育活動全体を通じておこなわれる道徳教育においても，そのもととなるものである。児童が人間として他者とよりよく生きていくうえで大切にしたい道徳的価値を含む内容について，わかりやすい言葉を使った短い文章で簡潔に表現されているものである。つまり，道徳科及び道徳教育において扱うべき教育内容を表したものと言える。

なお，2017年改訂の学習指導要領から内容項目ごとに，「親切，思いやり」等，その内容を端的に表す言葉が付記されている。

児童が自ら道徳性を養っていくための手掛かりとなるものであるため，書かれていることを教え込むといったことがないよう授業では留意したい。

［谷口雄一］

教科書【道徳】

道徳科でも，学習指導要領に沿った検定教科書（教科用図書）が使用されている。特別の教科としての教科化以前は，教科書会社が作成した副読本と呼ばれる読み物資料集がよく使用されていた。しかし，副読本は教科書ではなく有償であったため，新規購入せずに古い副読本を使い回すことも珍しくなかった。

教科書は，副読本から変わらず読み物教材中心の構成であるが，多様な指導方法の活用や現代的な課題の取り扱いなどの創意工夫がなされている。別冊としてノートが付属する教科書もある。なお，教科書は主たる教材であって教材のすべてではない。子どもの実態や興味関心，学校の特色ある教育活動に合わせた教材開発は引き続き求められる。

→教科書【教科】；教材；教材開発

［小林将太］

副教材（副読本）【道徳】

道徳科における教科用図書（教科書）の補完教材である。道徳科においても，主たる教材として教科用図書を使わなければならないが，それ以外にも，子どもの実態や地域の実情等を考慮しながら，生命の尊厳，自然，伝統と文化，先人の伝記，スポーツ，情報化への対応などの現代的な課題などを題材とし，児童が問題意識をもって多面的・多角的に考えたり，感動を覚えたりするような充実した教材の開発・活用をおこなうことが望まれている。

教材の条件としては，子どもの発達段階に即し，ねらいを達成するのにふさわしいもの，人間尊重の精神にかない，児童が深く考えることができるもの，特定の価値観に偏しないものであることが求められる。

→教科書【教科】；教材　［川久保　剛］

読み物教材

児童の道徳性を養うために，学習指導要領（2017），及び「小学校学習指導要領解説　特別の教科　道徳編」（2017）に記された内容項目に基づいて書かれた物語風の教材である。詩や児童の感想文，偉人の伝記等をもとに作成されているものもある。

読み物教材の多くは，登場する人物が道徳的な問題を起こし，他者の働きかけや自身の良心によってその問題を解決し，道徳的に好ましい状態になる様子が描かれている。このため，児童に教材に描かれている好ましい道徳的な行為に着目させ，そのよさを教えるという価値観の伝達に陥る危険がある。教材を教えるのではなく，教材を通じて児童の道徳的価値観を広げ，深めていくといった視点を授業者はつねに意識したいものである。

→教材　［谷口雄一］

中心発問

本時のねらいに迫るための中心的な

問いとして設定される発問である。したがって，児童が話し合いたいと思うものでなければならない。このため，児童が一読しただけでも考えることができる程度の答えを尋ねるようなものでは中心発問としては不適切である。

児童が主体的に考えて，他者と対話したくなるような中心発問を設定するためには，次の2点が重要である。

まず，「学習指導要領解説　特別の教科　道徳編」（2017）を熟読し，ねらいとなる内容項目に含まれる道徳的諸価値について十分に理解することである。そして，あの子たちだったらどう考えるだろうと児童の目線で教材を熟読し，「この2人は友達と言えるのか」など，児童が最も考えたいであろう問いを捉えることである。

→発問 ［谷口雄一］

場面発問

「〜の時，○○はどのような気持ちだったのだろう」などのように，教材のある場面における登場人物の心情等を問う発問である。

場面が限定されているため，児童にとって問われていることが具体的で考えやすく，これまで，道徳の時間の授業においてよく使用されてきた。

しかし，中心発問として用いる際には，ねらいに迫るために，心情を問うだけでは不十分である。児童の発言をもとに，「どうして○○はそのような気持ちになったのだろう」と児童の考えの根拠を問うたり，「あなたがそう考えたのはどうしてなのか教えてくれるかな」と児童がもっている価値観や経験について問うたりするなどの補助発問が肝要である。 ［谷口雄一］

テーマ発問

教材のある特定の場面に着目する場面発問とは違い，「この2人は本当に友達と言えるのだろうか」や「○○のしたことは，本当に親切と言えるのだろうか」等，教材のもつ全体的なテーマや道徳的な問題について追求していく発問である。このほかにも，「思いやりとは何だろう」や「生命はなぜ大切なのだろう」といった道徳的諸価値そのものについて問うものも考えられる。場面発問と比べて多様な問いが設定できるのが特徴と言える。

また，中心発問として用いるだけでなく，導入部分や終末部分に設定することも可能であり，児童がもつ問題意識を柔軟に授業展開に生かすことができる。道徳科の授業を構想する際に，重視したい発問である。 ［谷口雄一］

補助発問

場面発問や中心発問等のように児童に問う内容が教材やテーマに即してあらかじめ準備されたものではなく，問いに対する児童の発言内容に応じて投げかける種々の発問の総称である。追発問と呼ぶ場合もある。

「どうしてそう考えたの」と発言の根拠を問うものもある。「反対に〜とも考えられるんじゃないかな」と正対する視点を提示することで，児童に多面的・多角的な思考を促すものもある。また，「○○さんと同じ（違う）考えの人はいますか」と，児童の発言をもとに，他の児童に自身の立場を明らかにさせるものもある。「○○さんに聞きたいことはありませんか」と児童間の対話を促すものもある。

このように，授業をより効果的なものにするためには欠かせない。

［谷口雄一］

納得解

道徳科の授業を通して道徳的な問題について探究するなかで得られる，自らも納得し，周りの仲間も納得することができるような解のことをさす。つまり，互いに尊重できる考えを共有することである。

児童が納得解を形成するためには，まず，児童一人ひとりが自身の道徳的な価値観と向き合うことが必要不可欠である。そのうえで，自分の考えに固執するのではなく，意見を共有し，尊重していくことが肝要である。このため，本音を話すことができる，互いの意見に耳を傾けることができる，といった受容的な学習集団づくりが欠かせない。

こうして得られた納得解をもとに，児童は「私はこうしていきたい・こうありたい」と，自己の生き方についての考えをさらに深めていくのである。

→学習集団 ［谷口雄一］

自我関与

自我関与とは本来，他者や物事に深く傾倒している（夢中になっている）状態を意味し，個人の態度や行動を決定する要因である。道徳教育に係る評価等の在り方に関する専門家会議は，質の高い多様な指導方法のひとつに，「読み物教材の登場人物への自我関与が中心の学習」を挙げた。そこで，自我関与は登場人物の心情理解に留まらず，登場人物に託して自らの考えや気持ちを素直に語ることとして捉えられている。建前ではなく本音を導く点は同じであるが，本来の自我関与は情緒的な興奮を伴うものであり，登場人物を隠れ蓑にして本音を語りやすくするという程度に収まる状態ではない。自我関与する対象も，必ずしも登場人物に限定されないのである。 ［小林将太］

問題解決的な学習【道徳】

社会で生きていくうえで直面する複雑な諸課題に対して，児童が主体的・自律的に対応・対処するための資質・能力を養うための学習である。こうした手法に基づく授業では，答えがひとつではない課題をめぐって，児童が話し合いや議論を通して，道徳的諸価値についての理解を深めるとともに，最善解（その状況で最も善いとされる解）や納得解を得るための資質・能力の向上がめざされる。従来の道徳授業においては読み物教材の心情理解に偏る形式的な指導が多かったという反省のもとで，道徳教育の質的転換を図るために奨励されている実践のひとつである。

→問題解決的な学習【教科】；問題解決的な学習【総合的な学習の時間】

［藤井基貴］

体験的な学習

具体的な体験を通して，内容や対象に対するより深い理解を得るためにおこなわれる学習活動である。「小学校学習指導要領解説　特別の教科　道徳編」（2017）では，「体験的な活動」として，①実際に挨拶や丁寧な言葉遣いなど具体的な道徳的行為をして，礼儀のよさや作法の難しさなどを考えたり，②相手に思いやりのある言葉を掛けたり，手助けをしたりして親切についての考えを深めたり，③読み物教材の登場人物等の言動を即興的に演技して考える役割演技などの疑似体験的な表現活動を取り入れたりするといった3つの事例を挙げている。道徳科では体験的な活動を取り入れることによって，児童に道徳的諸価値への理解を深めさせるとともに，さまざまな問題や課題を主体的に解決する資質・能力を育むことがめざされている。

→ロールプレイング ［藤井基貴］

モラルスキルトレーニング

林泰成を中心に開発，実践されている指導法，略称は MoST（モスト）である。モラルスキルトレーニングは，対人関係に必要な技能の獲得や改善をめざすソーシャルスキルトレーニングをもとにしつつ，道徳的な問題場面でどうすべきかを問うことで，具体的な行動のスキルと内面的な道徳性の両方を育成しようとする点に特徴がある。

指導過程は時間や対象に応じて変わる。簡略版は，①資料提示，②ペアインタビュー（登場人物になりきる），③ロールプレイング，④シェアリング（行動方法の強化や修正），⑤まとめという順序で実施される。道徳的行為に関する体験的な学習として，他の教育活動と連携した活用がますます期待される。

→ソーシャルスキルトレーニング；ロールプレイング ［小林将太］

学習指導案【道徳】

授業者が描く授業構想を記述することでより具体的で実効的なものにするために作成する授業の計画書である。「学習指導要領解説　特別の教科道徳編」（2017）にも記されているが，道徳科の学習指導案の形式にはとくに決まった基準はなく，地域や学校によってさまざまな形式の学習指導案が存在している。

しかし，本時の主題や内容項目について授業者がどのように捉えているのか（価値観），児童の道徳性に係る実態はどのような状態なのか（児童観），使用する教材はどのような特徴があるのか（教材観），どのような方針で授業をおこなうのか（指導観），具体的な授業展開はどのようなものか（本時の展開）などの項目を記述することは欠かせないであろう。

→学習指導案；指導観；児童観；単元観 ［谷口雄一］

導入・展開・終末【道徳】

授業の進め方の一般的な型である。道徳科の1時間の学習指導過程には，とくに決められた形式はないが，導入・展開・終末の三段階で構成することが広くおこなわれている。

「導入」では，本時の主題に対する興味関心を高め，ねらいの根底にある道徳的価値に意識を方向づけ，次の「展開」では，ねらいを達成するために，教材を使い，発問し，話し合いをさせるなどの工夫をおこなう。展開については，道徳的価値の把握のための「前段」と，その一般化と自覚のための「後段」に分けることが多い。「終末」では，1時間の学習のまとめを通して，展開で学んだ道徳的価値の実践に向けた意欲向上など，今後に結びつける工夫が求められる。

→導入・展開・まとめ ［川久保 剛］

説 話

道徳科で推奨されている指導方法上の工夫のひとつである。

教師の体験や願い，さまざまな事象についての所感などを語ったり，日常の生活問題，ニュースで取り上げられた問題などを盛り込んで話したりすることであり，児童が授業のねらいの根底にある道徳的価値をより身近に考えられるようにするものである。

児童の思考の深まりや整理に効果的である。また児童との信頼関係を増し，児童の心情に訴え，深い感銘を与えることもできる。

ただし，児童への叱責や訓戒，考え方の押しつけにならないよう注意する必要がある。 ［川久保 剛］

ペープサート

paper puppet theater（ペーパーパペットシアター）を短縮した造語で，物語の登場人物を描いた厚紙に持ち手をつけて，物語の進行に合わせて操る紙人形劇のことである。

小学校の道徳科では，とくに低学年において，読み物教材を使う授業や役割演技の授業で活用される場合が多い。

ペープサートを用いると，読み物教材の登場人物がより具体的・立体的に示されるために，教材の内容が理解しやすくなる。また役割演技で用いると，演じている子どもは，ペープサートに感情移入することで，その役を演じやすくなる。見ている子どもも，場面や人物設定を理解しやすくなるという効果がある。

→ロールプレイング ［川久保 剛］

道徳の評価

道徳科の評価では，児童の学習状況や道徳性に係る成長の様子を継続的に把握すること，ならびにそれを指導に生かすことが必要とされる。ただし，数値などによる評価はおこなわない。道徳科の目標にもあるように，道徳科には明確な到達目標が設定されているわけではない。また他者との比較において評価がなされるわけでもない。

どのように道徳科の学習に取り組んだのかという学習状況に焦点をあて，一面的な見方から多面的な見方へと発展しているか，自分との関わりのなかで道徳的価値についての理解を深めているかという点から，児童を認め励ます個人内評価をおこなう必要がある。そして児童に対する評価を授業評価に生かしていくことで，指導と評価の一体化がなされる。

→個人内評価；指導と評価の一体化；授業評価 ［荒木寿友］

新しい道徳教育の展開

現代的な課題

現代社会を生きるうえで直面するさまざまな課題の総称である。「小学校学習指導要領解説 特別の教科 道徳編」（2017）では，現代的な課題の具体例について食育，健康教育，消費者教育，防災教育，福祉に関する教育，法教育，社会参画に関する教育，伝統文化教育，国際理解教育，キャリア教育などが挙げられている。そのほかの例として「主権者教育」や「SDGs 教育」なども加えることができる。これらの多くは社会の持続的な発展という課題とも関わっており，また定まったひとつの答えがあるわけでもない。授業での取り扱いにあたっては「主体的・対話的で深い学び」の視点に基づき，児童が多様な見方や考え方をできるように指導上の工夫をおこなう必要がある。

→キャリア教育；主体的・対話的で深い学び；防災教育 ［藤井基貴］

人権教育

人間の権利を尊重する精神を涵養する教育である。「人権教育の指導方法等の在り方について（第三次とりまとめ）」(2008) では，人権を人が生まれながらにもっている必要不可欠なさまざまな権利と定めている。これらの権利のなかには，生命や身体の自由の保障，法の下の平等，思想や言論の自由，教育を受ける権利などが挙げられる。

国連の「人権教育のための世界計画」(2004) では，人権に関する知的な理解とそれを日常生活で使う技術，ならびに人権がもつ重要性を直感的に受け取る人権感覚を育成し，自他の人権を擁護する意欲や行動力を育てることが人権教育に含まれているとする。

→子どもの人権；人権 ［荒木寿友］

情報モラル教育

情報社会において適正な活動をおこなうための基礎（考え方や態度）を育てるための教育である。具体的な内容として「情報社会の倫理」「法の理解と遵守」「安全への知恵」「情報セキュリティ」「公共的なネットワーク」の５つの柱から構成される。従来の指導においては，インターネットを介したトラブル事例の紹介や利用をめぐるマナーやルールづくりの徹底が重視されていたが，近年では児童が主体的・自律的に考えることができるように，SNS の活用例などを題材とした，より身近で自分ごととして捉えやすい教材・授業の開発が進められている。

［藤井基貴］

消費者教育

消費者教育の推進に関する法律では，「消費者の自立を支援するために行われる消費生活に関する教育」と定義されている。市場のなかで生じる消費者問題・被害から消費者を保護・支援することを目的に始まった消費者教育は現在，消費者の権利保障に加え，公正で持続可能な社会の実現に向けて，政府や企業とともに責任を担う消費者市民の形成をめざしている。消費者教育はこの意味で，国連の持続可能な開発目標（SDGs）の目標12「つくる責任つかう責任」に直結する現代的な教育課題である。道徳教育でも，子どものライフステージに応じて，消費者市民社会の構築や生活の管理と契約など，消費者教育の各領域と関連づけた実践が求められる。

→SDGs ［小林将太］

法 教 育

児童が市民社会及び民主主義社会の能動的な担い手として，法や司法制度及びその基礎となる理念について学ぶための教育である。個人の尊重や公正といった法的な見方や考え方を習得するための現代的な課題のひとつとして扱われている。模擬裁判，ルールづくり，裁判の傍聴などの実践があり，地域の弁護士会等の協力のもとで授業がおこなわれる場合もある。［藤井基貴］

総合的な学習の時間

総合的な学習の時間の指導計画

総合的な学習の時間

1998年の学習指導要領改訂（高等学校は1999年）において，地域や学校，児童生徒の実態等に応じて，横断的・総合的な学習や児童生徒の興味・関心等に基づく学習など創意工夫を生かした教育活動をおこなうために新設された教育課程の領域である。探究的な見方・考え方を働かせながら，横断的・総合的な学習をおこなう総合的な学習の時間は，2017年改訂の学習指導要領（高等学校は2018年）がめざす理念を端的に示す領域であると言ってもよい。総合的な学習の時間における探究的な学びは，児童生徒の学力向上に好影響を与えているという評価がある一方で，学校によって取り組みや学習の充実度に差があるなどの課題も指摘されている。 ［森田真樹］

総合的な学習の時間と教育課程

教育課程のひとつの領域である総合的な学習の時間は，小学校において，第３学年から第６学年まで設置されている。当初の授業時数は，各学年105時間から110時間であったが，その後は，各学年70時間があてられている。また，1998年改訂の学習指導要領では総則の一部であったが，2008年の改訂において，独立した章として目標や内容の取り扱いなどが明記され，教育課程上の位置づけも明確となった。具体的な学習の内容は各学校に委ねられているため，学校としての全体計画，年間指導計画，単元計画などを作成する必要がある。その際には，学校の教育目標や各教科の学習等との関係を意識し，カリキュラム・マネジメントを適切におこなうことが求められる。

［森田真樹］

総合的な学習の時間の目標

2017年改訂の小学校学習指導要領では，「探究的な見方・考え方を働かせ，横断的・総合的な学習を行うことを通して，よりよく課題を解決し，自己の生き方を考えていくための資質・能力」の育成が目標として掲げられ，具体的には３つの柱で構成される。①課題解決に必要に知識技能を身につけること，②実生活のなかから課題を設定し，情報収集・整理分析・まとめ・表現ができるようにすること，③自ら主体性をもって学習に取り組み，また他者と協働で課題解決をめざし，社会に貢献するための態度を身につけること，である。各教科や各種行事等で学んだことを実社会と結びつける工夫が求め

られる。また詳細な目標については各学校にて児童の実態に合わせて定めることとされる。　［松尾由紀］

総合的な学習の時間の全体計画

全体計画とは，指導計画のうち，学校として，この時間の教育活動の基本的なあり方を示すものである。具体的には，各学校において定める目標，「目標を実現するにふさわしい探究課題」及び「探究課題の解決を通して育成を目指す具体的な資質・能力」で構成する内容について明記するとともに，学習活動，指導方法，指導体制，学習の評価などについても，その基本的な内容や方針などを示すものである。

全体計画を作成する意味は，学習指導要領にある総合的な学習の時間の目標を，各学校の日々の実践として具体化することにあり，簡潔で見やすく活用しやすいものを作成することが重要である。　［伊藤陽一］

総合的な学習の時間の年間指導計画

総合的な学習の時間における年間指導計画は，各学校で作成した総合的な学習の時間の全体計画をふまえ，学年や学級において，その年度の総合的な学習の時間の学習活動の見通しをもつために，１年間にわたる児童の学習活動を構想して示したものである。

具体的には，単元名，各単元の主な学習活動，活動時期，予定時数などが考えられる。さらに，各学校が実施する教育活動の特質に応じて必要な要素（各教科等との関連・他学年や異校種との連携など）を盛り込み，活用しやすい様式に工夫することが考えられる。

いずれにしても年間指導計画は，全校体制で児童の資質・能力を年間通して高めていく計画として大変重要な指導計画である。　［伊藤陽一］

総合的な学習の時間の評価

総合的な学習の時間の評価には，教科学習の評価とは異なる次の３つの特徴がある。１つめに，学習指導要領に示された目標をふまえて評価の観点を各学校で独自に設定する。２つめに，数値的に評価するのではなく，子どものよい点や進歩の状況，身についた資質・能力などを文章で評価する。３つめに，子どもの学習活動がグループによって，また個人によって異なるため，ペーパーテストで一律に評価できない。そのため，観察による評価や，ポートフォリオ評価，レポートや発表などによるパフォーマンス評価，子ども自身による自己評価，友達による相互評価など，多様な評価方法を組み合わせ，子どもの成長を多面的に捉えることが重要である。

→自己評価；相互評価；パフォーマンス評価；ポートフォリオ評価法

［細尾萌子］

総合的な学習の時間の校内推進体制

総合的な学習の時間の校内推進体制とは，全体計画等の作成や評価，学年間の連絡・調整，実践上の課題解決や改善などを図るために，関係教職員で構成される組織体制である。

総合的な学習の時間の授業では，学級担任が自学級を直接指導するだけではなく，ティーム・ティーチング（校外の支援者も含む）での指導をしたり，学級枠や学年枠を外して指導をしたりし，学習内容によっては，教職員の専門性を生かした学校全体の指導体制が必要となる。

そのため校内推進体制は，指導にあたる教師が校内において気軽に相談でき，コミュニケーションを円滑に図れるように整えることが大切である。

［伊藤陽一］

横断的・総合的な学習

複数の教科等で共通に扱うことができる横断的な課題や，教科等の枠にとらわれない新しい発想に立った総合的な課題などによる学習をさす。とくに総合的な学習の時間の学習で重視される。実生活や実社会における課題の探究を，特定の教科等の枠組みだけで完結することは困難である。総合的な学習の時間では，各学校が設定した目標を達成するために，教科等で身につけた資質・能力を活用・発揮しながら，現代的な諸課題や地域の特色に応じた課題について，横断的・総合的に学習を進めることが必要とされる。これまでにも，日本や諸外国において，合科学習やクロスカリキュラムなどとして，類似の考えに立った教育実践もおこなわれている。

［森田真樹］

探究的な学習

総合的な学習の時間における探究的な学習とは，〈探究のプロセス〉として示されるような問題解決的な活動が発展的に繰り返されていく一連の学習活動のことをさす。近年，OECD によるキー・コンピテンシーや21世紀型スキルといった，新しい時代の資質・能力を育成するためにも，「探究」を通した学びの重要性が指摘されているが，とくに総合的な学習の時間においては重要な学習として位置づけられている。

その一方で，学習者がやみくもに調べたり，発表を繰り返すだけでは，探究的な学習とはならないことへの留意が必要である。学習者の実態や発達の段階に応じた課題設定のあり方や，探究の方法を身につけさせる方策などについて十分に検討したうえでの実践が求められる。

［森田真樹］

探究のプロセス

学習指導要領（2008）の解説で提示された，総合的な学習の時間における探究的な学習に必要となる学習の過程を示すものである。体験活動などを通して，課題を設定し課題意識をもつ「課題の設定」，必要な情報を取り出したり収集したりする「情報の収集」，収集した情報を，整理・分析し思考する「整理・分析」，気付きや発見，自分の考えなどをまとめ，判断し，表現する「まとめ・表現」という４つの過程がある。この４過程を，順序立てたり，時には相互に関係させたりして，探究的な見方・考え方に支えられた探究のプロセスを繰り返すことで，探究的な学習を実現させることができる。

［森田真樹］

探究課題

総合的な学習の時間の目標を達成するには，探究的な学習にふさわしい探究課題を設定することが必要となる。探究課題は，学習対象と同義として解されることもあるが，地域や学校，児童生徒の実態などに応じて，各学校において適切に設定されることが求められている。ちなみに，小学校学習指導要領（2017）では，国際理解，情報，環境，福祉・健康などの現代的な諸課題に対応する横断的・総合的な課題，地域の人々の暮らし，伝統と文化など地域や学校の特色に応じた課題，児童の興味・関心に基づく課題などが，探究課題の事例として示されている。

［森田真樹］

児童の興味・関心に基づく課題

児童の興味・関心に基づく課題とは，児童が個々の発達段階に応じて興味・関心を抱きやすい課題のことである。

例えば，将来への夢や憧れをもち挑戦しようとすること，ものづくりなどをおこない楽しく豊かな生活を送ろうとすること，生命の神秘や不思議さを明らかにしたいと思うこと，などが考えられる。これは，児童の課題への取り組みの姿勢を示すとともに，よりよい自己実現と深く関わっている。

児童には，これらの課題を実社会や実生活との関わりで考え，課題解決をめざして主体的に行動することが望まれる。一方，横断的・総合的な学習として，探究的な見方・考え方を働かせ，学習の質的高まりが期待できるかどうかを，教師が十分に判断する必要がある。

［伊藤陽一］

地域や学校の特色に応じた課題

地域や学校の特色に応じた課題は，主に総合的な学習の時間にて取り上げられて実践されることが多い。代表的な課題としては，「福祉・健康」「地域・郷土」「環境」「国際理解」などであり，学校の年間行事や各学年の学習カリキュラムと繋げて設定される。特に，学校や子どもの実態として，例えば，外国籍の子どもが多くいるならば，「国際理解」や「社会のグローバル化」を追求したい課題として学習していく。また，田植え体験や稲刈り体験，農家の方との交流が行事としてあるならば，「環境」を追求したい課題として学習していく。このような課題は，教師のアイデアや工夫次第でいくとおりもの学習を構想・実践することが可能である。

［松浦雄典］

総合的な学習の時間とインクルーシブ教育

インクルーシブ教育とは，共生社会の実現のために障害のある者と障害のない者がともに学ぶ教育である。障害児・者が排除されないために社会全体の力をつけるための教育という視点も重要とされ，インクルーシブ教育の実現と必要となるシステムの構築が求められている。総合的な学習の時間の実施にあたっても，児童の学習活動をおこなう場合に生じる困難さ（教育的ニーズ）が異なることに留意し，個々の児童の教育的ニーズに応じた指導内容や指導方法を工夫することが必要である。総合的な学習の時間は，児童の自立と社会参加をいっそう推進していくこともねらいとしているがゆえに，一人ひとりの学習の特性や困難さに配慮した学習活動が求められる。

［堀川紘子］

総合的な学習の時間の歴史・理念

総合的な学習の時間と教科学習

総合的な学習の時間と教科学習には，目標・内容の設定のあり方の点で大きな違いがある。各教科については，学習指導要領において，学年（あるいは2学年まとめて）ごとに，目標・内容があらかじめ設定されている。それに対して総合的な学習の時間の場合は，「ねらい」として，大まかな目標が示され，取り上げる内容や学習課題のあり方も例示されているにすぎない。それらを参照して，各学校において，地域や学校の状況，子どもたちの実態に応じて自律的にカリキュラムを編成していくことが期待されている。総合的な学習の時間を意義あるものにしていくために，教師には，カリキュラムユーザーではなく，カリキュラムメーカーとしての創造的な視点が求められている。

→教科学習　［角田将士］

総合的な学習の時間と総合学習

子どもたちの興味・関心に基づいた主体的な探究活動を軸にした学習は，教科ごとの学習に対して，結果的に学習内容が広範囲に及ぶことから，そのあり方は「総合学習」と呼ばれる。わが国の戦後初期のコアカリキュラムなどはその一例である。一方，総合的な学習の時間は，小・中学校については1998年改訂の学習指導要領において，急速に変化する社会に対応して生きる力を育むことを期して設置された。例えば，国際理解，情報，環境，福祉・健康などの課題や子どもたちの興味・関心に基づく課題，地域や学校の特色に応じた課題などを取り上げ，体験的活動や問題解決的活動を軸に展開される。そのあり方は総合学習としての特質を有している。

→コア・カリキュラム　［角田将士］

地域教育計画

デューイの教育理論は，アメリカの占領下にあったわが国の戦後教育改革に大きな影響を与えた。1947年と1951年に示された学習指導要領は，子どもたちや地域の実情に応じた自律的なカリキュラム編成を期して「試案」として示された。そしてこの時期，全国各地で，子どもたちの生活上の問題や地域社会の問題をコアとして，特色あるカリキュラムが生み出されており，それらは「地域教育計画」と呼ばれている。代表的なものとして，埼玉県の川口プランや広島県の本郷プランなどが知られており，いずれも教師や地域住民たちが協同で取り組んだ地域教育計画となっている。そのあり方は，総合的な学習の時間の源流として，今日においても参考になる。　［角田将士］

合科学習

奈良女子高等師範附属小学校主事の木下竹次が提唱した学習のあり方。木下は各教科目の内容に基づく従来の分科学習に疑問を呈し，家庭生活を通じた子どもたちの成長をモデルに，材料と場所と用具を教師と子どもたちに自由に選択させる「合科」の時間を特設した。低学年の大合科学習，中学年の中合科学習，高学年の小合科学習と，子どもたちの成長，生活経験の拡大に応じて，合科の度合いに変化をもたせた。戦後の学習指導要領においても，小学校低学年については，一部の教科を合わせて授業をおこなうことができるようになっているが，それぞれの教科に示されたものを充足することが求められている点で，「合科的学習（指導)」という用語が一般的になっている。

→各教科を合わせた指導 ［角田将士］

問題解決的な学習【総合的な学習の時間】

生活上の問題や地域社会の問題などの解決活動を軸に展開される学習を「問題解決学習」と呼ぶ。取り上げる問題は子どもたちの生活や地域社会のなかから導き出され，見学や調査などの活動を通して，子どもたち自身が一次資料を収集し，行動的にその解決に取り組む。一方で，時事問題などから取り組むべき問題を教師が設定し，教科書や資料集などの二次資料をもとに，その解決に取り組む学習のあり方を一般的には「問題解決的な学習」と呼ぶ。総合的な学習の時間においては，問題解決的な学習を積極的に取り入れることが求められている。教師が問題を設定するが，魅力的な学習課題と適切な資料によって子どもたちの学習意欲を高め，深い思考を促す授業づくりを志向したい。

→問題解決的な学習【教科】；問題解決的な学習【道徳】 ［角田将士］

プラグマティズム

19世紀後半以降，アメリカにおいてパース (Peirce, C. S.)，ジェームズ (James, W.)，デューイ（Dewey, J.）らによって発展した思想である。現実の具体的な行為のなかで精神の活動が果たす役割を解明しようとすることなどに特徴がある。代表的な思想家のなかでも，デューイが世界の教育界に与えた影響は大きい。アメリカでは，20世紀になると，デューイらの教育理論に依拠した進歩主義教育運動や子ども中心主義教育運動が全米に拡がるとともに，日本の戦後の問題解決学習などにも影響した。デューイの研究の範疇は広いが，例えば，反省的思考や探究の理論など，総合的な学習の時間の理念や学習のあり方を考える際に不可欠となる重要な教育理論は，このプラグマティズムを基盤として提供されることが多い。

［森田真樹］

クロスカリキュラム

国際化，情報化，環境問題などの現代社会の問題は，特定の教科や領域だけで取り組めるものではない。変化の激しい今後の社会に対応して生きる力の育成を期して総合的な学習の時間が設置され，そこで注目されたのがイギリスで提唱された「クロスカリキュラム」の理念である。これは，既存の教科や領域の学びのなかに，「主権者教育」「環境教育」「多文化教育」といった共通のテーマを掲げ，それらを軸にして，それぞれの学びを関連づけていこうとするものである。各教科における学びは，ともすれば系統的な知識の伝達に終始しがちであるが，このような中・長期的な視点を意識したうえで，各教科の学びを有機的に関連づけた魅力的なカリキュラムを展開したい。

［角田将士］

経験カリキュラム

経験カリキュラムとは，各教科の知識に基づく系統カリキュラムと対照的に，子どもたちの興味・関心や生活経験を生かし，子どもたちの活動を軸に学習が展開されるカリキュラムのあり方である。アメリカの教育哲学者デューイの論を有力な論拠としている。一般的には，教科の存在を所与のものとせず，子どもたちの興味や目的に基づいた活動からなる総合的な単元によって構成される「経験中心カリキュラム」と，子どもたちの生活上の問題や地域社会の問題の解決を軸に，それらの解決に必要となる知識や技能を各教科において学ぶ「コアカリキュラム」に分けられる。こうしたあり方はわが国の戦後初期の教育改革に大きな影響を与えた。 ［角田将士］

ESD

Education for Sustainable Development の略で「持続可能な開発のための教育」と訳される。世界で起こっているさまざまな困りごと（環境，貧困，人権，平和，開発等）を自分ごととして捉え，身近なことから取り組めるきっかけを与えたり，それらの課題解決に繋がる新たな価値観や行動を生み出すことをめざす学習や活動をさす。

学習指導要領（2017）の前文にある「持続可能な社会の創り手」の育成をめざすことと関連させ，教科のみならず，行事や学級活動など多様に学校生活と結びつけて取り組むことが望まれる。「○○をしたら，ESD を実践している」とは言い難く，学校全体の教育のあり方を捉え直す視点であり，相互に関連し合う繋がりを大切にする教育と言える。

→持続可能な社会 ［三ツ木由佳］

SDGs

Sustainable Development Goals（持続可能な開発目標）を略して SDGs（エスディージーズ）と呼ぶ。

2015年の「国連持続可能な開発サミット」において採択された決議「我々の世界を変革する：持続可能な開発のための2030アジェンダ」で掲げられた国連の開発目標である。2016年から2030年の15年間で世界各国がよりよい社会をめざし，協力して取り組むべき17のゴールと169のターゲットからなる。

「誰一人取り残さない」という強いメッセージが込められたこの目標では，私たち一人ひとりが目標の達成に向けて「transformation（変革）」していくことが求められている。

→持続可能な社会 ［松倉紗野香］

総合的な学習の時間の内容

地域学習

校区を中心に，学校周辺地域の自然，歴史，生活（公共施設・設備），文化，産業，人口などについて学ぶことである。この学びには，それらを知ることだけではなく，そこから地域の課題を発見し，仲間と協力して課題を解決する方法を見出し，地域の一員として地域を発展させうる活動に取り組むところまでが含まれる。そのため，学習方法としては，体験や調査といった地域で多様な活動をおこなうものが望まれる。教師には，子どもが地域で主体的に活動し，考えるための時間の確保とそれらを促す地域人材・資源の手配が求められる。そのため，生活科や社会科の地域学習に関する単元と合わせるなど，教科横断的なカリキュラムづくりが必要となる。 ［柏木智子］

国際理解教育

Education for International Understanding としてユネスコが取り組んだ教育が出発とされ，国際教育ともされる。特定の学習内容や方法をもった領域ではなく，知識の獲得，資質能力の育成，制度的対応など，国際化時代の教育に必要となる諸活動・諸教育を広く包含する傘概念としての意味をもつ。日本でも戦後まもなくから取り組まれてきたが，総合的な学習の時間の創設にあたり，探究課題のひとつとして「国際理解」が例示されたことから，再び着目されるようになり，国際理解教育の実践に取り組む学校も増えている。一方で，学校全体としての実践とはならず，表面的な交流活動や単発のイベント的活動にとどまる実践が多いといった課題も指摘されている。

［森田真樹］

環境教育

環境教育というと，ともすれば地球規模の環境問題が取り上げられがちである。小学校では，身近な地域の問題を取り上げ，人と人，人と自然・地域・文化・歴史等との関係性（繋がり）に気付き，よりよい環境を創造していくために考え行動することを大切にしている。さまざまな立場の人との出会いや身近な環境に触れる体験，学んだことを地域に発信する活動等を通して，人や郷土に対する愛着の深まりや，人の役に立つことによる自尊感情や自己有用感の高まりが期待できる。さらに，身近な問題が地球規模の問題に繋がっていることや，それらが相互に深く関わっていることなど，環境問題を総合的に把握する必要性に気付かせることも大切である。

→持続可能な社会　［中村大輔］

メディア教育（情報教育）

メディア教育には，メディアそのものを学ぶ教育と，メディアを活用した教育諸活動の両者が含まれる。総合的な学習の時間の探究課題のひとつとして，「情報」が例示されたことから，メディア教育に取り組む学校も増えている。情報教育は，「情報活用能力を育む教育」を示すことが多いが，近年ではより広義に捉えて，ソーシャルメディアを取り巻く構造や特性を理解したうえで，メディアと社会のあり方について考え，行動していく力を身につける教育として展開されることもある。ICT を活用した実践も増える一方で，情報機器やインターネット環境などの整備状況は，自治体・学校により差があり，メディア教育の充実のためには，学校のICT環境の整備も求められている。

→ICT　［堀川紘子］

健康に関する教育

健康に関する教育とは，ストレスのある現代社会を生きる子どもたちが，毎日を心身ともに健康に生活するためにはどのように考え，行動していくかを探究し，生涯にわたり心身ともに健康な生活を送るための基礎的な能力を育む教育である。その学習内容としては，「社会の変化と健康の保持・増進をめぐる問題」「自分たちの生活習慣と健康との関わり」「より健康で安全な生活を創造するための取組」などが示されている。

各学校では，児童・学校・地域の実態をふまえ，「健康」を体育科の病気予防や傷害防止という狭い視点で捉えるのではなく，広い意味で「健康」「安全」「生き方」と捉え，探究的に学ぶべき教育的な価値を意識して実践することが大切である。［伊藤陽一］

福祉に関する教育

福祉に関する教育は，小学校においては，福祉社会を支える市民として必要な資質・能力を育成するための教育と言える。そこでは，そのような市民に必要な資質・能力として，共感や他者理解，コミュニケーション能力などが挙げられることが多い。福祉に関する教育は，各教科・道徳，特別活動にクロスする内容であり，総合的な学習の時間において，「横断的・総合的な課題」のひとつとして取り上げられ，実践されることが多い。

例えば，車いすの人や盲導犬とともに生活している人などさまざまな人との出会いを通して，当事者の思いや努力，生き方などについて学ぶ。それをふまえて，自分の考えや行動を改めて問い直す学習が構想される。

［松浦雄典］

多文化教育

特定の国や地域において，社会的公正の立場に立って，人種や民族，階層やジェンダーによる違いにかかわらず，多様な文化的集団の共存・共生の実現をめざす教育である。教育の理念や制度，カリキュラム，授業など，多様な文脈で論じられる。アメリカ，カナダといった国で発展してきたが，外国人居住者の割合が高まっている日本でも多文化の共生を考えることは不可避の課題となっている。総合的な学習の時間をはじめ，諸外国や国内の多様な文化を扱う実践は多い。多文化教育の理論に学びつつ，私たち（マジョリティ）が「他」文化を理解するという視点ではなく，日本を多文化社会と捉えなおし，その中で，「多」文化が共生する社会の望ましいあり方を追求する実践の強化が求められている。［森田真樹］

多文化共生教育

多文化共生教育とは，多様な文化背景をもつ人々が，ともに安心して，いきいきと生きる社会をつくるために必要な資質・能力を育む教育である。異文化交流，外国人に優しいまちづくり，外国人の人権，日系移民などに関する学習がある。実践では，児童が自分ごととして学び続けられるように留意したい。そのためには，性別，障がい，年齢，身体的特徴，考え方，感じ方，価値観など，国籍や民族を越えた，身のまわりの多様性との関わり方と関連づけて，学習を進めていく必要がある。例えば，全員が安心して活躍する学級をつくるために，一人ひとりに最適な学び方を考えたり，差別やいじめの問題について話し合ったりすることも多文化共生教育と繋げていくことができる。［幸田　隆］

開発教育

世界や地域社会にある開発をめぐる問題について私たち一人ひとりが理解し，望ましい開発のあり方について考え，ともに生きることのできる公正で持続可能な社会づくりに参加することをねらいとした教育活動のことである。

開発教育では，貧困，識字，食，環境，国際協力，ジェンダー，まちづくりなどが主な内容として挙げられる。学習をとおして，開発をめぐる問題について知り，その背景や要因，望ましい社会について考え，自らが課題の解決に向けて主体的に行動できることをめざす。

ワークショップ形式を用いて学習者が課題を「自分ごと」として捉えられるよう工夫し，学習者の主体的な参加を重視する学習スタイルをとることが多い。　　　　　　　　　［松倉紗野香］

シティズンシップ教育（市民性教育）

シティズンシップ教育とは，子どもが社会に参加することを通して，民主的な社会の担い手（市民）になることを支援する教育である。市民が参加しうる社会の範囲は，地域，国家，地球規模までさまざまである。民主的な社会においては，文化・民族・宗教など多様な背景の人々が参加し，同じ社会でともに生きるために必要な社会秩序をつくることが求められる。互いの意見が対立した場合には，その調整や合意が必要となる。総合的な学習の時間の内容や方法を，上記の民主的プロセスを経験できるようにデザインすることが重要である。例えば，身近な学校の課題から地球規模の問題まで，多様な人々が参加して意見を出し合いながら解決策を探究する活動が考えられる。

［橋崎頼子］

グローバル・シティズンシップ教育

「国」を超えて，地球に暮らす一人としての意識をもち，「地球市民」としてよりよい社会をめざして行動できる市民を育むための教育である。

2012年９月に国連事務総長が開始した教育の優先分野のひとつとして挙げられ，それを機にユネスコが中心となって推進している。

ユネスコはグローバル・シティズンシップ教育を具体化するための学習として，「認知（相互依存の理解など）」「社会・情動的スキル（多様性の尊重など）」「行動（より平和的で持続可能な世界を創るための行動など）」の３つの領域を示している。

グローバル・シティズンシップ教育の推進はSDGsのターゲットのなかにも掲げられていることから今後の発展が期待される。　　　　　　［松倉紗野香］

総合的な学習の時間の方法

学び方

主体的・対話的で深い学びを成立させるためには，児童生徒が学び方を獲得することが必要となる。意欲や態度，思考や行動の変容なども含めた広い概念で捉えられることもあれば，見方・考え方などを含めて学習対象を理解するための方法などをさす場合もある。総合的な学習の時間の場合は，学習で扱うさまざまな学習対象（内容）そのものを理解することに主眼を置いているわけではない。主体的・創造的な学習活動や探究的な学習の過程を通して，学び方を獲得させることがめざされている。獲得した学び方を，常に修正，改善していくことで，実生活・実社会の複雑な課題に対峙し，生涯にわたって学び続ける力となっていくのである。

→主体的・対話的で深い学び

［森田真樹］

思考ツール

新しいアイデアを導き出したり，多様な意見を分類・整理するような学習のプロセスで用いることができる図やチャートなどの総称である。学習者の思考を可視化するために効果的なツールであるため，探究的な学習で用いられることが多い。例えば，ウェビング法と呼ばれる，中心の円にテーマやトピックを書き，そこから連想できることを自由に書きながら，線で繋ぐという方法などがある。そのほか，物事を順序立てて考える場合はステップチャート，事象を多面的に考える場合はくま手チャート，理由づけをしていく場合はクラゲチャート，複数の事象を比較する場合はベン図や座標軸など，さまざまな思考ツールがあり，適切なツールを選択する必要がある。

［松尾由紀］

ベン図

ベン図は思考ツールのひとつであり，複数の物事の関係性を比較する際に活用できるものである。比較する事象をＡとＢとすると，２つの円ＡとＢを描き，中心部分を重ねる。重なった部分にはＡとＢに共通することを書き，重ならない両端の円にはＡまたはＢにのみあてはまることを書く。このツールを用いることにより，共通点と相違点が明確に可視化できる。思考ツールのなかでも単純なものであるため，小学校においても，物事を比較，分類する際に用いられることが多い。［松尾由紀］

イメージマップ（ウェビング法）

課題を設定するときや何か新しいプロジェクトを始めるときに，あるキーワードについてもっているイメージを広げるために使う。

最初に用紙の中央に対象となるキーワード（例：環境問題，○○市など）を書く。そこから連想される言葉や情報を書き，対象についてもっている情報と情報を線で繋いで，イメージマップをつくる。

このように可視化することで，既存の知識やもっている情報を繋げたりイメージを広げたりすることができ，思考を視覚的に整理することができる。

個人で書く場合には，イメージマップをほかの人と共有してイメージの相違から新しい気づきを得ることもできる。

→概念地図 ［松倉紗野香］

KJ法

文化人類学者の川喜田二郎によって考案されたことから頭文字をとってKJ 法と名づけられた，思考を整理，統合するための手法のひとつ。たくさん出てきたアイディアや授業の感想など，収集した情報をまとめ，それらの関連を統合し，新たな発想や仮説を生み出すことができる。

収集した情報を短文にしてカード化し，似ている系統でグループ化する。次にグループ化したカードのまとまりに適切なタイトルをつける。その後，カードのまとまり同士を動かし，グループ間で見られる対立関係，原因・結果の関係など，あらかじめ決めておいた記号を書いて関連がわかるようにする。 ［松倉紗野香］

体験活動

体験活動とは，五感を通して学ぶ学

習活動のひとつである。体験活動にはさまざまあるが，学校現場では主に「直接体験」と「間接体験」が用いられることが多い。例えば，直接体験は，洗濯板や七輪などの昔の生活で使われていた道具を実際に子どもが使う活動である。間接体験は，洗濯板や七輪などがなく，実際に子どもが五感を通して体験できない場合に，DVDやテレビ番組などの映像を使って疑似体験的に理解する活動である。このように，直接体験は，具体的な活動をふまえて子どもが実感的に学べるが，体験後にその学びを意味づける必要がある。一方で，間接体験は，実際には体験できないが，教室でその体験を映像などを視聴することによって比較的容易に学ぶことができる。［松浦雄典］

ボランティア活動

ボランティア活動とは，本来は奉仕活動や慈善活動の意味で捉えられる。しかし，現在の学校においては，「自ら進んで，自らの能力を生かす社会参加活動」としての意味で捉えられ，子どもの自発性が大切にされる体験活動であると言えよう。このボランティア活動は，各教科の学習よりも，道徳，特別活動，総合的な学習の時間などで取り組まれることが多い。その，具体的な活動としては，実際に施設を訪問して，地域の高齢者と触れ合う活動，アルミ缶収集などのリサイクルのための活動，通学路や地域公園などの美化清掃活動などが挙げられる。このような活動では，「活動」自体を目的とするのではなく，活動後に活動の意味や価値を振り返らせることが重要となる。

［松浦雄典］

自然体験

社会の変化に伴い，子どもの自然体験の機会が大幅に減少している。そのため，多くの学校では，積極的に体験学習を取り入れている。自然に親しむ体験は，五感を働かせることから感性を豊かにし，自然を愛する心情や生命に対する畏敬の念を育てる。さらにこのような経験の積み重ねは，将来の「環境を感受する能力」「環境に関わろうとする態度」にも繋がっていく。また，自然体験をするなかで他者との関わりをもつことは，人や自然と共存しているといった概念の形成や自他を大切にする心を養うことになる。そのため，自然体験は子どもの自己肯定感を高めたり，道徳観を養ったりするうえで大切である。［中村大輔］

創作劇

創作劇は，新たな劇づくりに取り組み，他者になりきって全身で表現する演劇的手法である。これまでの児童の学びを振り返って台本を作成し，学芸会や学習発表会などで発表することが多い。実践の際に大事なことは，劇づくりの過程のなかでも，探究的な学習を意識することである。例えば，ある生物になりきって創作劇を発表するという課題を設定することで，多くの児童はその生物に興味をもって情報を収集，分析・整理するようになる。台本づくりや表現方法の工夫について，多様な他者との対話を促し，児童の考えを生かし，児童とともに劇をまとめ上げて発表する。劇の評価という結果ばかりにとらわれて教師の一方的指導に陥らないように心がけたい。

［幸田　隆］

まとめ・表現

探究的な学習をおこなうための学習過程の最終段階に位置づけられ，整理・分析した情報を他者に伝えたり，自分の考えとしてまとめたりする学習活動をさす。自らの意見や考えを表現し，他者との相互交流による振り返りをおこなうことは，新たな課題を見出すことにも繋がり，学習の質を高め，より深い探究的な学習を実現することになる。具体的な表現の手段として，ポスターセッション，新聞作成，プレゼンテーションなどがあるが，発表内容に応じて発表手段を選択したり，わかりやすく伝える工夫をする力を高めることも必要である。また，ICT機器を効果的に活用するため，情報セキュリティの確立や情報モラルを含めた情報活用能力を身につけていくことも求められる。

［堀川紘子］

ESDカレンダー

学校全体の相互に関連し合う繋がりを大切にする ESDを実践しようとするとき，その取り組みは教科横断的に幅広い視点が必要となる。目的達成にあたって，その年間計画を可視化するためのツールとなるのが，ESDカレンダーである。教科・領域のみならず学校行事なども含めて，どんな学習をどの時期に実施するかを一望でき，また，ESDの視点から学びの関連づけをわかりやすくしたカレンダー的な表をさす。ESDカレンダー作成工程において，教員間で実践を俯瞰し，教科・領域を超えた繋がりを認識したり，改良点を見出したりできるという点において，カリキュラム・マネジメントのツールとしても活用できる。

［三ツ木由佳］

総合的な学習の時間の資質・能力

探究的な見方・考え方

学習指導要領（2017）で総合的な学習の時間の目標の冒頭に「探究的な見方・考え方を働かせ」とあるように，総合的な学習の時間の学習を成立させる重要概念である。探究的な学習を，物事の本質を探り課題を解決する一連の学びの過程と捉えると，その過程を繰り返し経験することにより育成され，またスパイラル（探究のプロセスを経ながら螺旋的）に発展し続ける力である。ある課題を目の前にして，どのような情報を集め，それらを整理・分析し，誰とどのような議論を重ね，他者に伝えるためのまとめ方はどのようなものか，などが捉えられている状態である。さらにある課題から派生する別の課題を発見したり，以前の学びの経験から課題解決方法を応用することができるような状態はさらに発展した見方・考え方を身につけていると言える。

［松尾由紀］

問題発見・解決能力

複雑で，変化の激しい現代社会のなかで，学習者が主体的に課題を発見，分析し，より最適な解決策を導き出すことができる能力をさす。課題発見・解決能力とされることもある。知識基盤社会に必要とされ，現実の社会のさまざまな場面で活用することができる汎用的能力のひとつとされる。問題発見・解決能力は，教科学習やキャリア教育などでも重視されている。総合的な学習の時間では，自らが課題を見つけ，必要な情報を収集・分析し，課題の解決策を見出していく探究的な学習を中心として展開するため重視される能力のひとつである。課題の探究を通して，複雑な問題の最適解を見出す過程を繰り返すことで，問題発見・解決能力をより高度なものとしていくことが必要となる。

→知識基盤社会 ［森田真樹］

批判的思考

批判的思考とは，他者や集団，機関などの言葉や行動に疑問をもち，それが本当に正しいかどうかを判断し，決定する力である。つまり，物事を鵜呑みにせず，多面的な視点から検討し，冷静に考える力と言えよう。

この批判的思考は，さまざまな教科・領域の学習に必要な資質・能力で，特に社会科の学習においては，それが中心的なねらいとされることが多い。例えば，小学校５年生の社会科「情報」の学習では，新聞記事やテレビ番組などがどうやってつくられているのか，その努力や工夫を学ぶ。特にメディアの役割や問題点などを学ぶにあたって，どんな情報を，どのように活用すればいいのか，子どもが主体的に考え行動していく際に必要な力となってくる。

［松浦雄典］

考えるための技法

考えるための技法とは，考えることを「比較する」「分類する」「関連づける」など具体化した思考スキルのことである。この技法の習得を促すために，板書を構造化したり，紙などに書いて「見える化」したり，図や表などの思考ツールを使ったりする。教科等横断的に，この技法をつねに意識して活用しながら，技法が課題解決に役立つことを実感できるように指導したい。どの技法をどの教科等でどのように使うかを事前に見極め，見通しをもって学習を進めることも重要である。例えば，「関連づける」技法を，算数科，社会科，道徳科で，既習事項と関連づける，生活と関連づける，自己の生き方と関連づけるというように，つねに意識して学習を展開したい。 ［幸田　隆］

自己の生き方

自己の生き方を考えることは，学んだことを振り返り，自分の生活や行動を見つめて，自分の生き方に生かしたいことを考えていくことである。そのためには，学習活動を通して，達成感や自信を育み，自分のよさや可能性に気付いていくことが大切である。しかし，自己の生き方を考えることは容易ではない。だから，教科等横断的に，自己の生き方を問い続け，対話を重ねることが必要となる。例えば，「自分は何を大切にして生きたいか」など，教科等全体を貫く問いが設定されることがある。国語科や道徳科で，登場人物の生き方と比べて考えたり，家庭科で，持続可能な社会づくりという視点で考えたりするなどして，自己の生き方の探究を続けていくことができる。

［幸田　隆］

エンパワーメント

英語のempowermentという語は自信を与える，力をつける，権限を与えるという意味である。この概念自体はさまざまな文脈で用いることができる。例えば，識字率が低く教育が受けにくい場所で育った者が，文字を学びなおすことにより自身の本来の能力を引き出し，生活における自立の幅を広げることもエンパワーメントである。日本の教育の文脈では，児童生徒の潜在的な能力を引き出し，学びを通して児童生徒の人生において必要な力を身につけさせ，豊富な選択肢を可能にする知識，技能，すなわち人生における権限を与えることと言える。近年では「エンパワーメントスクール」や「エンパワーメント授業」という文脈で使われることもある。　［松尾由紀］

メディア・リテラシー（情報リテラシー）

メディアにより映し出される「現実」を批判的に読み取りながら，メディアを使って表現していく能力であり，情報化社会における基本的な能力である。情報化社会においては，テレビや新聞といったマスメディアだけではなく，インターネットやソーシャルメディアもメディアと捉えられる。情報化社会では，こういった多様なメディアの意味と特性を理解したうえで，メディアを批判的に捉え，受け手として情報を表現・発信するとともに，メディアのあり方を考え，メディアを介したコミュニケーションを図っていくことが求められる。探究活動のなかで，さまざまなメディアに接する総合的な学習の時間の実践においても，メディア・リテラシーを獲得させることは不可欠である。

→リテラシー　［堀川紘子］

特別活動

特別活動

特別活動

特別活動は，小学校教育において正課の一部として位置づけられている活動で，2017年改訂の小学校学習指導要領においては，「第 6 章特別活動」のなかで，「(1)目標」「(2)各活動・学校行事の目標及び内容」「(3)指導計画の作成と内容の取扱い」の 3 節に分けて記載されている。

1947年改訂の学習指導要領において「自由研究」が登場し，これが1951年の改訂において「教科外の活動」として再編成されたあと，1958年の改訂で「特別教育活動」と改称された。さらに1968年の改訂において「特別活動」となり，現在に至っている。

［冨岡　勝］

特別活動の目標

特別活動の目標は，小学校学習指導要領（2017）において，以下に要約する 3 種類の資質・能力育成であると示されている。すなわち，①集団活動の意義等を理解し，行動の仕方を身に付けるようにする，②集団活動等の課題を見出し解決するために話し合い・合意形成・意思決定等ができるようにする，③集団・社会での生活と人間関係をよりよく形成し，自己の生き方についての考えを深めようとする等の態度を養う，である。

この 3 種類の資質・能力は，学習指導要領の総則で強調されている資質・能力の 3 つの柱「知識及び技能」「思考力，判断力，表現力等」「学びに向かう力，人間性等」に対応したものとなっている。

→資質・能力【小学校】　［冨岡　勝］

特別活動の内容

1989年の改訂以来の小学校学習指導要領では，特別活動の内容は学級活動，児童会活動，クラブ活動，学校行事で構成されると示されている。

学級活動では，学級や学校における生活づくりへの参画，日常の生活や学習への適応と自己の成長及び健康安全，一人ひとりのキャリア形成と自己実現をおこなう。児童会活動では，児童会の組織づくりと児童会活動の計画や運営，異年齢集団による交流，学校行事への協力をおこなう。クラブ活動では，クラブの組織づくりとクラブ活動の計画や運営，クラブを楽しむ活動，クラブの正課の発表をおこなう。学校行事は，儀式的行事，文化的行事，健康安全・体育的行事，遠足・集団宿泊的行事，勤労生産・奉仕的行事から成り立

つ。 ［冨岡 勝］

集団活動

集団活動は，集団から学ぶという特別活動の特質を表す言葉である。1968年改訂の学習指導要領で特別活動の名称となったときから，目標として「望ましい集団活動を通して」という表現が用いられてきた。この表現は，2017年改訂の学習指導要領では「様々な集団活動に自主的，実践的に取り組み」という記述に変わったが，その特質は変化していない。

集団や社会の形成者たる資質・能力を育成する特別活動では，集団活動をしながら，そこで必要となることを学び取っていく。集団・社会があらかじめあると考えるのではなく，構成する個々人の個性を互いに認めるために，話合い活動を通じて，よりよい集団となるように活動を積み重ねていくことが必要とされる。

→集団指導 ［小原淳一］

集団づくり

集団づくりは，学級活動を指導するために学級集団を形成することである。

日本の教育は，教科教育の場面においても，児童相互のやり取りを通じて学びを深めていくという特徴があり，そこでは互いの人間関係がとても重要となる。そのため特別活動を通じて「学級集団」をつくる必要がある。しかし，学級を構成する児童にとっては，その学級集団でなければならない必然性はなく，もともと目的を共有している集団ではない。そこで教師は集団づくりの観点から，児童同士の人間関係や集団としての目標を児童自らがつくっていくよう支援していくことが重要となる。

これは学級だけに限られることではなく，児童会やクラブなどの集団についても必要な観点である。

→訓育 ［小原淳一］

話合い活動

話合い活動は，学級活動での主たる活動であったり，教科の授業においての活動であったりと，学校生活のさまざまな場面でおこなわれている，子ども同士で話し合う活動である。話し合う内容によって，話合いの方法を身につけるものであったり，学級や児童の成長を促すものであったりと，目的が変わってくる。小学校学習指導要領（2017）では，「対話的な活動」が重要視されており，その主たる活動として，話合い活動が位置づけられている。しかし，活動自体が成立しなかったり，内容に深まりがなかったりしやすいという課題がある。また，感染症を予防する面から，話合い活動自体を自粛する傾向にあり，インターネットを使った話合い活動の研究も進められている。

→対話的な学び ［松森靖行］

合意形成

合意形成とは，互いの意見の違いを超え，可能な限り他者の思いや願い，意見などを受け入れつつ，自分の思いなども主張し，最終的にみんなにとっても，自分にとってもよい合意点を決めることである。けっして，多数決のみで決定したり，同調圧力などにより誰かに迎合したり，相手の意見をねじ伏せるような形で集団決定したりすることではない。合意形成ができる資質・能力として，思考力，判断力，表現力等を育てることは，小学校学習指導要領（2017）において，特別活動の目標のひとつとなっている。

なお，「みんなもよくて自分もよい」という合意形成のためには，KJ法や4次元マトリクスなどのマッピングやダイヤモンドランキングといったツールを用いることも効果的である。

→KJ 法［奥田雅史］

意思決定

学級活動などにおいて，児童一人ひとりが基本的な生活習慣の形成，よりよい人間関係の形成，健康安全，キャリア形成，自己実現などの問題の解決にむけて，集団での話合いを生かしながら自分の考えを深めて具体的な行動を決めることをさす。

自己の生活やキャリア形成などについて，主体的に考えを深めて取り組んでいける資質能力を育成することは，特別活動の重要な目標のひとつである。

［冨岡　勝］

人間関係形成【小学校】

小学校での人間関係形成は主に，学級などでの児童同士の関わりをよりよくしていくことをさす。小学校学習指導要領解説（2017）で，人間関係形成は社会参画，自己実現と同様に，特別活動の目標実現に関わる重要な視点とされている。

小学校における活動は，ほとんどが学級単位でおこなわれている。活動の内容は教科等の授業が一番多く，次いで特別活動となっている。よって，人間関係形成には普段からおこなっている授業や特別活動をとおして，人間関係形成を促す取り組みが重要となる。

授業では，単に知識・理解，思考力・判断力・表現力を伸ばすだけでなく，授業をとおして，児童の関係が円滑になるような工夫を日常，繰り返しておこなう必要がある。また，特別活動では教師主導だけでなく，児童同士が話し合って課題を解決する活動をすることが，人間関係形成へと繋がる。

［松森靖行］

社会参画（社会参加）

特別活動における社会参画とは，よりよい学級・学校生活づくりなど，集団や社会に参画してさまざまな問題を主体的に解決しようとすることをさす。社会参画の意識を醸成することは，人間関係形成，自己実現と並んで特別活動の重要な視点のひとつとして示されている。

児童を主体的に社会参画させるには，見出した課題を解決するために思考・判断・表現したり，組織をつくって協力したり，合意を形成したりするときに，S-PDCAサイクル（情報収集（Survey）したうえで計画・実行・点検・改善）を意識させることが有効である。

→PDCA サイクル［奥田雅史］

自己実現【特別活動】

人間関係形成，社会参画とならぶ特別活動の重要な視点のひとつであり，現在や将来に希望や目標をもって生きる意欲や態度の形成，社会参画意識の醸成，主体的な学習態度の形成などについて集団での話し合いや体験などをとおして児童一人ひとりが考えを深め，主体的に意思決定する活動をさす。

小学校学習指導要領（2017）の総則

において，特別活動を要としてキャリア教育の充実を図ることが記述されているが，キャリア形成に関する取り組みも自己実現に含まれる。［冨岡　勝］

課外活動

学校教育における正規の教育課程に含まれない活動のことを課外活動と呼ぶ。「含まれない」という非限定的位置づけゆえその範囲は曖昧であるが，小学校学習指導要領（2017）は各教科，特別の教科　道徳，外国語活動，総合的な学習の時間，特別活動で教育課程を構成しており，これらに含まれない活動とみてよい。

例えば部活動はこれに該当する。特別活動は課外活動と誤解されることがあるが，正規の教育課程である。課外活動の学校経営的特徴としては，授業時数には含まれない，進級・卒業要件には含まれないなどの点が挙げられる。課外活動は，正規の教育課程を越えた教育を生み出せる反面，課外活動をどこまで教員の業務に含めるべきかといった問題も生じさせる。［今泉朝雄］

学級や学校における生活づくりへの参画

学級活動

学級活動は，児童会活動，クラブ活動，学校行事と並ぶ，特別活動の主要な内容項目である。2017年改訂の学習指導要領では，「一人一人のキャリア形成と自己実現」が取り入れられ，小学校から高等学校まで同一の内容項目で構成されることとなった。

学級生活の改善向上をめざし，(1)集団での合意形成をめざす内容，(2)集団での話合いをもとにしながら，自己決定をめざす内容，そして(3)キャリア教育の要となる内容，で構成されている。(1)は児童の主体的な活動が重視される自治的活動であり，(2)と(3)は教師の児童に対するガイダンスとしての機能をもつ。

小学校から高等学校まで学級活動の内容項目がそろったため，今後は小学校から高等学校までの活動の積み重ねを意識した指導が求められる。

→キャリア教育の位置づけ［小原淳一］

学　級

学級は，原則として，同学年の児童生徒で編制されている集団である。法令では，小学校１年生では35人，小学校２年生から中学校３年生までは40人を一学級の人数の上限としている。しかし，学校の実状によって弾力的に運営でき，児童生徒数が少ない学校では，２学年以上の児童生徒で学級を編制する複式学級となる。学級は一人の担任が受け持ち，状況によっては副担任が存在する。

学級には，集団の力で個々を伸ばすなどのよさと，つねに学級崩壊の危機にさらされているという欠点がある。とくに小学校では学級担任制による「学級王国」という状況に陥りやすい。危機的な状況を回避するために，最近では，小・中学校ともに，複数担任制を採用する学校も存在している。

→複式学級［松森靖行］

ホームルーム

ホームルームという用語は，2018年の高等学校学習指導要領に「ホームルーム活動」として記載されている。

一方，小・中学校の学習指導要領では，学級活動という用語が使われている。しかし，小学校でもホームルームは学級活動の同義語として使われることがある。

ホームルーム（homeroom）は，第一次世界大戦前後のアメリカの中等教育で自治的活動や生活指導（生活面での指導・助言）をおこなう基礎的集団として登場し，第二次世界大戦後日本の教育にも取り入れられた。1951年改訂の学習指導要領では，ホームルームは学校生活を構成する基礎的な単位，つまり「学校における家庭」であると述べられている。こうした考え方は，現在の学級活動・ホームルーム活動にも影響を与えている。

→生活指導 ［冨岡　勝］

学級担任

担当する学級の児童の授業，学習や生徒指導全般にわたり，責任をもって指導をするのが学級担任である。小学校では主に全教科を担当するが，外国語科や音楽科など専門性を要求される教科は専科教員が担当する場合がある。

昨今，学級担任の負担が増えている傾向にある。授業や生徒指導のみならず，保護者からの相談，集金遅延の対応など，学級担任がこれまであまり担っていなかった仕事もあり，本来の業務以外で疲弊する教員が増えている。また，児童や保護者との信頼関係構築が難しかったり，学級の問題を担任一人で抱え込んだりすることから，休職に追い込まれる担任も急増している。そのため，担任を１人ではなく，２人にする学校も増えてきている。

→専科教員【小学校】 ［松森靖行］

学級王国

もともと学級王国という言葉は，大正自由教育運動で著名な手塚岸衛が，校長の命令が絶対であった教育ではなく，自分の学級の児童を愛して自由と責任をもって教育活動をおこなうことを提唱して使用した用語である。

しかし現代では，「閉鎖的な学級という場において担任教師が唯一の権力者として振る舞う状態」を示すときにも，学級王国という言葉は使われる。

諸外国では，学校は教科教育に重点をおいているが，日本では教科教育のみならず特別活動などに見られるように児童同士の人間関係形成に重点を置きながら教育活動をおこなっている。そのため児童同士だけではく，学級では教師と児童とがまるで家族のような繋がりをもつようになることがある。肯定的に捉えるか，批判的に捉えるかにかかわらず，「学級王国」はこのような日本の学校教育の特質から生まれた言葉である。

→大正自由教育 ［小原淳一］

学級運営（学級経営，学級づくり）

学級運営とは，学級担任が担当した学級を１年後どのような姿にしたいのかというビジョン（学級目標）を明確にして，学級の好ましい人間関係や集団づくり，生徒指導，教室環境の整備，保護者との連携などをおこなうことである。会社運営と似ている点が多いため，学級経営と呼ばれることが多い。学級運営は清掃や給食といった学級内での過ごし方などの生活面を中心に指導をすることだと考えられがちである。

しかし，生活集団だけではなく学習集団を形成することも重要であり，授業と学級運営は両輪と考えられている。また，児童だけでなく，保護者も学級運営のなかに取り込み，学級を越えて，学校全体，家庭，地域との連携で，児童を育成することもおこなわれている。

［松森靖行］

学級目標

1学期が始まって，学級のさまざまな役割や当番活動等を決めるとき，学級目標も決めるのが一般的である。学級目標は，その学級が1年間でどのような学級集団になることをめざすのか，そのために一人ひとりがどのようなことを心がけるのかを，学級担任と児童がともに決めたものをさす。学級目標は，学級の全員が「学級の合言葉」として口にできるような目標として立てることが望ましい。

学級目標を決めるときはなるべく児童が主体的になり，学級の児童全員が納得できる目標を設定することが重要である。そのために担任には，学級目標を児童の力で適切に設定できるよう，事前のしかけづくりや声かけなどをうまくおこなうことが求められる。

［徳江政輝］

生活上の諸問題の解決

学級や学校における生活上の諸問題の解決は，学習指導要領（2017）において，学級活動に関する主要項目のひとつとして明記されている。

この生活上の諸問題の解決は，児童の自主的・実践的な取り組みとして実施される必要がある。そのため，基本的には児童たち自身が，何が課題であるかを自ら見出し，解決するために話し合い，合意を形成し，解決策を実行していくことが重要である。もちろん教師は，児童にまかせっきりにして，何も関心をもたないということではない。学年ごとの児童の発達の特質をふまえつつ，児童の様子をつねに観察しながら適切な指導をおこなっていくことが大切である。

［冨岡　勝］

学級開き

学級開きは，始業式当日，担当する学級や児童生徒に対して，新しい学級への意欲をもたせる活動である。向山洋一は始業式からの3日間を「黄金の3日間」と定義し，学級運営上，最も大切な3日間とした。始業式からの3日間，1週間，1か月をどう過ごすかが，学級開きのポイントとなる。そのためには，始業式前から3月までを見通した計画を立てる必要がある。1年間の活動の最初の学級開きをどうするかによって1年間が左右される。学級開きでは，担任や児童の自己紹介，担任の考え，学級のルールなどを伝える。「叱るときの理由」を伝えることも非常に有効である。また，始業式の日にも短時間でよいから授業をおこなうことで，児童の「この学級でみんなと勉強したい」という意欲をより高めることができる。

［松森靖行］

朝の会

朝の会は，小学校学習指導要領（2017）に例示されていないが，1日のスタートとなる貴重な学級活動である。主な目的はその日の学校・学級生活の見通しをもたせることである。1日の出会いを大切にしながら出欠確認や体調チェックをすることや，その日の予定や「めあて」など確認し，安心して1日を過ごせるようにすることが大切である。さらに，子どもに司会をさせたり，係からの連絡をさせたりすることで，子どもの主体性を育むこともできる。

一方で，毎日おこなう活動であるため，形骸化してしまうことも少なくない。そうならないためには，子どもの実態に合わせて，スピーチをしたり，みんなで歌を歌ったり，簡単なレクリエーションをしたりするなど，子どもが今日も頑張ろうと意欲を高められる工夫が必要である。

→朝学習　［奥田雅史］

帰りの会（終わりの会）

帰りの会は，小学校学習指導要領（2017）には例示されていないが，1日を締めくくり，次の日に繋ぐ貴重な学級活動である。主な目的としては，子ども一人ひとりの1日の学びの成果を価値づけることである。例えば「きょうの MVP」を決めたり，仲間のよいところを紹介したりするなど，子どもが主体で，かつ子どもがうれしく，互いを認め合える時間にすることが大切である。

一方で，融通が利く時間ではあるが，長くなると子どもの元気ややる気に繋がらないため，短時間で終わることが必要である。最後には，あいさつの代わりに「さよならコール」や「さよならジャンケン」など元気よく終われる工夫があれば，次の日も「また来たい」と思える時間になる。［奥田雅史］

係活動

係活動は，学級生活を向上・発展させるために，希望する係ごとに学級仕事を分担実施する学級活動である。子ども自身が，学級のためにしたい仕事を自ら進んでずることが最も大切である。つまり，係を教師から提示するのではなく，どのような係をつくるのかも子どもとともに考える。また，子ども全員が何かの役割を担うことに意味があり，その成果にとらわれない指導が求められる。活動成果があがらなかった子どもの人格が責められないように配慮が必要である。さらに，子どもの実態に応じて係を変更したり，新しくつくったりすることで，子どもの「やりたい」意欲を1年間通して持続させることも必要である。なお，係活動を当番活動と混同しないよう留意されたい。［奥田雅史］

当番活動

当番活動は，学級生活の円滑な運営のため，児童が給食当番や掃除当番などの当番を順番に実行する学級活動であり，学級運営をするうえで不可欠なものである。係活動とは異なり，学級生活を円滑におこなうため，子ども全員が公平に交代して役割を果たし，活動の成果も求められ，責任も発生するという特徴があり，クラスのためにみんなで平等に順番にやっていくことが大切である。

この当番活動も，子どもの実態に合わせて，活動がより円滑になるような話合いや工夫をすることで，係活動へと変わっていくことがある。子どもが「すべきこと」と考えるのではなく

「やりたい」と思えるようなしかけができれば，「係活動」へと進化していくだろう。 ［奥田雅史］

日　直

日直は，朝の会や帰りの会の司会，授業の号令など，1日ごとにおこなう当番活動である。日番と呼ばれることもあり，なかには単に当番と呼ばれることもある。学級内の組織づくりや役割の自覚をおこなう学級活動にあたるため，学級運営をするうえで不可欠なものである。子どもの「すべきこと」が中心にはなるが，スピーチや「帰りの会で1日の感想を言う」など子どもが学級の前で話すような機会や，話す内容に自由度をもたせて自主性を育めるような工夫など，当番活動と同様に，徐々に「やりたい」と思えるような活動にさせられるようなしかけを取り入れることを心掛けたい。 ［奥田雅史］

学級新聞

学級新聞は，学級を母体として発行される広報である。作成するのは教師あるいは児童である。

教師が作成する場合には，学級通信と内容は類似し，行事や学習の予定，また活動における児童の様子などを学級で共有するものとなる。

児童が作成する場合には，委員会や係の活動として発行されることが多い。この場合，内容は教師が作成する場合と同様，学習や学校生活での友達の様子を書いたものや，係活動として，学級の生活を豊かにするために，児童の興味関心がある事柄を学級の友達に伝えるものとなる。

学級新聞作成を通じて，児童の活躍の場を広げるとともに，「メディア」についての理解を深めることができる。 ［小原淳一］

学級通信（学級だより）

学級通信は，学級担任が保護者に対して，学級運営の方針および具体的実践の計画と経過を知らせるとともに，児童の学校における学習や生活の様子を伝え，保護者の理解と協力を得るために作成し配布するものである。

また，児童にとっては学習や学校生活における頑張りを共有し，友達の知られざる一面を知るという機能をもつ。授業中の発言や，行事での表舞台での活躍はわかりやすいが，集団で活動する中で，他の児童の支えの場面や，他の児童にとってわかりにくい，その子なりの成長場面などがある。それらを取り上げることによって，児童の自己肯定感を涵養し，また児童同士の相互理解を促すという機能を学級通信はもっている。

→学年通信 ［小原淳一］

アイスブレイク

緊張した雰囲気をほぐして，なごやかな人間関係をつくることを目的とした短時間の活動である。氷のように固まった雰囲気をほぐす意味で「アイスブレイク」と呼ばれる。成人のワークショップでもおこなわれているが，小学校の学級活動や学校行事などでも活用されている。

小学校では，例えば「バースデーチェーン」のような自己紹介を伴うゲームや，「フルーツバスケット」「じゃんけん列車」のような身体を動かすゲームがあり，また難しいスキルを必要としないゲームが多い。また，アイスブレイクの活動は，構成的グループエンカウンターなどの技法としても使われている。

→グループエンカウンター；ワークショップ　［冨岡　勝］

異年齢集団

年齢の異なる児童の集団のことである。以前は地域コミュニティのなかで自然に異年齢の交流が生まれることが多かったが，現在では学校での異学年交流活動が異年齢集団を経験する機会として重要になっている。

異年齢集団での活動は，とくに児童の社会性や人間関係形成・社会形成能力の向上に繋がる。年齢の異なる人との接し方や，コミュニケーションの取り方を学ぶ機会になったり，先輩のようになりたいという憧れや，後輩の面倒を見て役立てたと感じる体験等が自己の成長に繋がったりすることが期待できる。　［徳江政輝］

異学年交流

学校における異なる学年や異なる年齢の交流を目的とした活動のことであり，例として縦割り班での活動や地区別集会などが挙げられる。こうした交流活動を通じて，児童は異年齢集団での活動を経験することができる。

また，異学年交流は社会性やキャリア形成を目的として，小中一貫・連携のなかでおこなわれることもあり，児童会と生徒会が共同であいさつ運動や募金活動をおこなったり，中学校で部活動に所属する生徒が小学校の運動会で模範演技をしたり，中学校見学会に児童が参加したり，中学校の授業や部活動を児童が体験したりするなど，さまざまな取り組みがある。

小中一貫・連携のなかでこれらの取り組みを成功させるためには，行事予定の調整等，小・中学校間で密に連携を図ることが重要で，小・中どちらもメリットを感じられるよう配慮と発信を心がけることが大切である。

→小中一貫／小中連携　［徳江政輝］

学校生活への適応・自己実現等

給　食

給食は，食育の観点から望ましい食習慣を育む活動である。近年の多様化する家庭のあり方により，児童が一人でコンビニ等の食事で済ませたり，食事を摂らなかったりする例などが増加しており，健全でない食生活が課題である。

給食を通して，みんなで楽しくマナーを心掛けながらバランスの取れた食事ができることを児童に感じさせることが大切である。また，栄養教諭の講話や委員会活動を通して食の大切さを考えさせること，陶磁器の食器を使ったランチルームでの給食等，家庭によっては経験できない食の経験をさせることも大切である。一方，アレルギー等除去食対応は栄養教諭の指導のもと，事故のないよう細心の注意を払わなければならない。

→栄養教諭；食物アレルギー

［徳江政輝］

食　育

食育は，食に関する適切な判断力を養い，生涯にわたる健全な食生活の実現を目指す教育である。2005年には栄養教諭制度と食育基本法がつくられている。2019年度の「学校基本調査」によれば，小学校には全国で4566名の栄養教諭が配置されている。

栄養教諭が食育推進の要として活躍することにより，地場産物を活用した給食と，家庭・地域と連携した食に関する指導に同時に取り組む学校が増えている。ただし食育は栄養教諭だけでなく，学校の全教職員が相互に連携・協力して，給食の時間，教科学習，総合的な学習の時間などさまざまな機会を通じて取り組んでいく必要がある。

→栄養教諭 ［冨岡 勝］

掃 除

掃除は学級活動における当番活動のひとつであり，基本的な生活習慣を身につけるという意味で，社会の一員として役割を果たすためのキャリア形成に繋がる。

近年，多様化する家庭のあり方によって，家の掃除をする習慣が生活のなかであまりない児童も珍しくない。「掃除の仕方を知っている」ことが当たり前でないという前提で掃除の指導を考えることが重要で，掃除の仕方がわかるような写真やイラストを掲示したり，掃除のプロに実演や講演をしてもらったりすることなども効果的である。また，掃除の持ち場をきちんとこなし綺麗になったことによって達成感を感じさせることは，子どもの健全な育成には欠かせない。

→キャリア発達 ［徳江政輝］

休み時間

休み時間は，小学校では45分の授業の後，５分から10分程度設定されている。また，午前中に20分程度，昼食後に30分程度，長めに設定されている。時間の長さは，学校の裁量に任されている。短い休み時間は，休憩というよりは，特別教室への移動時間や授業の準備時間として使われる。また，児童がルールやマナーを守り，どのように過ごすかを自主的に考え，行動に移す機会でもある。

休み時間は，児童の「権利」であり，休み時間をなくしてまで授業をすることは，児童の権利の侵害である。また，児童と教師との信頼関係にも悪い影響が出る。休み時間は教師が使える都合のよい時間という考えは，絶対にあってはならない。 ［松森靖行］

ガイダンス

ガイダンスは多義的な言葉だが，現在の学校教育においては，集団活動の場面でおこなわれる，児童のよりよい生活づくりや集団形成，生き方，あり方等に関わる導きのことをさす。具体的には，学級活動などにおいて児童全員に対し，学習活動や学校生活への適応，よりよい人間関係の形成など児童のもつ諸課題についての情報提供や案内，説明などの一斉指導をおこない，それを通して児童自身が課題解決を図ることができるようになることをめざす。

このガイダンスと個々の児童に対応した指導であるカウンセリングの２つの機能の充実が生徒指導において不可欠となる。このガイダンスの考え方は，20世紀前半からアメリカで発展を遂げたガイダンス理論の流れを汲む。

→カウンセリングマインド ［今泉朝雄］

連 絡 帳

連絡帳は，担任と保護者との連携手段のひとつであり，個別に連絡を取り合う必要が生じた場合に，電話連絡とともによく使われる。保護者から児童の欠席・体調，依頼事項等に関する連絡，担任からの返答や児童の様子の報告などが書かれることが多い。

なお，児童の課題等に関する連絡や相談は，児童の目に直接触れる連絡帳ではなく，電話や面談でやりとりされることも多い。また近年は，紙の連絡帳の代わりに電子メールやデジタル連絡帳が使われることもある。

しかし，担任と保護者との間での簡便かつ確実な個別連絡手段として，連絡帳は今後も使われていくことが多いと考えられる。 ［冨岡　勝］

学級懇談会

学級懇談会は，学級担任と学級の保護者が出席し，学級担任による学級の現状報告や担任が求めているものの説明が行われる会である。主に，授業参観の後に開催されることが多い。

とくに，１学期，４月の最初の学級懇談会は，保護者との関係を良好にするチャンスである。学級担任の学級に対する考えや児童に対する想いをきちんと伝えることが大切である。学年途中で開催される場合も，現状やこれからの行事についてなど，保護者にわかりやすく説明する必要がある。最近では，参加する保護者が減少傾向にあるため，学級の様子の写真を用意するなどの工夫も必要になってきている。問題が起こった場合は，管理職同伴で臨時懇談会が開催される場合もある。

→授業参観 ［松森靖行］

個人懇談

個人懇談は，児童生徒のそれまでの成果とこれからの課題について，保護者と学級担任が話し合う場であり，年に２回ほどある。個人懇談のねらいのひとつとして，教師と保護者が協力して児童の成長に関わることが挙げられる。保護者と学級担任の二者懇談，保護者と児童，学級担任の三者懇談などがある。小学校と中学校では内容が異なる。小学校では児童に気を遣わずに率直に話すために二者懇談が多いが，中学校では三者懇談が多い。学級担任は成績や学校での様子について話をすることが多い。また，保護者は報告されたことに対しての質問や悩みを相談する場合が多い。 ［松森靖行］

トイレトレーニング

トイレトレーニングとは，自分の意思でトイレで排泄できるようになるための練習のことである。就学前に家庭が中心となって，幼稚園や保育園等と連携して実施することが多いが，小学校でも次のような指導が想定される。

まず，和式トイレの座る位置，用便の済ませ方等の指導をおこなうことがある。家庭や公共機関では洋式トイレが増えてきたが，学校では和式トイレが残っている場合が多いためである。

また，男児の場合，小便器の使い方（立ち位置など）を絵やイラストを使って指導することも必要となりえる。入学してから１週間ぐらいかけて，小学校での生活の仕方として学ぶ。失敗した時の対処についても，養護教諭と連携しながら，子どもたちに伝える。

→養護教諭 ［和田博之］

児童会活動とクラブ活動

児童会活動

児童会活動は，学級活動，クラブ活動，学校行事と並ぶ，特別活動の主要な内容項目である。学校生活の改善や向上を目的とし，全児童が所属する児童会を組織して活動をおこなう。実際の企画運営は，発達段階を考慮して4年生以上の児童がおこなうことが多い。

児童会活動の内容は，計画委員会活動，代表委員会活動，各委員会活動や集会活動である。児童自らの創意工夫を生かして学校生活をより豊かで楽しいものにすることや，他の教育活動との連携協力をすることが望まれる。

全校児童による活動であるため，全教師が関わって計画的・組織的に指導することが必要となるが，あくまで児童の自主的・自治的な活動になるようにしなければならない。 ［小原淳一］

全校集会

全校集会とは，学校行事の儀式的行事として位置づけられ，その名のとおり，全校児童が一堂に会して，校長等の話を聞く場である。主な実施回数としては，月1回もしくは週1回が多い。

集会の方法は，自治体や各校によって，さまざまである。主体も，教師主体の場合と児童主体の場合がある。前者の場合，学年ごとの取り組みや修学旅行等で学んできたことの発表，地域行事へ参加するためや授業参観で発表するためのリハーサル発表等である。後者の場合，委員会やクラブ活動の成果の発表，児童会行事の呼びかけ等である。また，長期休み前の生活態度・行動等の指導のように，教師と児童の両方の立場から呼びかける場合もある。

［和田博之］

委員会活動

児童会活動や学級活動において生活の改善や向上をおこなうためには，活動を参加者で分担し組織的な対応をおこなう必要がある。その際につくられるのが委員会である。全体を小集団の委員会に分けて活動することによって，多くの児童が主体的に活動に関わることができる。

活動をおこなう際には，児童自らが所属している委員会での活動が，全体との関係のなかでどのような意味をもつのかを考えさせることが必要になる。また指導する際には，委員会活動が「やらなければならない」作業ばかりをする場にならないように留意し，児童の創意工夫を生かし，児童が互いに話合い活動をおこないながら，自分たちがやりたい活動をおこなえるように環境を整備することが必要となる。

［小原淳一］

クラブ活動

クラブ活動は，小学校における特別活動の4領域のひとつであり，学級や学年の枠を越え，児童が主体性をもって共通の興味・関心を追求する集団活動のことである。中学校，高等学校には存在しない。主として小学校4年生以上を対象とし，内容に応じて適切な授業時間数をあてることとされている。ある小学校では，おおよそ月に1～2回のペースでおこなわれている。その活動内容は，クラブの組織づくりと活動の計画・運営，興味・関心の追求，成果の発表などである。設置するクラブは児童の興味・関心，各学校の施設設備などの諸条件をふまえて決められる。［今泉朝雄］

部 活 動

部活動は正式な教育課程には位置づけられていない課外活動であり，小学校において正課の一部として授業時間内におこなうクラブ活動とは異なる活動である。

近年，部活動が教員の勤務時間の長時間化の原因のひとつとして指摘されることが増え,部活動指導員の活用等,部活動のあり方が問われている。

一方で，授業では見られない児童生徒の姿をきっかけに児童生徒との関係が深まることが，クラブ活動と同様に部活動の魅力ともなっている。また，公民館などの社会教育施設を利用して日々の部活動の成果を披露させたり，部活動の一環として地域の行事に参加させたりするなかで，地域社会との交流を深めさせることも有意義である。

→部活動指導員［徳江政輝］

学校行事

学校行事

学校行事は，卒業式や始業式などの儀式的行事，学習発表会などの文化的行事，避難訓練や運動会などの健康安全・体育的行事，修学旅行などの遠足・集団宿泊的行事，ボランティア活動や地域清掃などの勤労生産・奉仕的行事に分類される。

これらは特別活動としておこなわれるが，例えば卒業式では合唱やおくる言葉の指導をおこなったり，修学旅行では旅行先の地理や歴史についての事前・事後学習，外国人観光客への英語インタビュー，電車などの公共の場におけるマナー練習などを実施したりすることがある。このように，各教科，道徳科，外国語活動，総合的な学習の時間における指導と関連をもたせて取り組むことが重要である。［徳江政輝］

儀式的行事

儀式的行事は学校行事のひとつであり，儀式の形態でおこなわれる行事の総称である。儀式的行事の目的は，学校生活に有意義な変化や折り目をつけ，厳粛で清新な気分を味わうことで新しい生活の展開への動機づけとなるようにすることである。

儀式的行事の具体例としては，入学式，卒業式，始業式，終業式，修了式，立志式，開校記念に関する儀式，新任式，離任式などが挙げられる。

学校儀式は，学校や国家への帰属意識や集団的訓練の場として，19世紀末頃から積極的に導入された。そのような歴史があったことにも留意が必要である。［今泉朝雄］

入 学 式

入学式は在校生，教員，保護者らで児童の入学を祝うことを目的におこなわれる行事で，特別活動における学校行事（儀式的行事）のひとつとして正規の教育課程に位置づく。

入学生が新しい学校生活への期待と自覚をもち，学校への所属意識を高めることのできるセレモニーをめざすことが求められる。

なお，小学校学習指導要領（2017）

では，入学式や卒業式で国旗を掲揚し，国歌を斉唱するよう指導することが記されている。この点についてふまえておくことが小学校教員には求められるが，この国旗掲揚と国歌斉唱の指導については，日本国憲法に定められた思想・良心の自由との関係などについてさまざまな議論がおこなわれてきた歴史があることも知っておきたい。

［今泉朝雄］

卒業式

卒業式は，在校生，教員，保護者らで児童の卒業を祝うことを目的におこなわれる行事であり，特別活動における学校行事（儀式的行事）のひとつとして正規の教育課程に位置づく。

卒業生にとってそれまでの学校生活やその意義を振り返り，新たな生活への門出となるセレモニーをめざすことが求められる。

その内容は，教員や関係者による祝辞や卒業証書授与，合唱等のほか，とくに小学校では，在校生からのおくる言葉，卒業生からの返す言葉等で構成される呼びかけが定番化している。

［今泉朝雄］

修了式

修了式は，学校行事の儀式的行事のひとつであり，１年間の学業の修了にあたる学年末におこなわれる。これに対して終業式は一般的に学期の終わりに行われる行事をさす。

多くの小学校では，修了式の式典後，１時間ほどの学級活動がおこなわれる。この修了式の日の学級活動では，提出物などを返却するだけでなく，児童が１年間の学級生活を振り返り次学年への意欲を高める機会として，担任が工夫することが重要である。例えば，黒板に児童全員の似顔絵を描いておく，４月からの学級の１年間を振り返る掲示物を準備しておく，保護者からのメッセージを用意しておく，最後の学級通信を読み聞かせるなどの工夫をしている学級も多い。［冨岡　勝］

朝礼（朝会）

朝礼は，全校児童が朝の SHR（ショートホームルーム）の時間などに運動場や体育館などに集まっておこなう学校行事であり，朝会と呼ばれることもある。校長からの話や，表彰などをおこなうのが一般的だが，主な目的は集団としての人間関係を深めることである。また，朝礼をおこなうことで，災害などの非常時に集団としてきちんと行動できるようになるなどの効果も期待できる。さらに，児童会などの取り組みとして児童に朝礼の司会をさせることで，主体性を育むこともできる。朝礼は天候などにより，テレビや放送機器を使っておこなわれることもある。感染症対策として，オンラインによる全校集会を実施している小学校もある。［奥田雅史］

学年集会

学年集会は，儀式的行事として位置づけられた学校行事である。学年の児童全体の気持ちを高めるためにおこなう場合や，生徒指導のためにおこなう場合等がある。

前者は，例えば林間学校や修学旅行前に実施する。持ち物，現地での過ごし方，何を学ぶのかなどについて，学年の児童全体を集めて確認する。目標を定めて，それに向かって気持ちをひとつにする意義がある。

後者は，例えば授業を受ける態度がよくなかったときや，いじめ事象があったときなどに実施する。本来は，こうした集会の必要がないように，日々の取り組みで対処していく。生徒指導上の集会は，当該学年の教員だけで対処せずに，校内の生徒指導担当教員や管理職にも入ってもらい，学校全体で取り組むことが必要である。

［和田博之］

文化的行事

文化的行事は，学校行事のひとつであり，その名の通り主に文化に関わる行事の総称である。小学校学習指導要領（2017）は，文化的行事の目的として，平素の学習活動の成果を発表することと，児童が自己の向上の意欲をいっそう高めたり，文化や芸術に親しんだりすることの２つを示している。

前者の具体例としては，学習発表会，音楽会，合唱祭，作品発表会などが，後者としては，音楽鑑賞会，映画や演劇の鑑賞会，伝統芸能等の鑑賞会や講演会などが挙げられる。［今泉朝雄］

学習発表会

学習発表会に相当する行事は，明治時代から「学芸会」という呼び名で存在していた。劇や合奏，合唱などを学級や学年単位で練習し，その成果を披露する場であったが，そのような形をとる学校は減ってきている。原因として，教科の授業時間の確保などが考えられる。

小学校学習指導要領（2017）において，学習発表会は，学校行事のひとつである文化的行事に位置づけられ，平素の学習成果を発表して意欲をいっそう高めたり，文化や芸術に親しんだりすることが強調されている。それゆえ，社会科で調べた内容をまとめ，発表するなど，教科学習の成果を発表する場でもあり，現在は学習発表会やそれに準じた名称で呼ばれることが多い。

［松森靖行］

音楽会

音楽会は，音楽の学習成果を発表したり，鑑賞したりする活動であり，文化的行事として位置づけられた学校行事である。音楽会の目的は学校によってさまざまであるが，異学年の児童との交流を深めること，練習成果を発表したり聴き合ったりすることで音楽を愛好する心情を育てること，協力して練習を進めることで協調性を育てること，などを目的として取り組んでいる学校もある。

小学校の高学年では音楽専科の教員が音楽会の練習を指導する学校がある。そうした学校では学級担任が直接指導することが少なく，専科教員に任せきりになってしまうこともあるが，学校全体で協力して取り組むことで，豊かな成果を上げることができる。

→専科教員【小学校】［和田博之］

健康安全・体育的行事

健康安全・体育的行事は学校行事のひとつであり，その名のとおり健康安全や保健体育に関わる行事の総称である。小学校学習指導要領（2017）は，健康安全・体育的行事とは，①心身の健全な発達や健康の保持増進，②事件や事故，災害等から身を守る安全な行動や規律ある集団行動の体得，③運動に親しむ態度の育成，④責任感や連帯感の涵養，⑤体力の向上などに資するようにすることを求めている。

具体例としては，運動会，健康診断，交通安全や防犯等に関する行事，避難訓練などが挙げられる。なお，健康診断は学校保健安全法により，また避難訓練は消防法により実施が義務づけられている。 ［今泉朝雄］

運動会

運動会は，徒競走，リレー，大玉転がし，組体操など，競争的・集団的・表現的な身体活動で構成されるイベント型の学校行事であり，健康安全・体育的行事として位置づけられている。

学級対抗戦など勝敗を競う形式を採っている種目もあるが，組体操やダンスなど勝敗のない集団的・表現的種目を多く含む点，大玉転がしやムカデ競走，綱引きなど身体能力よりも協働性が求められる種目を重視する点，短距離走（徒競争）といえども優勝者を決めない（１回戦だけで終わる）点など，通常のスポーツ大会とは異なる独自の特徴を多々有している。その運営実務も含め，教師の適切な指導の下に児童が主体的におこなうことが望ましい。 ［今泉朝雄］

遠足・集団宿泊的行事

遠足・集団宿泊的行事とは，自然や文化などに親しむとともに，集団生活のあり方や公衆道徳（社会的規範）などを学ぶ学校行事のことである。

例えば，校外学習（遠足）が挙げられる。行き先は学校によって異なるが，低学年では，公園や動物園，水族館等，身近な公共施設が多い。高学年になると，工場や歴史遺産，博物館や科学館等の社会見学を実施する。宿泊的行事には，主に５年生で実施する林間学校や自然学校，臨海学校等がある。６年生になると，修学旅行を実施する。いずれも，安全を確保するとともに，班活動などを通してよりよい人間関係づくりや公衆道徳などに資する体験になるよう工夫することが重要である。事前学習や事後の振り返りも有効である。 ［和田博之］

校外学習

通常の校内での活動では体験できない自然や文化に触れたり，校外での集団生活のあり方を考えたりする学校行事として，遠足や修学旅行などの遠足・集団宿泊的行事がおこなわれる。校外「学習」であるため，目的をもっておこなうことが重要であり，その特性から，自然や文化を学ぶために社会教育施設等を利用したり，各教科，総合的な学習の時間等を効果的に活用して事前・事後学習を取り入れたりするなど，充実した校外学習になるように努めなければならない。

校外学習は学校外でおこなう活動であることから，事前に下見などの実地踏査をおこなったり，児童のアレルギーや他府県での衛生対応に配慮したりして，校外学習を安全におこなえるように努めなければならない。 ［徳江政輝］

林間学校

林間学校は，「遠足・集団宿泊的行事」に分類される学校行事である。主に５年生が対象となるが，自治体や学校によって実施学年が違う。国立や私立小学校には，低学年や中学年から実施しているところもある。林間学校は次の3点において修学旅行と異なる。

第一に，飯ごう炊さん等を通して，子どもたち自らが食事をつくる。また，就寝準備も自分たちでおこなう。第二に，自然のなかでしかできない体験をおこなう。キャンプファイヤー，魚つかみ，川遊び，オリエンテーリング等である。第三に，林間学校はたいてい，子どもたちにとって初めての集団宿泊学習となる。そのため，6年生や中学校，高校でおこなう宿泊学習の基本を学ぶ機会となる。 ［和田博之］

修学旅行

修学旅行は，遠足・集団宿泊的行事のひとつであり，学校では体験できないことを現地に行って学ぶ学校行事である。修学旅行が単なる集団旅行にならないためには，何のために行くのかを子どもたちに事前に意識させることが重要である。

例えば，ある小学校では，修学旅行の事前学習として，総合的な学習の時間や特別活動の時間を利用して，国語や社会の教材も活用しながら，平和や戦争のことを学んでいる。それをふまえて広島に旅行し，原爆資料館の見学や被爆体験の講話，平和公園の碑巡り等を通して，平和の尊さを胸に刻む。そして，修学旅行の学びの成果を全校集会で発表する。このように，修学旅行を中心に教科等横断的に学ぶことも可能である。 ［和田博之］

勤労生産・奉仕的行事

勤労生産・奉仕的行事は，勤労の価値や必要性の体得と，自らを豊かにして進んでほかに奉仕しようとする態度の涵養をねらいとした学校行事である。勤労体験等で得られる働くことの大切さやよさ，ボランティア活動等で得られる自己の成長を実感させることが大切である。

勤労体験としては職場体験学習が有名であり，地域の地場産業などの体験を通して郷土の魅力を感じたり，普段の生活で関わることの少ない専門的な職業を体験したりすることで，児童が将来や進路を考えるきっかけとなることもあり，キャリア教育の一部としておこなうことも多い。ボランティア活動には地域清掃や植樹活動，募金活動など多様な活動がある。

→職場体験；ボランティア活動

［徳江政輝］

指導計画の作成と内容の取扱い

特別活動の全体計画

各学校の特性を生かしながら，児童の自主的・実践的な活動が多様な内容で構成される特別活動では，学校の全教職員の共通理解のもと指導を進めるための全体計画が必要である。またその指導は，学校教育目標（めざす子ども像）との関連を意識しながらおこなわれなければならない。そこで作成されるのが，特別活動の全体計画である。

特別活動の全体計画でまず必要となるのが，学校教育目標と関連づけた特別活動の目標である。さらに学級活動をはじめ各内容項目の目標を設定し，それを達成するための各活動内容を明示する。

また，作成にあたっては児童の実態や地域の特性・要望なども考慮することによって，その学校ならではの特別活動を展開することができる。

［小原淳一］

特別活動の校内推進体制

学校では，校務分掌に分かれて運営がおこなわれている。特別活動についても，分掌のなかで運営されている。ただし，「特別活動部」という分掌名が存在することはまれで，体育部，児童活動部，情操図書部，安全指導部，等の名称になることが多い。

部には通常，主任などが置かれ，その人を中心に運営する。主任をしていると，「企画委員会」や「運営委員会」等の学校運営全体を推進する組織にも属することとなる。主任は部で出た特別活動の案をこの推進組織に上げ，そこで練られた案を職員会議に提案し，学校全体の同意を図る。そして，この承認された案を実際に遂行する。さらに，実施したうえでの成果と課題を，次年度の計画立案に生かすようにする。

［和田博之］

特別活動の年間指導計画

特別活動の全体計画をふまえながら，各活動及び学校行事の年間を通した指導計画を学年ごとに具体的に立てたものが，特別活動の年間指導計画である。

児童の自主的・実践的活動を充実させるためには，教師の適切な指導が必要となる。活動目標や，どこで何を指導し，助言・援助はどのようにおこなうのかを月ごとに十分検討する必要がある。

このような計画を立てるためには，教師自身が前年度の教育活動の振り返りを十分におこなわなければならない。ただし，計画を練れば練るほど教師はその通り指導をしたくなるものだが，あくまで児童が主体的におこなう必要があるため，適宜指導計画の見直しをおこなわなければならない。

［小原淳一］

学年目標

学年目標とは，各学校で特別活動の全体計画や年間指導計画を作成する際に設定する各学年の目標のことである。各学年の児童の発達段階を考慮しながら適切に設定する必要がある。

例えば「小学校学習指導要領解説　特別活動編」(2017）には，1年生の学級活動では，幼児期の教育で養われた力を生かしながら，小学校における生活や人間関係に適応することが重要であると記述されている。

もちろん上記の例は一般的な目安である。学年目標は，学習指導要領の記述を参考にしつつ，児童や学級，学校の実態に応じて工夫しながら設定していくことが大切である。　［冨岡　勝］

特別活動と教科学習の関連

特別活動は，教科学習と関連づけながら計画的に実施していく必要がある。1951年改訂の学習指導要領において，特別活動の前身である「特別教育活動」「教科以外の学習」は，正科（算数や国語といった正規の教科）の景品のようなものではなく，教科学習と同様に，正規の学校活動として重要であると明記されている。

2017年改訂の小学校学習指導要領では，各学校で特別活動の計画を作成するには，各教科，特別の教科　道徳，外国語活動，総合的な学習の時間などの指導との関連を図っていくように工夫するべきであると述べられている。

→教科外学習；教科学習　［冨岡　勝］

特別活動における評価・改善活動

特別活動における評価・改善活動は，以下のようにS-PDCAサイクルを基本として一連の流れとして実施することが多い。まず，Q-Uなどのツールや学級力アンケートなどで学級の現状などを把握（Survey：S）したうえで，どのようなプランで学級運営をおこなうかを考える（Plan：P）。その計画に基づいて活動（Do：D）し，その評価（Check：C）をし，改善点を次の活動に生かす(Action：A)よう意識することが大切である。評価としては，活動の目標と照らし合わせながら，子どもたちと一緒にルーブリックをつくり上げることが効果的である。目標と評価を一体化することで，児童の活動への意欲が高められ，次の活動へのアイデアも生まれやすい。

→ルーブリック　［奥田雅史］

Q－U

Q－U（Questionnaire-Utilities）は，河村茂雄が学級アセスメントのツールとして開発したもので「楽しい学校生活を送るためのアンケート」という副題がつけられている。子どもにアンケートを記入させ，コンピューターなどによる診断結果を使い，担任が子どもの学級における満足度などを分析し，子ども理解の一助とするものである。

また，田中博之も同様に「学級力アンケート」を開発している。両者の違いは，学級力アンケートは子どもに結果を開示し，一緒に学級力を高められるようアクションするが，Q-Uは子どもに結果などは見せず，あくまで教師が子どもの状態をアセスメント（情報収集）することに利用することである。

→子ども理解　［奥田雅史］

家庭や地域の人々との連携

教科学習等と同じように，特別活動でも，教職員が家庭や地域との連携に積極的に取り組むことが，教育効果の向上に繋がる。

小学校では，家庭の協力がないと，子どもの育ちがうまくいかない場合がある。担任が家庭と連携する基本的手段は，連絡帳や電話になる。連絡帳は欠席連絡等で使用する。電話は，文章で伝えるよりも，話した方がよい場合に使う。他にも，家庭訪問，個人懇談，学級懇談会，授業参観などがある。

地域との連携には例えば，夏祭り，スポーツ大会，防災訓練などの地域の行事に教職員が参加することがある。担任している子どもが参加していたら，普段とは違う姿を見ることができる。

また，PTA が主体となる行事もある。この場合，教職員も PTA の一員であるため，行事の運営に参画する必要がある。

→地域との連携・協働；保護者との関係　［和田博之］

関係機関との連携

特別活動の実施において，社会教育施設（公民館，図書館など），社会教育団体（PTA，自治会など），福祉施設（児童相談所など）などの関係機関との連携が有効であり必要である。

例えば公民館等と学校が共同で子どものためにふれあい祭りを開催している例がある。このようなかたちで開催することによって，子どもたちが地域のさまざまな人々との交流を体験することができる。

また保護者・子どもたち・教師の交流を深める行事をおこなう際には，PTA との連携が欠かせない。

さらに学級の一人ひとりの児童が抱える諸課題に個別に対応する際に，担任および校内の支援体制では難しくなった場合には，外部人材や専門機関との連携が必要である。

なお，生徒指導や特別支援教育などの分野では，警察や医療機関，特別支援学校などを含む学校外の幅広い機関をさして「関係機関」と呼ぶこともある。

→外部機関との連携・協働；外部人材；社会教育施設；専門機関との連携；PTA ［和田博之］

社会教育施設等の利用

社会教育施設とは，子どもから大人までがひとしく学ぶことができる施設である。近年，学校教育のなかで必要に応じて社会教育施設を活用することが求められている。

例えば，調べ学習をおこなう際，学校の図書室だけでなく，地域の図書館で資料を探したり，公民館でレクリエーションに参加したりクラブ活動の発表をおこなったりするなど，その活用方法はさまざまである。

宿泊を伴う校外学習では，青少年交流の家などの施設を活用することでさまざまな文化や自然体験，仲間づくりのプログラムをおこなうことができる。

社会教育施設の利用を通して，地域社会との関わりや生涯学習へのきっかけとなることなどが期待されている。

［徳江政輝］

放 課 後

特別活動は，基本的には授業時間内の活動であるが，学童保育や放課後子ども教室などの地域活動との連携を図っていく視点が重要である。

学童保育（「放課後児童クラブ」と呼ぶ場合もある）は，小学生を放課後や学業休業中（夏休み等の長期休業），保護者の代わりに預かって，保育サービスを提供する事業である。現在は，地方公共団体や民間企業，NPO 法人がその運営をしている。

放課後子ども教室は，放課後や週末等に小学校の空き教室等を活用して学習支援（宿題や課題をする），文化やスポーツの体験活動，交流活動（自由遊び，昔遊び，遊技遊び等）を実施する事業で，主に，地域の方，大学生，企業 OB，自治会等が関わって運営している。

放課後子ども教室と学童保育を比べると，前者は申し込みをすれば，ほぼすべての児童を受け入れることができ，利用料（通常は，年間の保険料のみ）が安い。一方，後者は，申し込みする場合，審査等があり，入室が難しい場合がある。また，ひと月あたりの利用料がかかる。

→学童保育 ［和田博之］

生徒指導・キャリア教育

生徒指導

生徒指導

生徒指導は児童一人ひとりの人格を尊重し，彼（女）らの個性を伸ばすことをめざしながら，社会生活で必要なスキルやルール，文化などを児童が獲得できるよう指導することである。そして，児童自らが社会を形成する市民となる自覚を育成することも求められる。そのため，生徒指導は授業や休み時間，行事や放課後など，すべての教育活動で実施される。また，学校生活のさまざまな場面で児童が主体的に学校運営へ参画できる場の設定も重要となる。そして，「問題行動」や個々の「課題」へ対応する際，児童理解を深めるだけでなく，学校・学級環境そのものを問い直すことも必要である。

［寺町晋哉］

生活指導

生活指導は生徒指導とよく似た言葉であり，学校現場では区別されずに使われることも多い。いずれも教師が児童の生きる生活現実に目を向け，児童の思いや言動を共感的に理解し，児童の求めや課題に応える指導をさす。とくに，生活指導では，管理抑圧的な教育的指導と異なり，よりよく生きる力を子どもたちの自治のなかで育むことが求められる。

生活指導という言葉は，権威主義的な（一部の優越者により支配される）当時の教育体制への批判を込めて大正時代に使い始められた。対して生徒指導は，第二次世界大戦後初期に導入されたアメリカのガイダンス理論などを源流としている。文部科学省の2010年の『生徒指導提要』では，小学校段階から高等学校段階までの体系的な指導の観点，用語を統一したほうがわかりやすいという観点などから，生活指導ではなく生徒指導の言葉が使われている。

［細尾萌子］

生徒指導主任

生徒指導主任とは，学校内で生徒指導に関する仕事の取りまとめ役をする教員のことである。原則として中学校等では生徒指導主事（あるいは主幹）という役職を設けることが法律で定められているが，小学校については規定がないため「生徒指導主任」やそれ以外の名称が用いられている。生徒指導主任は，学級担任等との日常的な情報交換をおこなうことによって，学校全体としての指導をどう進めるべきか，各教員の取り組みをどうサポートするのかといった課題に取り組まなければならない。とくに学級担任制を主としている小学校の場合は，教職員間での児童に関する情報交換が難しいので，生徒指導主任とどのような情報をどのような形で共有するのかという仕事の流れをよく理解しておこう。

［濱沖敢太郎］

生徒指導体制

生徒指導は学級担任だけではなく，生徒指導主任を中心に学年や学校単位で組織的に取り組まなければならない。また，学校外の関係機関，保護者や地域住民との連携も必要となる。組織的な生徒指導によって，生徒指導上の「課題」が深刻化し，担任教師が一人で悩みを抱え込むことを防ぐだけでなく，児童を複数の大人たちで育てていくことが可能となる。

そのためには管理職や生徒指導主任らが中心となって生徒指導の方針・基準を定めて生徒指導計画を立て，それを教職員で共通理解し，足並みのそろった生徒指導をおこなう体制づくりが肝要となる。そして，日頃から教職員間で児童の情報を共有し，複数の教職員で多角的な生徒指導をおこなうことが重要である。

→教育相談体制 ［寺町晋哉］

生徒指導の全体計画

充実した生徒指導には，学校全体で「どのような児童を育てるのか」という目標を教職員全員で設定し，共通理解していることが重要である。この目標のもと，6年間の学校生活を見通し，学校全体や各学年の生徒指導計画を設定していく。目標や計画を設定するうえで，児童の実態や家庭・地域の実情をふまえることは非常に重要である。家庭や地域の協力なしに充実した生徒指導はおこなえないため，学校の生徒指導計画や方針を情報発信して，家庭や地域と協力関係を築く必要がある。また，児童は予定調和的な存在ではなく，目標や計画が想定どおり機能するわけではない。つねに児童の実態を中心に据え，目標や計画の柔軟な見直しを図ることが重要である。 ［寺町晋哉］

生徒指導の年間指導計画

年間指導計画は，学校の全体計画で示された生徒指導目標と関連づけて設定する必要がある。各学年の計画をバラバラに設定するのではなく，6年間のつながりを意識する必要がある。この年間指導計画をもとに，各学期や各月，各単元などの指導計画が作成される。例えば，1年生の4月であれば「安心して学校へ通える」ことを計画し，そのための手はずを整えることになる。年間指導計画はあくまでも目標達成の「手段」であり，計画どおりに子どもたちが育っていないからといって，「問題行動」「不適応」とみなしてはならない。つねに，学校の目標とする児童像や生徒指導の理念を見つめながら，児童らの実態に即して計画を改善していくことが重要である。

［寺町晋哉］

生徒指導提要

小学校段階から高等学校段階までの生徒指導の理論・考え方や実際の指導方法等について体系的にまとめた基本書である。教育基本法の改正や社会情勢の変化をふまえ2010年に文部科学省が公刊した。それより前の「生徒指導の手引き」(1965),「生徒指導の手引(改訂版)」(1981) が非行への対応や問題行動の予防策を示すことを大きな役割としたのに対し,「生徒指導提要」では,子ども一人ひとりの人格を尊重し個性伸長を図りつつ,すべての児童生徒にとって魅力のある学校づくりをしていくことがめざされている。そのために,生徒指導は全教職員のもとで組織的におこない,児童生徒の人格形成やよりよい発達のために積極的に機能させていくべきであると強調されている。 [敷田佳子]

子ども理解

子どもの発達上の特性や学校生活上の課題等,日々の子どもの言動について,その背景や原因を理解する行為・方法をさす。学校における生徒指導の多くは,子ども理解をベースにその後の指導の指針が定められる。子ども理解は,児童期・青年期の発達特性,友人・家族関係の特徴,子どもが抱える障がいなど,多様な視点でもってなされなければならない。例えば,学級で暴力行為をおこなう子どもがいた場合,そうした行動をとるのは,児童・青年期の発達特性によるものなのか,あるいはその子どもを取り巻く人間関係に起因しているのか,何らかの障がいの影響があるのか,その要因や背景を吟味する。子ども理解を深めていくうえでは,日常的な子どもの様子,教員の所感,カウンセリング,子どもの日記やアンケート結果など,対象の子どものさまざまな情報や資料を多面的に吟味していくことが重要となる。

[中村瑛仁]

個別指導

生徒指導における指導形態のひとつであり,子ども個人の状態や特性に配慮した指導・支援をおこなう活動の総称である。具体的には,子どもとの日常的なコミュニケーションから,個々の課題にあわせた教育相談・カウンセリングなど,教員が子どもと一対一で指導をおこなうさまざまな活動が該当する。個別指導はその目的によって,子ども個々の成長を促す指導,予防的な指導,課題解決的な指導に分類される。予防的な指導は,課題初期時におこなう指導であるのに対して,課題解決的な指導は,問題化した課題を解決・改善するための指導になる。例えば,不登校傾向が表れた子どもに対して日常的な声掛けをすることは予防的な指導にあたり,不登校になった子どもと教員が直接面談し課題を解決することは課題解決的な指導にあたる。

[中村瑛仁]

集団指導

生徒指導における指導形態のひとつであり,子ども集団を対象にしたさまざまな指導・活動の総称である。集団指導がおこなわれる場面としては,学級活動,学校行事,クラブ活動,生徒会活動などが挙げられ,子どもの集団行動が基本とされる日本の学校では,日常の多くが集団指導に該当する。集団指導では,社会の一員としての自覚と責任,他者との協調性,組織・集団に貢献することの意味など,集団のなかだからこそ獲得できる態度・能力を育成することが可能となる。集団指導は,個々の子どもの状態や特性にあわせて直接指導をおこなう個別指導と対になる指導方法で，学校では集団や子ども個人の状況にあわせて，集団指導と個別指導を組み合わせながら指導の効果を高めることが求められる。

→集団活動 ［中村瑛仁］

体　罰

殴る蹴る，物を投げつけるといった児童の身体に対する侵害はもちろんのこと，トイレに行かせない，正座を強要するなどの肉体的苦痛を与えることも含む。懲戒の一例である「授業中，教室内に起立させる」場合も，それが肉体的苦痛を与えるほどになれば，体罰にあたる。一方で，児童の暴言や暴行に対して，それを制止するためや防衛するためにやむを得ずなされたことは，正当な行為の範囲内として認定される（例えば，他の児童への暴力行為を目撃した際に，体をつかんで引き離すなど)。体罰は明確な法律違反であり，どれほど指導上の効果を主張したとしても，けっしておこなってはならない。教師が体罰をおこなった際には，行政上の，あるいは刑事上，民事上の法的責任が問われることになる。

［伊佐夏実］

懲　戒

校長および教員が，指導上の課題や問題行動に対して，児童の反省を促し立ち直りを図るためにおこなわれるものである。懲戒には，口頭での注意や学校当番を多く割り当てるといった「事実行為としての懲戒」と，停学や退学等の「処分としての懲戒」の２つの側面がある。義務教育段階においては，国公私立学校での停学や，公立校での退学は認められていないが，出席停止の措置をとることは可能である。教師による懲戒権は法律上認められてはいるが（学校教育法第11条)，問題行動等の対応にあたっては，指導による改善が基本である。罰を多用することや，感情的で安易な判断に基づく懲戒は，児童の心身の発達を妨げるものとなるため，注意する必要がある。

［伊佐夏実］

出席停止

児童生徒に対して，学校への出席を停止する扱いのことである。学校の秩序を維持し，児童生徒の義務教育を受ける権利の保障を目的とする場合（学校教育法第35条）と，感染症の予防を目的とする場合（学校保健安全法第19条）がある。

前者は，他の児童生徒や教師への暴力，器物破損や授業妨害といった児童生徒の性行不良（生徒指導上の問題行動）に対し，学校が最大限の努力をおこなっても解決せず，他の児童生徒の教育が妨げられている場合，子ども本人への懲戒ではなくその保護者への命令という形で実施される。市町村教育委員会がその権限と責任を負う。

後者は，インフルエンザや麻しんなど，学校感染症の伝染防止という観点に基づいて実施されるものであり，学校長がその権限と責任を負う。

［内田康弘］

呼出し

グループ相談・定期相談などと並ぶ教育相談の一形態で，教員が児童生徒を呼出して面接をおこなうことをさす。各自治体や学校では「呼出し相談」

「呼出し面接」と呼ぶこともある。「呼出し」はいじめ等の問題が発生した場合や気がかりな児童生徒がいる場合に教員側から積極的に働きかけて実施することが多いため，子どもからの自主的な相談とは異なり，声をかけられた児童生徒が「呼出し＝罰」と捉えて緊張や不安をもたないための配慮を要する。例えば，「児童生徒に呼出す意図をきちんと伝える」「時間や場所をはっきり決め伝える」「日頃から温かい働きかけをおこなう」「秘密は保持する」など，教師は子どもの心情を大切にした対応をおこなう必要がある。

［敷田佳子］

制　服

児童生徒に対し，学校生活での着用を制度として義務づけた服装のことで，「標準服」と呼ぶこともある。

温度調節や耐久性等，被服としての実用的な機能に加え，学校や友人グループへの帰属意識を高める，着崩すことで大人や社会に対する抵抗を示すなどの心理的・社会的な機能をもつ。中学生や高校生の消費行動において，ファッションや流行等，若者文化の中心的なシンボルとして位置づく側面もある。

教員にとっては，児童生徒の公平感を維持して衣服による差別を阻止する，服装の規律を保つ，学校外での問題行動にブレーキをかけるなど，生徒指導上の重要なツールでもある。

近年では LGBTs や保護者の経済的負担等に対する配慮から，制服の見直しや自由選択制を導入する動きも広がっている。

［内田康弘］

校　則

学校（長）が定めることのできる，学校生活や集団生活の過ごし方に関する生徒指導上の規律（ルール）のことである。「生徒心得」や「生徒規則」等の成文化されているものや，慣習や条理として暗黙に支持されているものがある。主に裁判での判例が，校則運用の根拠として理解されている。

近年では，「地毛証明書の提出」や「下着の色の指定」など，校則やそれに基づく「行き過ぎた指導」には，児童生徒を理不尽に苦しめてしまうリスクがあることも指摘されている。児童生徒の人権を遵守しつつ効果的な生徒指導を実施するため，子どもたちの実情や保護者の考え方，地域の状況，社会の常識，時代の進展等をふまえながら，校則を積極的に見直すことが重要である。

［内田康弘］

ゼロトレランス

学校における違反行為の基準を明確化し，これを厳格に運用しながら学校規律の維持を図ろうとする指導方式をさす。「zero（なし）」「tolerance（寛容）」の文字どおり，校内の罰則を細かく定め，それに違反した場合は厳密に処分をおこなう1990年代のアメリカの教育方法が起源とされる。日本では「毅然（きぜん）たる対応方式」とも訳され，実例としては，違反行為をレベル分けしてガイドライン化することや，違反行為に対する警告の点数化，累積方式による罰則の運用などがある。メリットとしては，行動基準が明示されるため子どもがルールや規律を理解しやすくなること，また教員間の指導の一貫性が得られることなどがある。一方デメリットも多く指摘されおり，罰則を過度に運用した場合，課題のある子どもは処罰の対象になりやすく，結果的に学校での居場所がなくなり，学びの機会を失いやすい。また罰則の基準に妥当性がない場合，指導体制に混乱が生じる。そのため，子どもを管理するために安易にこの方法を導入することは望ましくなく，導入には慎重な姿勢が求められる。 ［中村瑛仁］

挨　拶

登下校時の「おはようございます」「さようなら」や授業開始・終了時の「よろしくお願いします」「ありがとうございました」など，日本の学校では，挨拶に関する指導が戦前よりおこなわれてきた。2000年代には，挨拶運動が広まり，挨拶を学校や学級目標として設定するところも多い。そのねらいとして，子どものマナーに関する規範意識の醸成以外に，他者と関わるソーシャル・スキルや主体性の育成といった多様なものがある。ねらいの達成に向けて大切なのは，子どもが自ら挨拶をしてみたくなったり，安心して挨拶をできたりする条件整備と空間の醸成を教職員が先におこなうことである。また，挨拶を通じて子どもの様子を把握することである。挨拶は，教職員が自らの実践を振り返る契機であり，子どもを統制する手段として使用すべきではない。 ［柏木智子］

守秘義務

教職員には，職務上知り得た情報のうち，それを一般に知らしめると一定の利益の侵害になる情報を守る義務がある。例えば，児童の成績や家庭状況等がそれに相当する。守れなかった場合は守秘義務違反に問われ，懲戒処分を受けることがある。ただし，学校では複数の教職員が連携して子どもの支援や指導をおこなうため，教職員間で情報を共有することは認められている。これは，学校と他機関との守秘義務の違いであり，学校における守秘義務は，情報を「校外にもらさない」という意味で捉える必要がある。また，不正等に関しては告発義務があり，隠してはならない。さらに，情報公開法や情報公開条例に基づき，地域社会や保護者に教育情報を公開し，説明責任を果たす場合は守秘義務違反に問われない。 ［柏木智子］

性 教 育

生命尊重の観点から，心身の発達や性に関する正しい知識等の習得をめざしておこなわれる教育のことである。保健体育科だけでなく，学校の教育活動全体を通じて計画的に指導することが望ましい。実施の際は児童生徒の発達段階をふまえ，学校全体で共通理解を図り，保護者の理解を得ることが重要である。また，医師や助産師による出前授業，カウンセラーによるピアカウンセリングなど，地域の関係機関との連携も大切である。

小学校４年生から月経教育等がおこなわれるが，避妊や人工妊娠中絶は指導内容に含まれず，性暴力や望まない妊娠を扱う際の課題もある。国際的には，ジェンダー平等や性の多様性等，人権尊重を基盤とした包括的性教育の普及が推進されている。 ［内田康弘］

問題行動

いじめ

いじめの定義は論者によってさまざまであるが，文部省（現文部科学省）は，1986年にいじめの定義を設定し，いじめの認知（発生）件数の把握に努めてきた。その調査結果をもとに，これまで3回定義が更新されている。現在の定義は，いじめ防止対策推進法のなかで明文化されたものであり，学校等を通じて知り合った子ども同士の間でおこなわれた心理的・物理的な影響を与える行為であり，かつ被害者が心身の苦痛を感じているものであるとされている。現在の定義の特徴は，「攻撃」ではなく，心理的または物理的な「影響」を与える行為であるとされたことである。これにより，従来いじめだとは認定されづらかった行為（いじり，からかいなど）が，いじめ行為として問題化できる一方で，犯罪になるような行為（傷害，盗難など）もまた，同様の問題として学校内で処理されてしまうという問題が生じている。

→冷やかし／からかい　［鈴木　翔］

いじめ防止対策推進法

いじめ防止対策推進法は，2013年に公布され，いじめ防止の基本方針と学校に対策組織を置くことなどが明文化された法律である。特徴的なのは，学校が事実関係を明確化するために調査をおこなうことが推奨されたことであり，多くの学校ではアンケート調査を用いて，いじめの早期発見に努めるようになった。

しかし，そのほとんどの学校では，事態の程度に関係なく，記名式のアンケート調査がおこなわれており，いじめ被害が告発されづらいという問題が生じている。本来的には，緊急性を要する場合には記名式のアンケートをおこない，模索的に情報収集をする場合には，無記名式や選択式（名前を書いても書かなくてもよい）のアンケートをおこなう必要がある。　［鈴木　翔］

不登校（長期欠席，登校拒否）

文部科学省の調査では，年間30日以上の欠席が「長期欠席」と定義され，そのうち病気と経済的理由を除いた心理的・情緒的・身体的・社会的な要因・背景により登校しないあるいはしたくともできない状況が「不登校」と定義される。子どもが不登校になる背景には，いじめ，虐待，発達障害などさまざまな指摘がされており，特別な子の問題ではなくどの子にも起こりうる事態と捉え，児童生徒の心理的な問題，家庭の社会経済的な問題，学校の指導における人権問題など，さまざまな視点からのアセスメントが要求される。そのため，不登校だからといってそれを「問題行動」とみなすべきではないと言えよう。

重要なのは，学校復帰を前提とするのではなく，彼ら彼女らが社会に参画できているか，あるいは参画できるようになるかという点から問題を捉えて働きかけていくことではないだろうか。その視点から，フリースクール等での活動を出席日数とカウントできる制度等を活用することは意義があるだろう。

→情緒的混乱　［藤根雅之］

暴力行為

自校の児童が，故意に有形力（目に見える物理的な力）を加える行為をさす。教職員に対するもの（対教師暴力），児童に対するもの（生徒間暴力），地域住民や他校生等に対するもの（対人暴力），学校の施設・設備に対するもの（器物損壊）の4形態がある。暴力行為の背景には，児童を取り巻く家庭，学校，社会的環境のほか，感情のコントロールや言葉による表現が苦手といった個々の特性によるものなどがある。指導にあたっては，暴力行為の鎮静化のみならず，背後にある要因をふまえたうえで児童理解を深め，個々の内面に迫る必要がある。また，人権に配慮し，教師と児童，児童同士の信頼関係に基づく人間関係づくりを日常的に進める必要もある。近年では，暴力行為の低年齢化が指摘されているため，学校種間の連携を通した一貫性のある指導と，関係機関等との連携も求められている。 ［伊佐夏実］

問題行動

一般に問題行動と言う場合，教師や親への反抗，授業中の立ち歩きや私語，いじめや暴力といった行為をイメージするが，教師や友達との関係を断って自分の殻に閉じこもるという形で現れることもある。それゆえ，問題行動はさまざまな形で現れると認識し，日頃から児童の異変に気付くように努めることが肝要である。

児童が問題行動を起こした場合には，その児童が置かれた家庭背景の問題や発達障害の可能性といったさまざまな観点から考えて，対処していかなければならない。教師個人で解決しようとするのではなく，臨床心理士やスクールソーシャルワーカーといった専門職と連携していくことも必要だろう。また，長期的な視野で考え，中学校と情報共有をすることも重要になる。

［知念　渉］

学級崩壊

学級が教師のコントロール不能となる現象として1990年代後半以降にメディアで大きく取り上げられ，社会問題として認知されるようになった。授業中の私語や立ち歩き，教師への暴言や反抗など，児童生徒が教師の指示を聞かないために授業が成立しない状況が一定期間続き，学級担任による通常の手法では問題解決が困難である状態を学級崩壊と呼ぶ。ただし，学級崩壊という言葉のインパクトが問題の本質を見誤らせるおそれがあるとして，「学級がうまく機能しない状況」と言い換えて議論される場合もある。背景には教育実践的な問題だけでなく，子どもを取り巻く環境や保護者の価値観・態度の変化など社会構造的な要因があると考えられる。 ［敷田佳子］

自傷行為

自傷行為は，文字どおり，自らの身体に意図的に損傷を加える行為をさす。リストカットや壁を殴るといったような，必ずしも死に至らない行為から，毒物を摂取するというような致死率の高い行為も定義に含まれる。

一般的に，致死率の低い自傷行為をおこなう子どもは，日常生活で高いストレスを抱えていることが数多くの研究で明らかにされており，他の要因を統制しない場合には，自傷行為経験のある子どものほうが，自殺する確率が高い。

さらにストレス以外の要因として，自傷行為そのものが目的なのではなく，自傷行為をしたという経験が仲間内で高い評価を得ることがあるために自傷行為をおこなう子どももいる（非行少年集団の「根性焼き」など）。

［鈴木　翔］

自殺（自死）

警察庁は，2019年中に小学生で8名，中学生で112名，高校生で279名の自殺者がおり，9月初旬に頻発していることを公表している（「令和元年中における自殺の状況」）。なお，学校段階が上がるにつれて，自殺者数が増加する傾向と9月初旬に頻発する傾向は，どの年度でも共通である。

また，自殺者の男女別の内訳を見ると，小学生では自殺者数の割合は男女でそれほど差は見られないが，学校段階が上がるにつれて，男子のほうが女子よりも自殺者数が増えていく傾向にある。中学生では1.4倍弱，高校生では2.5倍弱，女子よりも男子の自殺者数が多い傾向にある。この結果から，近年の研究では，男子の生きづらさにも焦点があてられてきている。

［鈴木　翔］

非　　行

非　行

日本では，少年法で定められている行為あるいは，警察の補導対象として定められている行為が少年非行として挙げられている。非行は，飲酒や喫煙，万引きといった行為から子どもの悪事を取り締まるものだと連想されがちである。しかし実際には，子どもを保護するという視点が含まれている。例えば，家庭での居場所がないために深夜徘徊を繰り返す少年がいたとする。この場合，少年は補導対象となるが，警察が地域の資源を活用して居場所支援活動をおこなうこともある。警察をはじめ司法組織は非行＝悪とみなすのではなく，子ども支援の入り口として諸機関と連携し，さまざまな支援枠組みを用意している。

［都島梨紗］

非行少年

少年法では非行少年を次の3つに分類している。①14歳以上で犯罪を犯した少年（犯罪少年），②刑罰法令に触れる行為をおこなったが，年齢が低いために罪を犯したことにならない少年（触法少年），③具体的な問題行動があり今後犯罪少年や触法少年になるおそれのある少年（ぐ犯少年）である。学校現場ではもう少し広い意味で用いられることも多く，服装違反や怠学傾向にある少年を非行少年と呼ぶこともあるだろう。いずれにしても，特定の児童を非行少年として捉えることの目的は，処罰することにあるのではなく，その児童が行為に至った動機や背景をふまえて当該児童の成長を促すことにあるということを忘れてはならない。また，非行少年という言葉から男子生徒を想定してしまうが，女子生徒にも適用されるので，その点にも注意を払っておいたほうがよいだろう。

［知念　渉］

逸脱行動

集団のなかで同調すべき価値観や規範から外れた行動をさす。例えば小学校では毎日遅刻せずに登校することが同調すべき価値観であるため，遅刻を繰り返す場合は逸脱とみなされる。さらに逸脱者に対し，「なぜ一人だけ守れないのか」とほかの児童たちから「遅刻魔」としてのレッテルを貼られることがある。その結果，当該児童が不登校になる，といったように逸脱行動が強化される場合もある。そのため，逸脱行動は，本人の行動だけでなく周囲の反応も含めて捉える必要がある。一方，ある集団においてどのような行動が逸脱行動として否定的な反応を伴うのかを考えることで，その集団のなかで重視されている価値観や規範を理解することもできる。　［都島梨紗］

少 年 法

20歳未満で，刑罰法令に触れる行為をした者，またはそうした行為をする可能性がある者について，その保護処分や刑事事件における措置のあり方について定めた法律である。非行少年の健全育成を図ることを目的としており，少年が再度非行をおこなわないようにするとともに，成人後に罪を犯さないように矯正・教育することが重視されている。そのため，成人の刑事法とは異なり，刑事法だけでなく教育法や福祉法といった役割も担っている。

この法律の背景には，成人に比べて少年は教育的働きかけによって改善する可能性が高いという理念があるが，猟奇的な少年犯罪が世間的な注目を集めたこともあって，近年は「厳罰化」される傾向にある。　［知念　渉］

少 年 院

家庭裁判所の決定によって送致された少年を収容する，法務省所管の教育施設である。おおむね20歳未満の少年が，およそ11か月の期間で少年の特性や問題性に応じて矯正教育（教科教育・生活指導・職業指導・体育・特別活動）と社会復帰支援を受けて，立ち直り／更生をめざす。2020年現在，全国に49か所の少年院があり，地域の資源を活用した特色のある教育をおこなっている。少年院では，教育を担当する法務教官のほか，社会福祉士や医師，篤志面接員などさまざまな専門家が少年の立ち直りを支援する。しかし，学校への就学（転入学・復学）には課題も多く，少年院への入院で中学校卒業後に進学をあきらめる者，高校を中途退学する者も多い。低学歴・低年齢での就労は将来的な貧困のリスクを高める。そのリスク軽減に向けて少年院と学校教育を繋ぐ取り組みが求められる。　［仲野由佳理］

少年鑑別所（鑑別所）

家庭裁判所の少年審判に向けて，犯罪や非行に関与した少年の処分を決定するために，一定期間少年を収容して調査する施設である。調査は，心理学や教育学等の専門的知識を用いておこなわれる。収容される期間は２週間から４週間であるが，少年鑑別所に入所した少年には健全育成の観点から「育成的処遇」という教育的な働きかけをおこなう。2015年の少年鑑別所法の施行後，地域の犯罪・非行防止を目的とした地域援助事業（法務少年支援センター業務）が開始された。これは，一般からの非行相談に対応するためのもので，年齢制限はない。問題行動（いじめや暴力行為等）に対する保護者・本人，学校や福祉施設などからの幅広い相談に対応している。今後は問題行動への早期対応をめざして，学校との強固な連携体制の構築が求められる。

［仲野由佳理］

家庭裁判所

家庭裁判所は，離婚や親権等の家族関係に関する調停や審判をおこなうことのほかに，非行を犯した少年に関する事件の調査と審判などをおこなっている。少年事件では，非行があるとされる少年について，非行事実の有無を確定し，その非行に至った原因を探り，その少年の処遇について決定する。各都道府県に1か所以上設けられており，支部及び出張所を含めるとその数は280か所になる。

少年事件の場合には，その少年が二度と非行を起こさないように更生に向けた教育的な働きかけがとりわけ重要となる。そのため，家庭裁判所では，少年の生育歴，家族との関係，学校・職場での状況などを幅広く調査して非行の背景を探り，どうすれば再び非行を犯すことがないようにしていけるかを第一に考えて審判を下している。

［知念　渉］

矯正教育

主に少年院でおこなわれている教育のことをさす。矯正という単語には「本来あるべき方向へと力を加えて正す」という意味が含まれている。少年院出院後，非行少年たちは再び非行をすることがないようにとさまざまな教育方法により，少年院在院中に健全な考え方や生活習慣を身につける。ただし，各少年が非行に至るまでには貧困や虐待など多様な生育上の特性があり，非行の原因は少年によって異なる。そのため，少年院では集団での指導に加え個別指導もていねいにおこなわれている。各少年には入院時から退院時に至るまで個別に作成された処遇計画のもと，個別の担当教官が関わり，指導をおこなう体制がとられている。

［都島梨紗］

更　生

保護観察所などが支援の際に依拠する法律に更生保護法がある。更生保護法では，社会生活のなかで非行少年の生活環境が整うとともに，再び非行をしなくなることをめざしている。更生を促すアプローチとして近年は，非行少年の「良い人生」に注目した支援が更生を促すという論（＝グッドライフモデル）が支持されるようになってきている。この支援論では，本来人間として必要な財やよい経験を，社会に受け入れられる方法で手にすることができれば，再非行は起こらないと考える。例えば学校での成績が振るわず，一目置かれるために悪さを始めた非行少年について，「一目置かれたい」という思いはそのまま尊重し，悪さ以外の手段により，学校に包摂できるような支援を考えていくという方法である。

［都島梨紗］

青少年保護育成条例

主に18歳未満の青少年の保護と健全育成を目的とし，各地方公共団体が定める条例である。そのため，都道府県・市町村によって，正式名称や内容に多少の違いがあるが，主な内容は①有害環境の浄化と②青少年に対する有害行為の規制である。①では，有害図書類（ポルノ雑誌等）や刃物類，有害玩具類，薬物，有害広告物などが規制の対象となっており，有害な場所への青少年の立ち入り制限も定められている。②では，青少年に対するわいせつな行為に関する規制や勧誘行為の禁止，深夜の外出の制限などが定められている。自治体によって罰則規定は異なり，学校は各地域の条例を把握したうえで，児童への指導をおこなうことが求められる。　［柏木智子］

規範意識

道徳や倫理，法律などの社会のルールやきまりを守ろうとする意識のことである。学校教育では，いじめや暴力行為，児童生徒の問題行動の複雑化・深刻化を背景として生徒指導や特別活動，道徳教育等で中心的に扱われてきた。近年では，情報化社会におけるSNSをめぐる情報リテラシーや価値の多様化など，新たな領域での規範意識をいかに醸成するかが論点のひとつとなっている。また，18歳選挙権の導入に伴う「主権者教育」の推進は，児童生徒が社会の一員としての意識や規範を育むことを重視する。

そもそも規範意識は普遍的なものではなく文化・慣習によって異なる。時代の変化に柔軟に対応し，家庭教育を担う保護者との連携を通して，児童生徒の規範意識を育成する視点をもつことが求められる。　［仲野由佳理］

援助交際

金銭を目的として交際相手を募集しておこなわれる性行為／性的なコミュニケーションをさす。主に10代の中学生・高校生が「売り手」として想定されており，1990年代以降「児童買春／売春」として問題化された。2000年代以降はインターネットの発達で売り手・買い手の匿名化が進み，摘発はきわめて難しい。出会い系サイト規制法（2003）の施行により売る側も処罰対象となった。近年の「JKビジネス」「神待ち」「パパ活」と呼ばれるものと本質的には同じである。援助交際の背景には，居場所のなさや貧困・虐待（家族不和）等の社会的な問題が潜んでいる場合もある。「援助交際」を二次的な現象として捉えれば，まずは「なぜ『援助交際という方法』なのか」に耳を傾けることが必要だ。当事者の声をもとに行為の原因となる一次的な現象を探ることが求められる。

［仲野由佳理］

家庭問題

欠食児童

家庭の貧困や食糧不足のため満足に食事がとれない児童をさす。昭和初期には不景気の影響による欠食児童が社会問題化しており，貧困家庭の子どもの救済が学校給食の大きな役割であると認識されていた。その後1970～80年代には国会等で「日本で飢えは消滅したので給食の役割は終わった」と公言されたこともあったが，その時代にも給食で飢えをしのぐ子どもは存在していた。現在も食に困る子どもは少なくなく，家庭の社会経済的背景により食事の量・質に格差があることが確認されている。同時に，子どもの食生活を守るセーフティネットとして，民間のNPOなどがおこなう子ども食堂，子ども宅食やフードバンクの役割にも注目が集まっている。 ［敷田佳子］

生活習慣

子どもの成長のために，適切な運動，調和のとれた食事，十分な休養・睡眠を重視するという観点から，文部科学省は2006年から「早寝早起き朝ごはん」国民運動を推進している。基本的な生活習慣の確立が，家庭に限らず，学校生活を送るうえでも重要であることには多くの人が同意するだろう。しかし，望ましい生活習慣の内実が人によってさまざまであることもまた否定しがたい。場合によっては，子どもや家庭の生活習慣が学校の生活スタイルと衝突することもありうる。宗教的な理由をはじめとして，生活習慣を他人が変えようとすることはとても難しく，また危うい。まずは，子どもや保護者とゆっくり話をすることから始めてみよう。 ［濱沖敢太郎］

家庭訪問

家庭訪問は，教師が子どもの自宅に訪問して保護者の話を聞き，家庭環境を知ることで子ども一人ひとりへの理解を深めることを主な目的としている。しかし，共働き家庭やひとり親家庭など，保護者が日中不在であることが多い家庭の場合，訪問日時の調整や実施が難しいことも少なくない。そのため，個々の家庭の状況を理解したうえでの連絡・調整が求められる。

また，「教育と福祉の連携」という観点からも家庭訪問は重要である。家庭訪問から子ども・家庭が福祉の支援を必要としていることがわかることもある。児童虐待や貧困，不登校といった子どもに関わる問題が注目される昨今，家庭訪問は子どもの支援に不可欠な教師の実践である。 ［山口季音］

チームによる支援

いじめや児童虐待などの問題は，校内の教職員によるチームと，学校と外部機関によるチームを組み，多くの人々の協力を得なければ解決が難しい。教員が一人で問題を抱え込んだり自分で問題解決を図ったりすると，結果的に事態を悪化させることもある。自らの指導や援助のあり方を振り返るためにも，同僚や外部機関（例えば教育委員会や児童相談所など）の助言や協力を積極的に仰ぐようにしよう。チームによる支援を具体的に進めるうえでは，支援に関するプロセスやそこでの役割分担を明確化することが有用である。

［濱沖敢太郎］

要保護児童対策地域協議会

虐待を受けているなど，困難を抱える子どもに関する情報を交換し，適切な支援や保護に向けた話し合いをおこなう会議や組織体制のことである。2000年頃から貧困や虐待が社会問題となり，それらへの対応が求められた結果，2004年の児童福祉法改正により各地域での設置が認められた。協議会への参加者は，行政諸機関・保育園・幼稚園・学校・児童養護施設・医療機関・警察等の職員および民生委員・NPO等の地域関係者など，子どもや保護者の関係者である。協議会内部での個人情報の共有が法令上認められたところに大きな意味があり，学校だけで対応できない事項に関して，教職員は状況を説明して外部関係者の協力を求められるようになった。　［柏木智子］

スクールソーシャルワーカー（SSW，SSWer）

スクールソーシャルワーカーは，社会福祉の専門知識・技術を活用し，子どもを取り巻く環境に働きかけ，家庭，学校，地域，福祉，行政諸機関を繋ぐことで，子どもの抱える諸課題の解決に取り組む福祉専門職である。子どもの課題の要因として，発達特性といった個人的要因だけではなく，家庭・友人関係・地域・学校等の環境的要因があり，学校は関係機関と連携して解決を図ることが求められる。このためにスクールソーシャルワーカーは，子どもの環境への働きかけとともに，関係機関とのネットワークの構築・連携・調整，学校内におけるチーム体制の構築・支援をおこなう。このほかにも，教職員・保護者への支援や教職員への研修活動等の業務がある。

→関係機関との連携　［山口季音］

ケース会議

ケース会議（ケースカンファレンス，事例検討会）とは，子ども一人ひとりの課題への対応について，目標や役割分担を明確にした支援計画を協議・決定する会議である。子ども本人とその環境に関する情報を収集・共有し，課題の背景や原因を分析して，そのケース（事案）のアセスメントがおこなわれる。ケース会議の参加者は担任や生徒指導主事が中心となり，学校の状況によって校長，教頭や養護教諭，学年主任，スクールカウンセラーやスクールソーシャルワーカーが参加する。子どもの課題の原因を特定し解決に導くためには，さまざまな視点や発想が必要であり，ケース会議はそれら多くの情報を整理・共有して支援の計画を立てるための有効な手段である。

［山口季音］

児童家庭支援センター（子ども家庭支援センター）

児童家庭支援センター（児童福祉法第44条の２に基づく児童福祉施設）は，児童と児童がいる家庭の福祉の向上を図ることを目的とした相談機関である。児童福祉法において児童とは18歳未満の子どもをさす。多くは児童福祉施設に併設されているが，2008年の児童福祉法改正により単独でも設置が可能となっている。地域の身近な相談機関として児童相談所の補完的機能を担っており，その業務内容は，子ども・家庭の相談対応や市町村の求めに応じた助言・援助のほか，児童虐待や少年非行等により支援を必要とする児童とその家庭に指導をおこない，あわせて児童相談所やその他の児童福祉施設等との連絡調整をおこなうこと，里親からの相談に応じることなどがある。

［山口季音］

多様な教育機会の確保

義務教育の段階における普通教育に相当する教育の機会の確保等に関する法律（教育機会確保法）

この法律は，すべての人の教育機会

を確保することをめざして，その基本理念，国や地方公共団体の責務等を定めたものである。現代日本には，不登校の児童生徒に加えて，なんらかの事情（戦争等）によって義務教育に相当する普通教育を受けられなかった人々がいる。そうした人々に対しても教育機会を保障すべきであるという理念に基づいて，2016年に成立した。

この法律では，すべての児童生徒が安心して教育を受けられる学校環境を整えるとともに，不登校児童生徒に対して特別に編成された教育課程を整備することや学校外の場（フリースクール等）で学ぶことへの支援の必要性が説かれている。不登校児童に対しては，単に学校復帰をめざすのではなく，この法律に基づき，当該児童の教育機会を確保する最善の方途を探ることが重要である。 ［知念　渉］

子ども・若者育成支援推進法

子ども・若者育成支援施策を総合的に推進すること，諸領域で個別に実施されてきた支援のネットワークを整備することを目的として2009年に成立した法律である。困難を抱える子ども・若者への必要な支援が早期かつ円滑に，かつ継続的におこなわれるよう関係機関により構成される「子ども・若者支援地域協議会」や，適切な支援機関の紹介をおこなう「子ども・若者総合相談センター」を設置することが，都道府県や市区町村に求められている（努力義務）。このような支援機関やネットワークはそれ自体，子どもや若者が育つ環境である。支援機関についての知識を広げることによって，育ちの環境とそれが抱える問題を理解するよう努めたい。 ［濱沖敢太郎］

フリースクール

一般的には不登校の子どもを受け入れる学校外の居場所をさす。活動の背景には，子どもの生活世界が学校に限定され，子どもたちが安心して居られる空間が縮小している点が挙げられる。さまざまな理由で学校教育に排除された子が安心感を得られる場として注目されることが多いが，子ども自らが主体的に活動をつくっていくなど新しい学びを創造する場としても注目に値する。活動に対して在籍校の校長判断により出席日数とすることが認められているが，学歴としては扱われない。各自治体の判断による財政支援が可能だが実際には多くはなされておらず，利用者は費用が自己負担となる一方でスタッフの３割は無給で働くなど経済的な課題を抱えている。

→オルタナティブ・スクール

［藤根雅之］

夜間中学校

夜間中学校は，戦後の混乱期に，就労などの理由により昼間に学校に通えない生徒に対する教育機会の提供を目的に公立中学校に付設された。戦後70年以上を経た今日では，学齢を過ぎた義務教育未修了者や中学卒業資格は有するものの実質的には十分に教育を受けていない入学希望既卒者，学齢の不登校生徒，外国籍などの多様な人々に，義務教育を受ける機会を保障する重要な役割を担っている。授業料は無償であり，卒業すれば卒業資格が得られ，高校進学の道も開かれる。

2020年12月現在，10都府県に計34校とその数は限定的である。自宅から離れているために通えない者や，ボランティアなどによる「自主夜間中学」に通う者，存在自体を知らない潜在的需要者も少なくない。文部科学省は2016年の教育機会確保法成立を受け，各都道府県に最低１校の設置を求めており，実現が急がれる。［金南咲季］

居場所

人間の物理的な所在地をさす以外に，安心感を得られる場所や，自分が自分らしくいられる場所をさす意味で使われる。社会において弱者とされる人々が存在を否定されず，自己肯定感を得られる場や，意見を表明・共有できる場として注目される。1980年代より，不登校の当事者運動やフリースクールの活動において，「学校での学びが絶対である」という当たり前を捉え直すための概念として使われた言葉である。一方で，文部科学省の「生徒指導提要」では不登校の予防や学校復帰のための「居心地のいい学校」をさす言葉として使われており，学校関係者が学校の理想的な状態をさす際に使用することも増えている。［藤根雅之］

ウェルビーイング

個人の「良好である」という状態を包括的に捉えるための概念である。病気や怪我がないかや，お金があるかといっただけでなく，今の生活に満足しているか，周りの人たちとよい関係が築けているか，適度な運動や食生活がとれているか，情報技術を適切に活用できているかなど，生活における自己実現や人権保障の観点などを含んでいる。学校教育で重視されてきた試験で評価される学力や身体能力といったわかりやすい力を身につけさせるだけでなく，他者との関係性を築くことや社会の問題を批判的に考えながら自分らしく生きていくことまで視野に入れた，子どもの学びや福祉を支えるうえで重要な概念と言えよう。

→ウェルネス；生活の質［藤根雅之］

日本語指導

日本語指導とは，児童が学校生活や学習活動に参加するうえで必要な日本語の指導のことであり，近年，外国人児童の増加とともに需要が高まっている。日本語指導を考えるうえで重要なのは日常会話で使用する「生活言語」と，教科などの学習で使用する「学習言語」の区別である。日本語指導を必要とする児童にとって後者の自然習得は困難と言われており，普段の生活では流暢に日本語を操っていても，授業や試験になると困難を覚える者も少なくない。そのため教員は，両者の違いを理解したうえで個に応じた指導をおこなう必要がある。

こうした課題に対処するため，政府は，個別の日本語指導を「特別の教育課程」として正規の教育課程に位置づけたり，「日本語教育推進法」を施行するなどの対応を進めている。しかし，自治体の財政状況などによって受け入れ態勢が脆弱であったり，日本語教育の国家資格や免許制度が存在せず専門性をもつ教員が不足していたりするなど，課題は多い。また，日本語指導に加えて，母語や母文化を学んだり表現する機会をつくることも，自己肯定感

の育成や家族との関係性，周囲の子どもたちへの教育の観点から重要である。［金南咲季］

外国人児童

外国人児童とは，外国につながりのある子どもをさす。そのなかには，親の就業や留学，結婚などにより来日した外国籍児童はもちろん，帰化や親のいずれかが日本人など，日本国籍で外見上区別はつかないが，異なる言語や文化的背景をもつ者も含まれている。

一口に外国人児童といっても，児童によって出身国や来日経緯，就学時期，言語習得状況，将来の居住展望などは大きく異なり，抱えている課題も多様である。そのなかでも，外国籍生徒の高校や大学進学率の低さにも現れているように「学力保障」は重要な課題であり，教員は，児童のやる気に訴えるだけでなく，家庭背景や母国の学校文化や制度との違いなども念頭に入れて早期より適切な支援をおこなう必要がある。また，子どもたちが違いを認め合い，安心して過ごせる学校づくりもきわめて重要である。そのためには，教職員間はもちろん，近隣校や国際交流協会，NPO，行政などの外部機関との連携も大事にしたい。

→外部機関との連携・協働；ニューカマー［金南咲季］

LGBTs

LGBTs とは，性的少数者のうち代表的とされる人々（レズビアン，ゲイ，バイセクシュアル，トランスジェンダー）の頭文字を取った「LGBT」に，その表現からは漏れ出てしまう人々も含めるために複数形の「s」をつけた言葉である。主に，自分自身の性別をどのように思っているかという「性自認」と，どのような性別を性愛の対象とするか（しないか）という「性的指向」に関する少数者をさす。LGBTs の子どもたちのなかには，差別や偏見を恐れて性に関する悩みを抱え込んだり，周囲の無理解によりいじめを受けたり，他者にアウティング（暴露）をされたりしたことにより，不登校や自傷行為に及ぶ者もいる。

文部科学省は，性的少数者に対する教職員の理解と対応の促進に取り組んでいるが，2017年改訂の学習指導要領には多様な性に関する記載がなく，教員養成課程で学ぶ機会も限定的であるなど課題は多い。［金南咲季］

キャリア教育

キャリア教育

キャリア教育は，児童一人ひとりの社会的・職業的自立に向け，必要な基盤となる能力や態度を育てることを通してキャリア発達を促す教育である。キャリア発達とは，生涯のなかでさまざまな役割を果たして自分らしい生き方を実現していくことであり，そのために必要な能力や態度（基礎的・汎用的能力など）を高めることが求められる。幼児教育から高等教育に至るまで，キャリア発達課題をふまえた系統的な指導をおこなうため，各学校は自校の実態に応じたキャリア教育の目標や年間指導計画を策定し，組織的・計画的かつ個別的な指導・援助をおこなう必要がある。

キャリア教育は進路や職業に関する

教育活動として狭く捉えられがちだが，集団や組織に働きかけ，よりよい社会形成に参画するための能力や態度の育成を重視する必要性も指摘されている。
→キャリア発達 ［尾川満宏］

キャリア教育の位置づけ

キャリア教育は学校教育の理念と方向性を示すものであり，ゆえに学校の教育活動全体を通じて推進される。キャリア教育の目標や内容，年間指導計画を教育課程に組み込み，各教科等それぞれの教育活動の特性を生かしながら，系統的に児童のキャリア発達を促す必要がある。

具体的には，日々の各教科の指導や生徒指導等をキャリア教育の視点から改善するとともに，総合的な学習の時間や学校行事等を中心とする体験的な学習を通じて，キャリア発達に必要な能力や態度を育成する。さらに，特別活動を要の時間として，児童が自身の学校内外での役割を意識して振り返ったり，将来の希望や目標に向けて学習・生活を見通したりするための指導をおこなう。 ［尾川満宏］

キャリア・カウンセリング

キャリア・カウンセリングとは，個人の進路や職業の選択のみならず，人間関係，余暇など，生き方全体に関わる個人の選択に対して適切な情報を提供し，指導・援助をおこなう実践をさす。2000年代以降のキャリア教育の推進を背景に，教育機関におけるキャリア・カウンセリングの充実がめざされている。企業などその他の機関においてもそのニーズは高まりつつある。

カウンセリングの場では，クライアント（児童生徒，学生，新人社員，求職者等）に対する一方的な指導や，クライアントが置かれた社会状況への無理解がしばしば問題となる。クライアントが置かれた社会状況に配慮しつつ，家庭や関係機関と有機的に連携し，総合的に支援することがキャリア・カウンセリングでは重要となる。
→カウンセリング ［上原健太郎］

キャリア教育における自己評価

キャリア教育を進めるうえで，児童が学校内外でのキャリア教育に関わる学習（各教科を含む）や活動を見通したり振り返ったりして，自身の成長やキャリア発達を自己評価する教材を活用することが求められている。そのため，国や各自治体，各学校はいわゆる「キャリア・パスポート」と呼称されるポートフォリオ教材の開発を進めてきた。この教材を活用し，児童が自ら学習目標・生活目標を設定し，自己のキャリア形成に生かそうとする態度を養うことが期待されている。

キャリア・パスポートは，主に特別活動（学級活動）の時間において児童が作成するものであるが，作成内容をもとに教師は児童と対話し，一人ひとりがよりよい自己評価・目標設定をおこなえるよう指導する必要がある。
→ポートフォリオ ［尾川満宏］

キャリア教育の体制

キャリア教育を組織的・計画的に進め，かつ児童一人ひとりへの個別的な指導・援助をおこなうためには，以下の体制構築が必要である。すなわち，校長のリーダーシップのもとキャリア教育推進のための校内組織をつくり，業務分担や外部機関・地域人材との連携体制を整備する。そのうえで，自校のキャリア教育目標や年間指導計画を全教職員が理解し，日々の教育活動の改善に繋げるため，校内研修を充実させる。

このような体制のもと，学級担任を中心に児童理解に努め，個別児童のキャリア発達上の課題や教育的ニーズを把握し，カウンセリングの機能を生かした指導・援助をおこなう。必要に応じて，他の教職員らと情報や状況を共有することも重要である。

→教育相談体制 ［尾川満宏］

自己実現【キャリア教育】

児童が夢や希望をもち，自分らしい生き方の実現をめざして物事に取り組むことをさす。とりわけ，集団のなかで，現在や今後における自らの生活の課題を見つけ，よくしていこうとする態度を自己実現と呼ぶ。

教師は児童が自己実現できるような活動を考える必要がある。例えば，学級で友達などの意見を参考にしながら，自らの目標を考えることに取り組むよう促す。当番活動や係活動で役割を自覚し，主体的に社会の役目を果たすこと，自主的に学校図書館等を利用しながら学習することを援助していく。

ただし，児童が夢や希望を強くもつことで自らの選択肢を狭めてしまいかねない点や児童の見知った職業のみを選択してしまう点に注意が必要となる。

［妹尾麻美］

自己理解

キャリア教育における自己理解とは，児童が社会とつながりながら，自らのできること，意義を感じること，したいことを模索しつつ主体的に行動すること，そして，模索したことを念頭におきながら，自らの考え方や気持ちを知り，成長のために進んで学ぼうとすることをさす。

教師は，各教科の指導や日常生活における活動，学級や学校での生活づくりにおいて，児童が主体的に関わり自らを生かすことができるような活動内容を考える。ならびに，児童が自らのよさに気づき，自己の生き方について考えを深められるよう促すことが求められる。なお，教師は児童の実態や発達の課題，プライバシー，一人ひとりの意思に配慮する必要がある。

［妹尾麻美］

進路指導

進路指導とは，生徒個々人が自らの能力・適性を把握し，主体的に進学や就職などの進路を選び取ることができるよう，学校の教育活動を通じて組織的・計画的に指導・援助することである。ならびに，長期的展望に立ち，自らの生き方への自覚を養う教育活動である。1958年改訂の中学校学習指導要領で，名称が職業指導から進路指導に変更され，今に至る。

具体的には，生徒のキャリア設計を指導し，個々のキャリア発達を促すことが求められる。この点で，キャリア教育と同じものである。ただし，進路指導が進学や就職のための指導を含むことから，小学校においてこの用語は用いられない。加えて，次の段階への指導（「出口指導」）とのみ捉えられる問題点もある。

→キャリア発達 ［妹尾麻美］

進路指導主事

中学校・高等学校及び，特別支援学校において置かれる主任職で，校長の監督を受け，自校の教育目標を念頭に置きながら，誰が・いつ・どのように進路指導や進路相談を実施すればよいか，マネージメントをおこなう。進路指導の運営にあたり校内組織を整備し，各学年の進路指導係と協力しながら指導を進めていく。入学から卒業まで，生徒の各段階に合わせて，組織的・計画的・継続的な指導・援助をおこなうことが求められる。

地域社会，校外機関（ハローワーク，上級学校，教育委員会，進路指導研究団体など）と連携することも重要な役割となっている。なお，次の学校段階が明確な小学校では，この職は置かれていない。 ［妹尾麻美］

職場体験

職場体験とは，生徒が事業所などの職場で働くことを通じて，職業や仕事の実際を体験したり，働く人々と接したりする中学段階での学習活動をさす。中学生以下で実施される職場での体験活動は職場体験，高校生以上はインターンシップと呼ぶ。職場体験は，国のキャリア教育の一環として推進されており，2020年1月現在で全国の公立中学校の約98％が職場体験を実施している。

こうした状況のなか，職場体験が一過性の学校行事として終わらないよう，事前・事後の指導など，周到な準備と計画のもとに実施することがめざされている。さらに，事前・事後の指導時間の確保，受け入れ先の事業所の新規開拓や信頼関係の構築，職場体験の教育効果の測定方法の検討なども，重要な課題となる。 ［上原健太郎］

出口指導

出口指導とは，進路指導の一環として位置づけられ，主に卒業後の進学・就職に焦点を絞った支援や指導をさす。とくに，1960年代以降の大企業を中心とする新規学卒一括採用の定着と，それに伴う学歴・学校歴偏重の社会状況のなか，入学試験・就職試験の合格をめざす出口指導が定着していった。しかし1990年代後半以降に生じた社会環境の変化に伴い，出口指導の有効性に疑問がもたれるようになる。

その一方で，生徒や保護者ともに，卒業後の進路や就職に対する関心はいまだ高いのが現状である。その意味で，出口指導の有効性を単に否定するのではなく，生徒や保護者のニーズを考慮しながら，出口指導を現行の教育制度のなかにいかに位置づけ直すかを考えなければならない。 ［上原健太郎］

地域若者サポートステーション

地域若者サポートステーションとは，働くことに悩みを抱える若者に対し，就労に向けた支援を実施する公的支援施設である。国の事業として2006年にスタートし，NPO などの各種団体が国から委託され（契約に基づいて依頼され），運営している。2020年8月現在で177か所あり，すべての都道府県に設置されている。主な事業内容は，相談支援事業，若年無業者等集中訓練プログラム事業であり，その内実は地域や運営団体によってさまざまである。

就労に関連した教育・訓練の機会を提供する一方で，就労以外の社会資源（居場所・他者からの承認等）をいかに提供するのか，そもそも支援事業を活用しない（できない）若者に対し，どのような支援が必要なのかを検討することが課題である。［上原健太郎］

教 育 相 談

教育相談

教育相談

学校生活全般における児童の学習，生活，進路等に関する相談を教育相談という。近年，いじめや不登校，貧困や虐待，発達障害など，児童を取り巻く問題は多様化しており，教育相談で扱う内容も幅広く，そのニーズも年々高まっている。各学校には，教育相談の専門家としてスクールカウンセラーが配置されるようになったが，心理の専門家だけがその役割を担うのではない。学校の教育活動全体のなかで，すべての教員が，共感的・受容的な姿勢で適切におこなっていくものである。

また，教育相談は，教員が児童・保護者に対しておこなうだけでなく，児童への理解の仕方や指導上の悩みを抱える教員に対してもおこなわれるものである。

→いじめ；子どもの貧困；スクールカウンセラー；発達障害；不登校

［柳生章恵］

教育相談体制

教育相談について教員一人ひとりが意識を高めることはもちろん，教育活動の基盤として教育相談に学校全体で組織的に取り組む体制のことを教育相談体制という。各学校の教育相談体制は，教育相談部として独立して設けられたり，生徒指導部や特別支援教育部などに教育相談係として組み込まれたり，関係する各部門の責任者で構成される委員会として設置されたりする。いずれにせよ，教育相談の中心となる役割を担う者を決め，その他の各部門と連携体制をつくっていくことが大切である。養護教諭，スクールカウンセラー等，必要に応じて外部機関と連携できる体制も必要である。また，相談業務と指導とがうまく連動できるような体制づくりも大切である。

→外部機関との連携・協働；キャリア教育の体制；生徒指導体制 ［柳生章恵］

教育相談の全体計画

教育相談は学校生活のあらゆる場でおこなえるが，問題の早期解決や予防のために計画を立てておくことが大切である。教育相談の全体計画とは，校内における教育相談に関する目標や方針を年度初めに設定し，担当部署だけでなく全教員が共通理解できるようにしたものをさす。担任による教育相談を学期ごとにおこなったり，月に１回教育相談日を設けたり，教育相談週間を設定したりする「定期的な教育相談」をおこなっていく一方で，「緊急の教育相談」にも対応できるように窓口となる教員や部署を全体計画のなかに位置づけておきたい。相談業務の計画だけでなく，教育相談に関わる教員の意識・能力の向上をねらった研修も全体計画のなかに組み込む必要がある。
［柳生章恵］

開発的教育相談

学校生活への適応とともに人格的な成長を促進するという観点からおこなわれる教育相談の活動である。そのため，すべての児童が開発的教育相談の対象者となる。日々の声かけや観察などを通して児童との信頼関係を築くとともに，自己肯定感を高める活動や，他者との違いを理解し，互いに認め合う人間関係を築くためにおこなわれる活動なども開発的教育相談の活動に含まれる。

したがって，対人スキルやコミュニケーション能力などを向上させ，自分の思いを相手に適切に伝えたり，相手の話を聴く力を育てたりすることも教育相談における重要な活動と言える。なお，こうした力を育てる活動は，道徳や総合的な学習の時間及び特別活動などにおいて重点的に取り組むことに加えて，学校生活のすべての学びのなかで時と場合に応じて取り入れる必要がある。

→自己肯定感；人格／性格 ［向後礼子］

予防的教育相談

予防的教育相談とは，いじめや不登校，非行などの問題を未然に防ぐための教育相談の活動である。学習のつまずきや友人関係の問題，また，家庭での問題なども含めて，表面上は大きな問題となっていないが，ストレスが高い状態にある子どもたちのSOSのサイン（挨拶に元気がなくなった，ぼーっとしていることが増えた，いらいらした言動が増えたなど）を見逃すことなく，早期に対応することで，大きな問題になることを防ぐことができる。開発的教育相談の活動を通して，さまざまな場面で日頃から児童の活動をよく観察し，SOSのサインを見逃すことなく適時に関わることが大切である。また，それぞれの児童の特性を理解し，信頼関係を築いておくことが必要である。
［向後礼子］

問題解決的教育相談

問題解決的教育相談とは，いじめや不登校，非行などの問題が生じた際に，本人への働きかけはもちろん，周囲の児童・家族，場合によっては専門機関（医療機関，児童相談所，警察など）の力を借りて，問題解決を図る教育相談の活動である。この際，大切なことは問題が生じた背景についての理解である。例えば，友人関係によるトラブルや親子関係などの家庭での問題を背景とした相談と，発達障害（学習障害，自閉症スペクトラム障害，注意欠如・多動性障害など）や精神障害（うつ・統合失調症）などの障害を背景とした相談では，対応が異なるからである。また，複数の要因が複雑に絡み合っている場合もある。ただし，いずれの場合も本人を中心に問題解決を図る点に違いはない。
［向後礼子］

傾聴の姿勢と方法

傾　聴

傾聴とは，話し手の声色，話す速度，話し方や雰囲気といった細部に注意を払い，心を傾けて相手に寄り添いながら聴く姿勢のことである。

この傾聴には，「受容」と「共感」の姿勢をもつことが重要となる。受容とは，相手のありのままを受け止めることであり，共感とは，相手の話すことを自分の体験のように感じ取り，感覚を分かち合うことである。相談支援において，聴き手の姿勢はとりわけ重要で，傾聴を欠いた聴き方では，相手に不信感を与えてしまい，相談支援自体が立ち行かなくなってしまうこともある。そのため，話し手の気持ちを深く理解するために，この受容と共感の姿勢をもって傾聴をおこなわなければならないのである。　［山本展明］

傾聴のスキル

傾聴のスキルとは，聴き手と信頼関係を築くために，自らの姿勢を相手にわかりやすく伝え，スムーズに傾聴をおこなうためのスキルのことである。うなずき，あいづち，繰り返し，言い換えなどがある。うなずきとは，話し手のテンポに合わせて首を縦に振ることである。あいづちとは，聴いていることを「うん」や「そうですね」などの言葉にして表し，相手に同調を示すことである。繰り返しとは，相手の話のなかで重要と思われるキーワードを見つけ出し，そのキーワードを相手に返していくことである。言い換えとは，話の内容を簡単にまとめ，相手に聴き返すことである。聴き手が話を理解していることを伝え，話の本筋を外していないかを確認するために用いる。

［山本展明］

共　感

子どもたちと接していると，日々他愛のないことでトラブルになったりつまずいたりしている姿を見かける。大人から見ればそれは取るに足らないことなのだが，子ども自身にとっては一大事である。そのことをいつも心に止めておかないと，頭ごなしに叱ったり，よく話を聞いてやらずに子どもの心のわだかまりに気付けなかったりしてしまう。どんなことにもその子なりの思いや葛藤がある。共感とは，その気持ちに耳を傾けることである。それは，同じように思うということではなく，この子はどう思っていたのか，と想像することである。理解しようとしてくれる大人にしか子どもは心を開かない。児童理解の第一歩はその子の心持ちに寄り添うことである。

→子ども理解　［八瀬宗子］

受　容

受容とは，子どものありのままを受け止めるということである。学校にはさまざまな子どもがいる。どの子も自己を発揮でき，それが集団のなかで受容されている感覚をもてるようにすることが大切である。人は誰しも承認欲求をもっている。ならば，より自分らしい姿で認められることが望ましい。集団のなかで受容されるためには，子どもたち一人ひとりが教師から大事にされているという実感があることが必要である。自分が大事にされているからこそ，周りの人も大事にしようとする気持ちが育つ。自分が受け止められているからこそ他者を受け入れる人となりうるのである。受容的な態度で子どもに接することが集団づくりの第一歩である。

→集団づくり ［八瀬宗子］

カウンセリングマインド

カウンセリングとは対話を通して，不安や悩みごとのある人の気持ちを和らげ，問題解決をサポートする活動である。カウンセリングマインドは，そうした場面での聴き手の考え方や心の状態をさす。傾聴のスキルなどを備えた聴き手はよりよく相談者の話を聴くことができる。話を聴きながら，相談者の話に共感し，受容することで相談者自身が問題に向き合い，解決していくことを助ける。

なお，カウンセリングマインドを必要とする聴き手としては，心理カウンセラー，スクールカウンセラー，産業カウンセラーなどのほかに保育士，教師，看護師などが挙げられる。

→カウンセリング ［向後礼子］

ナラティヴ

ナラティヴとは，人が語る「物語」のことである。そして，語られた「ナラティヴ」を用いて治療や援助実践をおこなおうとするものを「ナラティヴ・アプローチ」という。ナラティヴは，社会や状況の文脈においてそのつど構成されるものであり，絶対的な真実を表しているものではない。人は「語る」という行為のなかで，自分がもつ認識の枠組みや知識を用いて世界を理解し，自分なりの意味を生成するものと考えられている。

学校においては，教師が立ち上げるナラティヴ（教師の視点から体験している物語）と児童のナラティヴ（児童の視点から体験している物語）の間に齟齬が生じることがある。対話によってその齟齬を埋めていくことが児童理解に繋がり，教師と児童が同じ視点から課題に向き合うことができるようになる。 ［山本智子］

ピアサポート

ピアサポート（peer support）とは，援助しようとする人と同じ障害や疾患がある人（peer）が，自分たちの体験から生じた感情や学びを通して，お互いに支えあい，課題を乗り越えていこうとする援助法（support）である。専門家によるサポートとは異なり，同じ仲間として関わっていくことによって，当事者にしかわからない苦しみや困難を共感的に受容し，励まし合いながら，新たな問題解決に向かうことを可能とする。ピアサポートは，身体障害や精神障害，知的障害などの領域でも取り入れられている。学校においては，いじめを乗り越えた先輩や卒業生がピアとなり，現在，苦しんでいる児童のサポートをすることもある。

［山本智子］

児童の心理と課題

情緒的混乱

文部科学省が分類している不登校のタイプのなかに「不安など情緒的混乱」型がある。このタイプの場合，学校に行かないことに対しての罪悪感や葛藤を抱えていることが多いため，朝になると登校しようとするのだが，学校に行こうとすると腹痛や頭痛などの身体的な症状を訴え，結局休んでしまうことになる。学校に行こうと思っているのに行けない状態が続くことによって，「行きたいのに行けない自分」を責めて落ち込むといった混乱を示すことがある。このタイプの不登校児童に対しては，登校刺激を与えることによって，より罪悪感や葛藤が生じるため，児童の心理的負担を軽減するような言葉かけや対応が望まれる。

→不登校 ［山本智子］

無気力症候群

無気力症候群とは，アパシーシンドロームとも言われ，うつ病や神経症などのように明確な病気として考えられてはおらず，本人も困っているわけではないが，外部からの強いストレスから心を守るための防衛と捉えることもある。症状としては，自分が専念しなくてはならない学業や仕事，家事などへの自発力や意識の低下，感情の平板化，周囲への無関心などである。例えば，学生を例にとると，希望の大学に合格した後に，急に学業に対して無関心，無気力になることを「スチューデント・アパシー」という。［山本智子］

SOS のサイン

困難な状況にある子どもは，「困っている」「助けてほしい」という言葉の代わりに SOS のサインを発する場合がある。いじめを受けている子どもの場合，教室にいてもどこか元気のない表情を浮かべていたり，理由もなく職員室に顔を出したり，忘れ物が増えたり，急に成績が落ちたりといったサインが現れることが多い。また，虐待を受けている子どもの場合，衣服が毎日同じであったり，汚れていたり，給食を異様に早く食べたりといったサインが現れる。虐待やいじめを受けている子どもたちは直接その事実を伝えられずにいることも多いため，これらのサインを，教員や周囲の大人が敏感に察知し，普段と違う様子に気付くことが重要となる。 ［山本展明］

承認欲求

承認欲求とは，「他者から認められたい」「自分を何らかの価値あるものとして認めたい」という欲求のことをさす。アメリカの心理学者であるマズロー（Maslow, A. H.）が提唱する欲求階層のひとつである。マズローは承認欲求を，自分の周りの人に認められたいという「他者承認」と，自分はこれでよいと自分を認められる「自己承認」の２つの側面をもった欲求として捉えている。

→マズローの欲求階層説 ［山本展明］

冷やかし／からかい

冷やかしやからかいは，相手が困ったり，恥ずかしがったりすることを言ったりやったりすることである。つまり，冷やかす，からかう側は相手が不快になることを意識的，無意識的に知っていることになる。そして，冷やかされたり，からかわれたりした側が心理的に苦痛を感じれば，それは，いじめとなる。文部科学省がおこなう「児童生徒の問題行動等生徒指導上の諸問題に関する調査」で最も多く報告されているのは「冷やかしやからかい，悪口や脅し文句，嫌なことを言われる」であり，全体の約６割が報告している。冷やかしやからかいについては，やっている側がいじめと認識していない場合やむしろ好意の表れと見なしている場合もあり，指導の際に注意が必要である。

→いじめ　［向後礼子］

困難への対処

コーピング

コーピングとは，ストレスのある状況に対する反応や，状況に対応していこうとする認知的・行動的な反応のことである。ストレスはつらく悲しい出来事だけではなく進級や卒業旅行などの嬉しい体験からも生じる。トランスアクショナルモデルによると，①ストレスの原因それ自体を変化させようとする「問題焦点型コーピング」と，②ストレスによって生じた負の情動のコントロールを目的とする「情動焦点型コーピング」がある。学校では，これらのコーピングのスキルを用いて，ストレスを抱える児童に対応する。

例えば，不登校の児童について，①勉強が遅れると心配している児童に対しては，担任教員が個別に勉強のサポートをしたり，適応指導教室など学校外の学習の場についての情報を提供したりする。②不安が強い児童に対しては，共感・受容することによって，児童がもつ不安を軽減できるように援助する。

→学校ストレス　［山本智子］

アサーション・トレーニング

アサーションは，自己主張，自己表現などと訳される。自分の意見を主張する権利はすべての人にあるが，同様に相手にもその権利はある。アサーション・トレーニングでは，相手を尊重しながら，自分の考えや気持ちを率直に伝えていくコミュニケーション方法を学ぶ。自己主張のタイプとしては，相手への配慮がなく，自分の意見のみを主張する攻撃的タイプ，自分の意見は主張せず，不満があっても受け入れる非主張的タイプ，そして，相手の立場や気持ちに配慮し，言葉を選びながらも自分の意見を率直に伝えるアサーティブタイプの３つのタイプがある。アサーション・トレーニングでは，自分のタイプを知るとともにアサーティブタイプの自己主張をめざす。

［向後礼子］

アンガーマネジメント

日常生活にはさまざまなフラストレーションやストレスがある。そのため，怒りの感情は誰もが抱くことのある感情である。しかし，怒りにまかせて相手を傷つけたり，ものを壊したりすれば，後々，後悔することになる。アンガーマネジメントでは，この怒りを管理・コントロールし，より適切な問題解決に繋げていくことを目的とする。例えば，怒りの衝動がピークになる時間をやり過ごすにはどうしたらよいかなど，怒りそのものへの対処法を学ぶだけでなく，自分が怒りを覚える理由や状況などについて知ることで，怒りの感情が生じることそのものを減らすなど，怒りと上手につき合うことをめざす。　［向後礼子］

ストレスマネジメント

日常生活にはさまざまなストレッ

サー（外部からの刺激）が存在する。このストレッサーによって気分が落ち込んだり，いらいらしたり（心理面），食欲がなくなったり，頭痛がしたり（身体面），ミスが多くなったりする（行動面）などのストレス反応が生じる。そして，このような状態を一般にストレスがあると表現する。ストレスマネジメントとは，ストレッサーのより少ない環境を整えたり，ストレスの対処法（コーピング）を獲得し，ストレスをうまくコントロールしたりすることである。また，ストレスの感じ方には物事の捉え方の違いが影響していることから，よりストレスを感じにくい考え方に変化させることもストレスマネジメントに含まれる。

→学校ストレス　　［向後礼子］

リフレーミング

リフレーミングとは，枠組みを変えて問題や状況を見ることである。ネガティヴに捉えていた事柄をポジティヴな視点から捉え直すことによって，問題解決の糸口が見つかったり，抱えているストレスが軽減されたりすることがある。例えば，教師がある児童に対して「落ち着きがない困った子ども」とネガティヴに捉えストレスを抱えていたとしても，ポジティヴな視点から「活発で好奇心豊かな子ども」とリフレーミングすることによって，児童の行動が長所として浮かび上がり，教師のストレスが軽減する場合がある。同様に，児童についても，友人への見方をリフレーミングすることにより，それまでの価値観や規範の枠組みが変容し，友人関係が良好なものとなる。

［山本智子］

ソーシャルスキルトレーニング

ソーシャルスキルトレーニングでは，社会で円滑に生活していくうえで必要なスキルを学ぶ。例えば，挨拶や謝罪の仕方，頼みごとの断り方や反対に自分が相手に頼みごとをするときの方法など，日常生活にあるさまざまな場面でどのように行動することが望ましいのかをロールプレイングなどを用いて具体的に学んでいく。グループでおこなうことも多く，各自がまず，学びたい課題を決め，ロールプレイングをおこない，グループのほかのメンバーがよかった点，改善したほうがよい点などを述べ，再度，ロールプレイングをおこなう。その後，学んだことを実際の生活で試みるという流れのなかでソーシャルスキルの改善をめざす。

→挨拶；ソーシャルスキル；ロールプレイング　　［向後礼子］

グループエンカウンター（構成的グループエンカウンター）

グループエンカウンターには，児童が抱える問題について自由に話し合う非構成的グループエンカウンターと，教師が設定した課題について話し合う構成的グループエンカウンターがある。目的はともに，児童が本音を語り合い，意見を認め合うことにある。

構成的グループエンカウンターでは，教師が見本を見せた後，児童にエクササイズ（課題）をおこなわせ，各グループ内で気付きをシェアリングさせる。さらに，その気付きを学級全体にフィードバックさせる。エクササイズには①自己理解，②他者理解，③自己受容，④感受性の促進，⑤自己主張，⑥信頼体験の6つがある。シェアリングとフィードバックは，児童に価値観などの違いを理解させ，人間的成長を促す。 ［山本智子］

児童に関するサポート諸機関

専門機関との連携

専門機関とは，小学校で発生した重大な事案の対応において連携する専門性の高い機関，すなわち，警察，児童相談所，医療機関などをさす。

いじめが犯罪行為であると認められるときや，児童の生命や身体，財産に重大な被害が生じるおそれがあるときは警察に連絡し，援助を求める。児童が校内において「重大事態」と考えられる暴力行為をおこなった場合にも，警察と連携を図ることがある。

児童の心身の状況から虐待が疑われる場合には，教育委員会に報告するとともに，スクールカウンセラー（SC）やスクールソーシャルワーカー（SSW）とも連携を図りながら，保護者に対応する。状況によっては，医療機関や児童相談所等とも連携を図る。要保護児童と考えられる場合には，要保護児童対策地域協議会（要対協）の対象となる場合もある。

→外部機関との連携・協働；関係機関との連携；スクールカウンセラー；スクールソーシャルワーカー；要保護児童対策地域協議会 ［九鬼淳子］

児童相談所

児童相談所は，子育て家庭や地域の人からの虐待の通告や子育ての悩みといった相談に応じ，個々の子どもや家庭が抱える問題や，子どもの置かれている環境や状況を的確に捉え，適切な援助をおこなうことで，子どもの福祉を図るとともに，その権利を擁護することを目的として都道府県や政令指定都市，中核都市に設置される行政機関である。子どもの発達や心理学などの専門知識を有した医師や児童福祉司，児童心理司といった専門職を配置し，児童福祉についての家庭や市町村からの相談や，調査等の役割を果たすとともに，虐待をはじめとした緊急事態や辛い立場に立たされている子どもを一時保護したり，児童福祉施設に入所させたりする役割も担っている。

［山本展明］

児童福祉施設

児童福祉施設は，主として児童福祉法に基づき，児童福祉に関する事業をおこなう施設の総称である。児童や保護者等に，養育や保護，訓練，育成に関する適切な援助や，これを受けられる場の提供をおこなう。児童福祉法では，「助産施設」「乳児院」「母子生活支援施設」「保育所」「幼保連携型認定こども園」「児童厚生施設」「児童養護施設」「障害児入所施設」「児童発達支援センター」「児童心理治療施設」「児童自立支援施設」「児童家庭支援センター」が児童福祉施設として定められている。これらの施設は，国や都道府県，市町村といった行政が設置できるとともに，社会福祉法人等も設置することができる。 ［山本展明］

児童養護施設

児童養護施設とは，児童福祉法において定められている児童福祉施設のひとつで，保護者のいない児童や虐待を受けている児童といった養護が必要な児童を入所させ，退所後もその後の生活の相談や，自立支援をおこなう施設のことである。対象となるのは，原則として1歳から18歳までの児童であるが，必要性があると判断される場合は，1歳未満児を入所させたり，20歳まで入所を延長したりすることができる。入所にあたっては，児童相談所の調査に基づき，所長が入所判断をおこない，都道府県知事が入所措置の決定を下すことになっている。また，保護者の病気や怪我といった一時的に家庭で療育ができなくなった際に，短期的に児童を預かる子育て支援事業も提供されている。 ［山本展明］

個人情報保護

個人情報には，名前や生年月日，電話番号，住所などに加えて，他人には知られたくない家庭環境，健康上の問題，成績等のプライバシーに関わる情報などが含まれる。個人情報保護とは，これらの情報が漏洩しないようにしたり，個人情報を収集，利用する際には目的を明らかにし，共有する範囲などについて説明したうえで同意を得たりすることである。また，必要に応じて個人情報を破棄する期限なども定める（個人情報保護法は2003年に成立し，2005年に施行された）。個人情報は共有することで，よりよい指導に繫がったり，課題に効率的に対応できるようになったりするなどの利点もあるが，本人や家族が望まない情報の公開は原則として認められない。 ［向後礼子］

保護者理解

愛着形成

愛着（attachment）とは，イギリスの心理学者であり，精神科医であるボウルビィ（Bowlby, J.）が提唱した，子どもが特定の他者（とくに養育者）との間に築く，情緒的な結びつきのことである。特定の他者との情緒的で，密な絆は，その後の社会的・精神的な発達に大きく影響を及ぼすとされている。この愛着は，とくに乳幼児期に土台が形成されるため，親子関係や保育者—子ども関係が重要となってくる。特定の他者によって，十分な愛情を受け，自分自身のありのままを受け入れてもらうという経験が愛着形成に繫がるのである。これが上手くいかないと，同年代との交流が極端に少ない，他人を過度に恐れる，他者への攻撃性が高いなどの特徴がある愛着障害を引き起こす場合がある。

→愛着；愛着障害 ［山本展明］

保護者との関係

子どもたちの育ちの基盤が，学校と家庭にある以上，学校教員と保護者の連携は必要不可欠である。そのため，学校教員は保護者と信頼関係を築いていかなければならない。とくに，低学年の児童の場合，うまく自己主張できないことも多く，学校ないし家庭での様子や，子どもの気質等を丁寧にやりとりしなければならない。連絡帳や学級通信などを活用して保護者と意見交換したり，子どもの様子をわかりやすく伝えたりする日常的なやりとりが，信頼関係の構築につながる。教員はともに子どもを育てる者としての姿勢を提示し，保護者の話を傾聴することが大切だが，子どもが中心からずれるような馴れ合いにならないように距離感を保つことも大切である。

→学級通信；家庭や地域の人々との連携；連絡帳 ［山本展明］

モンスターペアレント

モンスターペアレントとは，学校に対して，自己中心的な要求や理不尽な批判を繰り返す保護者に対して使われる言葉である。しかし，学校に対して要望や批判の声をあげるすべての保護者をモンスターペアレントと捉えることはできない。そう捉えることによって学校にとって有益な情報や解決すべき課題が見えなくなることがある。保護者からの声を先入観からすべて苦情やクレームとは受け取らず，何を一番訴えたいのか，学校に何を求めているのかを受け取り理解し，保護者の気持ちに寄り添いながら解決できることは早急に対応する。しかし，学校で対応できないことについてはできない理由について丁寧に説明し，保護者の理解を求めることも重要である。

［山本展明］

養育態度

養育態度とは，親や保護者などの養育者の子育てにおける態度や行動のことである。この養育者の養育態度は，子どもにさまざまな影響を与える。なかでも，過保護や過干渉，無関心，厳しすぎるしつけなどの養育態度は，子どもに悪影響を与える。

過保護は，子どもができることを親が代わりにしてしまうことであり，過干渉は子どもの自己決定に親が過剰に口を出すことである。これらは子どもの自主性の形成や自立を阻害する。無関心は，子どもに関するあらゆることに関心をもたないことであり，厳しすぎるしつけは幼児がご飯をこぼすことを絶対に許さないといった要求水準が高すぎるしつけをさす。こういった養育態度は，行き過ぎると虐待につながりうる。

［山本展明］

虐　　待

虐待（児童虐待）

児童虐待とは，子どもを保護すべき立場の者（主として，親や親権保持者）が子どもに対して，心身の成長，発達及び人格の形成に重大な影響を与える以下の4つの行動をとることである。

①「身体的虐待」とは，身体的に暴行を加えることをさす。②「性的虐待」とは，子どもを性的な対象として捉え，性的な暴行及び干渉をおこなおうとするものをさす。性的なものを見せるといった間接的なものも含まれる。③「ネグレクト」とは，食事を与えない，長時間放置するなどの，子どもの正常な心身の発達を妨げるような，養育の怠慢・放棄のことをさす。④「心理的虐待」とは，子どもの心に深い傷をつけるような言葉かけや態度をとることをさす。 ［山本展明］

虐待ホットライン

虐待ホットラインとは，厚生労働省が設置している「児童相談所虐待対応ダイヤル『189』」をさし，主として虐待が疑われる事案に関して，家庭あるいは地域の人たちからの通告や，虐待をすでにおこなってしまっている，あるいは虐待に繋がる不安を抱えた家庭からの相談を匿名でおこなうことができる電話サービスである。このダイヤルは，全国共通ダイヤルであり，189番に電話をかけると最寄りの児童相談所に繋げられる。24時間開設されており，通話料が無料（2019年12月３日より）で相談・通告が可能である。

［山本展明］

児童虐待の防止等に関する法律（児童虐待防止法）

児童虐待の防止等に関する法律は，児童虐待の禁止，児童虐待の予防や早期発見，児童の保護や自立支援などを目的とした法である。一般的に，「児童虐待防止法」と呼ばれる。また，別法の児童福祉法も虐待の通告義務，立ち入り調査や一時保護等の措置を定めていたが，対応の迅速さに欠けるとともに，虐待の深刻化や発生件数の増加が問題視された結果，本法が2000年５月に公布され，2000年11月に施行された。具体的に強化された点は大きく次のようなものである。

①児童虐待を４種類に定義し，禁止した点。②対象者が，14歳以下の児童から，18歳未満の児童に引き上げられた点。③虐待の確証がない場合も，児童相談所，自治体等への通告が義務づけられた点。④親が立ち入り調査を拒否した場合も，裁判所の許可を得ることで，児童相談所による強制調査が可能になった点。

→児童福祉法 ［山本展明］

特別支援教育

特別支援教育の概念

障　害

障害の共通的概念が初めて提起されたのは，世界保健機関（WHO）のICIDH（国際障害分類，1980）である。ICIDH は，障害を機能障害・能力障害・社会的不利の３つのレベルから構造化し，「疾患→機能障害→能力障害→社会的不利」という影響関係を示した。ICIDH の課題は，「障害」を有する個人の問題に焦点化し，背景要因・環境要因等による影響を十分に扱っていなかったことである。そこで2001年にその改訂版として ICF（国際生活機能分類）が発表された。ICFは人間の生活機能を心身機能（身体構造）・活動・参加の３つのレベルで示し，これらが阻害・制限・制約されて生活機能の低下した状態を障害であると位置づけている。なお，ICIDH・ICF は国際疾病分類（ICD）と密接に関係している。WHO は1900年から ICD の作成・改訂を続け，2018年に第11回改訂版（ICD－11）を発表した。ICD－11 では新たに「ゲーム症／ゲーム障害」が追加，また「性同一性障害」が「性別不合」に変更されて精神疾患から除外されるなど，最新の医学的知見等が反映されている。　［石川衣紀］

ICF（国際生活機能分類）

ICF（International Classification of Functioning, Disability and Health）は，障害者の健康・保健に関する世界の共通理解を促進するための標準的枠組である。2001年５月の WHO 総会で採択され，各国の障害者政策に影響を与えている。改訂前の国際障害分類（ICIDH）では，障害者の機能障害，能力障害，社会的不利などのマイナス面が強調されていたが，ICFでは障害のプラス面に目が向けられた。ICFでは障害者の心身機能・身体構造だけでなく，活動と参加の状況，さまざまな制度・サービスの活用，背景因子（環境・個人）等の構成要素が考慮される。例えば本人が望む買い物や学校行事への参加を実現するために，環境整備や周囲の人々の支援を促す枠組みとして機能する。　［千賀　愛］

インテグレーション

障害のある子どもが障害のない子どもと一緒に通常学級で学ぶ方式をインテグレーション（統合）という。障害のある者がない者と均等の条件で生活することをめざすノーマライゼーションの理念を契機として，1970年代において提唱され，実施されていった。しかし実際の教育現場では，インテグレーションに関する理解・啓発や環境整備等の支援もないままに，障害のある子どもが通常学級に放置された状態が多く見られるようになり，そうした状況はダンピング（押し込み）として批判された。インテグレーションを本来の趣旨に基づいて実施する場合，通常学級において十分な理解と支援体制が整備されていることが不可欠である。

［石川衣紀］

インクルージョン

1994年にユネスコはスペインのサラマンカで特別ニーズ教育世界会議を開催し，同会議が採択した「サラマンカ声明と行動大綱」ではすべての者の教育（Education for All）という標語のもとにインクルージョン（Inclusion）という新しい考え方を示した。これは，インクルーシブ志向をもつ通常の学校こそ，差別的態度と戦い，すべての人を喜んで受け入れる地域社会・インクルーシブ社会を築き上げ，万人のための教育を達成する最も効果的な手段であり，さらにそうした学校が大多数の子どもに効果的な教育を提供し，全教育システムの効率を高めると提唱している。このように，インクルージョンとは，特別ニーズ教育の充実によって，学校がさまざまな違いや多様なニーズを有する子どもの学習と発達，協働と連帯の場になっていくことである。加えて共学・協働と発達保障の実現を追究する学校教育のあり方を示したものである。

［髙橋　智］

特別ニーズ教育

1994年にユネスコはスペインのサラマンカで特別ニーズ教育世界会議を開催し，同会議が採択した「サラマンカ声明と行動大綱」ではすべての者の教育（Education for All）という標語のもとに，特別ニーズ教育（Special Needs Education）という新しい考え方を示した。特別ニーズ教育とは，特別な教育的ニーズを有する子どもの諸能力と人格の発達保障を促進するための教育の理念・目的，法制度，行財政，カリキュラム，方法・技術の総体を言う。これは，従来の障害児教育と通常教育という二分法的な教育対応ではなく，子どもの有する特別な教育的ニーズ（通常の教育的配慮に付加して特別な教育課程，教育施設・設備，専門教職員配置，教材教具等を必要とするニーズ）に対応した特別な教育的ケア・サービス（医療・福祉等の関連サービスを含む）の保障を子ども固有の権利として承認するものである。特別ニーズ教育の対象には，障害児，英才児，ストリート・チルドレン，労働している子ども，遊牧民の子ども，言語的・民族的・文化的マイノリティーの子ども，他の恵まれていないもしくは辺境で生活している子どもなどが挙げられている。

［髙橋　智］

特別支援教育

特別支援教育は2006年の学校教育法等の一部改正により2007年から制度化された。文部科学省は特別支援教育を，「障害のある幼児児童生徒の自立や社会参加に向けた主体的な取組を支援するという視点に立ち，幼児児童生徒一人一人の教育的ニーズを把握し，その持てる力を高め，生活や学習上の困難を改善又は克服するため，適切な指導及び必要な支援を行うもの」と定義している。これまでの特殊教育の対象の障害だけでなく，知的な遅れのない発達障害も含めて，特別な支援を必要とする幼児児童生徒が在籍するすべての学校において実施される。障害のある幼児児童生徒への教育にとどまらず，障害の有無やその他の個々の違いを認識しつつさまざまな人々がいきいきと活躍できる共生社会の形成の基礎となるものであり，わが国の現在及び将来の社会にとって重要な意味をもっている。特別支援教育の制度化の意義は大きいが，その具体化に必要な教育財源の確保，専門的人材の養成・配置などの教育条件整備が乏しく，特別支援教育制度の未成熟・不完全・差別性（劣等処遇）の改善が大きな課題である。

［高橋　智］

インクルーシブ教育

中央教育審議会は，2012年に「共生社会の形成に向けたインクルーシブ教育システム構築のための特別支援教育の推進（報告）」を示したが，そのなかでインクルーシブ教育の機能・役割や特別支援教育との関係性について次のように提起している。共生社会の形成に向けて，障害者の権利に関する条約に基づくインクルーシブ教育システムの理念が重要であり，その構築のため，特別支援教育を着実に進めていく必要がある。インクルーシブ教育システムにおいては，同じ場でともに学ぶことを追求するとともに，個別の教育的ニーズのある幼児児童生徒に対して，自立と社会参加を見据えて，その時点で教育的ニーズに最も的確に応える指導を提供できる，多様で柔軟な仕組みを整備することが重要である。そのため，小・中学校における通常の学級，通級による指導，特別支援学級，特別支援学校といった，連続性のある多様な学びの場を用意しておくことが必要である。

［高橋　智］

バリアフリー

障害者・高齢者等の社会的弱者の生活にとって支障となる物理的・精神的なバリア（障壁）をフリー（軽減・除去）にすることである。日本では1994年制定のハートビル法（住宅・建築物におけるバリアフリー），2000年制定の交通バリアフリー法（公共交通機関におけるバリアフリー），2006年制定の高齢者，障害者等の移動等の円滑化の促進に関する法律（バリアフリー新法）等によって法的整備がなされた。2018年のバリアフリー新法改正では，この法律に基づく措置が，共生社会の実現や社会的障壁の除去に資することが明記され，心のバリアフリー推進や当事者による評価等も盛り込まれた。

［能田　昴］

生活の質（QOL）

Quality of Life の略であり，一般的に「生活の質」と訳される。健康関連QOLは，世界保健機関（WHO）が健康の定義を示した心理社会的なモデルから発した概念であり，生活における個人の機能的能力も考慮に入れて発展してきた。子どものQOL研究に関しては，小児医療におけるトータルケアやチーム医療の考え方が浸透して，子どもの身体的側面だけでなく心理面，社会的側面を捉える指標が必要となり，着目されるようになった。

QOLの測定には，①身体的状態，②日常的機能，③精神的状態（well-being），④社会的機能（社会との関わり）の領域が含まれる。子どもは発達過程にあるために子どものQOL測定においては，成人のQOL測定とは異なり，年齢や認知能力等を十分に考慮する必要がある。

→ウェルビーイング ［副島賢和］

特別支援教育の関連法令等

障害者の権利に関する条約（障害者権利条約）

2006年に国連総会で採択され，日本は2014年に批准した条約である。全50条から構成され，障害者の人権や基本的自由の享有（生まれながらに有している状態）を確保し，障害者に固有の尊厳を尊重し，障害者の権利を実現するための措置等が規定されている。第24条にて「教育についての障害者の権利」を認め，その実現のために「障害者を包容するあらゆる段階の教育制度及び生涯学習を確保する」と規定されている。「障害者を包容する教育」とはインクルーシブ教育の実現である。第2条の「合理的配慮」の提供とあわせて，日本の「特別支援教育」を，条約の理念や規定をふまえながら共生社会の形成に向けて推進していくことが求められている。 ［國本真吾］

障害を理由とする差別の解消の推進に関する法律（障害者差別解消法）

障害者の権利に関する条約の理念をふまえ，障害の有無にかかわらず，お互いにその人らしさを認め合い，ともに生きる社会をつくることをめざし，国・地方自治体や国民の責務を規定した法律である（2013年制定，2016年施行)。法では，行政・民間事業者に対して障害を理由とした差別を禁止するとともに，行政の「合理的配慮」の提供を義務（民間事業者は努力義務）とした。「合理的配慮」の提供義務は，国公私立の学校にも同様に適用される。障害を理由に学校教育を拒否することや，授業や試験時，そして学校生活のあらゆる場面で合理的配慮の提供がおこなわれないことは障害者差別となる。各省庁が示す対応指針や事例集等を参考にした対応が求められる。

［國本真吾］

合理的配慮

合理的配慮の定義は障害者の権利に関する条約第2条に示されているが，端的には「必要かつ適当な変更及び調整」と言える。同条約は，障害のある人の権利としてインクルージョンをめざすものであり，教育における合理的配慮は障害のある子どもが障害のない子どもと「共に学ぶ」ための「必要かつ適当な変更及び調整」と言える。合理的配慮が障害のある子どもや保護者からの申し出によるものとされるのは，障害のある人の「権利」に基づいているからである。この点も含めて，障害のある子どもに対する「個別的な支援」と合理的配慮の違いについての理解が求められている。 ［中山忠政］

障害のある児童及び生徒のための教科用特定図書等の普及の促進等に関する法律（教科書バリアフリー法）

「教科書バリアフリー法」と通称される法律で，2008年に公布・施行された。教科用特定図書等とは検定教科用図書（以下，検定教科書）の文字や図形等を拡大複製した教科用拡大図書，点字複製した教科用点字図書など，障害のある児童生徒が検定教科書に代えて使用しうるものをさす。これらは，この法律の制定以前から存在したが，作成や普及に困難があった。そこで作成の円滑化やいっそうの普及を図るため，この法律では，文部科学大臣等を介して検定教科書の発行者から教科用特定図書等の作成者へ，検定教科書のデジタルデータを提供できることとした。また，国による教科用特定図書等の義務教育諸学校への無償給付を定めた。

→教科書【教科】　［野口武悟］

特別支援教育の教育システム

特別支援学校

特別支援学校は，学校教育法第72条に規定され，視覚障害者，聴覚障害者，知的障害者，肢体不自由者または病弱者（身体虚弱者を含む）に対して，幼稚園，小学校，中学校または高等学校に準ずる教育を施すとともに，障害による学習上または生活上の困難を克服し自立を図るために必要な知識技能を授けることを目的とする学校である。特別支援学校では，幼稚園，小学校，中学校，高等学校に準ずる教育をおこなうとともに，障害に基づく種々の困難を改善・克服するために，特別な指導領域「自立活動」が設けられるなど，障害の状態等に応じた弾力的な教育課程が編成できる。特別支援学校の学習指導要領には，障害の特徴や学習上の特性などをふまえた独自の教科及びその目標や内容が示されている。なお，特別支援学校には設置基準（学校を設置するのに必要な最低の基準）がなく，在籍者数の増加に伴う学校規模の過大・過密・狭隘化が全国的に大きな問題となっている。

2020年11月，文部科学省の「新しい時代の特別支援教育の在り方に関する有識者会議」は特別支援学校の設置基準の素案をまとめた。特別支援学校の教育環境を改善するため，国として特別支援学校に備えるべき施設等を定めた設置基準を策定するとともに，施設整備をすることが求められている。

［田部絢子］

特別支援学級

特別支援学級は，学校教育法第81条に規定され，小学校，中学校，義務教育学校，高等学校及び中等教育学校に置くことができる。対象は，知的障害，肢体不自由，身体虚弱，弱視，難聴，その他障害のある者で，特別支援学級において教育をおこなうことが適当なものである。また，疾病により療養中の児童・生徒に対して，特別支援学級を設けたり教員を派遣したりして教育をおこなうことができる。特別支援学級では，小学校・中学校の学習指導要領に沿った教育を基本としておこなうが，子どもの実態に応じて特別支援学校の学習指導要領を参考とした特別の教育課程も編成できるようになっている。特別支援学級の在籍者数および学級数は増加しているが，とくに中学校以降は在籍者に対して学級の設置数の少なさが課題となっている。

［田部絢子］

通級による指導

通級による指導とは，障害の状態に応じた特別の指導（自立活動の指導等）を特別の指導の場（通級指導教室）でおこなう，一定時間の取り出しの教育形態である（学校教育法施行規則第140条）。1993年に制度化された。通級による指導では，通常学級の教育課程に加え，特別の教育課程を編成することができる。対象は，小学校，中学校，義務教育学校，高等学校及び中等教育学校の通常学級に在籍している言語障害，自閉症，情緒障害，弱視，難聴，学習障害，注意欠陥多動性障害，その他の障害のある者で，特別の教育課程による教育をおこなうことが適当なものとされている。知的障害の児童生徒は，生活に結びつく実際的・具体的な内容の継続的な指導を必要とすることから，一定の時間のみの取り出し指導になじまず対象になっていない。実施形態は，①自校通級，②他校通級，③巡回指導である。

［田部絢子］

特別支援教室

特別支援教室構想は，特別支援教育の在り方に関する調査協力者会議が2003年３月に発表した「今後の特別支援教育の在り方について」において初めて示された。児童生徒の在籍を伴う従来の特殊学級（全授業時間，特殊学級に「固定式」）と，通常学級に在籍して部分的に必要な指導を受けるために利用する「通級による指導」を一体的，弾力的に運用することをめざして，特別支援教室構想が提案された。しかし，当時の特殊学級に在籍する児童生徒の保護者や関係者から，「固定式」学級が有する機能の維持を望む声が多く，導入は見送られた。2006年の学校教育法等の一部改正においても，児童生徒の在籍を伴う特別支援学級とLD・ADHD・高機能自閉症等を対象とする「通級による指導」は分けて規定されている。しかし，東京都は「通級による指導」を特別支援教室の名称で推進しており，すべての小・中学校に設置を進めている。

［千賀　愛］

リソースルーム

通常学級に在籍する障害等の特別な教育的ニーズを有する児童生徒が，校内のリソース（資源）として利用する特別教室である。特別な教育的ニーズを満たす個別指導・小集団指導が可能な人的・物的環境が整備されている。リソースルームにおける特別かつ個別の指導は，1930年代のアメリカにおいて視覚障害児を対象として始まり，障害のある子どもが通常学級で教育を受けるメインストリーミングの動きのなかで発展してきた教育形態である。日本では1993年度より「通級による指導」として制度化され，小・中学校の通常学級に在籍する障害等の特別な教育的ニーズを有する児童生徒に「通級指導教室」等の特別の場で指導をおこなっている。また，高等学校における通級による指導は2016年に制度化され，2018年度から実施されている。

［能田　昴］

訪問教育

障害・疾病等により通学困難な児童生徒の生活する家庭・福祉施設・病院を特別支援学校教員が訪問しておこなう教育形態である。週3回，1回あたり2時間を目安に授業がおこなわれる。1960年代，就学猶予・免除児の教育保障のためにいくつかの自治体で小・中学校の教員派遣等による訪問指導・巡回指導が始まったが，養護学校教育義務制の実施（1979）以降は，国の制度として訪問教育という名称に統一されている。90年代後半，中学部卒業後の訪問教育を求める声が高まり，2000年には高等部でも本格実施となった。文部科学省の特別支援教育資料（平成29年度）では，特別支援学校在籍者（14万1944名）のなかで訪問学級在籍者は2022名である。人工呼吸器装着など高度な医療的ケアを必要とする割合が高く，医療・福祉との連携と，個々の実態に合った教育内容・方法の工夫が不可欠である。［猪狩恵美子］

教育支援委員会（就学指導委員会）

教育支援委員会は教育委員会により設置され，教育・福祉・医療機関と連携し，子どもの実態や教育的ニーズに応じた就学先の判断・助言，就学後の教育相談・支援を実施することを目的としている。従前は障害の程度に応じて就学先を決定する機関として「就学指導委員会」が設置されていたが，中央教育審議会「特別支援教育の在り方に関する特別委員会」によって2012年に名称変更や組織改善の提起がなされた。就学指導委員会では子どもの健康診断の結果を受け，学校教育法施行令第22条の3の就学基準に該当する子どもは特別支援学校就学と判断されたが，教育支援委員会では本人の教育的ニーズ，本人・保護者の意見，多領域の専門的見地，学校・地域の状況等の総合的観点から就学先を決定するシステム構築のほか，早期の教育相談を含めた一貫した支援がめざされており，多くの教育委員会において教育支援委員会が組織されている。

→教育委員会　［石井智也］

校内委員会

2007年の文部科学省「特別支援教育の推進について（通知）」により，特別支援教育の体制整備の一環として設置がめざされた委員会のことである。校内委員会は，既存の校内組織と連携をもちながら新たに設置されることが望まれ，校長・教頭・教務主任・生徒指導主事・通級指導教室担任・特別支援学級担任・対象児童生徒の学級担任等から構成されることが多い。校内委員会では，学習面や行動面で特別な教育的支援が必要な児童生徒の早期の気付きと実態把握，学級担任の指導への支援方策の具体化，保護者・関係機関と連携した個別の教育支援計画の作成，校内関係者と連携した個別の指導計画の作成，全教職員の共通理解を図るための校内研修の推進，保護者相談の窓口等に取り組んでいるが，教員の校務多忙化や時間的制約のために機能面で課題も多い。［石井智也］

特別支援教育コーディネーター

特別支援教育コーディネーターとは，各学校での特別支援教育の推進と学校内外の協力体制の構築，関係機関との連携協力体制の整備及び調整を図る役割を担う教員をいう。主な役割として，①校内委員会の開催，②学校内外の関係者や関係機関との連絡・調整，③保護者に対する相談支援，④特別支援教育推進に関する校内研修の実施，⑤個別の教育支援計画及び個別の指導計画への参画等による発達支援の推進等が挙げられる。特別支援学校の特別支援教育コーディネーターの場合には，上記のほかに，地域のセンター的機能として幼・小・中・高等学校等に対して特別支援教育に関する研修，発達困難のある幼児児童生徒の生活と発達への助言などの支援をおこなう。

→関係機関との連携　［池田敦子］

個別の教育支援計画

個別の教育支援計画（保育所や児童発達支援センター等では個別の支援計画）は，学校と関係機関等との連携の下におこなう当該幼児児童生徒に対する長期的な支援に関する計画のことをさす。内容は主に「特別な教育的ニーズの内容」「適切な教育的支援の目標と内容」「教育的支援を行う者・機関」で構成され，乳幼児期から学校卒業後までの一貫した支援をおこなうため各機関が担う役割を明示化することが可能となる。個別の教育支援計画は学校生活や進路に関する希望（ニーズ）等を確認しながら，発達段階に応じて当事者主体で作成する必要がある。また生活記録や合理的配慮等の情報を共有するサポートブックと関連させ，支援の充実を図ることが望ましい。

［田中　謙］

個別の指導計画

個別の指導計画は，幼児児童生徒一人ひとりのニーズに応じた指導目標や内容，方法等を示した計画のことをさす。個別の指導計画は個別の教育支援計画に示された支援方針に基づき，各支援機関内で学校生活，活動（各教科・領域の学習等）の指導目標，内容，合理的配慮等の事項を具体的に明示する。学校現場では単元や学期，学年等ごとに作成される。個別の指導計画を作成することで支援者間において支援目標や方法に関する情報の共有を図り，組織的な支援を実現することが期待される。この個別の指導計画を機能させるためにはPDCAサイクルに基づき，計画の評価（検討）・再編と指導方法の省察を，校（園）内委員会等において組織的におこなうことが有効である。

→PDCAサイクル　［田中　謙］

巡回相談

地域内の学校を訪問して相談にあたる活動のことであり，従来から保育や福祉等の分野で実施され，アウトリーチともいわれるが学校教育においても位置づけられた。発達障害等の専門的な知識や経験を有する者を巡回相談員として委嘱し，主に，対象となる児童生徒の授業場面の観察や関係者への相談を通して，児童生徒や学校のニーズの把握と指導内容・方法や校内の支援体制づくりへの助言，個別の指導計画の作成への協力，校内の窓口となる特別支援教育コーディネーターや関係機関および専門家チームとの連携などの役割を担う。アセスメントをもとに，授業改善や保護者，教師，学校への支

援も必要であり，巡回相談員には専門性やコンサルタントの技能が求められる。［別府悦子］

特別支援学校教員免許状

特別支援学校の教員は，幼稚園，小学校，中学校または高等学校の教員免許状と合わせて，特別支援学校教員免許状を有している必要がある。2006年の学校教育法等の一部改正（2007年4月施行）によって，従来の盲学校教員免許状，聾学校教員免許状，養護学校教員免許状が現在の特別支援学校教員免許状に一本化された。「視覚障害者，聴覚障害者，知的障害者，肢体不自由者，病弱者（身体虚弱者を含む）」の5領域が定められ，大学の認定課程等によって付与される領域が異なる。特別支援学校教員免許制度が抱える大きな問題のひとつは，教育職員免許法附則第15項によって幼稚園，小学校，中学校または高等学校の教員免許状を有する場合は特別支援学校教員免許の保有義務が「当分の間」猶予されていることである。この附則は1949年の教育職員免許法制定から現在まで効力をもち続け，全国の特別支援学校教員のうち特別支援学校教員免許を有しない者の割合は2018年度時点で16.0％である（自立教科等を除く）。特別支援学校教員の専門性担保の観点から，この附則の早急の改善が求められている。

→教育職員免許状［石川衣紀］

児童発達支援センター

2012年の児童福祉法の改正において，児童発達支援とは，障害児を児童発達支援センターその他の厚生労働省令で定める施設に通わせ，日常生活における基本的な動作の指導，知識技能の付与，集団生活への適応訓練その他の厚生労働省令で定める便宜を供与すること（児童福祉法第6条の2の2）と規定されている。児童発達支援センターは児童福祉施設のひとつであり，福祉サービス（基本的な動作の指導，生活能力向上のために必要な訓練，障害児が在籍する保育所等への専門的支援など）をおこなう福祉型と福祉サービスにあわせて治療をおこなう医療型がある。福祉型の対象は身体障害・知的障害・精神障害（発達障害児を含む）を有する子ども，医療型の対象は上肢・下肢・体幹機能に障害があり，児童相談所，市町村保健センター，医師等により療育の必要性が認められた子どもである。児童発達支援センターは2017年時点で全国に528か所設置され，施設に通う子どもの通所支援，地域にいる障害のある子ども・家族の支援，保育園・幼稚園等との連携・相談・支援，放課後等デイサービスなどを実施しており，各地域における児童発達支援の中核的な役割を担っている。

［髙橋　智］

児童心理治療施設

児童心理治療施設は，家庭環境，学校における交友関係その他の環境上の理由により社会生活への適応が困難となった児童を，短期間入所させ，又は保護者のもとから通わせて，社会生活に適応するために必要な心理に関する治療及び生活指導を主として行い，あわせて退所した者について相談その他の援助を行うことを目的とする施設である（児童福祉法第43条の2）。児童福祉法の一部改正に伴い，2017年４月より情緒障害児短期治療施設から児童心理治療施設へと名称変更された。近年は，被虐待や発達障害を有する子どもの支援の中心となっている。心理士による心理療法，医師による医療，生活指導員による日常生活支援，教師による学校教育など，24時間を通して子どもの成長・発達に寄り添った支援が行われている。 ［田中裕己］

児童自立支援施設

児童自立支援施設は，不良行為をなし，またはなすおそれのある児童（満18未満の者）及び家庭環境その他の環境上の理由により生活指導等を要する児童を入所させ，または保護者の下から通わせて，個々の児童の状況に応じて必要な指導をおこない，その自立を支援し，あわせて退所した者について相談その他の援助をおこなう児童福祉施設である（児童福祉法第44条）。同法施行令第36条に基づき都道府県等に児童自立支援施設の設置が義務づけられ，全国に58か所が設置されている（2018年現在）。家庭的あるいは小規模施設の寮舎による生活環境のなかで，子どもの育ち直しや社会的自立に向けた支援がおこなわれている。近年は被虐待・発達障害等を抱えた子どもの入所が増加傾向にあり，個のニーズに応じた支援も課題とされている。1998年の児童福祉法改正以降，「入所中又は受託中の児童を就学させなければならない」ことが規定され（児童福祉法第48条），地域の小・中学校等や児童自立支援施設内における分校・分教室において学校教育が実施されている。

［内藤千尋］

特別支援教育の教育課程

自立活動

「健康の保持」「心理的な安定」「人間関係の形成」「環境の把握」「身体の動き」「コミュニケーション」は，子どもが生活・学習するために不可欠であるが，障害によりこれらに困難を抱える場合がある。これらの困難を改善・克服し，豊かな人生を送るための基盤を培う指導領域が自立活動である。自立活動の指導目標・内容を設定する際には，その困難の背景要因を障害特性，各種発達検査，生活環境，生育歴等から探ること，現在だけでなく将来のよりよい生活に繋げる視点もふまえ検討することが重要である。子ども本人が改善・克服したいと考えていることがらを指導に取り入れると，より主体的に学ぶことができるだろう。「自立活動の時間」のみならず，学校の教育活動全体を通じて自立活動の指導を行うことを目指した個別の指導計画を作成し，各教科等の指導とも関連させながら指導者間の共有や経過に応じた計画調整をし，継続的な指導を行うことも大切である。 ［岡崎志乃］

交流及び共同学習

「障害のある児童生徒と障害のない児童生徒が交流し，学習する機会」を交流及び共同学習という。年３回など行事的におこなうものや，普段の教科学習をともにするなど，その機会は多岐にわたる。交流及び共同学習の目的は，障害のある児童生徒には，地域の子どもや大人といったさまざまな人々との交流を通じて積極的な社会参加に繋げること，障害のない児童生徒には，十分な障害理解をもとに障害のある人々を積極的に支援する態度を身につけることである。障害のある児童生徒と障害のない児童生徒が一緒の場所で，一緒の時間を過ごすことのみが目的ではない。目的の達成のためには，交流及び共同学習の前後で十分な時間を確保し，障害理解教育を実施することも必要である。 ［今枝史雄］

各教科を合わせた指導

知的障害がある場合，学習によって得た知識・技能が断片的になりやすく，実際の生活の場で応用されにくいという学習上の特性がある。そのため実際的・具体的な内容による指導がより効果的である。このような特徴をふまえ，知的障害のある児童生徒に対して「教科・領域などを分けずに，より実際的・具体的な内容の指導を行う指導形態」が各教科等を合わせた指導である。衣服の着脱，排泄等の内容からなる「日常生活の指導」，自由遊びとごっこ遊び等の課題遊びからなる「遊びの指導」，買い物学習等，自立生活に必要なことを学習する「生活単元学習」，農耕・園芸，食品加工等の作業活動からなる「作業学習」の4つがある。

→合科学習 ［今枝史雄］

作業学習

「作業活動を通じて，生徒の働く意欲を培い，将来の職業生活に必要なことを総合的に学習する」のが作業学習である。各教科等を合わせた指導のひとつであり，主に中学校・高等学校段階で取り組まれる。作業活動には農耕・園芸，食品加工，清掃等が含まれる。食品加工のひとつであるクッキーづくりを例に挙げると，作業工程は，①生地づくり，②成形，③オーブンで焼く，④袋詰めに分けられる。生徒はすべての工程を担当するのではなく，いずれかの工程を担当し，作業に取り組む。工程を分けることで知的障害生徒は自分に合った作業を担当することができ，さらに各工程をそれぞれが責任をもって取り組むことで，手順や役割を知り責任を果たす態度を身につけることができる。 ［今枝史雄］

アセスメント

心理・教育アセスメント

発達障害のある児童生徒においては，知的機能の発達が年齢相応の水準に達していながら，推論する，計画する，問題を解決する，抽象的に思考する，複雑な考えを理解する，速やかに学習する，及び経験から学ぶことなどの個々の機能に強弱の偏りが見られる場合が多い。認知特性と呼ばれるこうした偏りは，しばしば学習や行動上の得意・不得意に関与する。心理・教育アセスメントは，各種心理検査による認知特性の評価をはじめ，行動観察や教育相談など，適確な支援のために必要な情報を得る手続き全体を指す。このために開発された検査としてはK-ABC が知られている。K-ABC は，種々の認知能力の評価と基礎的な学力の評価から構成されている。これにより，子どもがより得意とする認知様式（情報の処理様式）を確かめ，その様式に沿った教材や支援方法を工夫する。

［雲井未歓］

発達検査

乳幼児期の子どもを対象とした発達状態の程度を調べるために標準化された検査のことである。主な発達検査として遠城寺式乳幼児分析的発達検査法や新版K式発達検査などが挙げられる。前者は移動運動，手の運動，基本的習慣，対人関係，発語，言語理解の発達領域からなる0か月～4歳7か月までの暦年齢相当の検査項目によって簡便に短時間で検査できる。後者は0歳～成人まで適用可能で，「姿勢・運動（P-M）」「認知・適応（C-A）」「言語・社会（L-S）」の3領域について，検査者が専用の用具を用いて直接子どもを検査する。検査結果から発達年齢（DA）に換算し，発達指数（DQ）を算出できる。 ［勝二博亮］

DSM（精神障害の診断と統計マニュアル）

種々の精神障害（発達障害や知的障害を含む）に関する医学的分類や診断基準を示したマニュアルである。編纂はアメリカ精神医学会がおこなっている。医師による診断や研究機関による疫学的調査などが，共通の基準でおこなわれるようにすることに，DSM の重要な役割がある。1952年の初版以降，精神医学の進歩とともに改訂が重ねられ，2013年には第5版（DSM-5）が刊行された。この版では，自閉性障害（自閉症）やアスペルガー障害等が統合され，新たに「自閉スペクトラム症」となったことがよく知られている。なお，DSM と同様のものに国際疾病分類（ICD）がある。こちらは世界保健機関によるもので，DSM とともに国際的に広く利用されている。

→DSMとICD ［雲井未歓］

コミュニケーション

意思や要求，感情などを他者と伝え合うことである。コミュニケーションの手段（方法）には，音声・書字・手話・身振り・動作サイン等，特定の状況に応じて自分の身体を分化的に動かす身体分化型と，文字・写真・シンボル等の記号をあらかじめ呈示された選択肢のなかから選ぶ刺激選択型がある。

コミュニケーションに関する障害がある人に対して，音声言語に限らずさまざまな方法を用いてコミュニケーションを保障する方法の一つに AAC（補助・代替コミュニケーション：Augmentative and Alternative Communication）がある。AAC において用いるエイド（道具や機器）には，タブレット端末・パソコン・音声出力機器・文字盤等があり，一人ひとりの実態に合わせてこれらを活用し，コミュニケーションをおこなう。

［冨田（神井）享子］

環境調整

自分と「他者」との関係を広く「環境」として捉えると，私たちは「物的な環境」や「人的な環境」「社会的な環境」のなかで暮らしていると言える。それらの「環境」との間に齟齬が生じている場合，「困難」をなるべく取り除くようにしていくことが「環境調整」である。学校で言えば，物理面でのバリアフリーやユニバーサルデザイン化された授業，個別的な支援などがそれにあたる。障害のある子どもに

「困難」が生じている場合，実は障害のない子どもにとっても「困難」が生じている状態にあると言える。このような「環境調整」は，すべての子どもにとっての「学びやすさ」や「暮らしやすさ」に繋がる。 ［中山忠政］

感覚過敏／低反応

感覚過敏・低反応は，聴覚・視覚・触覚・味覚・嗅覚等の感覚領域で多様な刺激に対して生じる。例えば，視覚過敏（パソコンの画面が異常にまぶしい），聴覚過敏（時計の秒針などの小さな音が気になって我慢できない），触覚過敏（衣服のチクチクした触感が耐えられないほど不快），嗅覚過敏（洗剤の匂いが苦痛で吐き気・頭痛を起こす），平衡感覚が過敏で乗り物酔いしやすい，気圧変化に敏感で体調に影響するなどである。人によって症状・度合いが多様であり，不安・緊張・ストレスの強いときに症状が強まることも多い。2013年改訂のDSM-5では，自閉スペクトラム症の特性のひとつに感覚過敏などの感覚異常が加えられたが，自閉スペクトラム症者すべてに感覚過敏・低反応の症状が出るわけではない。感覚過敏・低反応の要因はなお不明であるが，自分の苦手な感覚把握や苦手な感覚を避ける環境調整，イヤーマフ・サングラス等のアイテムの活用で軽減することも十分に可能である。 ［髙橋　智］

二次障害

身体障害や発達障害をもちながら，多数派向けにデザインされた社会でさまざまな活動をおこなうなかで，無理をしたり，周囲の無理解に曝されたりした結果，二次的に生じた障害のことを二次障害と総称する。例えば，脳性まひの二次障害としては，30歳前後からかつて自力でおこなえていた日常生活動作ができなくなったり，体のさまざまな部位に慢性的な疼痛が生じたりすることが多い。発達障害では，配慮のない環境のなかで過剰適応を強いられたり，障害への無理解からいじめなどの逆境体験をしたりすることで，不安障害やうつ病を合併することが少なくない。予防のためには障害に配慮した環境調整に加え，自助的交流を通じて障害者自ら過剰適応に気づく必要がある。 ［熊谷晋一郎］

視覚障害教育

視覚障害

視覚障害とは，何らかの原因で見えなかったり見にくかったりすることが永続する状態を言う。そうした状態が一時的であったり，治療等により回復したりする場合は視覚障害とは言わない。視覚障害といっても先天的なものから後天的なもの（後天的な視覚障害を「中途視覚障害」とも言う）まで，また視覚障害のみを有するものから他の障害を併せ有するものまで様相は多様である。視覚障害は大きく「盲」と「弱視（ロービジョンとも呼ばれる）」に区分される。教育的には，触覚や聴覚などの視覚以外の感覚を活用し，点字を使って学習・生活するものが「盲」，主に視覚を活用し，通常の文字（点字に対して墨字と呼ばれる）を使用して学習・生活するものが「弱視」と捉えられている。 ［小林　巖］

視覚障害教育

視覚障害教育の場として，視覚障害特別支援学校（盲学校），弱視特別支援学級，弱視通級指導教室，合理的配慮を受けての通常学級がある。人間は8割以上の情報を視覚から得ているため，視覚障害教育では視覚による認識の困難さをさまざまな方法や工夫により補うことが必要である。盲では視覚以外の感覚を用いた体験や点字の使用等，弱視では明るさの調整，見やすく使いやすい学用品や視覚補助具（拡大鏡や単眼鏡等）の使用等による外的条件整備，及び視覚認知能力を高めるための内的条件整備が代表的である。また，自立活動では視覚障害の代表的な制約である歩行，日常生活動作，文字の処理に関連した指導が取り上げられることが多い。［小林　巌］

弱　視

弱視とは学習や生活に困難を及ぼすような「見えにくい」状態を示す。ピントが合わないためのぼやけた見え方（屈折異常），見える範囲に制限がある見え方（視野狭窄・中心暗点），すりガラスを通したような見え方（混濁），周囲の明暗の変化に相応できない見え方（明暗順応不良），まぶしさで見えにくい（羞明：しゅうめい）など，視力だけではなく視野等の見る機能に障害があり，その「見えにくさ」は多様である。しかも疾病の種類や進行状況，さらには季節や天候，体調によっても「見えにくさ」は一定ではない。学校教育では，拡大鏡等の視覚補助具類の活用等により見えやすい環境を整えることで，通常の文字を常用した教育が可能な者を弱視児と称する。

［三科聡子］

聴覚障害教育

聴覚障害

鼓膜や耳小骨など音を伝える器官の病変により難聴が起こる「伝音難聴」と，音を電気信号に変換する蝸牛の病変により起こる「感音難聴」がある。前者は音が小さく聞こえるため補聴器により増幅することで聞こえがかなり改善するが，後者は音が小さく聞こえるだけでなく歪んで聞こえることも多く，音を増幅するだけでは聞き分けができないこともある。また，聴神経や聴覚中枢に何らかの問題があり，音としては聞こえてもスピーチ等の聞き分けが極端にできなくなる聴覚情報処理障害（APD：Auditory Processing Disorder）もある。近年，新生児聴覚スクリーニング検査により，生後6か月以内に聴覚障害が発見されることも多い。［武居　渡］

聴覚障害教育

1878（明治11）年に京都に京都盲唖院が開設され，これが日本で初めて聴覚障害児のための教育機関になる。早期発見，早期介入がいち早く叫ばれた聴覚障害教育の分野では，幼稚部がいち早く整備され，さらに0歳から2歳までの早期教育も充実した。以前は日本語の習得を阻害するとして，学校内での手話の使用が禁止されていたが，今日では子どもの実態に合わせて手話も使いながら，日本語や教科指導がおこなわれている。2006年の学校教育法等の一部改正により，聾学校は特別支援学校に一本化されたことから，聴覚障害以外の教育部門を併設した特別支援学校も増えている。また，通常の小・中学校において聴覚障害児を指導する特別支援学級や通級指導教室も増えてきている。［武居 渡］

人工内耳

人工内耳は，マイクで集めた音を電気信号に変換し，外科的手術によって内耳に埋め込んだ刺激装置（電極）を通じて聴神経を刺激し，脳に直接入力する聴覚補償機器である。入力音は耳介などに装着したプロセッサにより分析され，各電極に送信される。FM 受信機などの外部機器との接続も可能である。小児への適用については基準が定められており，2014年以降は原則年齢１歳以上，聴力レベル90 dB 以上等の条件を満たした場合に適用が可能である。近年は乳幼児期から装着する子どもが増加傾向にあり，両耳に装用する事例も増えている。補聴器と比べて音の入力は安定しているが，聴力を完全に回復するものではなく，聞き取りやコミュニケーション能力などを含めた発達全般への特別な支援が必要である。［澤 隆史］

言語障害教育

言語障害

小児の言語障害は主に，構音障害，吃音，言語発達遅滞に分類される。構音障害はさらに，口唇口蓋裂など構音器官の形態的な異常による器質性構音障害と，構音器官の形態や運動機能に問題がないにもかかわらず正しい構音を習得できない機能性構音障害に分けられる。また，脳性麻痺による運動障害によって生じる構音障害や，脳血管障害などによって発症する後天性失語症など脳機能の障害を原因とするものもある。文部科学省は通級の対象となる言語障害者を「口蓋裂，構音器官のまひ等器質的又は機能的な構音障害のある者」「吃音等話し言葉におけるリズムの障害のある者」「話す，聞く等言語機能の基礎的事項に発達の遅れがある者」に分類している。［藤野 博］

言語障害教育

言語障害のある児童生徒に対し，障害の状態の改善または克服を目的として特別におこなわれる教育である。主に「ことばの教室」と呼ばれる言語障害通級指導教室でおこなわれる。教育課程上は自立活動に相当する。自治体の就学支援委員会などで入級の適否が判定される。言語機能の改善だけでなく，自尊感情の向上や対人関係を円滑にすることも指導の目標となる。自発的なコミュニケーションを拡大していくための配慮として，子どもの興味・関心に応じた遊びや会話を通した指導も取り入れられる。個別指導が基本になるが，小グループでの指導も必要に応じておこなわれる。指導場面で習得したことが日常生活で定着することを意味する般化は，指導効果を判断する目安となる。［藤野 博］

吃 音

言葉がどもることである。吃音があると「そ，そ，それ」と語音を繰り返したり，「そーーれ」と語音を不自然に長く伸ばしたり，「……それ」と語音がつまったりするために，なめらかに，思いどおりに話せなくなる。また，自身の吃音を「悪い，駄目なこと」と捉え，話す際に吃音にならないか緊張や不安を感じたり，話す場面を避けたりするようになる。そうすると，授業や日直当番，友達との会話などさまざまな場面で困難が生じる。吃音の困難の軽減には，学級担任が吃音を正しく理解したうえで，適切な配慮や支援をおこなう必要がある。また，吃音の困難の強い子どもには，吃音への心理教育や発話指導などのことばの教室での通級指導が有効である。 ［小林宏明］

ことばの教室

言語障害特別支援学級もしくは言語障害通級指導教室のことである。大半は，通常学級に在籍する子どもが，週に１～８時間，在籍学級の授業の代わりに指導をおこなう通級指導教室である。対象は，発音が不明瞭な構音障害，吃音などの話し言葉のリズムの障害，話す，聞くなどの言語機能に発達の遅れのある者である。ことばの教室では，主に特別支援学校学習指導要領で示される自立活動に基づき，子ども一人ひとりの課題や興味・関心に即した個別指導がおこなわれる。指導の一環で，在籍学級の授業の予習・復習などがおこなわれることもあるが，その目的は教科学習を通しての障害による学習上・生活上の困難の克服であり，通常学級の授業の補習ではないところに注意が必要である。 ［小林宏明］

知的障害教育

知的障害

知的障害は発達期（おおむね18歳まで）に現れていることを前提とし，知的機能の制約と適応機能の制約という２つの基準をもとに，総合的に判断される。その根拠としてしばしば，前者では知能検査（IQ70以下が目安），後者では社会生活能力検査が用いられる。具体的には，目に見えないものや抽象的なものの理解の困難さ，記憶の弱さ，ことばの発達の遅れなどが見られる。知的障害は，脳をはじめとする中枢神経系の機能不全と生まれ育つ社会的・環境的条件（教師の働きかけや学校環境を含む）との相互作用によって現れるため，実態はさまざまであり，日々微細な変化が見られる。一人ひとりの子どもの生にていねいに向き合う姿勢が欠かせない。 ［堤　英俊］

知的障害教育

知的障害教育とは，目に見えないものや抽象的なものの理解の困難さなどの知的障害の特性から，特別支援学級・学校といった別置された特別の場において，通常教育とは異なる「生活」「経験」に根差した合科的な教育課程によって取り組まれる教育活動のことである。改訂された特別支援学校小学部の学習指導要領（2017）においては，通常教育との間の二極化を避け，育成をめざす資質・能力に共通性・連続性をもたせることが規定されている。自立と社会参加に目標をすえる知的障害教育においては，知的機能と適応機能の改善・向上のみならず，他者との関わりのなかで，自らの生活を主体的に切りひらく「ことば（表現）」を醸成していくことが大きな意味をもっている。 ［堤　英俊］

行動障害

行動障害とは，直接的な他害（例えば，叩く・蹴る・噛む・頭突き），間接的な他害（例えば，同一性保持：ある特定の者や状況に異常に固執し，その状態を保とうとする行動様式），自傷行為が通常考えられない頻度と形式で出現する状態像をさし，医学的診断名ではない。養育・教育的努力があっても著しい対応困難が持続する場合をいう。また目に見える行動に限らず嗜癖等の内面的な困難も含む。意思疎通の苦手さや感覚過敏等の本人特性と，環境との不調和が他者に対する嫌悪感・不信感を高め，行動障害をより強度にする可能性がある。

行動障害は「本人の困っているサイン」でもある。本人の生活支援とともに養育者・支援者の支援（レスパイト・専門的アドバイス・虐待防止対策）の並行実施が必要である。［森脇愛子］

情緒障害教育（発達障害を含む）

情緒障害

情緒障害は，普遍的な定義がなく，教育的定義と医学的定義でもばらつきがある。教育的定義では，情緒の現れ方が偏っていたり，その現れ方が激しかったりする状態を自分の意志ではコントロールできないことが継続し，学校生活や社会生活に支障となる状態を言う。情緒障害児は，情緒的な問題により集団活動や学習活動など学校での社会的な適応が困難な状態にあり，その原因や特性，特別な教育的配慮や指導内容の違いから以下のタイプに分けられる。①発達障害（自閉症及びそれに類する障害）によって言語発達の遅れや対人関係形成の発達困難があり，社会的適応が困難な状態にある子ども，②心理的要因の関与が大きいとされる社会的適応困難の多様な状態を総称するもので，選択性緘黙，不登校，多動，常同行動，チックなどを有する子ども。

［髙橋　智］

自閉症・情緒障害教育

自閉症・情緒障害教育は，発達障害である自閉症の子どもや心理的要因による困難のある子どもを対象とし，特別支援学級，通級による指導等でおこなわれている。自閉症などの子どもについては，言語の理解と使用や，場に応じた適切な行動などができるようにするための指導がおこなわれる。心理的要因による困難がある子どもについては，安心できる雰囲気のなかで情緒の安定のための指導がおこなわれる。なお従前の「情緒障害特別支援学級」は，2009年の文部科学省通知により「自閉症・情緒障害特別支援学級」と名称を変更した。［冨田（神井）享子］

発達障害

乳幼児期から思春期までの発達経過のなかで明らかにされるさまざまな障害の総称であり，広義には知的障害を含む概念である。狭義には，学習障害（限局性学習症），注意欠如・多動性障害（注意欠如・多動症），自閉症スペクトラム障害（自閉スペクトラム症），発達性協調運動障害（発達性協調運動症）など，知的障害がないにもかかわらず，発達上の遅れや偏りが生じ，日常生活や社会生活に適応できない状態をさす。いずれも発達初期になんらかの要因により中枢神経系の機能不全が生じ，これらの症状を引き起こすと推定されている。学校教育において「発達障害」という用語を使う場合，狭義の意味を示すことが多い。［勝二博亮］

学習障害（LD）

学習障害は，知的障害がなく学習機会が十分であるにもかかわらず特定の学習領域で著しい困難を示す発達障害である。その原因として，中枢神経系の機能障害が想定されている。学習障害はLDとも呼ばれるが，教育と医療では困難を示す学習領域が違い，定義が異なる。教育定義では，読み書きと計算に加えて，聞く，話す，推論することも領域に含めており，その範囲が広い。一方，医学定義では，読み書きと計算に特化しており，範囲が狭い。そのなかでもとくに読み書き困難を示す場合には発達性ディスレクシアと呼ばれる。学習障害はその他の発達障害と重複することも多い。聞いた情報を記憶すること（聴覚記憶）や，形や位置など見た情報を分析して理解すること（視空間認知）などの認知発達のアンバランスが，学習困難に影響している。そのため，認知特性に応じた学習手続きを選ぶことで，学習上の困難が軽くなることが期待される。

［後藤隆章］

自閉症スペクトラム障害（ASD）

①対人交流とコミュニケーションの質的障害（視線が合わない，表情が乏しい，共感的でない，独り言が多い，オウム返しなど），②著しい興味の限局やパターン的行動（強いこだわりや儀式的行動など）という2つの主特徴をもつ神経発達症である。自閉症やアスペルガー症候群，広汎性発達障害等の類似診断名をまとめて“連続体”という意味の「スペクトラム」という広い言い方で示されるようになった。ASD（Autism Spectrum Disorder）と略される。ASD 特性は多かれ少なかれ，みながもつものではあるが，環境によってそれらが強く出る場合に社会的生活に困難を引き起こす。感覚・運動・認知・言語・情動・社会性などの多様な面で特異的な発達・学習の様式が見られることがあるため，個々のアセスメントと対応が求められる。

［森脇愛子］

注意欠如・多動性障害（ADHD）

「注意が続かない」「忘れっぽい」などの不注意，「じっとしていられない」「しゃべりすぎる」などの多動性，「順番を待てない」「質問が終わる前に答え出す」などの衝動性を特徴とする発達障害である。ADHDと略される。脳の構造的・機能的な特異性があり，目標に向かって活動に取り組めない，時間の経過を正確に評価できない，気持ちをコントロールできないといった弱さを示しやすい。対人関係に困難を抱え，学業面での遅れを示すことも少なくない。こうした行動面の問題が，本人の不全感や困難を大きくさせたり，家庭における不適切な養育，学校・社会等における不適切な対応を招きやすくなって，本人の自尊心を低下させることも多い。それによってさらに行動面の問題を悪化させることがないように，薬物療法や行動療法を組み合わせて支援がおこなわれている。

［池田吉史］

発達性協調運動障害（DCD）

発達性協調運動障害は，協調運動技能の獲得と遂行の困難を特徴とする発達障害である。DCD と略される。具体的には，「ボタンを留められない」「靴ひもを結べない」「はさみがうまく使えない」などの手先の不器用さや「走り方がぎこちない」「自転車に乗れない」「ボールをうまく投げられない」などの全身の不器用さがある。これらの困難は知的障害や視覚障害，脳性まひなどで説明できず，運動模倣や運動学習の弱さに基づくとされる。自閉症スペクトラム障害や注意欠如・多動性障害，限局性学習障害などの他の発達障害と重複しやすい。集団での遊びやスポーツへの参加が減少したり，集団参加に消極的になることで，体力の低さや肥満といった身体的問題，自尊心や自己肯定感の低下といった精神的問題を招きやすい。［池田吉史］

チック

チック障害（チック症）とは，本人の意思とは関係なく（不随意に），急に（突発的に）運動や発声が反復して起こる病態で，それぞれ運動性チック，音声チックと呼ばれる。複数のタイプの症状が長期間続く場合は，トゥレット症候群と呼び区別する。心理的ストレス，遺伝子・脳の機能障害がチックの発症に関与すると報告されているが，原因は十分に明らかになっていない。ストレスや疲労などで症状が出やすくなることがある。

運動性チックは，自分の意思とは関係なく筋肉の早い収縮が起こる。顔面・頸部・肩・舌・四肢などの筋肉が収縮し，首振り・瞬目まばたき・顔しかめなどの症状が多く認められる。音声チックは，咳払いや発声が自分の意思と関係なく起こり，意味不明な発言，汚言（人前で言うことがはばかられる暴言や性的な言葉），状況に合わない単語の連用，他人の話した単語の反復などが見られることもある。チックは成長とともに改善するが，トゥレット症候群は難治であり，投薬等による治療を要することもある。［田部絢子］

緘　黙

緘黙とは，発声器官には問題がなく，言葉理解や言語能力のある子どもが，例えば家庭のなかで家族とは話せるが，学校等では話すことができなくなるように，ある特定の場面や状況で話すことができなくなる症状である。緘黙には場面緘黙と全緘黙の２種類がある。緘黙の診断基準は，世界保健機関（WHO）の ICD-10 では子どもの疾患という見方が強く，「小児期の情緒障害」に含まれていたが，ICD-11 では「不安または恐怖関連症群」に位置づけられている。アメリカ精神医学会の DSM-5 でも「不安障害」の一種とされ，不安・恐怖心が一因になっているという見方をしている。緘黙は他の不安障害（社交不安・分離不安）や発達障害との併存が多いことも指摘されている。なお，緘黙は成長・発達とともに症状が改善するという研究もあるが，まだ十分な確証はない。［髙橋　智］

愛着障害

愛着とは，主に乳幼児期に母親等の養育者との間で形成される，基本的信頼感をもとにした心理的な結びつきのことで，アタッチメントともいわれる。愛着障害が初めて明記されたのは1980年，アメリカ精神医学会の DSM-Ⅲであり，最新の DSM-5 では，主に情緒的な反応の欠如や人を避けたり攻撃的な反応，過度の警戒を示す「反応性アタッチメント障害」と，誰にでも注意を引こうとしたり無差別に親しげに振る舞う「脱抑制型対人交流障害」に分類されている。

親との離死別や虐待・ネグレクトなどの養育上の不全によって，乳幼児期に愛着形成が阻害されるようなことが起こると，学童期においても，仲間との対人関係がうまく築かれず，情動や行動の障害が継続する場合もある。学校教育では支援的環境を提供し，時に心理療法などの専門的な対応が必要である。

→愛着；愛着形成；DSMとICD

［別府悦子］

学校不適応

さまざまな発達課題や，環境との不調和があると，自己効力感をもちにくく，生きていく場所で不適応を起こすことがある。学校教育において，この不適応行動の現れが外側に向けて発せられる場合を「反社会的行動」といい，教師や仲間への攻撃的行動や非行，犯罪など社会規範から逸脱した行動も含む。また，内側に向けられる場合を「非社会的行動」といい，無気力や不登校，ひきこもりや自殺などがこれにあたる。こうした不適応行動への対応として，学校では生徒指導や教育相談などがおこなわれてきたが，学校内で解決できない問題も増加しており，スクールカウンセリング，ソーシャルワークや巡回相談等，学校外の関係機関との連携が重要になっている。

［別府悦子］

肢体不自由教育

肢体不自由

肢体不自由とは，医学的な発生原因を問わず四肢や体幹に永続的な機能障害があり，日常生活動作の全部または一部に困難がある状態をさす。先天性のものと生後の事故等による後天性のものがある。筋が硬くなって関節の拘縮や脊柱の変形を生じる場合も多い。動作の困難は，姿勢保持の工夫や動作時の補助的手段の活用により軽減されることも多い。肢体不自由の直接的な原因となる疾患は，中枢神経損傷による脳性まひが最も多く，知的発達の遅れなど，他の障害が併存する場合がある。このほか，脊髄疾患の二分脊椎等や神経原性筋萎縮，筋疾患である進行性筋ジストロフィー，骨・関節疾患であるペルテス病や骨形成不全症等がある。

［吉川一義］

肢体不自由教育

障害の状態や発達段階を十分に把握し，幼稚園・小学校・中学校・高等学校に準じて，潜在能力の開発のための教育をおこなうとともに，障害による困難を改善・克服するための教育をおこなう。教育の場としては，特別支援学校・特別支援学級・通級による指導・通常学級がある。動作の困難により，移動やさまざまな活動に時間を要するため，活動時間の十分な確保と環境の工夫等が必要である。学習活動では，見聞きして理解することに困難がある場合もあり，子どもの認知特性を把握した指導内容と方法の工夫が大切である。概して，経験が不足するため，体験的な学習を多く取り入れた指導の工夫も望まれる。 ［吉川一義］

重症心身障害

児童福祉法の改正（1967）で，重症心身障害児施設は，重度の知的障害及び重度の肢体不自由が重複している児童を入所させ，これを保護するとともに，治療及び日常生活の指導を目的とする施設とすると示され，その施設に入所する児童が重症心身障害児であるとされた。なお，重症心身障害についての具体的な基準は法的に示されておらず，元東京都立府中療育センター院長の大島一良によって作成された知能指数（IQ）と移動機能から障害程度を区分した「大島の分類」が，福祉や医療などの現場で従来より使用されている。 ［渡邉流理也］

療　育

療育という言葉は，大正から昭和期にかけて肢体不自由教育の発展（肢体不自由という名称の提唱，整肢療護園の開設等）に大きく寄与した東京帝国大学医学部整形外科講座教授の高木憲次が提唱したものである。高木は，肢体不自由児に対する入院による治療と学校教育の統合を療育としていたが，今日では，障害のある子どもの発達支援を目的として教育・福祉・医療などの多職種による総合的なアプローチの意味合いとして使用されている。また，近年では障害の早期発見とともに，早期療育の重要性が高まっている。

［渡邉流理也］

病弱・身体虚弱教育

病弱・身体虚弱教育

病院に入院中の子ども及び入院してはいないが病気や治療に起因する特別な配慮を要する子どもへの教育をさす。「小児がん」「腎臓病」「アレルギー」等の病気の特性や治療による副作用をふまえた配慮や教育実践をおこなう。病院内学級や訪問教育，特別支援学校の教員はもとより，病気の子どもの多くが在籍する通常学級の教員の理解も必要である。学校の教員には，小児がん治療後の配慮，Ⅰ型糖尿病の補食の配慮，アレルギー対応等の理解が重要である。なお，近年では心身症の治療のため病院内学級に入ってくるケースも増えてきている。小・中学生と比べると入院中の高校生の教育保障は，義務教育ではないため学籍異動の問題等もあり遅れており，今後の課題である。

［栗山宣夫］

病院内学校（病院内学級）

学校教育法第81条「疾病により療養中の児童及び生徒に対して，特別支援学級を設け，又は教員を派遣して，教育を行うことができる」。この条項に基づき，病気の子どものために設置される病弱・身体虚弱の特別支援学級のうち病院内に設置される学級のことである。入院中の児童生徒が通う。退院後には元の学校に戻ることが多いため，元の学校と連携を図りながら各教科等の学習を進めている。小・中学校等とほぼ同じ教科学習をおこない，必要に応じて入院前の学校の教科書を使用して指導している。長時間の学習が困難な子どもについては，学習時間を短くするなどして柔軟に学習できるように配慮している。教科学習以外にも，身体面やメンタル面の健康維持や改善を図る学習をおこなうこともある。

［副島賢和］

医療的ケア児

医療的ケアとは法律上に定義されている概念ではないが，一般的に学校や在宅等で日常的におこなわれている痰の吸引（自力で痰を排出できないため吸引器で吸い取る），経管栄養（鼻・口から胃まで挿入されたチューブや胃ろうを通じて栄養剤を胃まで送る方法），気管切開部の衛生管理等の医行為をさす。医療技術の進歩により多くの子どもの生命を救うことができるようになった反面，医療的ケアを必要とする子どもは増加している。医師免許や看護師等の免許をもたない者は医行為を反復継続する意思をもっておこなうことはできないが，2012年度の制度改正により，看護師等の免許を有しない者も研修を修了し，都道府県知事に認定された場合には「認定特定行為業務従事者」として，一定の条件の下で痰の吸引等の５つの特定の医療行為に限り実施できることとなった。そのため，学校でできる医療的ケアの範囲と内容が広がり，医療的ケア児の教育保障が次第に進んできている。

［小野川文子］

小児がん

大人のがんは発生した部位によって「肺がん」等と呼ばれるが，小児がんは「15歳以下の子どもに発生する悪性腫瘍」と定義されるように，年齢で区切られた総称である。悪性腫瘍は病理学的には癌と肉腫に分けられ，表面の粘膜（上皮）から発生するものが癌，少し深い場所から発生するものが肉腫である。大人では肉腫は１割に満たないが小児がんは肉腫が９割を超える（白血病，脳腫瘍，悪性リンパ腫等）。深い場所から発生するがゆえに早期発見，正確な診断が難しく，小児がんの治療に熟知した専門医による対応が必要である。一方，大人のがんに比べると化学療法や放射線療法に高い感受性がある。治療後の生活の長さから晩期合併症とのつき合い方等の課題がある。

［栗山宣夫］

心身症

心身症（psychosomatic disorder）とは，精神疾患ではなく身体疾患である。その発症や病気の進行・寛解などの経過に心理社会的な因子が大きく関わっているものをさす。例を挙げれば，学校や職場でストレスがかかると胃潰瘍や気管支喘息が発症・悪化，ストレスが減れば改善するなど，そのような場合を心身症と呼ぶ。一般には咳や腹痛などの症状が心理社会的なストレスで生じても，診察や検査で身体疾患がない場合は，本来は心身症と呼ばない。小児の場合は心身が未分化で，またストレスにうまく対応できず，結果として心理社会的な要因が明確に身体疾患として現れない場合がある。そのため成人のように明確に分けられないことも多く，注意が必要である。

［副島賢和］

うつ

一日中続き，どのようによいことがあっても改善しない嫌な気分を「抑うつ気分」，それまで興味のもてたことにも興味がなくなった状態を「興味喪失」と呼ぶ。このどちらかに加え，食欲や体重の変化，睡眠の変化，焦りやぼんやり感，疲労感や気力の低下，無価値観や罪の意識，思考や集中や決断の困難，死にたい気持ちなどが２週間以上続くと「うつ病」が疑われる。抑うつ気分のきっかけは，ストレスやショックな出来事である。こうした出来事に対し，生理的なストレス反応が起こり，それに対処するように行動して状況が改善すればよいが，長期に状況が改善しないか，体質的な理由でストレス反応が過剰だとうつ病になる。回復には休養，服薬，環境改善が必要である。［熊谷晋一郎］

高次脳機能障害

人間の脳には，呼吸や循環などの生理的機能や，視覚・聴覚・運動などの感覚運動機能以外にも，さまざまな機能が備わっている。先天性疾患，周産期における脳損傷，発達障害，進行性疾患ではなく，事故や疾患による後天的な脳損傷によって，「記憶障害」（物の置き場所や新しいできごとを覚えられない），「注意障害」（不注意で作業の同時進行や継続が困難），「遂行機能障害」（スケジュール管理ができない），「社会的行動障害」（衝動的で自己中心的）といった高度な機能に障害が起きた状態を高次脳機能障害と呼ぶ。発症から約１年は機能改善が期待できるためリハビリテーションを実施し，それ以降は周囲の人々の障害への理解を促し，環境改善をおこなうことが重要である。［熊谷晋一郎］

食物アレルギー

食物アレルギーは，特定の食品によって引き起こされるアレルギーである。じんましんやかゆみ，咳などが引き起こされ，アナフィラキシー症状（発症後，きわめて短い時間に全身性症状として血圧の低下や意識障害などを引き起こし，生命を脅かす危険な状態）を起こすこともある。アレルギー反応は，原因となる食物を体内に取り込む以外にも食品が皮膚に付着したり，吸い込んだりして起こることがある。わが国における食物アレルギーの乳児有病率は５～10%，学童期は１～２％といわれている。文部科学省は，学校のアレルギー疾患に対する取り組みガイドラインに基づき，医師の診断による学校生活管理指導表の提出を必須とし，安全性確保のため原因食物の完全除去対応を原則としながら，食物アレルギーを有する児童生徒も給食時間・学校生活を安全かつ楽しんで過ごすことをめざしている。

→給食［田部絢子］

摂食嚥下障害

食べ物や飲み物を口の中に入れ，咀嚼して飲み込み，胃まで送り込む働きを「摂食嚥下」という。この一連の動作が十分に機能しない状態を「摂食嚥下障害」という。摂食嚥下障害は，脳神経の障害によって起こる場合や，口腔咽頭領域の形態的な欠損によって起こる場合がある。小児の摂食嚥下障害では，摂食嚥下機能の基本を獲得すべき時期に障害を被るため，哺乳や離乳がうまくできなくなる。代表的な原疾患には脳性麻痺や知的能力障害，自閉スペクトラム症等がある。対応としては，未獲得な機能を獲得させ，定型発達の道すじを辿らせるための発達療法をおこなう。一方，成人・高齢者など，摂食嚥下機能獲得後に摂食嚥下障害となった場合は中途障害であり，代表的な原疾患には脳卒中やパーキンソン病，ALS，認知症，口腔咽頭癌等がある。中途障害の場合は，機能の再獲得を目的としたリハビリテーションをおこなう。 ［田村文誉］

依存症

依存症とは，特定の物質や行為・過程に対して，やめたくてもやめられない，ほどほどにできない状態である。依存症という言葉に代わり，医学的にはアルコールや薬物など特定の物質がやめられない「物質関連障害」や，ギャンブルや買い物など特定の行為がやめられない「嗜癖性障害」という概念が用いられる。これらの行為は，不快を減らすか快を増やすために繰り返される点では随意的（自発的）だが，身体や人間関係，社会経済的な状況に悪影響を与えるとわかっているのにやめられない点では意思に反している面もある。背景には遺伝的要素だけでなく，幼少期の虐待やいじめといったトラウマ体験や慢性的なストレスが影響を及ぼしており，人間不信の結果，人に依存できなくなった人々の対処行動ともみなせる。健全な依存を再構築する自助グループの有効性が示されている。 ［熊谷晋一郎］

睡眠困難

睡眠困難とは入眠障害・中途覚醒・早朝覚醒・熟眠障害等の睡眠時の困難に加え，日中の眠気，注意力散漫，疲れや体調不良が起こる状態をさす。睡眠困難の原因は多様であるが，主には不安・抑うつ・ストレス等の心理的要因，昼夜逆転等の生活リズムの乱れによる生理学的要因，病気等の身体的要因，服用薬やカフェイン等による薬理学的要因に分けられる。近年，子ども・若者の生活リズムの乱れや心身の不調が大きな問題となっているが，その背景のひとつに睡眠時間の短縮や夜型化が指摘されている。こうした状況を受けて文部科学省は2008年に「早寝早起き朝ごはん」国民運動を提唱し，睡眠習慣等の生活習慣が子どもの心身に与える影響の調査や理解啓発のハンドブック等の作成に取り組んでいる。2017年には「日本眠育推進協議会」が発足し，子ども・若者が睡眠に関する学習を通して自身の睡眠状況を改善していく「睡眠教育」に取り組む学校や自治体も見られるようになってきている。 ［柴田真緒］

《実 習 編》

教育実習

Ｑ１：教育実習の目的は何ですか。

Ａ：教育実習は，教員の職務を観察し，実際に教員としての役割を担いながら体験的に職務を理解する活動です。それまでの「教育を受ける立場」から「自ら教育をおこなう立場」へと意識を変える活動だと言えます。

そして，その目的は，「授業」や「生活指導」等，教員としての基本的な仕事を体験することによって，教員としての適性を自他ともに判断することにあります。実習は，教員養成や教員免許取得において最も大きな意味をもち，実習後の進路選択に大きな影響を与える活動であり，単なる思い出づくりのためのものではありません。

実習の目的を実現するにあたって自覚すべきことは，教員が実際にすべき授業や児童への指導を，実習生が代行するという責任の重さです。

［伊藤陽一］

Ｑ２：教育実習校は，どうやって決定するのですか。

Ａ：市町村・都道府県教育委員会が実習校の割り当てをおこなう場合と，実習生が母校や希望の学校に直接依頼する場合の大きく２通りあります。いずれの場合も，自身で事前に実習校を訪問し，内諾を得たり教育委員会等の申請をおこなったりする必要があります。

例えば，４回生時に実習を希望する場合，３回生の春頃から秋頃までに，実習校を訪問し，内諾をもらいます。内諾活動を行う時期は各自治体や学校によって異なるため，留意する必要があります。また，大学によっては，自身で実習校を決めるのではなく，協力校で実習を行うこともあるため，大学の教職課程ガイダンス等を利用して，実習校の決定の仕方について事前に把握しておくことが求められます。

［伊藤陽一］

Ｑ３：教育実習の事前打ち合わせのときに留意することは何ですか。

Ａ：事前打ち合わせ日時は，実習生から学校に連絡をし，学校側の都合を最優先して決定します。当日は，時間を厳守し，教育現場に相応しい服装や髪型で臨みます。また，筆記用具等の忘れ物がないように注意します。

当日の流れは，学校長の挨拶から始まり，自己紹介，学校の概要説明と実習上の諸注意，担任等との打ち合わせ等となるのが一般的です。自己紹介では，①名前，②大学名・学部名，③実習受け入れに対するお礼，④教育実習の抱負を，簡潔明瞭に明るく元気よく話すことが大切です。

事前打ち合わせでは，学校側の話をしっかり聞き，メモを取ったりわからないことは必ず質問したりして疑問が残らないようにしましょう。

［伊藤陽一］

Q４：教育実習期間中は，どのように進行していきますか。

A：一般的には，①観察実習，②参加実習，③授業実習へと進行していきます。

観察実習は，実習指導教員（学級担任）の授業を中心にさまざまな教育活動を観察・記録します。実習生は，学級担任が児童に対して，どの場面でどのような声かけや支援をしたのか，それによって児童はどう反応したのかを観察・記録します。その間，学校長や教頭先生，各主任の先生方から講話を聴く機会があり，しっかりと記録します。

参加実習は，学級担任等の指導の下，さまざまな教育活動に参加し，教師の職務内容を体験的に学びます。

授業実習は，教材研究をし指導案を作成し，事前に学級担任等に指導助言を受けて授業をおこないます。授業後は，振り返りをおこない，次の授業に生かせるようにします。　［伊藤陽一］

Q５：教育実習生が，守るべきことは何ですか。

A：実習生は，実習校の服務のきまりを守り，全教職員の指導の下に実習を行うことが求められます。守るべきポイントは，以下のとおりです。

①挨拶：人間関係を築くためには，自分から進んで積極的に挨拶をします。

②丁寧な言葉遣い：教職員に対してだけではなく，児童に対しても呼び捨てをすることなく，丁寧に話します。

③体罰の禁止：いかなる事情があっても，児童に肉体的・心理的に苦痛を与えることは許されません。

④守秘義務・個人情報保護の遵守：プライバシー等に関する資料の持ち出しや個人情報等の漏洩，及び SNS 等での発信をしてはいけません。実習後も同様です。

⑤安全：児童に関することだけではなく自己管理にも徹します。［伊藤陽一］

Q６：教育実習中に不測の事態が起きた場合は，どのようにしたらよいですか。

A：児童に事故や病気といった不測の事態が起きた場合は，すぐに教職員に「報告・連絡・相談」し，その指示に従って適切に処理するようにします。

自分自身に事故や病気といった不測の事態が起きた場合は，すぐに教頭先生か校長先生に連絡し，指示を受け，許可を得て行動する必要があります。

やむを得ず遅刻・早退・一時外出・欠勤する場合は，必ず欠勤届や証明書等の文書を，実習校の指示に従って学校長に提出しなければなりません。不測の事態が発生した場合は，大学にも必ず報告する必要があります。

重要なことは，何ごとも教職員に早く正確に包み隠さず「報告・連絡・相談」し，その指示に対して誠実に受け止め行動することです。　［伊藤陽一］

Q７：児童との関わりのなかで，気をつけることは何ですか。

A：実習生は，学習指導以外のさまざまな活動場面において，自ら積極的に児童との関わりをもつことが大切です。そのことが児童理解に繋がり，さらに児童への愛情を深め，教師としてやりがいを感じさせるものとなります。

児童の多くは，実習生に対して興味関心を示します。ただし，その興味関心の示し方は，個々の児童によって積極的であったり消極的であったりと違いがあります。実習生には，友達感覚で児童と関わることなく，「教員」としての立場を自覚し，どの児童に対しても分け隔てなく公平・平等に丁寧に関わることが求められます。

まずは，できる限り早い段階で学級の児童全員の名前を覚え，笑顔で丁寧に名前を呼べるようにするのがよいでしょう。　［伊藤陽一］

Q 8：特別な支援を必要とする児童とは，どのように関わればよいですか。

A：実習生は，どの学級にも発達障害による「困り感」を抱えた児童がいることを認識し，学級担任から特別な支援を必要とする児童について事前に情報を聞き取ることが重要です。

たとえ同じ発達障害の診断名がついていたとしても，個々の児童の有する特性はそれぞれ異なります。この点を認識したうえで，教師主導型の教え込みにならないよう，個々の児童の反応を確認しながら授業を進めていくことが大切です。

例えば，授業開始時に，一時間の授業の流れを示し，見通しをもたせること，黒板にたくさんの情報を掲示しないようにすること，ICT 機器を効果的に使うことなど，配慮と工夫が必要です。　［伊藤陽一］

Q 9：児童をどのようにほめたり叱ったりしたらよいですか。

A：教師にとって，児童をほめたり叱ったりすることは，授業中だけではなく日常的な児童との関わりのひとつであり，児童と信頼関係を築くうえでも大変重要です。

実習生であっても，心のこもった「ほめる」「叱る」という指導は，児童の心に深く刻まれ，生きる指針となります。「うなずく」「それでよいと認める」「微笑む」だけでも児童は嬉しく思います。児童の何がよかったのかという具体的な事実をタイミングよく褒めることが大切です。

また，叱る前には，「なぜ，この子はこのような行動をしたのか」を考えることです。叱る時は感情的にならず，人間性を否定することなく，冷静に児童の眼を見て，丁寧な言葉遣いで叱ることが大切です。　［伊藤陽一］

Q10：学級経営には，どのように関わればよいですか。

A：学級経営の基本は，児童を理解することです。まずは，学級担任が個々の児童とどのように信頼関係を築こうとしているのか，安心で居心地のよい学級づくりのためにどのような支援や配慮をしているのかを，あらゆる場面から学ぶようにしましょう。

そして，実習生は，いつも児童のそばにいることが大切です。授業時間はもとより，休み時間では児童と一緒に遊び，会話するようにしましょう。清掃時間や給食時間でも，児童と一緒に当番活動を体験し，交流することが重要です。

つねに積極的に児童とコミュニケーションをとり，児童理解を深める努力をすることが大切です。積極的で目立つ児童ばかりではなく，目立たず控え目な児童にも声かけをするようにしましょう。　［伊藤陽一］

Q11：朝の会や終わりの会では，何をすればよいですか。

A：朝の会・終わりの会は，学級の児童同士の心を繋ぐ大切な時間です。また，学級担任の学級づくりの基礎基本が垣間見える場面でもあるので，毎日，会の運営や指導のポイントを観察し，実践的に学ぶことが大切です。

朝の会は，学級として一日の始まりの会です。学級全員が，気持ちよくスタートできるような挨拶と出欠確認・健康観察が指導の柱となります。

終わりの会は，児童にとって一日の学校生活が充実していたかどうかを確認する会です。個々の児童の表情をしっかりと観察し，発言の意味を聞き取ることが大切です。

どちらの会も日直当番の児童が司会進行するので，その話し方・聞き方についても，指導し評価します。

［伊藤陽一］

Q12：清掃時間や給食時間での指導は，どうすればよいですか。

A：「清掃指導」と「給食指導」は，学校教育において重要な教育活動の一部です。2つの指導については，学級の「決まりごと」があるので，事前に確認してから指導します。

清掃時間での実習生は，児童と一緒に協力して清掃を手伝いながら，正しい掃除の仕方と清掃道具の使い方について指導します。また，班のなかで児童が仲よく協力して清掃しているかを観察し，励ましの言葉かけをします。

給食時間での実習生は，エプロン・頭巾・マスクをして，給食当番を手伝い，協力して食事の準備をします。そして，毎日，違う班のなかに入って，一緒に楽しい会話をしながら食事をしましょう。児童にとって嫌いな献立のときは，無理矢理食べさせないようにします。　［伊藤陽一］

Q13：実習指導教員（学級担任）との関わりで，大切にすることは何ですか。

A：学級担任は，授業や授業準備だけではなく，事務的な業務や会議・打ち合わせも日常的におこなっています。また，突発的な生徒指導や保護者対応をおこなうこともしばしばです。実習生のことをいつも気にかけていられないこともあります。

実習生は，そうした忙しい学級担任を目の当たりにして，遠慮気味になりがちです。しかし，そこはタイミングを見計らって，「今，お話しさせてもらってよろしいでしょうか」「いつ，お時間をとっていただけますか」と，学級担任に配慮する言葉と謙虚な気持ちをもって，自ら積極的にコミュニケーションをとることが大切です。

そして，つねに「報告・連絡・相談」を忘れず実行することが，学級担任との信頼関係を築くことに繋がります。　［伊藤陽一］

Q14：実習指導教員（学級担任）以外の教職員とは，どのように関われればよいですか。

A：実習生は，実習指導教員（学級担

任）との関わりが強くなるのは当然ですが，学校が組織としていかに多くの教職員の協力の下で教育活動をしているのかを実感することも，実習では大切な学びのひとつとなります。

実習生は，実習指導教員（学級担任）以外の教職員から直接的な指導を受けることは少ないですが，見えないところでお世話になっているという自覚と感謝の気持ちを忘れず行動することが大切です。

例えば，朝と下校時には，自ら進んで笑顔で挨拶しましょう。全教職員の顔と名前を一人でも多く覚え，「○○先生」「○○さん」と呼べるようになるとよいでしょう。

そうした社会人としてのマナーや行動が，良好な人間関係を築き，有意義な実習に繋がります。 ［伊藤陽一］

Q15：授業観察（観察実習）で，大切にすることは何ですか。

A：観察実習では，いずれ自分が授業をすることを想定し，①授業のねらい，②授業の流れ，③発問，④指示，⑤助言と説明，⑥板書，⑦所作（立ち振る舞い）などのポイントについて，具体的かつ簡潔に記録することが基本です。

そこで大切にしたいことは，授業者だけに焦点を当てて観察し記録するだけではなく，個々の児童の発言や表情，動きも合わせて記録することです。そこから個々の児童の思考の深まりや戸惑い，変容についてメモしておきます。このように，授業を観察・記録することは，大変な作業であり，教室の後ろでぼんやりと眺めている暇はありません。

授業後は，記録やメモから授業を振り返り，児童の実態をつかむことによって，自分の授業実習の参考にします。 ［伊藤陽一］

Q16：授業実習で，大切にすることは何ですか。

A：授業実習とは，実習生自らが児童に授業をおこなうことであり，教育実習のメインの活動です。よりよい授業にするためには，教材研究をおこない，学習指導案・板書計画を作成し，教材・教具をそろえ，事前に指導教員から指導助言を得るという準備が必要です。

授業実習で大切にすることは，児童の実態をふまえて，①目標（児童たちにつけさせたい力），②学習内容（目標を実現させるために必要な指導ポイント），③指導方法（学習内容を習得させ，目標を達成させるための学習の仕方や環境整備）をよく考えておこなうことです。そして，授業後には児童の反応と自分の指導とを関連して振り返ることが欠かせません。

授業は，最初から上手くいくものではありません。謙虚に改善し続けることが大切です。 ［伊藤陽一］

Q17：研究授業には，どのように取り組んでいけばよいですか。

A：教育実習の最大の山場が，研究授業です。研究授業とは，校長先生をはじめ多くの先生方に参観していただき，教科指導の反省と向上に役立てるものです。実習生は，実習中に学んだことだけではなく，大学で学んできたことも含めての集大成として，しっかりと準備をして臨むことが求められます。

実習生は，「研究授業をよりよいものにする」という目的をもって，学級担任等と研究授業の日程を早い段階で決定し，それに向けて単元計画をつくり，学習指導案作成の準備をしていくことが大切です。そして，切羽詰まって当日を迎えるのではなく，教材・教具の準備を綿密におこない，絶えず学級担任等と相談し，指導や助言をもらえるようにしておくことが大切です。

より多くの方に参観していただき，助言をいただきたいというアナウンスをすることも忘れてはいけません。

［伊藤陽一］

Q18：事後研究会（研究協議会）には，どのような姿勢で臨めばよいですか。

A：事後研究会とは，研究授業終了後，授業について主に指導法や指導技術について振り返ることです。事後研究会では，最初に授業者（実習生）からの自己評価が求められます。そのため，事後研究会が始まるまでに，再度指導案を見て，授業者と児童が授業中のどの場面でつまずいたり困ったりしたのか，その要因は何だったのかをメモしておきます。そして，授業全体を振り返って「本時のねらい」が達成できたかを厳しく自己評価し，事後研究会に臨む準備をしておきます。

事後研究会では，研究会に参加してくださった先生方（参加者）にお礼を述べた後，授業の「何が」「どこで」「どうだったのか」を，児童の姿から具体的に振り返ります。

参加者からの質問や意見は，真摯に受け止め，メモします。そして，言い訳や弁解にならないよう丁寧に返答します。事後研究会の最後には，参加者の意見から学んだことを伝えることが大切です。

［伊藤陽一］

Q19：教育実習簿（実習日誌）を作成するときの留意点は何ですか。

A：教育実習においては，「教育実習簿」と呼ばれる記録を作成することが求められます。教育実習簿は，実習生の「教育実習事前・事後指導」の評価の基礎資料となる大切なものであり，毎日下校前に学級担任に提出し，翌日の実習に活用することが大切です。教育実習簿を作成する時の留意点としては，

①単なる個人の日記や感想文のような記述にならないようにします。
②参観メモをもとに，疑問に思ったことや学んだことを簡潔に書きます。
③授業以外での場面で，児童との交流から気付いたことを書きます。
④授業実習では，指導案を添付し，実施後の自己評価と改善点を書きます。
⑤丁寧な文字でわかりやすく書き（鉛筆は不可），誤字脱字に気をつけます。

教育実習簿を通して学級担任と交流することによって，実習は充実していくでしょう。

［伊藤陽一］

介護等体験

Q１：介護等体験とは何ですか。

A：介護等体験は，義務教育に従事する教員が個人の尊厳及び社会連帯の理念に関する認識を深め，教員としての資質の向上を図り，義務教育のいっそうの充実を期するために，小学校又は中学校の教諭の普通免許状の授与を受けようとする者が障害者，高齢者等に対する介護，介助，これらの者との交流等の体験を行うものです。この制度を定めた法律は，1997年６月に公布された「小学校及び中学校の教諭の普通免許状授与に係る教育職員免許法の特例等に関する法律（通称，介護等体験特例法）」です。

学校（特別支援学校）と施設（社会福祉施設等）において，介護・介助のほか，障害者等の話し相手，散歩の付き添いなどの交流等，幅広い体験が想定されています。この体験を通して，子どもへの理解，人への理解や個人の人権や尊厳，多様な生き方と社会連帯の理念に関する認識や考え，まなざしを深めていくことは教員の仕事の礎を築くものです。 ［田部絢子］

Q２：介護等体験を受けなくてもよい人たちはいますか。

A：介護等に関する専門知識を有している人，身体障害があって介護等の体験をおこなうことが困難な人は介護等体験を免除されます。具体的には①保健師，②助産師，③看護師，④准看護師，⑤特別支援学校の教員の免許を受けている者，⑥理学療法士，⑦作業療法士，⑧社会福祉士，⑨介護福祉士，⑩義肢装具士の資格を取得している者と，⑪身体上の障害により介護等の体験を行うことが困難な者（身体障害者福祉法に規定する身体障害のうち，身体障害者手帳の交付を受け，その障害の程度が１級から６級である者）です。ただし，大学によってはこれらの人にも体験を求めている場合もありますので，履修上の注意をよく確認してください。 ［田部絢子］

Q３：介護等体験の期間７日間の内訳はどのようになっていますか。

A：介護等体験は学校（特別支援学校）と施設（社会福祉施設等）でおこなうことが求められています。社会福祉施設とは，例えば，乳児院，母子生活支援施設，授産施設，老人デイサービスセンター，特別養護老人ホーム，障害児入所施設，障害者支援施設及び地域活動支援センターなどです。７日間の内訳は，社会福祉施設等を５日間，特別支援学校を２日間とすることが望ましいとされています。介護等体験の期間については7日間を下らない範囲においておこなうこととされ，7日間を超えることはさしつかえありません。介護等体験の時間の目安は介護等体験の施行に関する通達（1997）に，「1日当たりの介護等の体験の時間としては，受入施設の職員の通常の業務量，介護等の体験の内容等を総合的に勘案しつつ，適切な時間を確保する」ことと示されています。 ［田部絢子］

Ｑ４：介護等体験の１日の時間は決まっていますか。

Ａ：１日あたりの介護等の体験時間・スケジュールは施設・学校ごとに異なります。施行通達（「小学校及び中学校の教諭の普通免許状授与に係る教育職員免許法の特例等に関する法律等の施行について（通達）」，1997年11月26日）に基づき，受け入れ施設・学校の教職員の通常の業務量，介護等の体験の内容等を総合的に勘案しつつ，適切な時間が確保されるように具体的な時間・スケジュールが計画されます。例えば特別支援学校における一般的な体験スケジュールとしては，８時30分に集合し，授業参加や介護等体験記録作成を経て17時に解散しています。

［内藤千尋］

Ｑ５：介護等体験の内容にはどのようなものがあるのですか。

Ａ：介護等体験の内容は，障害者，高齢者等に対する介護，介助，これらの者との交流等であり，通常特別支援学校で２日，社会福祉施設で５日，計７日間の体験をおこないます。特別支援学校での主な体験内容は子どもとの交流や教員の補助であり，具体的には授業参観，学校行事や校外学習への参加・補助などがあります。社会福祉施設での体験の場合は，利用者との交流，職員によるさまざまな介助（食事，入浴，トイレ等）の補助，行事やレクリエーションの補助などがあり，具体的な体験内容は受け入れ側に一任されており，学校・施設の種別等によってもさまざまです。そのため，体験先として決まった学校・施設がどのような種別であるのか，事前に学んでおくことも重要です。 ［能田　昴］

Ｑ６：体験日や体験先の障害種別を指定できますか。

Ａ：特別支援学校では児童生徒への教育支援が優先され，学校行事やその他の事情により年間を通していつでも受け入れられるわけではないために，学生を受け入れられる時期とそうでない時期があります。また特別支援学校は都道府県立のほかに，国立・市区立・私立をあわせても1000校程度しかなく，障害種ごとに設置数の偏りもあるために，希望先の障害種別の指定は難しいことが考えられます。学校や時期を指定しての介護等体験の実施を検討する場合には，大学の担当者や大学を通しての受け入れ機関（教育委員会等）との相談・調整をおこなう必要があります。 ［石井智也］

Ｑ７：介護等体験は帰省先でも受けられますか。

Ａ：帰省先での介護等体験も認められています。しかし受け入れ先の施設・学校の状況によって必ずしも希望が通らない場合も出てきます。そのため事前になるべく早く，まずは大学の担当者に相談をしてください。

なお介護等体験の施行に関する通達（1997）では，とくに首都圏・近畿圏等に所在する大学等の場合の受け入れ先不足をなるべく防ぐ観点から，帰省先での介護等体験の実施促進についても示されています。［石川衣紀］

Q 8：体験学生の理由により当日行けない場合はどうしたらよいですか。期日の変更は可能ですか。

A：原則として事前学習で指示された所属する大学等の担当課・教員に電話連絡し，理由・期間等を伝えます。メールは指示のあった場合のみ連絡に使用します。大学等から指示があれば学生から学校や施設へ連絡します。夜間を除き，参加困難となったことが判明した時点で連絡を入れること，緊急時を除き学生自身で連絡をおこなうことに留意します（知人への伝言は避ける）。そのため，事前指導時に欠席の連絡方法について学習し，不明な点は大学等の担当教員に事前確認しておくことが必要です。期日の変更は基本的にはできないと考え，体調や生活習慣を整えておくことも学習の一環と捉えます。忌引き等に対し，学校や施設側の配慮で期日変更が可能な場合は謝意を伝えましょう。［田中　謙］

Q 9：児童の指導にあたるとき，特にどのようなことに注意すればよいですか。

A：児童生徒の安全・安心な学校生活を保障するため，望ましい言動を心がけるとともに，介助の際に「〇〇します」と声をかけるなど，児童生徒の立場から求められる関わり方をすることを念頭におきます。そのうえで事前指導の際のテキスト・プリントを復読するとともに，児童生徒と教員の関わり方を観察・模倣するなど，一人ひとりの特性等に応じて関わることを基本とします。移動時の転倒や衝突等の事故のみならず，「手助けをしすぎない」など学習機会の保障にも留意しましょう。とくに児童生徒のなかには介護等体験に来た学生への興味関心から，授業中に話しかけてくる場合もあり，授業や教員に意識を向けるよう切り替えを促すといった関わりを意識して臨むことが望ましいです。［田中　謙］

Q10：車いすの使い方など技術的なことは事前に学習しておく必要はありますか。

A：事前学習等において大学等で教わる場合もあれば，受け入れ先にて車いす体験などのプログラムが用意されている場合もあります。受け入れ先での体験内容や障害種別などとも関わってくるので，まずは大学の担当者や受け入れ先の担当者の方に相談をしてください。［石川衣紀］

Q11：体験の記録やレポートなどの提出は必要ですか。受け入れ先では指導教員がつくのですか。

A：体験の記録・ノートやレポート等の提出を求めている大学もあれば，受け入れる学校や施設側が感想文の提出を課している場合もあるなど，所属する大学や体験先によって異なりますが，近年多くの大学では，学生が介護等体験を十分に振り返り，今後の教育実習等で生かしていけるようにさまざまな課題を課すことが少なくないようです。

特別支援学校では一人ひとりに指導教員がつくケースは少ないですが，体験が円滑に進み学生の学びが実りあるものになるように，多くの特別支援学校では可能な限り充実した支援体制を整えています。 ［石井智也］

Q12：体験中の事故・トラブルにはどのようなものがありましたか。

A：生じやすい事故に関しては，施設利用者の移動中の転倒，衝突や自傷行為（自分を傷つける等）・他害行為（暴力をふるう等），教室等からの飛び出しなどがあります。体験中は利用者から目を離さず，異変を感じたり，事故が生じた場合は教員・職員に報告します。

トラブルに関しては，連絡のない遅刻・欠席や直前での体験辞退，迷子，忘れ物（着替え，靴，筆記具，昼食等），体調不良，服装・身だしなみ（アクセサリー，化粧，香水や露出，下着が透ける等），スマートフォン等の利用などがあります。学生によるトラブルは事前準備不足や介護等体験の意義の理解不足から生じる場合が多く，学校・施設側の善意で体験機会が与えられていることを理解しておく必要があります。 ［田中　謙］

Q13：介護等体験には費用がかかりますか。

A：体験を受け入れる自治体によって異なりますが，事前に実習費を支払う場合があります。体験先への交通費や昼食費，校外学習等へ参加する場合には，その交通費や入場料・入園料，事務手続きに関する諸費用など，さまざまな実費負担も必要となります。また介護等体験の前には健康診断や細菌検査等を受ける必要があり，介護等体験証明書の発行に印紙が必要となる場合もあるため，大学や関係機関の指示に従ってください。 ［能田　昴］

Q14：事前に保険に加入する必要はありますか。

A：介護等体験をおこなうにあたって保険に加入しておくことはとても重要であり，多くの大学等では保険加入が必須とされています。学生が加入する保険として「学研災付帯賠償責任保険」があります。この保険は介護等体験中及びその往復時も含めて，対人対物の損害賠償責任が生じた際に補償をおこなうものです。この保険に加入したうえで，まず子どもや社会福祉施設等の利用者にけがなどをさせないように事前説明等をしっかりと理解し，細心の注意を払ってその人たちの命と向き合いながら体験に臨む姿勢が不可欠です。何気なく置きっぱなしにしたクリップや消しゴムを子どもが誤飲してしまったり，そのつもりはなくても無理に力が加わったことによって脱臼や骨折などをさせることも考えられ，またそのことが命の危険に繋がることも多くあります。万一そうした状況が起きた場合は，すぐに教職員に状況を正確に伝えて応急処置をしてください。学校や施設の備品を誤って壊した場合も，場の現状と起きた原因をすみやかに教職員と大学の担当者へ報告をしてください。その後の対応は特別支援学校や社会福祉施設等での判断となり，必要に応じて大学と協議されます。

［石川衣紀］

Q15：介護等体験証明書を紛失した場合，再発行はしてもらえますか。

A：「介護等体験証明書」は教員免許状を取得する際に必要な証明書です。社会福祉施設長または特別支援学校長に，体験の修了を証明していただきます。証明書の再発行は原則としておこなわれません。紛失した場合には介護等体験を再度おこなわなければならないこともありますので，証明書が交付されたらしっかり保管しておくことが大切です。大学によっては，教員免許状一括申請に向けて，介護等体験修了後すぐに大学に証明書を提出するケースもありますので，各大学での手続きをよく確認してください。なお，体験中，人権尊重等の観点から明らかに社会通念上問題がある場合などには体験を修了したとは認めず，介護等体験証明書が交付されないこともあることに留意して体験に臨んでください。

［内藤千尋］

《連携・接続編》

幼稚園教育

総　論

教育と保育

乳幼児期の教育では大人が意図的に知識を与えるのではなく，子ども自身が環境を構築するなかで生起する自発的な遊びや生活を通した成長が重視される。これら一連の教育的営みの土台には，子どもたち自身が自分の居場所に安全や安心を感じること，言わば，保護や養護の意味合いを包含した保育的営みが不可欠となる。

このように，幼児教育において教育と保育は不可分な関係にあり，区別することは困難である。したがって，幼稚園・保育所・認定こども園３施設すべてで教育と保育は一体的に取り組まれている。教育と保育との関係について，幼稚園は教育を，保育所は保育を，そして，認定こども園は教育と保育をおこなう施設であるといった理解は，誤解である。

→学びの芽生え　［飯野祐樹］

遊　び

「環境を通した保育」と並ぶ，日本における幼児教育・保育の方法の基本理念である。幼稚園教育要領では，遊びを「幼児の自発的な活動」とし，「遊びを中心としての指導」を，幼稚園教育が重視するべき基本的事項とする。保育所保育指針では，「乳幼児期にふさわしい体験」を得るため，「生活や遊びを通して総合的に保育すること」が保育の方法の留意事項とされる。その背景には２つの遊び観がある。第一は，遊びを自己目的的・自己充足的な営みとみなす見方である。ホイジンガ（Huizinga, J.），カイヨワ（Caillois, R.）は，遊びの自己完結性，虚構性，非日常性を重視する遊び論を提示した。第二は，ピアジェのように，遊びは，子どもにとって諸能力を開発する準備だとする見方である。遊びの定義については，シラー（Schiller, J. C. F.）以来，人間の特質の規定と絡み合う形でさまざまな説が提示されてきたが，今日の日本においては，①遊びは，遊ぶこと自体が目的である自己目的的な活動であり，②遊びを通して子どもは自らの諸能力の発達を遂げていくという２つの特徴によって定義される。

→ピアジェ　［吉田直哉］

環境による教育

乳幼児期の子どもは，一方的に教えられることで知識や技能を身につけるのではなく，主体的・能動的に環境に関わることでそれらを習得し，発達する。そのため，保育では子どもが身近な環境に関わったり，保育者が計画的に保育環境を整えたりして，子どもの能動性が十分に発揮されるような時間や場などを用意する必要がある。例えば，子どもが周りの人や物，事柄等に自分の欲求を示す，興味や関心をもつなどして，直接関わろうとするとき，保育者が子どもの主体性を大切にすることで，直接的，具体的な体験の積み重ねによって健全な心身が育まれていくのである。このように，子どもが環境との関わりを深め，体験を通した学びを可能にするような保育者の適切な援助も重要である。

→児童中心主義 ［山本淳子］

保育の制度・法律

幼稚園

幼稚園は文部科学省の管理下にあり，学校教育法に基づく学校である。幼稚園は，幼稚園教育要領で示された内容をもとに，満３歳から小学校就学前の幼児を対象に保育をおこない，適当な環境を与えて心身の発達を助長しながら，義務教育及びその後の教育の基礎を培う役割を担っている。

１学級の幼児数は原則35人以下である。年間の教育日数は39週以上と規定され，夏休み等の長期休暇も設定されている。１日の教育時間は４時間とされているが，預かり保育を実施している園も多数見られ，保育所と変わらない長時間保育を実施している。幼稚園の先生になるためには，幼稚園教諭免許が必要となる。

近年では認定こども園の台頭に伴い，設置数は減少傾向にある。［飯野祐樹］

保育所

保育所は厚生労働省の管理下にあり，児童福祉法に基づく児童福祉施設である。保育所保育指針で示された内容をもとに，保育を必要とする０歳から小学校就学前の乳幼児を対象に保育をおこなう。

保育に際し，１学級あたりの乳幼児数は規定されていないものの，保育士１人が保育できる乳幼児数は規定されている。各保育所には食事提供が求められる。１日の保育時間は原則８時間とされるが，保護者の就労時間や家庭の状況を考慮して，保育所長の裁量で定めることが可能である。保育士になるためには，保育士資格証明書が必要となる。

認定こども園の設置以降，認定こども園へと移行する保育所の数は増加傾向にある。［飯野祐樹］

認定こども園

認定こども園は内閣府の管理下にあり，文部科学省や厚生労働省とも連携しながら運営される学校及び児童福祉施設としての性質を有する幼児教育施設である。

認定こども園は，幼保連携型・幼稚園型・保育所型・地方裁量型の４類型に分けられ，幼保連携型認定こども園教育・保育要領で示された内容をもとに，０歳から小学校就学前の乳幼児を対象に教育・保育をおこなう。

保育者に求められる資格は施設の類型や対象年齢によって異なるが，幼稚園教諭と保育士の資格の両方を有することが原則である。子どもたちは３つの認定区分に分けられ，区分別に教育・保育時間に違いがある。

2006年に創設されて以降，日本の主たる幼児教育施設として，その役割を担っている。［飯野祐樹］

厚生労働省

2001年に国家行政組織法第3条第2項に基づいて設置された行政機関である。国民の生活保障と経済の発展を一体的に推進するため，それ以前には別の機関であった厚生省と労働省が統合してできた。

厚生労働省設置法第3条第1項においては，「国民生活の保障及び向上を図り，並びに経済の発展に寄与するため，社会福祉，社会保障及び公衆衛生の向上及び増進並びに労働条件その他の労働者の働く環境の整備及び職業の確保を図ること」がその任務として定められている。［田口賢太郎］

就学前の子どもに関する教育，保育などの総合的な提供の推進に関する法律（認定こども園法）

2006（平成18）年に公布，施行された法律であり，これによって，幼稚園と保育所の機能をあわせもつ総合施設である認定こども園が創設された。2012年に一部改正された同法では，幼児期の教育及び保育が生涯にわたる人格形成の基礎を培う重要なものであると明記された。また，認定こども園の一類型であった幼保連携型認定こども園が学校及び児童福祉施設としての法的位置づけをもつ単一の施設と定められ，職員として保育教諭を置くことや，その他，教育・保育の目標や内容，入園資格，設置者，設備・運営の基準，設置認可等についても規定された。なお，同施設への移行は強制ではなく，政策的には普及促進にとどまるものであった。［田口賢太郎］

児童福祉法

18歳未満の児童福祉に関する総合的かつ基本的な事項が定められた法律であり，児童福祉の理念とその責任，児童福祉に関わる諸機関についての規定，またその専門職員，事業，費用などについても明記されている。子育て支援，母子保健，保育，健全育成，要保護児童の支援，障害児支援等広く児童福祉に関するさまざまな法令，制度，政策，実践の根幹である。1947年に戦災浮浪児や栄養失調児の保健衛生のため制定され，それ以降も社会環境の変化に伴ってたびたび改正がおこなわれている。2016年の改正では，児童の権利が総則において改めて明確に記され，児童の健全な成長に関する国民の努めと保護者の第一義的責任を明記する条文が追加された。［田口賢太郎］

子ども・子育て支援新制度

2012年8月に成立した子ども・子育て関連3法（子ども・子育て支援法など）に基づいて，2015年4月より始まった制度である。ポイントとして，次の3点が挙げられる。1点めは，認定こども園制度を充実させることで，保護者が働いているかどうかに左右されず，すべての子どもに質の高い教育・保育を提供することである。2点めは，小規模保育，家庭的保育などの多様な保育を国の制度として整備することで，都市部における待機児童の解消と人口減少地域の子育ての機能の維持を果たすことである。3点めは，園に通っている子どもだけでなく，すべての子育て家庭を対象とした支援を充実させることである。こうした政策の背景には，子育ての責任を親のみに押しつけることなく，社会全体で子どもを育てるという考え方がある。

［久保田健一郎］

保育の認定区分

保護者が保育施設を利用する際に，自治体が保護者の状況から保育の必要性を客観的な基準で判定し，利用できる施設を決めるための区分である。認定区分の１号認定は３～５歳児で保育の必要性がないとされた就学前の子どもで，幼稚園や認定こども園を利用する。２号認定は３～５歳児で保育が必要であるという認定を受けた就学前の子どもで，保育所や認定こども園を利用する。３号認定は０～２歳児で保育が必要であるという認定を受けた就学前の子どもで，保育所やこども園のほか，小規模保育などの地域型保育を利用する。その後，2019年10月から開始された幼児教育無償化により，預かり保育が無償になる新２号等の区分も設けられている。

［久保田健一郎］

保育教諭

幼稚園教諭免許と保育士資格の両方をもち，幼保連携型認定こども園において保育をおこなう職員のことである。保育教諭は独立した資格ではなく，これまでの幼稚園教諭免許と保育士資格をもっている人が，そのまま携われるようにしている。また，現職の幼稚園教諭や保育士がどちらかの資格しかもたないケースが多いことから，幼稚園や保育所を幼保連携型認定こども園に移行しやすくするため，しばらくの間は片方の資格でも保育教諭になることができるとし，３年以上の現職経験のある人たちがもう片方の資格を取りやすくする特例制度が設けられた。今後は，保育教諭そのものの専門性を深め，独自の養成課程をもつなどの議論も必要になるだろう。

［久保田健一郎］

預かり保育

女性の社会進出の拡大等から1998年の幼稚園教育要領改訂以降，「子育ての支援」の一環として推進されるようになった。幼稚園で，地域の実態や保護者の要請により教育課程に係る教育時間の終了後におこなう教育活動のことであり，幼保連携型認定こども園では同様な理由から，教育をおこなう標準的な時間の終了後等に希望する園児を対象にしておこなう一時預かり事業を意味する。地域の実態や保護者の突発的な事情，家庭での保育の困難等に応じて，教育時間の前後や長期休業日などに一時的に園児の保護を希望者におこなう教育活動である。教育時間と担当者やクラス編成が変わる場合に注意すべきこととして，保育者間での連携，家庭的な雰囲気の環境構成，遊びの種類等の検討，健康の配慮が挙げられる。

［山本淳子］

子育て支援

子育て家庭に対して，私的・公的機関などが子どもの健全な育ちのために支援をおこなうことである。幼稚園教諭などの保育者は，以前は園に通ってくる子どもの保育をすれば十分であったが，各家庭での子育ての困難さが増した現在においては，以下のような子育て支援の役割も求められている。幼稚園教育要領では，幼稚園は，幼児期の教育に関する相談を受けること，子育てに関する情報提供をすること，保護者同士の交流の機会を提供することなど，地域における幼児教育のセンターとしての機能を果たすことが求められている。また，認定こども園においても，認定される基準として，すべての子育て家庭を対象として，地域における子育て支援をおこなうことが条件になっている。

→保護者との関係 ［久保田健一郎］

保育内容

領域【幼稚園】

幼稚園教育は教育基本法，学校教育法に示す目的・目標をふまえておこなわれ，幼稚園教育要領に示す，幼稚園教育の基本に基づき資質・能力を育んでいく。幼稚園教育要領では発達の側面から心身の健康に関する「健康」，人との関わりに関する「人間関係」，身近な環境との関わりに関する「環境」，言葉の獲得に関する「言葉」，感性と表現に関する「表現」の５領域の「ねらい」が示されている。実際の園生活における幼児の具体的な経験は領域別ではなく，相互に関連しながら展開するものである。「ねらい」の達成においても５領域は総合的に指導されていく。それぞれが独立した小学校の教科とは異なるということに留意したい。

→領域【小学校】 ［山本淳子］

健　康

幼稚園教育要領では３歳以上，保育所保育指針，幼保連携型認定こども園教育・保育要領では１歳以上３歳未満児も含めた心身の健康に関する領域として，「健康」の視点が示される。そのねらいは，園生活で明るくのびのびとした行動などで充実感を味わう心情の側面，体を十分に動かしてさまざまな動きを楽しんだり運動しようとしたりする意欲の側面，健康で安全な生活に必要な習慣をすすんでおこなおうとする態度の側面から提示されている。そこでは，子どもを取り巻く危険な状況において，自分で身を守る指導も取り入れることが求められている。また，幼児が日々の園生活を健康で安全に送るためには，保育者との信頼関係が基本となる。 ［山本淳子］

人間関係【幼稚園】

幼稚園教育要領等で示される保育内容５領域のひとつで，人との関わりに関する領域である。他の人々と親しみ，支え合って生活するために，自立心を育て，人と関わる力を養うことを目的とする。この領域は，学力テストなどでは計測できないが，個人の人生に大きな影響を与える「社会情動的スキル（非認知的スキル）」と密接に関わっている。また，小学校教育へ向けたおおむねの目標とされる「幼児期の終わりまでに育ってほしい姿」の10項目のうち，この領域に関するものとして「自立心」「協同性」「道徳性・規範意識の芽生え」「社会生活との関わり」の４つが含まれるなど，現代の幼児教育にとって最も重要な領域と言える。

→非認知能力 ［久保田健一郎］

環　境

幼稚園教育要領，保育所保育指針等において示される５領域のひとつである。周囲のさまざまな環境に好奇心や探究心をもって関わり，それらを生活に取り入れていこうとする力を養うことを主眼とする。環境は，保育方法の根本概念である「保育の環境」とも通じており，子どもが見聞きし触れるなかで相互に関わりをもつものであって，周囲を取り巻く人，物，自然，文化など，さまざまな要素が互いに関連しあって形成される生活の場のすべてをさす。いわゆる「環境」という言葉が一般に喚起する地球環境も，この一部に過ぎない。なお，子どもにとって興味・関心を惹く対象であるだけでなく，子ども自身がつくり出していくものでもある点には留意したい。

［田口賢太郎］

言　葉

幼稚園教育要領，保育所保育指針等に示される５領域のひとつである。そこでは，子どもが経験したことや考えたことなどを自分なりの言葉で表現する力，及び相手の話す言葉を聞こうとする意欲や態度を育て，さらに言葉に対する感覚や言葉で表現する力を養うことが目的とされている。本領域においては，言葉は子どもが自らの気持ちを表現するものであると同時に，他者の気持ちを伝達するものでもある。つまり，「話す」ことと同時に，「聞く」ことの重要性が強調されている。本領域の指導にあたっては，獲得した言葉の数を競わせるなどの早期教育，知育に流されることなく，子どもの言葉に対する興味・関心を育み，子どもが言葉によって示される絵本や物語などの児童文化に親しむことが重要視されている。

［吉田直哉］

表　現

幼稚園教育要領，保育所保育指針等に示される５領域のひとつであり，感性と表現に関するものである。感じたことや考えたことを自分なりに表現することを通して，豊かな感性や表現する力を養い，創造性を豊かにすることを目的とする。子どもの内にあるものを外へ表すことだけでなく，音や形，色など，周囲の世界に現れているものに触れ，イメージを自己の内に形成することも含む。製作や劇だけが表現なのではなく，缶を転がしたり，砂場の山を崩したりすることも表現でありうる。子どもの自己表現は生活の端々に見られる素朴なものであり，発達に応じて変化もする。音楽や造形，身体表現といった表現の区分にとらわれず，総合的に捉える必要がある。

［田口賢太郎］

幼稚園教育要領

幼稚園教育要領は幼稚園教育の目的や目標の実現に向けて，学校教育法第25条及び学校教育法施行規則第38条に基づいて，幼稚園の教育課程の編成や指導計画の作成，その他の保育内容の基準を示すものとして文部科学省が告示するものである。幼稚園教育は幼児期にふさわしい生活，物的・人的・社会的な環境及び教師のさまざまな関わりによって，「環境を通して行う教育」を基本とする。2017年改訂の幼稚園教育要領では，小学校教育以降の教育のつながりを見通した「幼児期の終わりまでに育ってほしい姿」が示された。自発的な活動としての遊びを通した総合的な指導を中心として，生涯にわたる学習を見通しながら，一人ひとりの資質・能力を一体的に育んでいくことが求められる。

→学習指導要領 ［山本淳子］

幼稚園の全体的な計画

幼稚園教育における全体的な計画とは，教育課程を中心に他のさまざまな計画との関連を描いた教育活動の全体図である。幼稚園教育は，子どもが周囲の環境に自ら関わる，遊びや生活を通しておこなわれる。園で展開される多様な教育活動は，幼稚園教育要領に示される，「幼稚園教育の基本」「幼稚園教育において育みたい資質・能力」「幼児期の終わりまでに育ってほしい姿」「園や地域の実態」などをふまえて編成された教育課程に基づいて運営される。その教育課程とは幼稚園の教育時間の全体にわたって教育の目的や目標に向かう道筋を示すものであり，他のさまざまな計画の骨格となるものである。さらに教育課程に基づいて，「指導計画」「教育課程に係る教育時間終了後等に行う教育活動の計画」「学校保健計画」「学校安全計画」を作成することで，それぞれの計画の位置づけや範囲，配慮事項を明確にしながら全体的な計画を作成する。全体的な計画の作成によって各計画の関連性を明確化することで，一体的な教育活動の実施が期待される。

→教育課程 ［山本淳子］

保育所保育指針

保育所保育の内容と運営に関する全国的な基準を示す厚生労働大臣告示である。1965年に当時の厚生省局長通知として示されて以降，1990年，1998年，2008年，2017年と改定されてきたが，「養護と教育の一体性」の基本原理は一貫して維持されてきた。「養護と教育の一体性」とは，保育所保育において，養護（子どもの体や心の健康を保つこと）と教育の営みは同時に，かつ複合的に展開されることを示す理念である。2008年より厚生労働大臣告示となり，法令としての規範性が強化されたとされる。現行の指針は５つの章からなり，乳児保育についての記載が厚くなった一方，３歳以上の保育の内容については，引き続き幼稚園教育要領等と整合する記載がされている。第５章「職員の資質向上」では，職員の体系的な研修の機会を保証することが施設長の責務として明記された。

［吉田直哉］

幼保連携型認定こども園教育・保育要領

2015年に初告示，2017年に改訂された幼保連携型認定こども園の教育・保育に関するガイドラインとして，内閣府・文部科学省・厚生労働省共同で告示された文書である。第１章「総則」，第２章「ねらい及び内容並びに配慮事項」，第３章「健康及び安全」，第４章「子育ての支援」の４章からなる。同年改訂の幼稚園教育要領，保育所保育指針と内容が統一化されている。幼保連携型認定こども園は幼稚園・保育所の双方の機能を有する複合的施設であるため，義務教育及びその後の教育の基礎を培うものとしての「教育」と，保育を必要とする子どもに対する「保育」の一体的提供を図るべく，保育活動の質を計画的・組織的に向上するカリキュラム・マネジメントに努めることが求められている。

→カリキュラム・マネジメント

［吉田直哉］

資質・能力【幼稚園】

2017年改訂の小学校及び中学校の学習指導要領において初めて規定された，学校教育を通して育成がめざされる「知識及び技能」「思考力，判断力，表現力等」「学びに向かう力，人間性等」という３つの柱からなるコンピテンシーである。知識と，それを活用する知的な力，意欲をもって取り組み他者と協働する情意的な力（社会情動的スキル）からなり，この３つは互いに関連しあいながら循環的に形成されるとされる。その形成は幼児期から始まり生涯にわたって続くものとされている。この３つの資質・能力が育まれている５歳後半の子どもが示す具体的な像について，幼稚園教育要領・保育所保育指針等では「幼児期の終わりまでに育ってほしい姿」として10項目を列挙している。

→資質・能力【小学校】

［吉田直哉］

幼児期の終わりまでに育ってほしい姿

資質・能力が育まれている子どもの小学校就学時の具体的な姿である。同時に，保育者が指導をおこなう際に考慮する事項である。2017年改訂の幼稚園教育要領，保育所保育指針，幼保連携型認定こども園教育・保育要領に共通して示された。①健康な心と体，②自立心，③協同性，④道徳性・規範意識の芽生え，⑤社会生活との関わり，⑥思考力の芽生え，⑦自然との関わり・生命尊重，⑧数量や図形，標識や文字などへの関心・感覚，⑨言葉による伝え合い，⑩豊かな感性と表現の10項目が示されている。領域ごとに設定されたねらいを再構成したものとも解される。保育士等が子どもと日常的に関わるなかで見出される子どもの姿であり，就学時における到達目標ではない点に注意が必要である。

→学びの連続性

［吉田直哉］

保育の方法・計画・環境

絵　本

絵本とは絵または絵とことばの調和から生み出される書籍の一種であり，日本での起源は平安時代に見られた絵巻物とされる。

内容別に見れば，物語絵本・昔話絵本・点字絵本等に分類され，様式別では，しかけ絵本・布絵本・大型絵本等に分類できる。用いられる画材も絵の具・パステル・マーカー・写真等多岐にわたる。絵本は主として乳幼児期から学童期までの子どもを対象に作成されるが，なかには青年期以上を対象にした作品も見られる。

このように絵本の内容・様式・技法は多様性に富み，これら絵本の性質から生み出される世界を楽しむことで子どもたちは感性や思考力を育むとともに，語彙や知識の獲得といった諸能力を間接的に獲得している。［飯野祐樹］

玩　具

玩具とは，おもちゃとほぼ同義で使われる言葉で，遊びのために使う物のことである。現在では，幼稚園や家庭で，玩具を幼児教育の道具として使うことも多いが，このような玩具の使い方は，主に19世紀以降のことである。その時期にドイツの教育学者のフレーベルは恩物（おんぶつ）という教育玩具を作成し，自らが設立した幼稚園で導入した。日本においても，江戸時代までは玩具を教育に利用することはなかったが，明治期に入ると，日本初の幼稚園である東京女子師範学校附属幼稚園が設立され，フレーベルの恩物を使った幼児教育がおこなわれた。このような恩物を中心とした教育は全国の幼稚園に広まり，玩具を利用した幼児教育が一般的になった。

→教具　［久保田健一郎］

リトミック

スイスの作曲家・教育家ジャック＝ダルクローズ（Jaques-Dalcroze, É.）が創案した音楽教育法で，リズム運動・ソルフェージュ・即興演奏の３要素からなる。リズム・テンポ・ダイナミクス・表情など，音楽のすべてを身体の動きで表現して音楽的能力を高めていく。リズムの身体的学習体験からソルフェージュ能力（楽譜と音を結びつける能力）を高め，即興演奏によって即時的で豊かな自己表現として音楽をつくり出すメソード（方法）である。音楽に合わせた身体表現ではあるが振り付けを覚えて踊る活動などとは異なり，音楽の流れのなかで，心で聴き感じ取った音楽のニュアンスを即時的に身体で自由に表現する。心と身体の調和を図るこの教育法は音楽能力向上に限らず，想像力や集中力を引き出し個性や社会性を育む統合的な人間教育としてさまざまな分野で用いられている。

［井本英子］

保育方法

保育方法とは保育者が保育のねらいを見通して，子ども自身が遊びや園生活を豊かに営むためにおこなう指導・援助のための手段である。園生活で保育者は子どもの環境への関わり，経験や学びを見通して適切な保育方法の選択をおこなう。例えば「一斉保育」は保育者が保育のねらいに沿って教材等を用意し，保育者主導で，クラス単位などで一斉に活動をおこなう保育形態である。「設定保育」は，保育者が計画性をもって，保育内容を設定して指導がおこなわれるもので，一斉保育と同様にクラス等の単位でおこなわれるだけではなく，少人数や個別に展開される場合もある。「自由保育」は子どもが周りの環境に関わり，自由な選択によって活動が展開される保育形態である。一斉保育や設定保育における活動は保育者の指導の系統性が重視され，自由保育は子どもによる活動の選択が尊重される保育理念に基づいている。ほかにも同年齢や異年齢のクラス・グループ編成など，それぞれの利点を生かした保育形態を選択していきたい。保育者はねらいをふまえながら，子どもの直接的・具体的な活動の展開を見通した環境の構成や再構成，多様な関わり等によって保育方法を日々振り返り，創造してくことが大切である。

［山本淳子］

指導計画

各園の全体的な計画をもとに具体的な指導の内容や方法を示した計画である。指導計画は，年・期・月など，長期的な展望の下で作成される「長期計画」と，週・日ごとに作成される「短期計画」とに分類される。

長期計画では各園で蓄積された記録や実践に対する省察をふまえながら，それぞれの時期に応じた計画が作成される。その際，子どもの実態と周りの自然の変化や行事予定を関連づける視点が求められる。

短期計画では日々の子どもの実態を起点に，子どもの生活に直結する具体的な実践計画の作成が求められ，保育者の援助技術や環境の構成などが綴られる。

幼児教育の場では予想もしない展開が多々生起するため，指導計画にはつねに柔軟性が求められる。［飯野祐樹］

保育の記録

日々の保育を展開していくうえで記録は不可欠であり，保育日誌，実践記録，児童票，保育要録・指導要録，連絡帳など記録するものは多岐にわたる。保育の記録には，①子ども理解を深めるため，②子ども理解に基づき次の保育を計画するため，③保育を振り返り自己省察するため，④同僚間で情報を共有するため，⑤保護者と連携を図るためといった目的がある。各記録は，目的に応じて視点を定め記録することが大切である。また近年は，文字による記録に加えて，写真や動画などを用いたドキュメンテーションや記録を蓄積したポートフォリオなどが，学びの過程を見える化できるものとして注目されている。また，それらを子どもと共有していくことで子どもの自己肯定感を高めることができる。

→指導要録・保育要録の送付；ポートフォリオ［宍戸良子］

保育と社会

少子化

少子化とは子どもの数が減少することをさし，高齢化社会の進行と合わせて，少子高齢化社会と言われることも多い。日本では，戦後すぐの第一次ベビーブーム期は毎年260万人以上の出生数があり，合計特殊出生率も最高で4.32だった。その後，第二次ベビーブーム期の1970年代前半でも，出生数は約200万人で，出生率も2.14を記録している。その後は下がり続け，1989年には戦後最低を更新し（それまでの最低は迷信により出生が少なかった1966年），1.57ショックと呼ばれ，ついに少子化対策が始まった。その後，エンゼルプランなどさまざまな政策が打ち出されているが，いずれも決定的な効果はなく，ここ数年は出生数が100万人を切るに至っている。

［久保田健一郎］

合計特殊出生率

「15歳から49歳までの女性の年齢別出生率を合計したもの」が合計特殊出生率であり「期間合計特殊出生率」と「コホート合計特殊出生率」の２種類に分類される。

官公庁や地方自治体等から公表される合計特殊出生率は一般的に「期間合

計特殊出生率」を意味し，算出方法はその年（一年間）の「15〜49歳の女性が生んだ子どもの数」を「15〜49歳の女性の数」で割った数値で示される。日本においては少子高齢化に伴い「15〜49歳の女性」は年々減少しているため，同じ出生数であっても数式の性質によって数値が高まることがある。つまり，合計特殊出生率の高まりが出生数の増加を意味するものではなく，この点には留意が必要である。

［飯野祐樹］

待機児童

保育の必要性（支給認定2号，3号）が認定され，保育所や認定こども園（幼稚園機能の利用を除く）などの利用申し込みがなされているにもかかわらず，利用していない児童をさす。保育サービスの提供には正確な待機児童数の把握が必要である。2017年以降の待機児童数調査の方法では，保護者が育児休業中でも復職意思があればその児童も加えること，特定の保育所を希望している場合や求職活動を中断している場合でも自治体が調査のうえで加えるかどうか判断すること，地方公共団体が実施する補助的な保育サービスを利用している場合は待機児童数には加えないこととされた。潜在的待機児童の存在はなおも懸念されている。

［田口賢太郎］

家庭教育

家庭，とくに近代家族の内部においておこなわれる，子育て，育児，しつけと通称される養育的営みのことである。パーソンズ（Parsons, T.）は，近代家族の機能を，成人のパーソナリティの安定化，子どもの再生産・社会化とした。産業資本主義の勃興以前においては，子どもの養育の場として，地域共同体などの中間共同体が機能していた。しかし，第一次産業から第二次産業への産業構造の転換，とくに工業化の進展，大都市への人口集中の進行のなかで，地域共同体の空洞化が進み，同時に近代家族が普遍化して，子どもの養育の責任を家族，とくに親が一元的に担うようになった。近代家族においては，専業主婦として養育機能を担ってきた母親の労働市場への進出が進むなかで，家庭の教育機能は弱体化しつつある。そうした家庭の代替として養育機能を担うのが，保育所などの公的保育施設である。

→近代家族 ［吉田直哉］

保育思想・歴史

フレーベル　Fröbel, Friedrich Wilhelm August（1782-1852）

ドイツの教育思想家，教育者。ベルリン大学における結晶学の研究を経て，ペスタロッチ主義教育に触発されつつ，総合的な学校施設の建設を志し，1834年，ブルクドルフ孤児院・附属初等学校の校長を端緒として教育生活に入る。1840年開設の「一般ドイツ幼稚園」は，幼稚園（Kindergarten）の模範とされた。彼はロマン主義からシェリング（Schelling, F. W. J.）に至るドイツ観念論に影響を受け，神性，自然と人間との最終的な合一を理想とする思想を形成した。彼の教育の理想は，人間の生来的な諸特性の全面的かつバランスの取れた発達，すなわち「球体」的発達の実現であった。彼は，そのような発達を可能にする玩具として「恩物」を開発した。彼は，遊びのなかにこそ人間の「球体」的発達の萌芽があるとし，家庭的な雰囲気のなかで子どもが自発的に活動する環境を重視した。

［吉田直哉］

モンテッソーリ　Montessori, Maria (1870-1952)

イタリアの医学者である。ローマのスラム街に設立し，その後世界的に広まった「子どもの家」における教育で知られている。元来，イタール（Itard, J. M. G.）やセガン（Seguin, E. O.）に影響を受けて科学的なアプローチによる障害児教育を専門としていたが，その方法論を貧困層の就学前の健常児にも応用し，大きな効果を上げたことで注目された。モンテッソーリ・メソッドとして知られているその教育方法は，子どもの自己活動を重視しており，子ども自身が選んだ教具でおこなわれる「仕事」という作業や異年齢保育が特徴である。現代においては彼女の意図とは異なり，英才教育としての印象も強く，欧米の著名な IT 企業の経営者や日本の有望な将棋棋士などが受けた教育としても注目されている。

［久保田健一郎］

倉橋惣三（1882-1955）

明治末～昭和中頃にかけて活躍し，日本の保育の発展に寄与した保育学者である。1910年に東京女子高等師範学校講師に着任し，また雑誌『婦人と子ども』の編集に加わり新しい保育動向を発信した。1917年には同附属幼稚園の主事を兼任，形骸化したフレーベル主義を批判し恩物を廃止するなどさまざまな改革に着手した。戦後，幼稚園を学校体系に位置づけることに尽力し，日本保育学会を設立，初代会長として実践と研究を牽引した。生活を中心とし，子どもの主体性を認めるという理念や，遊びの重視，環境を通した保育の方法など，現代日本の保育への貢献は大きい。代表著作には『幼稚園雑草』(1926)，『幼稚園真諦』(1934)，『育ての心』(1936)，『子供賛歌』(1954)がある。

［田口賢太郎］

東京女子師範学校附属幼稚園

日本で最初の国立幼稚園である。1876（明治６）年に東京女子師範学校に附設された。初代監事（園長）は関信三，主任保母としてドイツのフレーベル主義教員養成学校で学んだ松野クララが他の保母の指導も務めた。設立当初，満３歳から満６歳以下の幼児を対象に，１日４～５時間の保育時間において，恩物を用いた活動や唱歌，遊戯などの25子目で構成される３科（物品科・美麗科・知識科）を保育内容として運営され，全国に幼稚園が普及していく際のモデルとなった。東京師範学校附属幼稚園（1885～），高等師範学校附属幼稚園（1886～），女子高等師範学校附属幼稚園（1890～），東京女子高等師範学校附属幼稚園（1911～）と改称を経て，現在お茶の水女子大学附属幼稚園である。

［田口賢太郎］

レッジョ・エミリア

第二次世界大戦後，マラグッツィ（Malaguzzi, L.）の指導によって誕生した保育が展開されている北イタリアに位置する小さな都市の名称である。レッジョ・エミリアの保育は，子どもの興味・関心に基づくプロジェクト活動が中心であり，その探究活動を支える特徴的なものとして，学びの過程を可視化するドキュメンテーション，豊富な素材（自然物，人工物）を保育施設に無償提供するリサイクル・センター「レミダ」が挙げられる。マラグッツィの詩「子どもたちの100の言葉」は保育理念と言われており，保育者は子どもの声の傾聴と対話を重視する。日本では現在，「主体的・対話的で深い学び」の実現が謳われているが，レッジョ・エミリアの保育はその先進的事例と言える。［宍戸良子］

校種間の連携・接続

連携・接続

連　携

保育所や幼稚園，認定こども園等では自由に遊べるのに，小学校ではずっと座って学習しないといけない。また，中学校に入ったとき，学級担任制から教科担任制に変わる。こうした校種間の段差（ずれ）を小さくし，子どもが上の校種へと円滑に移行していけるようにすることが校種間の連携である。

校種間の連携は，校種間の接続の一部をなす概念である。接続は，学年区分や教育課程，入試にまでふみこんで校種間の段差をなめらかにすることである。一方，連携は，これらの制度的・構造的なことは基本的に変えずに，保育者・教師間や子ども間の交流活動，合同行事，人事交流など，下の校種と上の校種が協力・交流することである。

→学校種　［細尾萌子］

接続（アーティキュレーション）

接続とは，保育所・幼稚園・認定こども園等と小学校，小学校と中学校など，異なる校種（学校の種類）間の関係を調整して繋げることである。校種が変われば，学習環境や学習内容・方法が変わり，困難やとまどいを感じる子どもが多くいる。異なる校種への移行を円滑にするために，6－3－3制などの学年区分や教育課程，入試，教育方法等を調整して，校種間の段差やギャップを小さくし，子どもの発達や学びの連続性を保障することが，校種間の接続である。

ただし，校種間の段差を乗り越える過程で子どもが成長する面もある。どんな段差は残し，どんな段差はなめらかにすべきかを，双方の校種の教師が対話するなかで検討することが重要である。

→学校種；教育課程　［細尾萌子］

保幼小の連携・接続

小１プロブレム

小学校１年生において授業が成立しない，集団生活のルールが徹底できないなど，学級における集団生活が機能不全となっている状態のことである。学級崩壊とは異なり，入学当初から授業が成立しない状態をさす。その要因のひとつは，就学前教育と小学校教育の段差である。保育所，幼稚園，認定こども園等では，生活のなかで遊びを通して５領域のねらいに示された姿が見られるようになる。一方，小学校では，時間で区切られた授業を通して，各教科の目標を達成することがめざされる。その段差に戸惑い，適応しきれない状態になった子どもたちが，就学前にできていた集団活動もできなくなってしまう状態を言う。

→学級崩壊 ［森　枝美］

交流活動

幼児と児童，児童と生徒といった子ども同士の交流や保育者・教師同士の大人の交流，それぞれの園や学校に子どもを預けている保護者同士の交流などのことを交流活動という。また，交流には，話し合いのほか，保育・授業参観等がある。

例えば，最近では保幼小連携をおこなう際，保育者や教師の交流をおこなうが，その際に子どもたちの様子などを語り合うことはもちろんのこと，互いの年間予定を交換することが増えている。そうすることによって，互いが年間予定を把握し，保育者や教師はもちろんのこと，子どもたち同士の無理のない交流の実現が可能となっている。また，各市町村レベルではなく，地域別に小さなコミュニティでの交流活動からスタートすることも重要な点である。 ［椋田善之］

合同行事

合同行事とは，校種を越えて合同でおこなう行事である。幼稚園と小学校が合同で運動会をおこなったり，小学校と中学校で地域のバザーに参加したりするなどの例が挙げられる。これら合同行事の目的は，保幼小中といった校種間の垣根を越えて交流などの連携をおこなうことで，次の校種への移行を円滑にすることである。

合同行事のメリットとしては，保育者・教師が幼児・児童の様子を直接把握することができて指導に生かせることや，当事者である幼児・児童自身にとって，小学校や中学校に向けて具体的なロールモデルに出会える機会となることが挙げられる。互恵的な行事となるよう，保育者・教師が協働して行事内容を構成・計画する必要があるだろう。 ［岡花祈一郎］

人事交流

子どもたちの育ちを連続させていくためには，それぞれの校種でおこなっている教育内容や方法に一貫性をもたせる必要がある。そのためには各校種でどのようなことをしているかを互いに把握することが求められる。そこで現在，各園所の保育者と小学校の教師を相互に異動させる取り組みがおこなわれている。

例えば，小学校の教師が幼稚園へ異動すると，初日には幼稚園での時間の区切りがわからず，戸惑うことが多い。そこから日を追っていくと，徐々に流れを把握していき，子どもたちが遊びを通して何を学んでいるのか，日々どのような経験をしているのか，その学びや経験が小学校でどのように生かされていくのかを把握することができるようになると言われている。

［椋田善之］

アプローチカリキュラム

幼児期に遊びを通した多様な経験から学んだことが小学校の学びになめらかに繋がっていくように工夫された5歳児のカリキュラムのことである。また，学びを繋げるだけでなく，幼児期に培ってきた生活習慣を小学校での生活に生かし，適応していけるようにすることが重要である。

例えば5歳児になるとより多くの友達と関わるようになり，自分たちでルールを決めつつ，みんなでひとつの物事に取り組んでいく。このような遊びは人の話を聞いたり，自分の意見を述べたり，他人の意見を尊重したりすることができなければ成立しない。こういった経験が，小学校での友達関係や授業におけるアクティブラーニングなどで生かされていくことを保育者自身がイメージして保育を展開していくことがアプローチカリキュラムとなっていく。［椋田善之］

スタートカリキュラム

各園所で培ってきた遊びを通した学びをもとに，新しい学校生活を子どもたちが自ら創り出していけるようにするための小学校のカリキュラムのことである。小学校の各教科などの学習にスムーズに適応していくための工夫をおこなう。

例えば，生活科や学級活動の時間を使って「じゃんけん列車」などをおこない，各教科の授業のなかでのアクティブラーニングを展開していく際，子どもたち同士の関わりが起きるような仕掛けがつくられている。また，子どもたちにとって不安の多い給食においては，それぞれの好き嫌いを把握したうえで，教師が量を調整し，声掛けをおこなうなど個々に応じた細かな対応が子どもたちの学校生活への適応を促していく。［椋田善之］

接続期カリキュラム

接続期カリキュラムとは，幼児期と児童期における発達の連続性に配慮して編成される，就学前後を見通したカリキュラムのことである。保育所・幼稚園・認定こども園等で取り組む「アプローチカリキュラム」と小学校で取り組む「スタートカリキュラム」の総称として一般的に理解されている。

重要な点としては，幼児期から児童期までの育ちと学びの連続性をふまえた教育内容を構想することである。その際，幼児・児童の育ちを共有しながら，保育者と教師が協働して作成することで，より連続性が担保されるだろう。幼児期における遊びを通した総合的な学び（学びの芽生え）が，より自覚的な学びに向かうことが可能になるよう柔軟な時間配分などの工夫が求められる。［岡花祈一郎］

モジュール学習

小学校においては従来一般的な45分間という1回の授業を細分化し，10分間や15分間程度をひとつの単位時間（モジュール）として捉え直しておこなわれる短時間学習のことである。近年は英語科やスタートカリキュラムにおいてモジュール学習の採用が進んでいるが，これまでも登校後や昼食後の毎日の短い時間（帯時間）を活用して，読書活動，漢字練習，計算練習などがおこなわれてきた。こういった学習方法は，繰り返しによって基礎的な知識・技能の定着に効果があるほか，生活リズムを整えることによって小学校生活への適応も促すとされている。

なお，モジュール（化）の考え方の本質は，じっくり取り組む必要のある理科の実験や観察では授業を60分間

（4モジュール）にするなど，子どもの学びにあった授業時間の弾力的な編成を促すところにある。［次橋秀樹］

学びの芽生え

学びの芽生えとは，学ぶということを意識しているわけではないが，楽しいことや好きなことに集中して取り組むことを通じて，その結果，さまざまなことを学んでいく過程であり，幼児期における遊びのなかでの「総合的な学び」がこれにあたる。

例えば，幼児は，晴れた日の砂のなかは温かいことに気付くなど，さまざまな自然現象に疑問をもつことがある。こういった「なぜ？」という疑問が，学びの芽生えとなる。素朴な疑問や興味・関心は，遊びのなかでワクワクする楽しい経験に根ざしたものである。個別的な経験を大切にしながら，教科学習をはじめとする自覚的な学びへと繋いでいく役割が教師には求められる。

→教育と保育［岡花祈一郎］

自覚的な学び

自覚的な学びとは，学ぶということについての意識があり，与えられた課題を自分の課題として受け止め，計画的に学習を進めることである。小学校における各教科等の授業を通した学習がこれにあたる。小学校の授業では，ねらいなどの教育目標を掲げ，意識的に学習に取り組むことが求められる。教師の指示に応じて，話を聞いたり，読んだり書いたり，協働して話し合ったりする。一方，幼児期は，遊びを通して，楽しいことや好きなことに集中する力や，心や身体を動かしてさまざまなことに気付く力などが育っている。こうした遊びのなかで生まれる学びの芽生えをふまえ，主体的に自己を発揮しながら自覚的な学びに向かうことが可能となるよう配慮する必要があるだろう。［岡花祈一郎］

学びの連続性

学びの連続性とは，乳幼児期の経験が就学以後の児童期の学習に円滑に繋がっていることをさす。

幼児期の遊びを通した総合的な学びは，系統的に整理されていない未分類な知識と経験に基づいたものである。小学校教育では，その未分類な知識を，単元をはじめとして整理し，定着させ，活用させることが求められる。

保育所・幼稚園・認定こども園等は，「幼児期の終わりまでに育ってほしい姿」を手がかりとして，学びの連続性が小学校に伝わるよう，指導要録や保育要録を作成する必要がある。また，小学校では，指導要録や保育要録を参照し，一人ひとり異なる学びの連続性があることをふまえ，自己を発揮し主体的に学びに向かうことができるよう，生活科をはじめ合科的・関連的な指導をおこなうことが求められている。

→保育の記録；幼児期の終わりまでに育ってほしい姿［岡花祈一郎］

指導要録・保育要録の送付

2018年に幼稚園幼児指導要録，保育所児童保育要録，幼保連携型認定こども園園児指導要録が新しい様式となり，共通化された。それに伴って，各園の子どもたちが園生活のなかでそれぞれどのような経験をし，どのような姿になってきているかといったことを書き，送付することが求められるようになった。

要録の作成によって期待されているのは，幼児教育と小学校教育を接続する橋渡しになるということである。例えば，幼児期にどのような経験をし，どのような姿になってきているかについて要録をもとに把握することで，小学校での環境を整え，幼児期におこなってきた活動体験から教科学習へと徐々に移行していく手立てを考えていくことが期待されている。

→保育の記録 ［椋田善之］

小中／中高の連携・接続

中１ギャップ

子どもが中学校という新しい環境での学習や生活にうまく適応できず，問題行動に繋がっていく事態のことである。一般に，小学校６年生から中学校１年生にかけていじめや不登校の数が増加することから，その接続に際してなんらかの問題となるギャップ（段差・ずれ）があるとみなされている。

その要因としては，学級担任制（小学校）と教科担任制（中学校）の違いや，生徒指導に関しての中学校での規則の多さなどが挙げられる。

小・中の教員の連携はもちろんのこと，小学校教員にとっては，児童の生活習慣の乱れなどに見える問題の予兆への気づきや，学級担任の強いリーダーシップではなく児童が主体となるクラスづくりを意識するなど，中学校の学びや生活への移行を見越した教育的配慮も求められる。 ［次橋秀樹］

体験授業（授業体験，体験入学）

子どもがひとつ先の校種の授業に参加し，体験することである。主な目的は，その校種の学習内容や学習方法，教師の指導の特性を理解し，そのあり方に慣れることである。多くの場合は，各校種の最終学年の子どもを対象に実施される。つまり，就学前教育機関から小学校へ，小学校から中学校へ，というようにひとつ先の校種への環境移行において，子どものその学校への環境適応を図るための手だてとしておこなわれることが多いのである。またその際にめざされているのは，移行先の個々の学校の独自性よりも，その校種の一般的特徴を理解し慣れることである。

なお，授業に限定せずその校種での学校生活全般への理解や適応をめざす取り組みを「体験入学」という。

［藤江康彦］

出前授業

一般的には，教師ではない大人が講師として，自身の職業的専門性やキャリア形成に基づいておこなう教育活動をさす。校種間連携や接続における出前授業は，別の校種の教師が教育職員免許状に基づく教科や校種上の専門性に基づいておこなう教育活動をさす。１回から数回といった単発的，短期的な取り組みであることが多い。しばしば，各校種の最終学年の子どもたちを対象として，先の校種の学習内容や教師の指導の特性を理解し慣れることを目的としておこなわれることもある。

この取り組みは出前授業をおこなう教師にとっては，これから向き合うことになる子どもたちの認知的情動的特性を理解すること，自らの指導のしかたを振り返ることができる点で互恵的

な活動である。［藤江康彦］

乗り入れ指導（乗り入れ授業）

中学校の教師が小学校高学年で一部の教科・単元について授業をおこなうなど，教師が本来の所属校を越えておこなう指導のことである。出前授業が単発的なものであるのに対し，乗り入れ指導（乗り入れ授業）においては複数回，曜日・時限を決めるなど継続性のある指導がおこなわれることが多い。

高い専門性をもった教員が授業をおこなうことで，児童の興味・関心が高まることや，中学校の学びや教員，学校生活に対する不安の解消にも繋がることが期待される。また，教員にとっては小学校における子どもの学習状況を把握することの助けともなる。このほか，地方小規模校において，複式学級授業の解消や中学校での免許外教科担任の解消のためにおこなわれる場合もある。［次橋秀樹］

連携カリキュラム【小・中】

小学校と中学校という異なる校種において円滑な移行を図るために，子どもの状況，小・中それぞれの指導方法や教育内容の特徴，系統性をふまえて設計されるカリキュラムのことである。

乗り入れ指導（乗り入れ授業）や，体験授業，総合的な学習の時間などの小中合同授業，学校行事の合同実施や相互参加などを通した教員・児童・生徒の交流などのほか，義務教育9年間を連続的に捉えて系統的な指導をおこなう一貫カリキュラムが編成されることも多い。

このような連携を支えるために，合同研修会や授業研究がおこなわれたり，学校運営協議会が活用されたりして，校種を越えた教職員の情報交換や交流がおこなわれている。

→学校運営協議会［次橋秀樹］

一貫カリキュラム【小・中】

小学校と中学校という異なる校種における学びに，共通の教育目標と系統性をもたせて長期的な視野で設計されたカリキュラムのことである。

都道府県や市町村，中学校区内といった地域内で小学校と中学校が協働して，郷土教育やキャリア教育，英語教育などで校種を越えた独自の一貫カリキュラムを設計する場合もあれば，学び合いや宿題などの学習・生活ルールを共通化するといった場合もある。また，とくに一貫教育をおこなう学校（小中一貫教育校）においては，これらに加えて各教科の学習でも9年間の一貫カリキュラムが編成される。

このような一貫カリキュラムにより，校種間で分断されることのない円滑な移行や，長期的な視野での資質・能力の育成が期待される。［次橋秀樹］

教科担任制【小学校】

一人の学級担任が各教科の授業を受け持つ学級担任制に対して，中学校や高等学校のように一人の教員が特定教科の授業を複数の学級にわたって担当する方法のことである。近年は，小学校においても学年が上がるにつれ一部の教科で教科担任制の導入が進められている地域が多い。小学校5・6年生では，音楽・理科・家庭の順に導入率が高い（2018年度）。2022年度をめどに小学校5・6年生において教科担任制を本格的に導入することが2021年1

月26日の中央教育審議会答申で提案され，その実現に向けた議論が進んでいる。

そのねらいは，教科担任制である中学校の指導体制へ子どもが早く適応できるようにすること，教師の専門性や得意分野を生かすこと，教師の授業準備の負担を減らすことなどである。一方，学級担任制に比べてひとつの学級の児童と接する時間は短くなるため，教師と児童の関係の希薄化，生活指導力の低下，教師の責任意識の分散といった点が課題として指摘されている。

→交換授業；専科教員【小学校】

［次橋秀樹］

反復（スパイラル）

前の学年や校種において学んでいた予備的な学習内容をふまえたうえで，内容の程度を少しずつ高めていくという教育課程の編成方法をさす。基礎的・基本的な知識・技能の確実な定着と，学習の進歩を子どもが感じることで意欲を高めることや有用性を実感することが期待される。

例えば2008年の学習指導要領改訂では，従来小学校１年生では扱わなかった３位数の表し方や２位数の加法・減法の計算が加えられた。これは小学校２年生で簡単な３位数の加法・減法を新たに学ぶ際に反復として有効に働く。

このように教科の系統性を重視しつつ，発達や学年の段階に応じて，指導内容をなだらかに発展させたり，学び直しの機会を設けたりすることが，らせん状（スパイラル）に上っていく学びのイメージとして表現されている。

［次橋秀樹］

小中一貫／小中連携

「小中連携」とは小・中学校段階の教員が互いに情報交換や交流をおこなうことを通じて，小学校教育から中学校教育への円滑な接続をめざす教育・体制をさす。また，「小中一貫」とは，小中連携のうち，小・中学校段階の教員がめざす子ども像を共有し，９年間を通じた教育課程を編成し，系統的な教育をめざす教育・体制をさす。

小中一貫・連携には施設形態（校地の物理的位置関係）によって３つのタイプがあり，同一の学校内で小中一貫・連携教育をおこなう施設一体型，小学校と中学校が隣接し，両校を行き来しながら小中一貫・連携教育をおこなう施設隣接型，小学校と中学校が離れた場所に設置された状態で相互に一貫や連携を図る施設分離型がある。

［小野まどか］

施設一体型

小中一貫・連携教育の学校設置形態のうち，小学校と中学校の校舎の全部または一部が一体的に設置されているものをさす。校舎が渡り廊下などで繋がっている場合も含まれる。義務教育学校のほとんどは施設一体型の設置形態である。小中一貫型小学校・中学校にも施設一体型で設置されている学校があり，義務教育学校に準ずる学校経営体制をとっている学校もある。いずれも，校長１名，職員室１つ，特別教室等が小・中で共用の場合が多い。子どもや教師の移動交流や連絡調整の容易さなどから，小・中の９学年を４－３－２に区切り，小学校での一部教科担任制を導入し，子どもの異学年交流

などに恒常的に取り組む学校も多く，最も小中一貫・連携教育の効果が実感されやすい。［藤江康彦］

施設隣接型

小中一貫・連携教育の学校設置形態のうち，小学校と中学校の校舎が同一の敷地または隣接する敷地に別々に設置されている形態をさす。隣接していることを生かして，子ども間の交流スペースやその待機スペース，教師間の打ち合わせスペースを設置するなど人的交流を容易にする工夫もみられる。制度上は各学校に1名ずつの校長を，学園長，副学園長と位置づけ，意志決定や指示系統の明確化を図ったりして，施設一体型に準ずるかたちで小中一貫・連携教育に取り組む場合もある。しかし，ほかの2つの設置形態に比べると取り組みの数は少ない。なお，施設隣接型であった学校が隣接する施設を校舎の増築や渡り廊下設置などで接続させ，施設一体型として利用している事例もある。［藤江康彦］

施設分離型

小中一貫・連携教育の学校設置形態のうち，小学校と中学校の校舎が隣接していない敷地に別々に設置されている形態をさす。小中一貫教育の取り組みのうち，最も多い設置形態である。既存の校舎や校地のままで取り組まれる場合が多いため，子どもや教師の移動のための時間確保や安全確保など，体制づくりが重要となる。中学校と小学校が一対一である場合は施設隣接型に準ずる取り組みも可能である。1つの中学校と複数の小学校との一対多の取り組みである場合は校区が広域に及び，小学校間の連携も必要となることから他の設置形態に比べ推進しづらい。各校種の役割を明確にしたうえで9年間を通したカリキュラム・マネジメントが求められる。［藤江康彦］

小中一貫教育校

小学校と中学校の間で一貫教育を行う学校のことである。2016年度からは，1人の校長の下，原則として小学校・中学校教諭の両方の免許状をもつ教員が，1つの教職員組織で9年間の一貫した教育を実施する義務教育学校を設置できるようになった。また，独立した小学校と中学校が義務教育学校に準じた形で一貫教育を実施する小中一貫型小学校・中学校（併設型，連携型）もある。

義務教育学校では，小・中学校の学習指導要領を準用（適宜変更して適用すること）して前期課程と後期課程を編成し，9年間を貫く教育目標を設定したり，内容の系統性・体系性を確保したりすることになっている。また，小中一貫教科等を置いたり，小・中学校で各教科等の内容を入れ替えたりすることもできる。［柿本篤子］

義務教育学校

小・中学校の9年間一貫した教育を同一の施設でおこなう学校であり，わが国では「義務教育学校」の設置認可を経たものをさす。

2016年4月，学校教育法改正後の施行により，義務教育学校の設置が可能となった。また，これまで同様に小中一貫教育をおこなう「小中一貫型小学校・中学校」の設置も可能である。

義務教育学校は9年間の一貫した教

育をおこなうため，１人の校長と１つの教職員組織が置かれる。また，教員は原則として小学校・中学校の両免許状をもっている必要がある。９年間の教育課程のうち，小学校に相当する６年間を前期課程，中学校に相当する３年間を後期課程として位置づけた教育をおこなう。　［小野まどか］

小中一貫型小学校・中学校

義務教育学校に準じた形で一貫教育を行う小学校及び中学校のことである。義務教育学校とは異なり，小学校と中学校は制度的には別の学校である。一貫教育を推進するために小中一貫のコーディネーターを置いたり，学校運営協議会を合同で設置したりする。教員は，小学校・中学校教諭の両方の免許をもっている場合，両方の学校で指導をすることができる（併任)。学校長が併任することもある。また，学校間で協議して，学校教育目標や９年間の系統的な教育課程を編成し，それぞれが連携して教育活動を実施する。授業時数内で小中一貫教科等を設置できるが，特別な許可がない限り小・中学校での各教科等の内容の入れ替えや移行はできない。

→学校運営協議会　［柿本篤子］

中学入試

義務教育である中学校への入学においては，本来は選抜試験が存在しない。しかしながら，子どもや保護者がより好ましい教育環境を求めた結果として，私立中学校や国公立中高一貫校などでは，定員を上回る希望者から入学者を選抜するための学力試験や適性検査がおこなわれている。一般にこれらを総称して中学入試という。公的な統計はないが東京都や神奈川県では小学校６年生の４人のうち１人が中学受験をすると言われており，その準備のためには塾へ通うことが一般的である。

近年，知識の再生を脱して思考力や表現力を重点的に問う新しいタイプの問題の出題傾向が公立中高一貫校の適性検査を中心に見られることから，共通テストをもたない中学入試は大学入試よりも弾力的に変化するという評価もある。　［次橋秀樹］

中等教育学校

中学校と高等学校の６年間を，一貫した教育課程で教育する学校であり，わが国では「中等教育学校」の設置認可を経たものをさす。

1998年の学校教育法等の一部改正により，中高一貫教育を選択的に導入することが可能となり，中等教育学校の新設や既存の中学校と高等学校から中等教育学校への転換ができるようになった。また，これとは別に中学校と高等学校がそれぞれ設置されている中高一貫教育校の設置も認められている（学校教育法第71条)。

６年間の中等教育を同一の学校でおこなうことで，子どもたちの受験への負担を軽減するだけでなく，長期間の教育目標を立て，時間をかけて学習活動をおこなうことも可能となる。2018年度までに53校が設置されている。

［小野まどか］

４－４－４制

小学校，中学校，高等学校の三校種が連携・接続をして小中高一貫・連携教育をおこなう際に，12年間を６年，

3年，3年ではなく，4年ずつのまとまりに分ける，あるいは，4年ずつに区切る，学習者集団や学習指導体制の編成，教育課程編成の考え方である。国内では一部の私立学校に見られる。12年後にめざす子どもの姿と，4年ごとにめざす子どもの姿が設定される。多くの場合，思春期に相当する中間の4年間における学習や発達の連続性にあわせた一体的な指導体制の構築が重視される。その前後に接続させるかたちで，学校教育の基礎となる経験を用意する最初の4年間，そして，より高度な学習経験を用意し，高等教育や社会に繋げる最後の4年間が設定される。

［藤江康彦］

付　録

＊法律の原文に項番号の表記がないものは便宜上②，③……とした。

日本国憲法（抄）

昭和21年公布

日本国民は，正当に選挙された国会における代表者を通じて行動し，われらとわれらの子孫のために，諸国民との協和による成果と，わが国全土にわたつて自由のもたらす恵沢を確保し，政府の行為によつて再び戦争の惨禍が起ることのないやうにすることを決意し，ここに主権が国民に存することを宣言し，この憲法を確定する。そもそも国政は，国民の厳粛な信託によるものであつて，その権威は国民に由来し，その権力は国民の代表者がこれを行使し，その福利は国民がこれを享受する。これは人類普遍の原理であり，この憲法は，かかる原理に基くものである。われらは，これに反する一切の憲法，法令及び詔勅を排除する。

日本国民は，恒久の平和を念願し，人間相互の関係を支配する崇高な理想を深く自覚するのであつて，平和を愛する諸国民の公正と信義に信頼して，われらの安全と生存を保持しようと決意した。われらは，平和を維持し，専制と隷従，圧迫と偏狭を地上から永遠に除去しようと努めてゐる国際社会において，名誉ある地位を占めたいと思ふ。われらは，全世界の国民が，ひとしく恐怖と欠乏から免かれ，平和のうちに生存する権利を有することを確認する。

われらは，いづれの国家も，自国のことのみに専念して他国を無視してはならないのであつて，政治道徳の法則は，普遍的なものであり，この法則に従ふことは，自国の主権を維持し，他国と対等関係に立たうとする各国の責務であると信ずる。

日本国民は，国家の名誉にかけ，全力をあげてこの崇高な理想と目的を達成することを誓ふ。

第十一条　国民は，すべての基本的人権の享有を妨げられない。この憲法が国民に保障する基本的人権は，侵すことのできない永久の権利として，現在及び将来の国民に与へられる。

第十四条　すべて国民は，法の下に平等であつて，人種，信条，性別，社会的身分又は門地により，政治的，経済的又は社会的関係において，差別されない。

②　華族その他の貴族の制度は，これを認めない。

③　栄誉，勲章その他の栄典の授与は，いかなる特権も伴はない。栄典の授与は，現にこれを有し，又は将来これを受ける者の一代に限り，その効力を有する。

第十五条　公務員を選定し，及びこれを罷免することは，国民固有の権利である。

②　すべて公務員は，全体の奉仕者であつて，一部の奉仕者ではない。

③　公務員の選挙については，成年者による普通選挙を保障する。

④　すべて選挙における投票の秘密は，これを侵してはならない。選挙人は，その選択に関し公的にも私的にも責任を問はれない。

第十九条　思想及び良心の自由は，これを侵してはならない。

第二十条　信教の自由は，何人に対してもこれを保障する。いかなる宗教団体も，国から特権を受け，又は政治上の権力を行使してはならない。

②　何人も，宗教上の行為，祝典，儀式又は行事に参加することを強制されない。

③　国及びその機関は，宗教教育その他いかなる宗教的活動もしてはならない。

第二十三条　学問の自由は，これを保障する。

第二十五条　すべて国民は，健康で文化的な最低限度の生活を営む権利を有する。

②　国は，すべての生活部面について，社会福祉，社会保障及び公衆衛生の向上及び増進に努めなければならない。

第二十六条　すべて国民は，法律の定めるところにより，その能力に応じて，ひとしく教育を受ける権利を有する。

②　すべて国民は，法律の定めるところにより，その保護する子女に普通教育を受けさせる義務を負ふ。義務教育は，これを無償とする。

第二十七条　すべて国民は，勤労の権利を有し，義務を負ふ。

②　賃金，就業時間，休息その他の勤労条件に関する基準は，法律でこれを定める。

③　児童は，これを酷使してはならない。

第二十八条　勤労者の団結する権利及び団体交渉その他の団体行動をする権利は，これを保障する。

第九十八条　この憲法は，国の最高法規であつて，その条規に反する法律，命令，詔勅及び国務に関するその他の行為の全部又は一部は，その効力を有しない。

②　日本国が締結した条約及び確立された国際法規は，これを誠実に遵守することを必要とする。

教育基本法

平成18年法律第120号

我々日本国民は，たゆまぬ努力によって築いてきた民主的で文化的な国家を更に発展させるとともに，世界の平和と人類の福祉の向上に貢献することを願うものである。

我々は，この理想を実現するため，個人の尊厳を重んじ，真理と正義を希求し，公共の精神を尊び，豊かな人間性と創造性を備えた人間の育成を期するとともに，伝統を継承し，新しい文化の創造を目指す教育を推進する。

ここに，我々は，日本国憲法の精神にのっとり，我が国の未来を切り拓く教育の基本を確立し，その振興を図るため，この法律を制定する。

第一章　教育の目的及び理念

（教育の目的）

第一条　教育は，人格の完成を目指し，平和で民主的な国家及び社会の形成者として必要な資質を備えた心身ともに健康な国民の育成を期して行われなければならない。

（教育の目標）

第二条　教育は，その目的を実現するため，学問の自由を尊重しつつ，次に掲げる目標を達成するよう行われるものとする。

一　幅広い知識と教養を身に付け，真理を求める態度を養い，豊かな情操と道徳心を培うとともに，健やかな身体を養うこと。

二　個人の価値を尊重して，その能力を伸ばし，創造性を培い，自主及び自律の精神を養うとともに，職業及び生活との関連を重視し，勤労を重んずる態度を養うこと。

三　正義と責任，男女の平等，自他の敬愛と協力を重んずるとともに，公共の精神に基づき，主体的に社会の形成に参画し，その発展に寄与する態度を養うこと。

四　生命を尊び，自然を大切にし，環境の保全に寄与する態度を養うこと。

五　伝統と文化を尊重し，それらをはぐくんできた我が国と郷土を愛するとともに，他国を尊重し，国際社会の平和と発展に寄与する態度を養うこと。

（生涯学習の理念）

第三条　国民一人一人が，自己の人格を磨き，豊かな人生を送ることができるよう，その生涯にわたって，あらゆる機会に，あらゆる場所において学習することができ，その成果を適切に生かすことのできる社会の実現が図られなければならない。

（教育の機会均等）

第四条　すべて国民は，ひとしく，その能力に応じた教育を受ける機会を与えられなければならず，人種，信条，性別，社会的身分，経済的地位又は門地によって，教育上差別されない。

2　国及び地方公共団体は，障害のある者が，その障害の状態に応じ，十分な教育を受けられるよう，教育上必要な支援を講じなければならない。

3　国及び地方公共団体は，能力があるにもかかわらず，経済的理由によって修学が困難な者に対して，奨学の措置を講じなければならない。

第二章　教育の実施に関する基本

（義務教育）

第五条　国民は，その保護する子に，別に法律で定めるところにより，普通教育を受けさせる義務を負う。

2　義務教育として行われる普通教育は，各個人の有する能力を伸ばしつつ社会において自立的に生きる基礎を培い，また，国家及び社会の形成者として必要とされる基本的な資質を養うことを目的として行われるものとする。

3　国及び地方公共団体は，義務教育の機会を保障し，その水準を確保するため，適切な役割分担及び相互の協力の下，その実施に責任を負う。

4　国又は地方公共団体の設置する学校における義務教育については，授業料を徴収しない。

（学校教育）

第六条　法律に定める学校は，公の性質を有するものであって，国，地方公共団体及び法律に定める法人のみが，これを設置することができる。

2　前項の学校においては，教育の目標が達成されるよう，教育を受ける者の心身の発達に応じて，体系的な教育が組織的に行われなければならない。この場合において，教育を受ける者が，学校生活を営む上で必要な規律を重んずるとともに，自ら進んで学習に取り組む意欲を高めることを重視して行われなければならない。

（大学）

第七条　大学は，学術の中心として，高い教養と専門的能力を培うとともに，深く真理を探究して新たな知見を創造し，これらの成果を広く社会に提供することにより，社会の発展に寄与するものとする。

2　大学については，自主性，自律性その他の大学における教育及び研究の特性が尊重されなければならない。

（私立学校）

第八条　私立学校の有する公の性質及び学校教育において果たす重要な役割にかんがみ，国及び地方公共団体は，その自主性を尊重しつつ，助成その他の適当な方法によって私立学校教育の振興に努めなければならない。

（教員）

第九条　法律に定める学校の教員は，自己の崇高な使命を深く自覚し，絶えず研究と修養に励み，その職責の遂行に努めなければならない。

2　前項の教員については，その使命と職責の重要性にかんがみ，その身分は尊重され，待遇の適正が期せられるとともに，養成と研修の充実が図られなければならない。

（家庭教育）

第十条　父母その他の保護者は，子の教育について第一義的責任を有するものであって，生活のために必要な習慣を身に付けさせるとともに，自立心を育成し，心身の調和のとれた発達を図るよう努めるものとする。

2　国及び地方公共団体は，家庭教育の自主性を尊重しつつ，保護者に対する学習の機会及び情報の提供その他の家庭教育を支援するために必要な施策を講ずるよう努めなければならない。

（幼児期の教育）

第十一条　幼児期の教育は，生涯にわたる人格形成の基礎を培う重要なものであることにかんがみ，国及び地方公共団体は，幼児の健やかな成長に資する良好な環境の整備その他適当な方法によって，その振興に努めなければならない。

（社会教育）

第十二条　個人の要望や社会の要請にこたえ，社会において行われる教育は，国及び地方公共団体によって奨励されなければならない。

2　国及び地方公共団体は，図書館，博物館，公民館その他の社会教育施設の設置，学校の施設の利用，学習の機会及び情報の提供その他の適当な方法によって社会教育の振興に努めなければならない。

（学校，家庭及び地域住民等の相互の連携協力）

第十三条　学校，家庭及び地域住民その他の関係者は，教育におけるそれぞれの役割と責任を自覚するとともに，相互の連携及び協力に努めるものとする。

（政治教育）

第十四条　良識ある公民として必要な政治的教養は，教育上尊重されなければならない。

2　法律に定める学校は，特定の政党を支持し，又はこれに反対するための政治教育その他政治的活動をしてはならない。

（宗教教育）

第十五条　宗教に関する寛容の態度，宗教に関する一般的な教養及び宗教の社会生活における地位は，教育上尊重されなければならない。

2　国及び地方公共団体が設置する学校は，特定の宗教のための宗教教育その他宗教的活動をしてはならない。

第三章　教育行政

（教育行政）

第十六条　教育は，不当な支配に服することなく，この法律及び他の法律の定めるところにより行われるべきものであり，教育行政は，国と地方公共団体との適切な役割分担及び相互の協力の下，公正かつ適正に行われなければならない。

2　国は，全国的な教育の機会均等と教育水準の維持向上を図るため，教育に関する施策を総合的に策定し，実施しなければならない。

3　地方公共団体は，その地域における教育の振興を図るため，その実情に応じた教育に関する施策を策定し，実施しなければならない。

4　国及び地方公共団体は，教育が円滑かつ継続的に実施されるよう，必要な財政上の措置を講じなければならない。

（教育振興基本計画）

第十七条　政府は，教育の振興に関する施策の総合的かつ計画的な推進を図るため，教育の振興に関する施策についての基本的な方針及び講ずべき施策その他必要な事項について，基本的な計画を定め，これを国会に報告するとともに，公表しなければならない。

2　地方公共団体は，前項の計画を参酌し，その地域の実情に応じ，当該地方公共団体における教育の振興のための施策に関する基本的な計画を定めるよう努めなければならない。

第四章　法令の制定

第十八条　この法律に規定する諸条項を実施するため，必要な法令が制定されなければならない。

附　則　抄

（施行期日）

1　この法律は，公布の日から施行する。

学校教育法（抄）

昭和22年法律第26号

改正：令和元年法律第44号

第一章　総則

第一条　この法律で，学校とは，幼稚園，小学校，中学校，義務教育学校，高等学校，中等教育学校，特別支援学校，大学及び高等専門学校とする。

第二条　学校は，国（国立大学法人法（平成十五年法律第百十二号）第二条第一項に規定する国立大学法人及び独立行政法人国立高等専門学校機構を含む。以下同じ。），地方公共団体（地方独立行政法人法（平成十五年法律第百十八号）第六十八条第一項に規定する公立大学法人（以下「公立大学法人」という。）を含む。次項及び第百二十七条において同じ。）及び私立学校法（昭和二十四年法律第二百七十号）第三条に規定する学校法人（以下「学校法人」という。）のみが，これを設置することができる。

②　この法律で，国立学校とは，国の設置する学校を，公立学校とは，地方公共団体の設置する学校を，私立学校とは，学校法人の設置する学校をいう。

第五条　学校の設置者は，その設置する学校を管理し，法令に特別の定のある場合を除いては，その学校の経費を負担する。

第六条　学校においては，授業料を徴収することができる。ただし，国立又は公立の小学校及び中学校，義務教育学校，中等教育学校の前期課程又は特別支援学校の小学部及び中学部における義務教育については，これを徴収することができない。

第九条　次の各号のいずれかに該当する者は，校長又は教員となることができない。

一　禁錮以上の刑に処せられた者

二　教育職員免許法第十条第一項第二号又は第三号に該当することにより免許状が

その効力を失い，当該失効の日から三年を経過しない者

三　教育職員免許法第十一条第一項から第三項までの規定により免許状取上げの処分を受け，三年を経過しない者

四　日本国憲法施行の日以後において，日本国憲法又はその下に成立した政府を暴力で破壊することを主張する政党その他の団体を結成し，又はこれに加入した者

第十一条　校長及び教員は，教育上必要があると認めるときは，文部科学大臣の定めるところにより，児童，生徒及び学生に懲戒を加えることができる。ただし，体罰を加えることはできない。

第十二条　学校においては，別に法律で定めるところにより，幼児，児童，生徒及び学生並びに職員の健康の保持増進を図るため，健康診断を行い，その他その保健に必要な措置を講じなければならない。

第二章　義務教育

第十六条　保護者（子に対して親権を行う者（親権を行う者のないときは，未成年後見人）をいう。以下同じ。）は，次条に定めるところにより，子に九年の普通教育を受けさせる義務を負う。

第十七条　保護者は，子の満六歳に達した日の翌日以後における最初の学年の初めから，満十二歳に達した日の属する学年の終わりまで，これを小学校，義務教育学校の前期課程又は特別支援学校の小学部に就学させる義務を負う。ただし，子が，満十二歳に達した日の属する学年の終わりまでに小学校の課程，義務教育学校の前期課程又は特別支援学校の小学部の課程を修了しないときは，満十五歳に達した日の属する学年の終わり（それまでの間においてこれらの課程を修了したときは，その修了した日の属する学年の終わり）までとする。

② 保護者は，子が小学校の課程，義務教育学校の前期課程又は特別支援学校の小学部の課程を修了した日の翌日以後における最初の学年の初めから，満十五歳に達した日の属する学年の終わりまで，これを中学校，義務教育学校の後期課程，中等教育学校の前期課程又は特別支援学校の中学部に就学させる義務を負う。

③ 前二項の義務の履行の督促その他これらの義務の履行に関し必要な事項は，政令で定める。

第十八条　前条第一項又は第二項の規定によつて，保護者が就学させなければならない子（以下それぞれ「学齢児童」又は「学齢生徒」という。）で，病弱，発育不完全その他やむを得ない事由のため，就学困難と認められる者の保護者に対しては，市町村の教育委員会は，文部科学大臣の定めるところにより，同条第一項又は第二項の義務を猶予又は免除することができる。

第十九条　経済的理由によつて，就学困難と認められる学齢児童又は学齢生徒の保護者に対しては，市町村は，必要な援助を与えなければならない。

第二十条　学齢児童又は学齢生徒を使用する者は，その使用によつて，当該学齢児童又は学齢生徒が，義務教育を受けることを妨げてはならない。

第二十一条　義務教育として行われる普通教育は，教育基本法（平成十八年法律第百二十号）第五条第二項に規定する目的を実現するため，次に掲げる目標を達成するよう行われるものとする。

一　学校内外における社会的活動を促進し，自主，自律及び協同の精神，規範意識，公正な判断力並びに公共の精神に基づき主体的に社会の形成に参画し，その発展に寄与する態度を養うこと。

二　学校内外における自然体験活動を促進し，生命及び自然を尊重する精神並びに環境の保全に寄与する態度を養うこと。

三　我が国と郷土の現状と歴史について，正しい理解に導き，伝統と文化を尊重し，それらをはぐくんできた我が国と郷土を愛する態度を養うとともに，進んで外国の文化の理解を通じて，他国を尊重し，国際社会の平和と発展に寄与する態度を養うこと。

四　家族と家庭の役割，生活に必要な衣，食，住，情報，産業その他の事項について基礎的な理解と技能を養うこと。

五　読書に親しませ，生活に必要な国語を正しく理解し，使用する基礎的な能力を養うこと。

六　生活に必要な数量的な関係を正しく理解し，処理する基礎的な能力を養うこと。

七　生活にかかわる自然現象について，観察及び実験を通じて，科学的に理解し，処理する基礎的な能力を養うこと。

八　健康，安全で幸福な生活のために必要な習慣を養うとともに，運動を通じて体力を養い，心身の調和的発達を図ること。

九　生活を明るく豊かにする音楽，美術，文芸その他の芸術について基礎的な理解と技能を養うこと。

十　職業についての基礎的な知識と技能，勤労を重んずる態度及び個性に応じて将来の進路を選択する能力を養うこと。

第四章　小学校

第二十九条　小学校は，心身の発達に応じて，義務教育として行われる普通教育のうち基礎的なものを施すことを目的とする。

第三十条　小学校における教育は，前条に規定する目的を実現するために必要な程度において第二十一条各号に掲げる目標を達成するよう行われるものとする。

②　前項の場合においては，生涯にわたり学習する基盤が培われるよう，基礎的な知識及び技能を習得させるとともに，これらを活用して課題を解決するために必要な思考力，判断力，表現力その他の能力をはぐくみ，主体的に学習に取り組む態度を養うことに，特に意を用いなければならない。

第三十一条　小学校においては，前条第一項の規定による目標の達成に資するよう，教育指導を行うに当たり，児童の体験的な学習活動，特にボランティア活動など社会奉仕体験活動，自然体験活動その他の体験活動の充実に努めるものとする。この場合において，社会教育関係団体その他の関係団体及び関係機関との連携に十分配慮しなければならない。

第三十二条　小学校の修業年限は，六年とする。

第三十三条　小学校の教育課程に関する事項は，第二十九条及び第三十条の規定に従い，文部科学大臣が定める。

第三十五条　市町村の教育委員会は，次に掲げる行為の一又は二以上を繰り返し行う等性行不良であつて他の児童の教育に妨げがあると認める児童があるときは，その保護者に対して，児童の出席停止を命ずることができる。

一　他の児童に傷害，心身の苦痛又は財産上の損失を与える行為

二　職員に傷害又は心身の苦痛を与える行為

三　施設又は設備を損壊する行為

四　授業その他の教育活動の実施を妨げる行為

②　市町村の教育委員会は，前項の規定により出席停止を命ずる場合には，あらかじめ保護者の意見を聴取するとともに，理由及び期間を記載した文書を交付しなければならない。

③　前項に規定するもののほか，出席停止の命令の手続に関し必要な事項は，教育委員会規則で定めるものとする。

④　市町村の教育委員会は，出席停止の命令に係る児童の出席停止の期間における学習に対する支援その他の教育上必要な措置を講ずるものとする。

第三十七条　小学校には，校長，教頭，教諭，養護教諭及び事務職員を置かなければならない。

②　小学校には，前項に規定するもののほか，副校長，主幹教諭，指導教諭，栄養教諭その他必要な職員を置くことができる。

③　第一項の規定にかかわらず，副校長を置くときその他特別の事情のあるときは教頭を，養護をつかさどる主幹教諭を置くときは養護教諭を，特別の事情のあるときは事務職員を，それぞれ置かないことができる。

④　校長は，校務をつかさどり，所属職員を監督する。

⑤　副校長は，校長を助け，命を受けて校務をつかさどる。

⑥　副校長は，校長に事故があるときはその職務を代理し，校長が欠けたときはその職務を行う。この場合において，副校長が二

人以上あるときは，あらかじめ校長が定めた順序で，その職務を代理し，又は行う。

⑦　教頭は，校長（副校長を置く小学校にあつては，校長及び副校長）を助け，校務を整理し，及び必要に応じ児童の教育をつかさどる。

⑧　教頭は，校長（副校長を置く小学校にあつては，校長及び副校長）に事故があるときは校長の職務を代理し，校長（副校長を置く小学校にあつては，校長及び副校長）が欠けたときは校長の職務を行う。この場合において，教頭が二人以上あるときは，あらかじめ校長が定めた順序で，校長の職務を代理し，又は行う。

⑨　主幹教諭は，校長（副校長を置く小学校にあつては，校長及び副校長）及び教頭を助け，命を受けて校務の一部を整理し，並びに児童の教育をつかさどる。

⑩　指導教諭は，児童の教育をつかさどり，並びに教諭その他の職員に対して，教育指導の改善及び充実のために必要な指導及び助言を行う。

⑪　教諭は，児童の教育をつかさどる。

⑫　養護教諭は，児童の養護をつかさどる。

⑬　栄養教諭は，児童の栄養の指導及び管理をつかさどる。

⑭　事務職員は，事務をつかさどる。

⑮　助教諭は，教諭の職務を助ける。

⑯　講師は，教諭又は助教諭に準ずる職務に従事する。

⑰　養護助教諭は，養護教諭の職務を助ける。

⑱　特別の事情のあるときは，第一項の規定にかかわらず，教諭に代えて助教諭又は講師を，養護教諭に代えて養護助教諭を置くことができる。

⑲　学校の実情に照らし必要があると認めるときは，第九項の規定にかかわらず，校長（副校長を置く小学校にあつては，校長及び副校長）及び教頭を助け，命を受けて校務の一部を整理し，並びに児童の養護又は栄養の指導及び管理をつかさどる主幹教諭を置くことができる。

第八章　特別支援教育

第八十一条　幼稚園，小学校，中学校，義務教育学校，高等学校及び中等教育学校においては，次項各号のいずれかに該当する幼児，児童及び生徒その他教育上特別の支援を必要とする幼児，児童及び生徒に対し，文部科学大臣の定めるところにより，障害による学習上又は生活上の困難を克服するための教育を行うものとする。

②　小学校，中学校，義務教育学校，高等学校及び中等教育学校には，次の各号のいずれかに該当する児童及び生徒のために，特別支援学級を置くことができる。

一　知的障害者

二　肢体不自由者

三　身体虚弱者

四　弱視者

五　難聴者

六　その他障害のある者で，特別支援学級において教育を行うことが適当なもの

③　前項に規定する学校においては，疾病により療養中の児童及び生徒に対して，特別支援学級を設け，又は教員を派遣して，教育を行うことができる。

学校教育法施行規則（抄）

昭和22年文部省令第11号

改正：令和2年文部科学省令第15号

第四章　小学校

第一節　設備編制

第四十四条　小学校には，教務主任及び学年主任を置くものとする。

2　前項の規定にかかわらず，第四項に規定する教務主任の担当する校務を整理する主幹教諭を置くときその他特別の事情のあるときは教務主任を，第五項に規定する学年主任の担当する校務を整理する主幹教諭を置くときその他特別の事情のあるときは学年主任を，それぞれ置かないことができる。

3　教務主任及び学年主任は，指導教諭又は教諭をもつて，これに充てる。

4　教務主任は，校長の監督を受け，教育計画の立案その他の教務に関する事項について連絡調整及び指導，助言に当たる。

5　学年主任は，校長の監督を受け，当該学

年の教育活動に関する事項について連絡調整及び指導，助言に当たる。

第四十五条　小学校においては，保健主事を置くものとする。

2　前項の規定にかかわらず，第四項に規定する保健主事の担当する校務を整理する主幹教諭を置くときその他特別の事情のあるときは，保健主事を置かないことができる。

3　保健主事は，指導教諭，教諭又は養護教諭をもつて，これに充てる。

4　保健主事は，校長の監督を受け，小学校における保健に関する事項の管理に当たる。

第四十八条　小学校には，設置者の定めるところにより，校長の職務の円滑な執行に資するため，職員会議を置くことができる。

2　職員会議は，校長が主宰する。

第四十九条　小学校には，設置者の定めるところにより，学校評議員を置くことができる。

2　学校評議員は，校長の求めに応じ，学校運営に関し意見を述べることができる。

3　学校評議員は，当該小学校の職員以外の者で教育に関する理解及び識見を有するもののうちから，校長の推薦により，当該小学校の設置者が委嘱する。

第二節　教育課程

第五十条　小学校の教育課程は，国語，社会，算数，理科，生活，音楽，図画工作，家庭，体育及び外国語の各教科（以下この節において「各教科」という。），特別の教科である道徳，外国語活動，総合的な学習の時間並びに特別活動によつて編成するものとする。

2　私立の小学校の教育課程を編成する場合は，前項の規定にかかわらず，宗教を加えることができる。この場合においては，宗教をもつて前項の特別の教科である道徳に代えることができる。

第五十一条　小学校（第五十二条の二第二項に規定する中学校連携型小学校及び第七十九条の九第二項に規定する中学校併設型小学校を除く。）の各学年における各教科，特別の教科である道徳，外国語活動，総合的な学習の時間及び特別活動のそれぞれの授業時数並びに各学年におけるこれらの総授業時数は，別表第一に定める授業時数を標準とする。

第五十二条　小学校の教育課程については，この節に定めるもののほか，教育課程の基準として文部科学大臣が別に公示する小学校学習指導要領によるものとする。

第五十三条　小学校においては，必要がある場合には，一部の各教科について，これらを合わせて授業を行うことができる。

第五十四条　児童が心身の状況によつて履修することが困難な各教科は，その児童の心身の状況に適合するように課さなければならない。

第五十五条　小学校の教育課程に関し，その改善に資する研究を行うため特に必要があり，かつ，児童の教育上適切な配慮がなされていると文部科学大臣が認める場合においては，文部科学大臣が別に定めるところにより，第五十条第一項，第五十一条（中学校連携型小学校にあつては第五十二条の三，第七十九条の九第二項に規定する中学校併設型小学校にあつては第七十九条の十二において準用する第七十九条の五第一項）又は第五十二条の規定によらないことができる。

第五十五条の二　文部科学大臣が，小学校において，当該小学校又は当該小学校が設置されている地域の実態に照らし，より効果的な教育を実施するため，当該小学校又は当該地域の特色を生かした特別の教育課程を編成して教育を実施する必要があり，かつ，当該特別の教育課程について，教育基本法（平成十八年法律第百二十号）及び学校教育法第三十条第一項の規定等に照らして適切であり，児童の教育上適切な配慮がなされているものとして文部科学大臣が定める基準を満たしていると認める場合においては，文部科学大臣が別に定めるところにより，第五十条第一項，第五十一条（中学校連携型小学校にあつては第五十二条の三，第七十九条の九第二項に規定する中学校併設型小学校にあつては第七十九条の十二において準用する第七十九条の五第一項）又は第五十二条の規定の全部又は一部によらないことができる。

第五十六条　小学校において，学校生活への適応が困難であるため相当の期間小学校を欠席し引き続き欠席すると認められる児童を対象として，その実態に配慮した特別の教育課程を編成して教育を実施する必要があると文部科学大臣が認める場合においては，文部科学大臣が別に定めるところにより，第五十条第一項，第五十一条（中学校連携型小学校にあつては第五十二条の三，第七十九条の九第二項に規定する中学校併設型小学校にあつては第七十九条の十二において準用する第七十九条の五第一項）又は第五十二条の規定によらないことができる。

第五十六条の二　小学校において，日本語に通じない児童のうち，当該児童の日本語を理解し，使用する能力に応じた特別の指導を行う必要があるものを教育する場合には，文部科学大臣が別に定めるところにより，第五十条第一項，第五十一条（中学校連携型小学校にあつては第五十二条の三，第七十九条の九第二項に規定する中学校併設型小学校にあつては第七十九条の十二において準用する第七十九条の五第一項）及び第五十二条の規定にかかわらず，特別の教育課程によることができる。

第五十六条の三　前条の規定により特別の教育課程による場合においては，校長は，児童が設置者の定めるところにより他の小学校，義務教育学校の前期課程又は特別支援学校の小学部において受けた授業を，当該児童の在学する小学校において受けた当該特別の教育課程に係る授業とみなすことができる。

第五十六条の四　小学校において，学齢を経過した者のうち，その者の年齢，経験又は勤労の状況その他の実情に応じた特別の指導を行う必要があるものを夜間その他特別の時間において教育する場合には，文部科学大臣が別に定めるところにより，第五十条第一項，第五十一条（中学校連携型小学校にあつては第五十二条の三，第七十九条の九第二項に規定する中学校併設型小学校にあつては第七十九条の十二において準用する第七十九条の五第一項）及び第五十二条の規定にかかわらず，特別の教育課程によることができる。

第三節　学年及び授業日

第六十一条　公立小学校における休業日は，次のとおりとする。ただし，第三号に掲げる日を除き，当該学校を設置する地方公共団体の教育委員会（公立大学法人の設置する小学校にあつては，当該公立大学法人の理事長。第三号において同じ。）が必要と認める場合は，この限りでない。

一　国民の祝日に関する法律（昭和二十三年法律第百七十八号）に規定する日

二　日曜日及び土曜日

三　学校教育法施行令第二十九条第一項の規定により教育委員会が定める日

第六十二条　私立小学校における学期及び休業日は，当該学校の学則で定める。

第五節　学校評価

第六十六条　小学校は，当該小学校の教育活動その他の学校運営の状況について，自ら評価を行い，その結果を公表するものとする。

2　前項の評価を行うに当たつては，小学校は，その実情に応じ，適切な項目を設定して行うものとする。

第六十七条　小学校は，前条第一項の規定による評価の結果を踏まえた当該小学校の児童の保護者その他の当該小学校の関係者（当該小学校の職員を除く。）による評価を行い，その結果を公表するよう努めるものとする。

第八章　特別支援教育

第百三十四条の二　校長は，特別支援学校に在学する児童等について個別の教育支援計画（学校と医療，保健，福祉，労働等に関する業務を行う関係機関及び民間団体（次項において「関係機関等」という。）との連携の下に行う当該児童等に対する長期的な支援に関する計画をいう。）を作成しなければならない。

2　校長は，前項の規定により個別の教育支援計画を作成するに当たつては，当該児童等又はその保護者の意向を踏まえつつ，あらかじめ，関係機関等と当該児童等の支援に関する必要な情報の共有を図らなければならない。

第百三十八条　小学校，中学校若しくは義務教育学校又は中等教育学校の前期課程における特別支援学級に係る教育課程については，特に必要がある場合は，第五十条第一項（第七十九条の六第一項において準用する場合を含む。），第五十一条，第五十二条（第七十九条の六第一項において準用する場合を含む。），第五十二条の三，第七十二条（第七十九条の六第二項及び第百八条第一項において準用する場合を含む。），第七十三条，第七十四条（第七十九条の六第二項及び第百八条第一項において準用する場合を含む。），第七十四条の三，第七十六条，第七十九条の五（第七十九条の十二において準用する場合を含む。）及び第百七条（第百十七条において準用する場合を含む。）の規定にかかわらず，特別の教育課程によることができる。

第百三十九条の二　第百三十四条の二の規定は，小学校，中学校若しくは義務教育学校又は中等教育学校の前期課程における特別支援学級の児童又は生徒について準用する。

第百四十条　小学校，中学校，義務教育学校，高等学校又は中等教育学校において，次の各号のいずれかに該当する児童又は生徒（特別支援学級の児童及び生徒を除く。）のうち当該障害に応じた特別の指導を行う必要があるものを教育する場合には，文部科学大臣が別に定めるところにより，第五十条第一項（第七十九条の六第一項において準用する場合を含む。），第五十一条，第五十二条（第七十九条の六第一項において準用する場合を含む。），第五十二条の三，第七十二条（第七十九条の六第二項及び第百八条第一項において準用する場合を含む。），第七十三条，第七十四条（第七十九条の六第二項及び第百八条第一項において準用する場合を含む。），第七十四条の三，第七十六条，第七十九条の五（第七十九条の十二において準用する場合を含む。），第八十三条及び第八十四条（第百八条第二項において準用する場合を含む。）並びに第百七条（第百十七条において準用する場合を含む。）の規定にかかわらず，特別の教育課程によることができる。

一　言語障害者

二　自閉症者

三　情緒障害者

四　弱視者

五　難聴者

六　学習障害者

七　注意欠陥多動性障害者

八　その他障害のある者で，この条の規定により特別の教育課程による教育を行うことが適当なもの

第百四十一条　前条の規定により特別の教育課程による場合においては，校長は，児童又は生徒が，当該小学校，中学校，義務教育学校，高等学校又は中等教育学校の設置者の定めるところにより他の小学校，中学校，義務教育学校，高等学校，中等教育学校又は特別支援学校の小学部，中学部若しくは高等部において受けた授業を，当該小学校，中学校，義務教育学校，高等学校又は中等教育学校において受けた当該特別の教育課程に係る授業とみなすことができる。

第百四十一条の二　第百三十四条の二の規定は，第百四十条の規定により特別の指導が行われている児童又は生徒について準用する。

別表第一（第五十一条関係）

区　分		第１学年	第２学年	第３学年	第４学年	第５学年	第６学年
各教科の授業時数	国　語	306	315	245	245	175	175
	社　会			70	90	100	105
	算　数	136	175	175	175	175	175
	理　科			90	105	105	105
	生　活	102	105				
	音　楽	68	70	60	60	50	50
	図画工作	68	70	60	60	50	50
	家　庭					60	55
	体　育	102	105	105	105	90	90
	外国語					70	70
特別の教科である道徳の授業時数		34	35	35	35	35	35
外国語活動の授業時数				35	35		
総合的な学習の時間の授業時数				70	70	70	70
特別活動の授業時数		34	35	35	35	35	35
総授業時数		850	910	980	1015	1015	1015

備考

一　この表の授業時数の一単位時間は，四十五分とする。

二　特別活動の授業時数は，小学校学習指導要領で定める学級活動（学校給食に係るものを除く。）に充てるものとする。

三　第五十条第二項の場合において，特別の教科である道徳のほかに宗教を加えるときは，宗教の授業時数をもつてこの表の特別の教科である道徳の授業時数の一部に代えることができる。（別表第二から別表第二の三まで及び別表第四の場合においても同様とする。）

小学校学習指導要領　第1章　総則

平成29年3月

第1　小学校教育の基本と教育課程の役割

1　各学校においては，教育基本法及び学校教育法その他の法令並びにこの章以下に示すところに従い，児童の人間として調和のとれた育成を目指し，児童の心身の発達の段階や特性及び学校や地域の実態を十分考慮して，適切な教育課程を編成するものとし，これらに掲げる目標を達成するよう教育を行うものとする。

2　学校の教育活動を進めるに当たっては，各学校において，第3の1に示す主体的・対話的で深い学びの実現に向けた授業改善を通して，創意工夫を生かした特色ある教育活動を展開する中で，次の(1)から(3)までに掲げる事項の実現を図り，児童に生きる力を育むことを目指すものとする。

(1)　基礎的・基本的な知識及び技能を確実に習得させ，これらを活用して課題を解決するために必要な思考力，判断力，表現力等を育むとともに，主体的に学習に取り組む態度を養い，個性を生かし多様な人々との協働を促す教育の充実に努めること。その際，児童の発達の段階を考慮して，児童の言語活動など，学習の基盤をつくる活動を充実するとともに，家庭との連携を図りながら，児童の学習習慣が確立するよう配慮すること。

(2)　道徳教育や体験活動，多様な表現や鑑賞の活動等を通して，豊かな心や創造性の涵養を目指した教育の充実に努めること。

学校における道徳教育は，特別の教科である道徳（以下「道徳科」という。）を要として学校の教育活動全体を通じて行うものであり，道徳科はもとより，各教科，外国語活動，総合的な学習の時間及び特別活動のそれぞれの特質に応じて，児童の発達の段階を考慮して，適切な指導を行うこと。

道徳教育は，教育基本法及び学校教育法に定められた教育の根本精神に基づき，自己の生き方を考え，主体的な判断の下に行動し，自立した人間として他者と共によりよく生きるための基盤となる道徳性を養うことを目標とすること。

道徳教育を進めるに当たっては，人間尊重の精神と生命に対する畏敬の念を家庭，学校，その他社会における具体的な生活の中に生かし，豊かな心をもち，伝統と文化を尊重し，それらを育んできた我が国と郷土を愛し，個性豊かな文化の創造を図るとともに，平和で民主的な国家及び社会の形成者として，公共の精神を尊び，社会及び国家の発展に努め，他国を尊重し，国際社会の平和と発展や環境の保全に貢献し未来を拓く主体性のある日本人の育成に資することとなるよう特に留意すること。

(3)　学校における体育・健康に関する指導を，児童の発達の段階を考慮して，学校の教育活動全体を通じて適切に行うことにより，健康で安全な生活と豊かなスポーツライフの実現を目指した教育の充実に努めること。特に，学校における食育の推進並びに体力の向上に関する指導，安全に関する指導及び心身の健康の保持増進に関する指導については，体育科，家庭科及び特別活動の時間はもとより，各教科，道徳科，外国語活動及び総合的な学習の時間などにおいてもそれぞれの特質に応じて適切に行うよう努めること。また，それらの指導を通して，家庭や地域社会との連携を図りながら，日常生活において適切な体育・健康に関する活動の実践を促し，生涯を通じて健康・安全で活力ある生活を送るための基礎が培われるよう配慮すること。

3　2の(1)から(3)までに掲げる事項の実現を図り，豊かな創造性を備え持続可能な社会の創り手となることが期待される児童に，生きる力を育むことを目指すに当たっては，学校教育全体並びに各教科，道徳科，外国語活動，総合的な学習の時間及び特別活動（以下「各教科等」という。ただし，第2の3の(2)のア及びウにおいて，特別活動については学級活動（学校給食に係るものを除く。）に限る。）の指導を通してどのような資質・能力の育成を目指すのかを明確にしながら，教育活動の充実を図るものとする。その際，児童の発達の段階や特性等を踏まえつつ，次に掲げることが偏りなく実現できるようにするものとする。

(1) 知識及び技能が習得されるようにすること。

(2) 思考力，判断力，表現力等を育成すること。

(3) 学びに向かう力，人間性等を涵養すること。

4 各学校においては，児童や学校，地域の実態を適切に把握し，教育の目的や目標の実現に必要な教育の内容等を教科等横断的な視点で組み立てていくこと，教育課程の実施状況を評価してその改善を図っていくこと，教育課程の実施に必要な人的又は物的な体制を確保するとともにその改善を図っていくことなどを通して，教育課程に基づき組織的かつ計画的に各学校の教育活動の質の向上を図っていくこと（以下「カリキュラム・マネジメント」という。）に努めるものとする。

第2 教育課程の編成

1 各学校の教育目標と教育課程の編成

教育課程の編成に当たっては，学校教育全体や各教科等における指導を通して育成を目指す資質・能力を踏まえつつ，各学校の教育目標を明確にするとともに，教育課程の編成についての基本的な方針が家庭や地域とも共有されるよう努めるものとする。その際，第5章総合的な学習の時間の第2の1に基づき定められる目標との関連を図るものとする。

2 教科等横断的な視点に立った資質・能力の育成

(1) 各学校においては，児童の発達の段階を考慮し，言語能力，情報活用能力（情報モラルを含む。），問題発見・解決能力等の学習の基盤となる資質・能力を育成していくことができるよう，各教科等の特質を生かし，教科等横断的な視点から教育課程の編成を図るものとする。

(2) 各学校においては，児童や学校，地域の実態及び児童の発達の段階を考慮し，豊かな人生の実現や災害等を乗り越えて次代の社会を形成することに向けた現代的な諸課題に対応して求められる資質・能力を，教科等横断的な視点で育成していくことができるよう，各学校の特色を生かした教育課程の編成を図るものとする。

3 教育課程の編成における共通的事項

(1) 内容等の取扱い

ア 第2章以下に示す各教科，道徳科，外国語活動及び特別活動の内容に関する事項は，特に示す場合を除き，いずれの学校においても取り扱わなければならない。

イ 学校において特に必要がある場合には，第2章下に示していない内容を加えて指導することができる。また，第2章以下に示す内容の取扱いのうち内容の範囲や程度等を示す事項は，全ての児童に対して指導するものとする内容の範囲や程度等を示したものであり，学校において特に必要がある場合には，この事項にかかわらず加えて指導することができる。ただし，これらの場合には，第2章下に示す各教科，道徳科，外国語活動及び特別活動の目標や内容の趣旨を逸脱したり，児童の負担過重となったりすることのないようにしなければならない。

ウ 第2章下に示す各教科，道徳科，外国語活動及び特別活動の内容に掲げる事項の順序は，特に示す場合を除き，指導の順序を示すものではないので，学校においては，その取扱いについて適切な工夫を加えるものとする。

エ 学年の内容を2学年まとめて示した教科及び外国語活動の内容は，2学年間かけて指導する事項を示したものである。各学校においては，これらの事項を児童や学校，地域の実態に応じ，2学年間を見通して計画的に指導することとし，特に示す場合を除き，いずれかの学年に分けて，又はいずれの学年においても指導するものとする。

オ 学校において2以上の学年の児童で編制する学級について特に必要がある場合には，各教科及び道徳科の目標の達成に支障のない範囲内で，各教科及び道徳科の目標及び内容について学年別の順序によらないことができる。

カ 道徳科を要として学校の教育活動全体を通じて行う道徳教育の内容は，第3章特別の教科道徳の第2に示す内容とし，その実施に当たっては，第6に示す道徳教育に関する配慮事項を踏まえるものとする。

(2)　授業時数等の取扱い

ア　各教科等の授業は，年間35週(第1学年については34週）以上にわたって行うよう計画し，週当たりの授業時数が児童の負担過重にならないようにするものとする。ただし，各教科等や学習活動の特質に応じ効果的な場合には，夏季，冬季，学年末等の休業日の期間に授業日を設定する場合を含め，これらの授業を特定の期間に行うことができる。

イ　特別活動の授業のうち，児童会活動，クラブ活動及び学校行事については，それらの内容に応じ，年間，学期ごと，月ごとなどに適切な授業時数を充てるものとする。

ウ　各学校の時間割については，次の事項を踏まえ適切に編成するものとする。

(ア)　各教科等のそれぞれの授業の１単位時間は，各学校において，各教科等の年間授業時数を確保しつつ，児童の発達の段階及び各教科等や学習活動の特質を考慮して適切に定めること。

(イ)　各教科等の特質に応じ，10分から15分程度の短い時間を活用して特定の教科等の指導を行う場合において，教師が，単元や題材など内容や時間のまとまりを見通した中で，その指導内容の決定や指導の成果の把握と活用等を責任を持って行う体制が整備されているときは，その時間を当該教科等の年間授業時数に含めることができること。

(ウ)　給食，休憩などの時間については，各学校において工夫を加え，適切に定めること。

(エ)　各学校において，児童や学校，地域の実態，各教科等や学習活動の特質等に応じて，創意工夫を生かした時間割を弾力的に編成できること。

エ　総合的な学習の時間における学習活動により，特別活動の学校行事に掲げる各行事の実施と同様の成果が期待できる場合においては，総合的な学習の時間における学習活動をもって相当する特別活動の学校行事に掲げる各行事の実施に替えることができる。

(3)　指導計画の作成等に当たっての配慮事項

各学校においては，次の事項に配慮しながら，学校の創意工夫を生かし，全体として，調和のとれた具体的な指導計画を作成するものとする。

ア　各教科等の指導内容については，(1)のアを踏まえつつ，単元や題材など内容や時間のまとまりを見通しながら，そのまとめ方や重点の置き方に適切な工夫を加え，第３の１に示す主体的・対話的で深い学びの実現に向けた授業改善を通して資質・能力を育む効果的な指導ができるようにすること。

イ　各教科等及び各学年相互間の関連を図り，系統的，発展的な指導ができるようにすること。

ウ　学年の内容を２学年まとめて示した教科及び外国語活動については，当該学年間を見通して，児童や学校，地域の実態に応じ，児童の発達の段階を考慮しつつ，効果的，段階的に指導するようにすること。

エ　児童の実態等を考慮し，指導の効果を高めるため，児童の発達の段階や指導内容の関連性等を踏まえつつ，合科的・関連的な指導を進めること。

4　学校段階等間の接続

教育課程の編成に当たっては，次の事項に配慮しながら，学校段階等間の接続を図るものとする。

(1)　幼児期の終わりまでに育ってほしい姿を踏まえた指導を工夫することにより，幼稚園教育要領等に基づく幼児期の教育を通して育まれた資質・能力を踏まえて教育活動を実施し，児童が主体的に自己を発揮しながら学びに向かうことが可能となるようにすること。

また，低学年における教育全体において，例えば生活科において育成する自立し生活を豊かにしていくための資質・能力が，他教科等の学習においても生かされるようにするなど，教科等間の関連を積極的に図り，幼児期の教育及び中学年以降の教育との円滑な接続が図られるよう工夫すること。特に，小学校入学当初においては，幼児期において自発的な活動としての遊びを通して育まれてきたことが，各教科等における学習に円滑に接続されるよう，生活科を中心に，合科的・関連的な指導や弾力的な時間割の設定など，指導の工夫や指導計画の作成を行うこと。

(2) 中学校学習指導要領及び高等学校学習指導要領を踏まえ，中学校教育及びその後の教育との円滑な接続が図られるよう工夫すること。特に，義務教育学校，中学校連携型小学校及び中学校併設型小学校においては，義務教育9年間を見通した計画的かつ継続的な教育課程を編成すること。

第3　教育課程の実施と学習評価

1　主体的・対話的で深い学びの実現に向けた授業改善

各教科等の指導に当たっては，次の事項に配慮するものとする。

(1) 第1の3の(1)から(3)までに示すことが偏りなく実現されるよう，単元や題材など内容や時間のまとまりを見通しながら，児童の主体的・対話的で深い学びの実現に向けた授業改善を行うこと。

特に，各教科等において身に付けた知識及び技能を活用したり，思考力，判断力，表現力等や学びに向かう力，人間性等を発揮させたりして，学習の対象となる物事を捉え思考することにより，各教科等の特質に応じた物事を捉える視点や考え方（以下「見方・考え方」という。）が鍛えられていくことに留意し，児童が各教科等の特質に応じた見方・考え方を働かせながら，知識を相互に関連付けてより深く理解したり，情報を精査して考えを形成したり，問題を見いだして解決策を考えたり，思いや考えを基に創造したりすることに向かう過程を重視した学習の充実を図ること。

(2) 第2の2の(1)に示す言語能力の育成を図るため，各学校において必要な言語環境を整えるとともに，国語科を要としつつ各教科等の特質に応じて，児童の言語活動を充実すること。あわせて，(7)に示すとおり読書活動を充実すること。

(3) 第2の2の(1)に示す情報活用能力の育成を図るため，各学校において，コンピュータや情報通信ネットワークなどの情報手段を活用するために必要な環境を整え，これらを適切に活用した学習活動の充実を図ること。また，各種の統計資料や新聞，視聴覚教材や教育機器などの教材・教具の適切な活用を図ること。

あわせて，各教科等の特質に応じて，次の学習活動を計画的に実施すること。

ア　児童がコンピュータで文字を入力するなどの学習の基盤として必要となる情報手段の基本的な操作を習得するための学習活動

イ　児童がプログラミングを体験しながら，コンピュータに意図した処理を行わせるために必要な論理的思考力を身に付けるための学習活動

(4) 児童が学習の見通しを立てたり学習したことを振り返ったりする活動を，計画的に取り入れるように工夫すること。

(5) 児童が生命の有限性や自然の大切さ，主体的に挑戦してみることや多様な他者と協働することの重要性などを実感しながら理解することができるよう，各教科等の特質に応じた体験活動を重視し，家庭や地域社会と連携しつつ体系的・継続的に実施できるよう工夫すること。

(6) 児童が自ら学習課題や学習活動を選択する機会を設けるなど，児童の興味・関心を生かした自主的，自発的な学習が促されるよう工夫すること。

(7) 学校図書館を計画的に利用しその機能の活用を図り，児童の主体的・対話的で深い学びの実現に向けた授業改善に生かすとともに，児童の自主的，自発的な学習活動や読書活動を充実すること。また，地域の図書館や博物館，美術館，劇場，音楽堂等の施設の活用を積極的に図り，資料を活用した情報の収集や鑑賞等の学習活動を充実すること。

2　学習評価の充実

学習評価の実施に当たっては，次の事項に配慮するものとする。

(1) 児童のよい点や進歩の状況などを積極的に評価し，学習したことの意義や価値を実

感できるようにすること。また，各教科等の目標の実現に向けた学習状況を把握する観点から，単元や題材など内容や時間のまとまりを見通しながら評価の場面や方法を工夫して，学習の過程や成果を評価し，指導の改善や学習意欲の向上を図り，資質・能力の育成に生かすようにすること。

(2)　創意工夫の中で学習評価の妥当性や信頼性が高められるよう，組織的かつ計画的な取組を推進するとともに，学年や学校段階を越えて児童の学習の成果が円滑に接続されるように工夫すること。

第4　児童の発達の支援

1　児童の発達を支える指導の充実

教育課程の編成及び実施に当たっては，次の事項に配慮するものとする。

(1)　学習や生活の基盤として，教師と児童との信頼関係及び児童相互のよりよい人間関係を育てるため，日頃から学級経営の充実を図ること。また，主に集団の場面で必要な指導や援助を行うガイダンスと，個々の児童の多様な実態を踏まえ，一人一人が抱える課題に個別に対応した指導を行うカウンセリングの双方により，児童の発達を支援すること。

あわせて，小学校の低学年，中学年，高学年の学年の時期の特長を生かした指導の工夫を行うこと。

(2)　児童が，自己の存在感を実感しながら，よりよい人間関係を形成し，有意義で充実した学校生活を送る中で，現在及び将来における自己実現を図っていくことができるよう，児童理解を深め，学習指導と関連付けながら，生徒指導の充実を図ること。

(3)　児童が，学ぶことと自己の将来とのつながりを見通しながら，社会的・職業的自立に向けて必要な基盤となる資質・能力を身に付けていくことができるよう，特別活動を要としつつ各教科等の特質に応じて，キャリア教育の充実を図ること。

(4)　児童が，基礎的・基本的な知識及び技能の習得も含め，学習内容を確実に身に付けることができるよう，児童や学校の実態に応じ，個別学習やグループ別学習，繰り返し学習，学習内容の習熟の程度に応じた学習，児童の興味・関心等に応じた課題学習，補充的な学習や発展的な学習などの学習活動を取り入れることや，教師間の協力による指導体制を確保することなど，指導方法や指導体制の工夫改善により，個に応じた指導の充実を図ること。その際，第3の1の(3)に示す情報手段や教材・教具の活用を図ること。

2　特別な配慮を必要とする児童への指導

(1)　障害のある児童などへの指導

ア　障害のある児童などについては，特別支援学校等の助言又は援助を活用しつつ，個々の児童の障害の状態等に応じた指導内容や指導方法の工夫を組織的かつ計画的に行うものとする。

イ　特別支援学級において実施する特別の教育課程については，次のとおり編成するものとする。

(ア)　障害による学習上又は生活上の困難を克服し自立を図るため，特別支援学校小学部・中学部学習指導要領第7章に示す自立活動を取り入れること。

(イ)　児童の障害の程度や学級の実態等を考慮の上，各教科の目標や内容を下学年の教科の目標や内容に替えたり，各教科を，知的障害者である児童に対する教育を行う特別支援学校の各教科に替えたりするなどして，実態に応じた教育課程を編成すること。

ウ　障害のある児童に対して，通級による指導を行い，特別の教育課程を編成する場合には，特別支援学校小学部・中学部学習指導要領第7章に示す自立活動の内容を参考とし，具体的な目標や内容を定め，指導を行うものとする。その際，効果的な指導が行われるよう，各教科等と通級による指導との関連を図るなど，教師間の連携に努めるものとする。

エ　障害のある児童などについては，家庭，地域及び医療や福祉，保健，労働等の業務を行う関係機関との連携を図り，長期的な視点で児童への教育的支援を行うために，個別の教育支援計画を作成し活用することに努めるとともに，各教科等の指導に当たって，個々の児童の実態を的確に把握し，個別の指導計画を作成し活用することに努めるものとする。特に，特別支援学級に在籍する児童や通級による指導を受ける児童については，個々の児童の実態を的確に把握し，個別の教育支援計画や個別の指導計画を作成し，効果的に活用するものとする。

(2) 海外から帰国した児童などの学校生活への適応や，日本語の習得に困難のある児童に対する日本語指導

ア 海外から帰国した児童などについては，学校生活への適応を図るとともに，外国における生活経験を生かすなどの適切な指導を行うものとする。

イ 日本語の習得に困難のある児童については，個々の児童の実態に応じた指導内容や指導方法の工夫を組織的かつ計画的に行うものとする。特に，通級による日本語指導については，教師間の連携に努め，指導についての計画を個別に作成することなどにより，効果的な指導に努めるものとする。

(3) 不登校児童への配慮

ア 不登校児童については，保護者や関係機関と連携を図り，心理や福祉の専門家の助言又は援助を得ながら，社会的自立を目指す観点から，個々の児童の実態に応じた情報の提供その他の必要な支援を行うものとする。

イ 相当の期間小学校を欠席し引き続き欠席すると認められる児童を対象として，文部科学大臣が認める特別の教育課程を編成する場合には，児童の実態に配慮した教育課程を編成するとともに，個別学習やグループ別学習など指導方法や指導体制の工夫改善に努めるものとする。

第5 学校運営上の留意事項

1 教育課程の改善と学校評価等

ア 各学校においては，校長の方針の下に，校務分掌に基づき教職員が適切に役割を分担しつつ，相互に連携しながら，各学校の特色を生かしたカリキュラム・マネジメントを行うよう努めるものとする。また，各学校が行う学校評価については，教育課程の編成，実施，改善が教育活動や学校運営の中核となることを踏まえ，カリキュラム・マネジメントと関連付けながら実施するよう留意するものとする。

イ 教育課程の編成及び実施に当たっては，学校保健計画，学校安全計画，食に関する指導の全体計画，いじめの防止等のための対策に関する基本的な方針など，各分野における学校の全体計画等と関連付けながら，効果的な指導が行われるように留意するものとする。

2 家庭や地域社会との連携及び協働と学校間の連携

教育課程の編成及び実施に当たっては，次の事項に配慮するものとする。

ア 学校がその目的を達成するため，学校や地域の実態等に応じ，教育活動の実施に必要な人的又は物的な体制を家庭や地域の人々の協力を得ながら整えるなど，家庭や地域社会との連携及び協働を深めること。また，高齢者や異年齢の子供など，地域における世代を越えた交流の機会を設けること。

イ 他の小学校や，幼稚園，認定こども園，保育所，中学校，高等学校，特別支援学校などとの間の連携や交流を図るとともに，障害のある幼児児童生徒との交流及び共同学習の機会を設け，共に尊重し合いながら協働して生活していく態度を育むようにすること。

第6 道徳教育に関する配慮事項

道徳教育を進めるに当たっては，道徳教育の特質を踏まえ，前項までに示す事項に加え，次の事項に配慮するものとする。

1 各学校においては，第1の2の(2)に示す道徳教育の目標を踏まえ，道徳教育の全体計画を作成し，校長の方針の下に，道徳教育の推進を主に担当する教師（以下「道徳教育推進教師」という。）を中心に，全教師が協力して道徳教育を展開すること。なお，道徳教育の全体計画の作成に当たっては，児童や学校，地域の実態を考慮して，学校の道徳教育の重点目標を設定するとともに，道徳科の指導方針，第3章特別の教科道徳の第2に示す内容との関連を踏まえた各教科，外国語活動，総合的な学習の時

間及び特別活動における指導の内容及び時期並びに家庭や地域社会との連携の方法を示すこと。

2　各学校においては，児童の発達の段階や特性等を踏まえ，指導内容の重点化を図ること。その際，各学年を通じて，自立心や自律性，生命を尊重する心や他者を思いやる心を育てることに留意すること。また，各学年段階においては，次の事項に留意すること。

(1)　第１学年及び第２学年においては，挨拶などの基本的な生活習慣を身に付けること，善悪を判断し，してはならないことをしないこと，社会生活上のきまりを守ること。

(2)　第３学年及び第４学年においては，善悪を判断し，正しいと判断したことを行うこと，身近な人々と協力し助け合うこと，集団や社会のきまりを守ること。

(3)　第５学年及び第６学年においては，相手の考え方や立場を理解して支え合うこと，法やきまりの意義を理解して進んで守ること，集団生活の充実に努めること，伝統と文化を尊重し，それらを育んできた我が国と郷土を愛するとともに，他国を尊重すること。

3　学校や学級内の人間関係や環境を整えるとともに，集団宿泊活動やボランティア活動，自然体験活動，地域の行事への参加などの豊かな体験を充実すること。また，道徳教育の指導内容が，児童の日常生活に生かされるようにすること。その際，いじめの防止や安全の確保等にも資することとなるよう留意すること。

4　学校の道徳教育の全体計画や道徳教育に関する諸活動などの情報を積極的に公表したり，道徳教育の充実のために家庭や地域の人々の積極的な参加や協力を得たりするなど，家庭や地域社会との共通理解を深め，相互の連携を図ること。

《編集代表紹介》

細尾萌子（ほそお・もえこ）

立命館大学文学部准教授

『フランスのバカロレアにみる論述型大学入試に向けた思考力・表現力の育成』（共編著，ミネルヴァ書房，2020年）

『教育課程・教育評価』（共編著，ミネルヴァ書房，2018年）

『フランスでは学力をどう評価してきたか——教養とコンピテンシーのあいだ』（ミネルヴァ書房，2017年）

『教育課程』（共著，協同出版，2017年）

『アクティブ・ラーニングの教育方法学的検討』（共著，図書文化社，2016年）

柏木智子（かしわぎ・ともこ）

立命館大学産業社会学部教授

『子どもの貧困と「ケアする学校」づくり——カリキュラム・学習環境・地域との連携から考える』（明石書店，2020年）

『貧困・外国人世帯の子どもへの包括的支援——地域・学校・行政の挑戦』（共編著，晃洋書房，2020年）

『教育社会学』（共著，ミネルヴァ書房，2019年）

『総合的な学習の時間』（共著，ミネルヴァ書房，2018年）

『子どもの貧困・不利・困難を越える学校——行政・地域と学校がつながって実現する子ども支援』（編著，学事出版，2017年）

小学校教育用語辞典

2021年5月1日　初版第1刷発行　〈検印廃止〉

定価はカバーに
表示しています

編集代表　細　尾　萌　子
　　　　　柏　木　智　子

発 行 者　杉　田　啓　三

印 刷 者　坂　本　喜　杏

発行所　株式会社　ミネルヴァ書房

〒607-8494　京都市山科区日ノ岡堤谷町1
電話代表　(075)581-5191番
振替口座　01020-0-8076番

　冨山房インターナショナル・新生製本

ISBN 978-4-623-09079-2
Printed in Japan